Social Welfare Law and Practice

사회복지 법제와 실천

김재원 저

Social Welfare Law and Practice

양 성 원

머리말

우리 사회는 이제 사회복지가 대세를 이루고 사회복지 없이는 살 수 없는 시대에 살아가고 있다. 그것이 바로 우리가 살아가고 있는 사회 본연의 상황이고 아주 친근한 현실이 되었다. 사회복지, 고령화, 저출산 누구나 쉽게 알아듣고 있으며 쉽게 말은 하면서도 우리 모두가 엄청난 관심을 갖고 있다. 그래서 무엇인지는 손에 잡히도록 확실하지 않을지라도 사회복지가 필요한 것은 우리 사회에서 누구나 우리들의 문제점이 있다고 느끼면서 그리고 개선되어야 할 해결책도 있다고 생각해 보고 있지만, 누구도 명확한 해결책을 제시하지 못하고 있으면서 그런 사회적인 문제해결을 사회복지 분야로 전가하고 있는 상황에 놓여 있다. 그래서 사회에서는 정부가 정확한 해결책은 아닐지라도 사회복지에서 어느 정도의 방안을 내놓을 것 같은 막연한 기대심리를 갖고 있으며 해결할 방책이라고 생각을 하고 있으며 사회복지에서 해결점을 찾아보려고 부단한 노력을 하고 있는 현실이다. 그래서 사회 전 분야에서 사회복지정책 경쟁에 빠져 있음도 주시하고 있는 현실에 있다. 정치, 사회, 경제 모두 사회복지의 범람 속에 빠져서는 다양한 욕구가 활개치고 있는 현실에서 법적·제도적인 기반이야말로 사회복지의 기초를 형성하는 근본적인 기초가 된다고 볼 수 있다. 사회복지제반 법률은 이런 다양하고 복잡한 사회에 살고 있는 개인을 보호하고 보장하는 근간이 된다. 그렇기에 우리 모두 법 없이도 살 수 있다고 외치는 것은 불가능하다는 정치가 국민에게 외면당하고 불신으로 매도되고 있지만, 정치인들의 발언과 의견에 우리 모두가 귀 기울이고 관심을 둘 수 밖에 없는 것은 법률을 제정하는 권한 입법권을 바로 그 국회가 갖고 있기 때문이다. 사회복지법률은 시대 변화와 함께 다양해지고 있고 사회복지 관련 법규의 종류도 많아지고 법률내용도 풍부해지고 깊어지게 되었다. 따라서 사회복지를 공부하는 학생들이 한 학기에 이런 방대한 분량의 사회복지법규를 소화하기에는 벅찬 면이 너무도 많아서 그에 대한 고민을 해결해 보고자 사회복지법제도를 실생활에 적용되고 간편하고 쉽게 이해시킬 수 있도록 체계화하고 단순화해보려고 계속적으로 시도하고 있다. 매년 사회복지법제와 실천을 수정 보완해 나가면서 좀 더 충실한 교재로 만들어 보려고 시도하면서 부단히 노력하고 있다.

2021년 8월

김재원

차 례

PART 01
총 론

Chapter 01 사회복지법 개관

차 례

Chapter 02 사회복지의 권리성

PART 02 각론

Chapter 03 사회보장기본법

차 례

Chapter 04 사회복지사업법

차 례

Chapter 05 공공부조법

Chapter 06 사회보험법

차 례

PART 01

총 론

CHAPTER 01

사회복지법 개관

제 1 절 법의 정의 및 목적

1. 법의 정의

사회를 유지하기 위해 사회구성원들의 행동을 규제할 수 있는 일종의 행위준칙인 사회규범이 필요한데 이 규범이 바로 법(法)이다. 법은 사회구성원들이 사회생활을 함에 있어 필요한 행위준칙으로서, 사회질서를 유지하고, 공동생활의 안전을 기하며, 사회정의를 실현하기 위해 국가권력이 일정한 사회적 행위를 당위적으로 의무지울 것을 요구하는 관념이다.

법이 대상으로 하고 있는 것은 사람의 행위이며 인간이 자기의 의사결정대로 행하는 신체의 외부적 동정을 말하며 수면 중의 행위나 의사결정이 있더라도 외부의 표현되는 동작이 없으면 법의 대상이 되지 않는다. 그러므로 법은 인간의 사회생활에 있어서 해야 할 것과 하지 말아야 할 것을 정해 놓은 행위의 준칙인 것이다. 법은 사회질서를 유지하기 위해 그 구성원들이 지켜야 할 도덕, 관습, 종교, 규범 등과 같은 사회규범의 일종으로, 사람들 간의 분쟁이나 갈등을 조정・해결하고, 사회를 안정시키고 질서를 유지하며 사회생활을 평화롭게 하는 준칙이다. 강제규범이라는 점에서 법은 도덕, 종교, 관습 등과 다른 사회규범과는 구별되며, 행위규범을 위반하는 행위에 대하여 국가권력이 일정한 제재를 가함으로써 강제적으로 강행되는 강제력을 가진 규범이다. 또한 법은 조직규범으로 법의 본연의 기능을 발휘하기 위하여 법규범의 제정(입법), 적용(사법), 집행(행정)을 담당하는 조직과 이 조직을 구성하는 기관에 일정한 권한을 부여하는 규범이다.

2. 법의 목적

1) 사회정의의 실현

법의 궁극적인 목적은 사회정의의 실현에 있다. 사회정의란 모든 사람에게 기본권이 보장된 상태, 사람들이 응당 자신이 받아야 할 대가를 받는 상태 또는 사회 내에 불평등이 존재하지 않는 평등한 상태 등으로 다양하게 정의되고 있다.

2) 법적 안정성의 유지

법은 사람들이 안심하고 사회생활을 할 수 있도록 하기 위해 존재한다. 법이 사람들로 하여금 안심하고 사회생활을 할 수 있도록 하는 것을 법적 안정성이라 한다. 현행의 법질서가 동요됨이 없이 어느 행위가 옳은 것이며, 어떠한 권리가 보호되며, 어떤 책임이 어떻게 부담되는 지가 일반국민에게 확실하게 알려져 있어야 사람들이 법의 권위를 믿고 안심하고 행동할 수 있도록 하는 상태를 가리키며, 법은 법적 안정성을 갖고 있어야 한다.

3) 사회질서의 유지

법은 공동체 생활에 있어서 사회질서의 유지를 목적으로 한다. 사회질서란 사회적인 과정에 일관성이 있고, 사회의 각 부분들이 각자의 기능을 수행하기 위해서 조화와 균형을 이루는 상태를 말한다. 사회질서는 사회구성원들에 의해서 자발적으로 이루어지기도 하지만, 법제 강제에 의해 인위적으로 조성되고 유지되는 경우가 일반적이다.

4) 법의 합목적성

법은 국가와 사회가 추구하는 이념과 가치에 맞게 제정되어야 하며, 국가의 질서 유지 및 국민의 자유와 권리를 보장해야 한다. 현실의 사건을 사회의 실정에 비추어 합목적적으로 판단하여 구체적인 타당성을 부여하는 것을 말한다.

제 2 절 사회복지법의 법원

일반적으로 법원이란 법이 어떤 방식으로 존재하는가에 대한 것을 의미하는데, 그 법의 존재양식은 표현방식에 따라 성문법과 불문법으로 나누어진다. 성문법이 모든 법률관계를 빠짐없이 규율하기는 어려우므로 성문법 외에 관습법, 판례와 조리 등 불문법이 보충적 기능을 한다. 우리나라는 성문법주의를 채택하고 최고의 규범인 헌법에서의 법률을 비롯한 각종 법규 형식을 규정하고 있으며 이를 근거로 국가기관이나 지방자치단체에서 관련 입법을 담당하고 있다.

사회복지법의 법원은 사회복지와 관련하여 법률에서 어떠한 형식으로 표현되는 것인가를 말하는 것으로써, 사회복지법의 원칙과 존재양식을 의미한다.

1. 법의 일반체계

1) 자연법

자연법(natural law)은 시간과 공간을 초월하는 영구불변의 초경험적이고 이상적인 법을 말한다. 즉, 자연현상에 의해 자연적으로 발생하며, 인위적인 영향을 전혀 받지 않는 초실정적인 법규범이다. 자연법은 우주의 존재질서를 규율하는 보편타당한 원칙으로서, 정의의 이념을 그 내용으로 하고 있기 때문에 법의 근원이 된다.

2) 실정법

실정법(positive law)은 인간사회의 질서유지를 목적으로 사회적 상황에 따라 생성·발전되어 왔다. 경험적, 역사적인 사실에 의해 성립된 것으로 현실적인 제도로서 시행되고 있는 제정법, 관습법, 판례법 등이 해당된다. 이는 인간에 의해 이 세상에 존재하는 인위적인 법이다. 다라서 실정법은 국가적, 역사적, 시대적 상황에 따라 다른 모습으로 변천·발전하였다. 19세기 초 이래 법사상적 관심은 실정법으로 집중되었고 따라서 법실증주의[1)]는 자연법의 법적

1) 법실증주의는 법의 이론이나 해석적·용에 있어서 어떠한 정치적·사회적·윤리적 요소도 고려하지 않고

효력에 대하여 부정적인 입장을 취하였다. 실정법은 크게 국내법과 국제법으로 나뉜다.

3) 국내법

국내법(municipal law)은 한 국가에 의하여 인정되어 그 국가의 주권이 미치는 범위 내에서만 일정한 절차에 의해 효력을 가지는 법이다. 국내법은 사인과 사인 간, 사인과 국가 또는 공공단체 간(국가와 국가 간, 국가와 공공단체 간, 공공단체와 공공단체 간)의 법률관계를 규율하는 법이다. 한 국가의 국민과 외국인의 생활관계, 즉 섭외적 생활관계에 관하여 어느 국가의 법을 적용할 것인가를 결정하는 법은 국제사법(private international law)인데, 이는 국제법이 아니라 국내법에 속한다.

4) 국제법

국제법(international law)은 국제단체에 의하여 인정되어 국가와 국가 사이에 행하여지는 법을 말한다. 국내법에 비하여 국제법은 그 위반에 대한 제재력이 약하고, 그의 입법에 대한 일정한 원칙이 확립되지 않고 있어 입법기관이나 입법절차가 불완전하다. 국제법에서는 관습법이 많은 역할을 하고 있으며, 국제조약과 국제관습법은 동일한 효력을 가진다.

2. 성문법으로서의 법원

입법기관에 의해 일정한 형식과 절차를 거쳐 만들어지고 공포되며, 문자의 형식을 갖추어 문서로 규율된 법을 성문법이라 한다. 헌법, 법률, 명령(시행령, 시행규칙), 자치법규(조례, 규칙), 국제조약 및 국제법규 등이 해당된다.

1) 헌법

헌법은 국가와 국민 간의 권리의무에 관한 기본법이다. 사회복지에 대한 국가의 의무,

오직 법 자체만으로 형식적·논리적으로 파악하려는 입장이다. 따라서 실정법을 초월하는 자연법의 존재를 인정하지 않는다는 점에서 자연법사상에 대립된다. 법실증주의는 실정법체계의 완전무결성에 대한 확신을 바탕으로 법관에 의한 법창조 내지 자의적 판단을 배제하려는 사상이다.

즉 사회권적 기본권 조항을 1919년 바이마르(Weimar)헌법[2]에서 최초로 규정함으로써 헌법은 더욱 중요한 사회복지법의 법원이자 기본 근거가 되었다. 헌법은 국가의 기본조직, 통치작용, 국민의 기본권 등을 정한 기본법이다. 헌법은 최상위의 법이므로 하위법인 법률, 명령, 자치법규 등은 헌법에 저촉되어서는 안 된다.

우리나라 헌법 제10조의 행복추구권 규정과 제31조에서부터 제36조까지의 규정은 '사회권적 기본권' 또는 '생존권적 기본권' 규정이 사회복지법의 기본 방향이자 기본 근거임을 말해준다. 우리 헌법 제10조는 인간의 존엄과 가치·행복추구권을 규정하고 있으며, 제34조는 인간다운 생활을 할 권리를 규정하고 있다.

헌법의 규정은 사회복지 관련 하위법규의 존립근거이면서 동시에 재판의 규범으로서도 의미를 지니고 있으며, 헌법은 국가의 근본법으로서 국가의 권력구조에 관한 기본적인 사항과 국민의 기본권을 규정하는 최고법이다. 국가 최고의 근본규범으로서 헌법이 제정되는 경우에는 그 개정이 쉽지 않기 때문에 헌법의 경우 그 자체에 대한 입안이나 심사의 문제보다는 그 하위의 법령을 제정하거나 개정하는 경우 준거 틀로서의 헌법을 해석·적용하는 문제가 더욱 중요하다.

2) 법률

법률은 국회에서 의결(헌법 제40조에서 '입법권은 국회에 속한다')되어 대통령이 공포한 법을 의미하며, 법률은 헌법을 제외하면 가장 큰 법형식을 갖는다. 사회복지와 관련된 실정법들이 여기에 속한다. 따라서 실질적으로 사회복지법의 구체적인 내용을 이루고 있다고 볼 수 있다.

3) 명령

명령은 국회의 의결을 거치지 않고 대통령 이하의 행정기관이 제정한 법규를 의미한다. 여기에는 대통령령, 총리령, 부령(또는 장관령) 등이 있다.

---

2) 바이마르 공화국(1919~1933)의 헌법으로 독일에서 최초로 시행된 민주주의 헌법이다. 많은 기본권 조항을 포함하고 있으며, 제151조에 "경제생활의 질서는 각인으로 하여금 인간다운 생활을 보장하는 것을 목적으로 하는 정의의 원칙에 합치하여야 한다"고 사회권적 기본권을 규정하였다.

사회복지법의 법원으로서 명령은 보통 개별 법률의 시행령(대통령령) 및 시행규칙(보건복지부령, 여성가족부령)이라는 존재양식으로서 표현되며, 여기서는 개별 법률의 실행을 위한 좀 더 구체적인 사항이 규정된다.

4) 자치법규

자치법규는 지방자치단체가 법률에 의하여 인정된 자치권의 범위 내에서 자기의 사무나 주민의 권리의무에 관하여 제정한 자치에 관한 규칙을 말한다. 지방자치단체는 법령[3]의 범위 안에서 자치에 관한 규칙을 제정할 수 있다. 자치법규에는 조례와 규칙이 있다. 조례는 지방의회가 법령의 범위 안에서 지역 사무에 관하여 제정한 법이다. 규칙은 지방자치단체의 장이 법령 또는 조례가 위임한 범위 내에서 그 권한에 속하는 사무에 관하여 정립한 법이다. 자치법규는 원칙적으로 그 지방자치단체의 지방 내에서만 효력을 갖는다.

5) 국제조약과 국제법규

국제조약은 그 명칭이 어떠한지를 불문하고, 국가 간의 문서에 의한 합의를 말하며, 국제법규는 우리나라가 체약국이 아니라도 국제사회에서 대다수의 국가에 의하여 일반적으로 그 규범력이 인정된 것과 국제관습법을 말한다. 헌법에 의하여 체결·공포된 조약과 일반적으로 승인된 국제법규는 국내법과 같은 효력을 가지므로 국내법의 체계에 수용된다. 여기서 국내법과 같은 효력이란 반드시 법률과 동일한 효력만을 의미하는 것은 아니고, 법률에 해당하는 내용은 법률과, 하위법령에 해당하는 내용은 하위법령과 동일한 효력을 가진다.

헌법 제60조제1항에 열거된 국제조약(상호원조 또는 안전보장에 관한 조약, 중요한 국제조직에 관한 조약, 우호통상항해조약, 주권의 계약에 관한 조약, 강화조약, 국가나 국민에게 중대한 재정적 부담을 지우는 조약, 입법사항에 관한 조약)은 국회가 체결비준에 동의권을 행사한다는 점에서 법률과 같은 효력을 가지는 것으로 보아야 할 것이다. 그 밖의 국제조약들은 대체적

3) 법령이란 보통은 성문법 전체(헌법, 법률, 명령, 조약, 조례·규칙 등)를 가리키나, 좁은 의미로는 법률과 명령만을 뜻한다.

으로 대통령령에 준하는 효력을 가지는 것으로 이해되고 있으나, 실제적으로 부령에 해당하는 조약도 있다.

3. 불문법으로서의 법원

불문법은 문서의 형식으로 표현되지 않은 법이다. 입법기관에 의해 일정한 절차에 따라 제정·공포되지 않고 자율적으로 형성되어 존재하므로 비제정법이라고도 하며, 사회생활 속에서 현실적·관행적으로 존재하는 성문법 이외의 법원(法源)을 말한다. 판례법주의를 취하는 영미법에서는 판례법을 제1차적 법원으로 인정하고 있다. 불문법은 현행 민법과 상법에서 인정하고 있다. 민사에 관하여 법률의 규정이 없으면 관습법에 의하고, 관습법에 없으면 조리에 의한다. 또한 상사에 관하여 상법에 규정이 없으면 상관습법에 의하고, 상관습법이 없으면 민법의 규정에 의한다. 관습법, 판례법 및 조리 등이 불문법에 속한다.

1) 관습법

불문법 중 가장 대표적이면서도 중요한 것이 관습법이다. 이 관습법이란, 사회 속에서 관행에 의해 형성된 사회생활 규범의 일종으로서 성문화의 과정을 거치지 않은 채 그 자체로 법으로서 승인된 것을 뜻한다. 즉, 관습법은 사실상의 관행이 계속적이고 일반적으로 행해짐에 따라 법으로서 승인된 것을 말한다.

일반적으로 어떤 관행이 관습법으로 인정받기 위해서는 다음의 세 가지 요소를 필요로 한다. 첫째, 오랜 기간 지속되어 온 관행이 존재할 것, 둘째, 오랜 기간 지속되어 온 관행이 법적 확신을 얻을 것, 셋째, 법적 확신을 얻은 관행이 일반적이고 상식 있는 사람들로부터 널리 승인을 얻을 것 등을 요건으로 하고 있다.

우리나라 대법원은 관습법을 인정하고 있다.

사회복지법에서도 관습법이 사회복지법을 보충할 경우 마땅히 사회복지법의 법원으로 인정해야 한다. 현행 사회복지법은 그 역사가 짧아 관행으로 일반화된 것이 별로 없어서 사회복지에 대한 관습이 법원으로 인정되기 곤란한 경우도 있다. 그러나 현 사회복지법 규정은 미비한 점이 많아 법 해석을 보충하기 위해 관습법을 활용하지 않을 수 없으며, 또한 앞으로는 사회복지법 관련 소송이 많아질 것으로 예상되기 때문에 관습법의 중요성이 더욱 증대될 것이다.

2) 판례법

판례법이은 일정한 법률 사안에 관하여 동일한 취지의 판결이 반복적으로 쌓여서 일련의 판결례 또는 판례를 형성하게 되는데, 이 경우에 형성된 판례가 일정한 지향점을 가지게 되고 이러한 판례를 법의 연원으로 인정하게 될 경우에 판례법으로서 성립되는 것이다. 따라서 다른 불문법과 마찬가지로 판례법 역시 성문화되지 않은 규범으로서 불문법의 한 형태라고 할 수 있다. 물론 이 판례법은 성문법과 같이 그 법적 효력 내지 구속력이 일반적인 것은 아니며, 단지 특정된 구체적 사건에 대해서 적용된다 할 것으로서 그 구속력은 상대적으로 여타의 성문법이나 관습법 등에 비해 넓지 않다고 보아야 할 것이다.

그러나 영국이나 미국과 같은 영미법계 국가들에서는 법원(法源)의 대부분이 판례의 축적을 통해 이루어지기 때문에 판례는 법원(法源) 중에서도 매우 중요한 위치를 차지하고 있을 뿐만 아니라 그 구속력의 범위 역시 우리와 같은 대륙법계에 비해 상대적으로 강력하고 넓다고 보아야 할 것이다. 따라서 이와 같은 영미법계에서는 상급법원의 판례가 궁극적으로 하급법원까지 구속하게 되는 '선례구속(先例拘束)의 원칙'이 적용되는 것이다.

대륙법계 국가에서는 이 원칙이 절대적으로 적용되는 것은 아니지만 동일한 사건에 대해서는 선례구속의 원칙이 적용되는 등 오늘날에는 그 중요성이 더욱 커지고 있는 실정이다.

판례법은 법원이 내리는 판결을 법으로 보는 경우이며 대법원의 판례에 의해 형성된다. 우리나라의 경우 사회복지에 관한 판례가 많지는 않으나 점점 증가하고 있는 추세이다. 군인연금법, 공무원연금법, 국민연금법, 국민건강보험법, 국민기초생활보장법, 사회복지사업법 등과 관련된 판례들이 존재한다.

3) 조리

조리란 사물의 자연적 도리, 합리성·본질적 법칙 및 사회적 통념에 의해 판단되는 자연적 원리로서 궁극적으로는 실정법 질서에 있어서의 가치의 근본이 된다고 볼 수 있다. 이러한 조리는 사회가 복잡·다양해지고 변화하는 속도에 법이 제대로 쫓아가지 못하는 상황이 발생할 경우 그 유용성이 있다고 할 것이다. 즉, 조리가 법원의 역할을 하는 이유는 재판이 법에 의존해야 하지만 적용해야 할 제정법, 관습법, 판례법이 없는 경우에도 재판은 해야 하기 때문이다. 조리는 성문법, 관습법, 판례법이 없을 경우 최종적으로 적용되는 보충적 법원이다. 신의성실, 사회통념, 비례원칙 등이 이에 해당한다.

우리 민법 역시 제1조에서 "민사에 관하여 법률에 규정이 없으면 관습법에 의하고 관습법이 없으면 조리에 의한다."라고 규정함으로써 조리의 법원성(法源性)을 명문화하고 있다.

제 3 절 법의 분류방법

1. 일반법과 특별법

일반법과 특별법을 구별하는 것은 '특별법은 일반법에 우선한다'는 특별법 우선의 원칙에 있다. 법 적용의 순위를 정하는 데 있어, 일반적 원칙으로서 특별법은 일반법에 우선하여 먼저 적용하고, 특별법에 해당 규정이 없는 경우에 그의 보충으로서 일반법을 적용한다.

일반법과 특별법은 법의 효력이 미치는 범위를 표준으로 하여 그 범위가 일반적인 경우 일반법, 특정적인 경우 특별법이라고 한다. 일반법이란 사람, 장소, 사항 등에 관하여 특별한 한정이 없이 일반적으로 넓은 효력범위를 갖는 법을 말하고, 특별법이란 일정하게 한정된 사람, 장소 또는 사항에 관하여 특수적인 좁은 효력범위를 갖는 법을 의미한다.

일반법과 특별법은 절대적 개념이라기보다는 상대적 개념으로 비교 대상에 따라 일반법이었던 법이 특별법이 될 수도 있고, 특별법이었던 법이 일반법이 될 수도 있다.

1) 인적 범위를 표준으로 하는 구별

일반법은 국민 일반에게 적용되는 법이고, 특별법은 국민 중에 특별한 사람에 한해서만 적용되는 법이다. 예를 들면, 사회복지 분야에서는 사회보장기본법이 일반법에 해당하며 산업재해보상보험법, 고용보험법, 국민기초생활보장법, 노인복지법, 장애인복지법, 아동복지법, 청소년보호법 등은 사회보장기본법과 비교할 때 특별법이다.

2) 지역적 범위를 표준으로 하는 구별

일반법은 국토(영토, 영해, 영공)의 전반에 걸쳐 적용되는 법이고, 특별법은 국토 내의 한정된 일부지역에만 적용되는 법이다. 예를 들면, 전국에 시행되는 사회보장기본법, 국민연금법, 국민건강보험법, 국민기초생활보장법, 노인복지법, 장애인복지법 등 국회에서 제정한 사회복지관련법은 대부분 일반법이다. 반면 경기도의 복지관련 조례나 규칙과 같이 지방의회나 지방행정기관이 제정한 조례나 규칙은 전국적으로 시행되는 법과 비교할 때 특별법이다.

3) 사항을 표준으로 하는 구별

일반법은 일반적이고 비교적 넓은 범위의 사항에 관하여 적용되는 법이고, 특별법은 비교적 한정된 좁은 범위의 사항에 관하여 적용되는 법이다. 예를 들면, 사회보장기본법은 일반법이고, 이에 대해 국민연금법, 국민건강보험법, 장애인복지법, 아동복지법, 노인복지법 등은 특별법이다. 그러나 장애인복지법은 상대적으로 장애인고용촉진 및 직업재활법에 대해서는 일반법이 된다.

2. 상위법과 하위법

법규범은 수직적으로 체계화되어 있는데, 그 순서는 헌법이 최고 상위에 있고 차례로 법률, 명령, 조례, 규칙의 순으로 되어 있다. 이에 따라 하위에 있는 규범이 상위의 규범을 위반하면 위헌 또는 위법이 된다. 법의 제정에서 하위법을 정립하는 집행기관은 입법기관에 의해서 정립된 상위법의 정신에 따라 그것을 구체적으로 실현하는 내용의 하위법을 정립해야 하고, 하위의 법 규정은 상위법에 위반되어서는 안 된다. 법의 해석 역시 하위법의 해당 사항이 상위법을 위반해서는 안 된다.

3. 강행법과 임의법

강행법은 당사자의 의사와 관계없이 적용이 강제되는 법이고, 임의법은 당사자의 의사에 따라 법을 적용할 수도 있고 적용을 배제할 수도 있는 법이다. 예를 들어 형법은 강행법에 해당되고 민법은 임의법에 해당된다.

4. 신법과 구법

신법은 새로 제정된 법이고, 구법은 신법에 의해 폐지되는 법을 말한다. 신법의 시행시기와 구법의 종료시기에는 상호 불일치가 존재할 수 있는데, 이러한 불일치를 해결하기 위하여 신법에 '경과규정' 또는 '부칙'을 둔다.

법령 적용과 해석에는 몇 가지 원칙이 있다. 형식적 효력의 원칙으로 모든 법령은 헌법을 정점으로 하나의 단계적 구조를 이루고 있으므로 둘 이상 종류의 범령이 그 내용에 있어서 상호모순·저촉하는 경우에는 상위법령이 하위법령에 우선하는 상위법 우선의 원칙, 시간적으로 나중에 제정된 것이 먼저 제정된 것보다 우선하는 효력을 가지는 신법우선의 원칙, 특별법이 일반법에 우선하는 특별법 우선의 원칙이 적용된다.

제 4 절 사회복지법

최근에 등장하여 빠른 속도로 변화하고 있는 사회복지법의 법적 지위가 명확히 규정되어야 사회복지법에 어떠한 법률이 포함되는지, 법체계를 어떻게 분류하고 어떤 기준을 정할 것인지의 문제가 해결된다. 이러한 사회복지법의 법적 위치는 기본적인 법체계를 이해하고 그러한 법체계 속에서 사회복지법이 어떠한 위치를 차지하며, 어떤 의미를 가지고 있는지에 대하여 검토하고자 한다.

1. 사회복지법의 개념

1) 일반적 정의

① 사회복지

어의적으로 보면 사회구성원 다수가 평안하고 만족스럽게 잘 지내는 상태(welfare=well+fare)를 의미한다.

② 사회복지법

일반 사회구성원 다수가 평안하고 만족스러운 상태를 유지하며 잘 지낼 수 있도록 규정하는 제반 법규를 의미한다. 구체적으로 사회복지법이란 모든 국민과 적법한 외국인의 욕구를 충족시키고, 생활상의 곤란과 문제를 개인적, 집단적, 지역사회적, 국가적, 국제적 수준에서 예방 · 보호 · 치료 · 회복시킴으로써 그들의 인간다운 생활을 보장하고 사회적 정의를 실현하기 위한 공적 · 사적 제도와 정책 등을 규율하기 위한 제반 법규를 의미한다.

2) 형식적 의미(협의)

형식적 의미의 사회복지법은 독일의 경우처럼 사회법전이 있는 경우에는 명시적으로 알 수 있으나 우리나라의 경우 독립적인 사회법전이 존재하지 않으므로 그 범위가 명확하지 않다. 일반적으로 사회보장기본법상 '사회보장제도'로 규정하고 있는 공공부조, 사회보험, 사회서비스에 속하는 법률들과 사회복지사업법상 '사회복지사업'에 속하는 법률들을 형식적 의미의 사회복지법이라고 본다.

3) 실질적 의미(광의)

실질적 의미의 사회복지법은 법의 존재형식이나 명칭에 관계없이 법규범의 내용, 목적, 기능들이 사회정의, 사회형평, 사회연대, 사회통합, 인간다운 생활, 행복권 등과 같이 사회복지 법규범에 내재하는 공통된 법 원리 내지 가치에 부합되는 법규를 의미한다.

사회복지법의 개념은 실질적 의미의 사회복지법 개념으로 파악하는 것이 바람직하다.

2. 사회복지법과 타법과의 관계

1) 헌법과 사회복지법

헌법 제10조의 행복추구권 규정과 제31조에서부터 제36조까지의 규정은 '사회권적 기본권' 또는 '생존권적 기본권' 규정이 사회복지법의 기본 방향이자 기본 근거임을 말해준다.

헌법은 사회복지법의 법원이 되지만, 헌법상의 모든 조항이 사회복지법의 법원이 되는 것은 아니며 사회복지와 관련된 사회권적 기본권 규정을 사회복지법원이라고 볼 수 있으며, 대표적으로 다음과 같은 조항들이라고 볼 수 있다.

헌법 제10조 모든 국민은 인간다운 존엄과 가치를 가지며, 행복을 추구할 권리를 가진다. 국가는 개인이 가지는 불가침의 기본적 인권을 확인하고 이를 보장할 의무를 가진다.

헌법 제34조 ① 모든 국민은 인간다운 생활을 할 권리를 가진다. ② 국가는 사회보장·사회복지의 증진에 노력할 의무를 진다. ③ 국가는 여자의 복지와 권익의 향상을 위하여 노력하여야 한다. ④ 국가는 노인과 청소년의 복지향상을 위한 정책을 실시할 의무를 진다. ⑤ 신체장애자 및 질병·노령 기타의 사유로 생활능력이 없는 국민은 법률이 정하는 바에 의하여 국가의 보호를 받는다. ⑥ 국가는 재해를 예방하고 그 위험으로부터 국민을 보호하기 위하여 노력하여야 한다.

헌법 제35조 ① 모든 국민은 건강하고 쾌적한 환경에서 생활할 권리를 가지며, 국가와 국민은 환경보전을 위하여 노력하여야 한다. ③ 국가는 주택개발정책 등을 통하여 모든 국민이 쾌적한 주거생활을 할 수 있도록 노력하여야 한다.

헌법 제36조 ② 국가는 모성의 보호를 위하여 노력하여야 한다. ③ 모든 국민은 보건에 관하여 국가의 보호를 받는다.

2) 일반 법체계하의 사회복지법

사회복지법은 지역적인 적용범위를 기준으로 볼 때 국내에서만 적용되는 국내 사회복지법과 국가 간에 적용되는 국제 사회복지법으로 나뉜다. 사회복지제도의 내용은 나라에 따라 서로 다르다. 사회복지법은 주로 국내법적인 성격을 띠지만, 사회보장협약, ILO와 같은 국제기구의 국제적 권고, 국제선언 그리고 1964년 제정된 유럽사회보장법전의 내용 등은 국제적인 성격을 갖는다.

사회복지법은 성문법에 속한다. 즉 제정법, 관습법, 판례법 등의 실정법 가운데, 사회복지법은 주로 제도상 입법권을 가지는 자에 의하여 만들어지고, 그 내용이 문서로 작성되어 일정한 형식과 절차를 밟아 공포된 제정법(성문법)에 속한다.

사회복지법은 사회법에 속한다.

3) 사회복지법의 분류체계

사회복지법은 하나의 법전으로 체계화되지는 않았지만, 사회보장기본법의 분류에 따라 크게 3가지 영역으로 구분되는 사회복지 관련법들로 이루어져 있다. 사회복지법은 내용적으로 크게 사회보험법, 공공부조법, 사회서비스법으로 구분된다. 이 중에서 사회서비스법은 사회복지사업법에서 정하는 복지 27법 중 공공부조법을 제외한 법률 및 사회복지와 관련된 법률로 구성된다.

3. 자치법규와 지방자치단체

지방자치란 일정 지역의 주민이 그 지역의 공공사무를 자주적으로 결정하고 처리하는 제도로 일반적으로 주민자치와 단체자치로 나뉜다. 주민자치는 지방자치단체가 지방주민들의 생활에 관련되는 사무를 국가에 의하지 않고 자기들의 의사와 책임 아래 스스로 또는 대표자를 선출하여 처리하는 것이다. 반면 단체자치는 법률상으로 법인격을 가진 자치단체가 국가로부터 상대적으로 독립된 지위를 가지고 일정한 권한을 부여받아 국가의 간섭을 받지 않고 자주적으로 처리하는 것이다.

1) 자치법규(조례, 규칙)

헌법 제11조는 “지방자치단체는 주민의 복리에 관한 사무를 처리하고 재산을 관리하며, 법령의 범위 안에서 자치에 관한 규정을 제정할 수 있다”고 규정함으로써 지방자치단체에

자치법규의 제정권을 부여하고 있다. 지방자치단체는 법률에 의하여 인정된 자치권의 범위 내에서, 즉 법령의 범위 내에서 자기의 사무 또는 주민의 권리·의무와 자치에 관한 규칙인 자치법규를 제정한다.

자치법규에는 조례와 규칙이 있다. 조례와 규칙에 대한 세부적인 내용은 지방자치법에 규정되어 있다.

(1) 조례의 의의 및 특성

조례란 지방자치단체가 그 자치입법권에 의거하여 법령의 범위 안에서 지방의회의 의결을 거쳐 그 사무에 관하여 제정한 법이다. 조례의 제정과 개폐는 의결기관으로서 지방의회의 권한에 속한다. 지방자치단체는 조례제정권을 가지고 있으며, 법령의 범위 안에서 그 사무에 관하여 조례를 제정할 수 있다. 다만, 주민의 권리 제한 또는 의무 부과에 관한 사항이나 벌칙을 정할 때에는 법률의 위임이 있어야 한다(지방자치법 제22조).

조례의 특성은 다음과 같다.

첫째, 조례는 위계적 특성을 갖고 있다. 시·군 및 자치구의 조례나 규칙은 시·도의 조례나 규칙에 위반하여서는 아니 된다(지방자치법 제24조). 일부 지방자치단체에서는 독자적인 사회복지조례를 제정하여 다른 지방자치단체가 실시하고 있지 않는 사회복지사업을 독자적으로 실시하고 있다.

둘째, 조례는 내용상 포괄성을 갖는다. 조례는 특정 분야에 한해서 제정되는 것이 아니라 자치업무의 수행에 필요한 모든 분야를 포함하고 있다. 따라서 지방자치단체는 사회복지에 관련된 업무의 수행을 위한 사회복지조례도 제정하고 있다.

셋째, 조례는 법질서 유지의 특성을 갖고 있다. 조례는 '법령의 범위 내에서만' 제정할 수 있도록 함으로써 법질서를 유지하고 법적 일관성을 기하고 있다.

넷째, 조례는 지역제한적인 특성을 갖고 있다. 자치법규는 원칙적으로 그 지방자치단체의 지방 내에서만 효력을 갖는다.

사회복지조례는 지방자치단체들이 관할 지역주민들의 삶의 질을 균형적으로 발전시키는 데 기여하기 위하여 제정된다. 이를 위하여 조례는 지방자치단체들이 사회복지사업을 수행함에 있어 민주성과 능률성을 도모할 수 있도록 하기 위한 내용을 포함하고 있다.

(2) 규칙의 의의 및 특성

규칙은 지방자치단체의 장이 법령 또는 조례가 위임한 범위 내에서 그 권한에 속하는 사무에 관하여 정립한 법이다(지방자치법 제23조), 따라서 규칙제정권은 지방자치단체의 장에게 속한다. 일반적으로 조례가 제정되면 조례의 시행에 관하여 필요한 사항을 규칙으로 정하고 있다. 즉, 조례시행규칙 또는 조례운영규칙을 정한다.

(3) 조례 · 규칙의 심의 · 의결

지방자치단체의 장이 조례 · 규칙의 제정 · 개폐 및 공포 등을 하고자 하는 경우에 이를 심의 · 의결하기 위하여 지방자치단체의 장 소속하에 조례 · 규칙심의회를 둔다.

2) 지방의회와 지방자치단체

(1) 지방의회

지방의회는 조례의 제 · 개정 및 폐지뿐만 아니라 예산의 심의 · 확정, 결산의 승인 등과 기타 법령에 의하여 그 권한에 속하는 사항을 의결한다(지방자치법 제39조).

(2) 지방자치단체의 의의

지방자치단체는 국민기초생활보장제도와 같은 공공부조나 사회복지서비스를 직접 국민들의 삶의 현장에서 집행하는 데 중요한 역할을 하고 있다. 지방자치가 발전되어 가면서 오늘날 공공 사회복지 주체로서 지방자치단체는 그 역할이 점차 증가하고 있다.

(3) 지방자치단체의 사무

사무 처리의 기본 원칙: 지방자치단체는 법령이나 상급지방자치단체의 조례를 위반하여 그 사무를 처리할 수 없다(지방자치법 제8조).

지방자치단체의 사무범위: 지방자치단체는 그 관할구역의 자치사무와 법령에 의하여 지방자치단체에 속하는 사무를 처리한다.

주민의 복지증진에 관한 사무로는 주민복지에 관한 사업, 사회복지시설의 설치 · 운영 및 관리, 생활곤궁자의 보호 및 지원, 노인 · 아동 · 심신장애인 · 청소년 및 여성의 보호와 복지증진, 보건의료기관의 설치·운영, 전염병 및 기타 질병의 예방과 방역 등의 사무가 있다.

(4) 지방자치단체의 장

지방자치단체의 장은 지방자치단체를 대표하고 그 사무를 총괄한다. 시·도와 시·군 및 자치구에서 시행하는 국가사무는 법령에 다른 규정이 없으면 시·도지사와 시장·군수 및 자치구의 구청장에게 위임하여 행한다. 지방자치단체의 장은 그 지방자치단체의 사무와 법령에 따라 그 지방자치단체의 장에게 위임된 사무를 관리하고 집행한다.

제 5 절 사회복지의 주체

1. 기본권의 주체

기본권의 주체는 국민·외국인·법인이 해당되며, 기본권의 향유능력을 가진 자는 기본권의 주체가 된다.

1) 국민

국민이란 국가의 구성원으로서의 계속적 지위를 가지는 자로서 형식적으로는 헌법 제2조에 따른 대한민국의 국적을 가진 모든 자를 의미한다. 이에 대한 규정으로는 헌법 제10조에서 "모든 국민은 인간으로서의 존엄과 가치를 가지며 행복을 추구할 권리를 가진다. 국가는 개인이 가지는 불가침의 기본적 인권을 확인하고 이를 보장할 의무를 진다"고 하여 헌법상의 기본권의 주체가 국민임을 명백히 하고 있다. 기본권은 국민 개개인이 국가 내에서 가지는 원칙적인 법적 지위를 규정하고 있는 것이므로 자연인으로서의 개인이 원칙적으로 그 주체가 된다.

2) 외국인

외국인은 대한민국의 국적을 갖지 않고 외국국적을 가진 자이며 무국적자까지 포함한다. 현행 헌법은 외국인의 기본권에 대해 상호주의에 입각하여 헌법 제6조에서 '외국인은 국제법과 조약이 정하는 바에 의하여 그 지위가 보장된다'고 정하고 있다. 또한 외국인 근로자에 대해 적용을 확대해 가는 추세이고, 근로 3권은 인정되어야 한다는 것이 다수의 설이다.

외국인에게 인정되는 기본권은 신앙의 자유, 양심의 자유, 사생활비밀의 자유, 통신의 자유, 재판청구권, 출국의 자유, 영장제도, 국가인권위원회에 대한 제소권 등을 들 수 있다. 현재 외국인에게 제한적으로 인정되는 기본권은 직업선택의 자유, 거주·이전의 자유, 재산권의 보장 및 입국의 자유 등이 있다.

3) 법인

헌법에서 법인에 관해 명시적으로 밝히고 있지 않으나, 법인의 활동이 궁극적으로 자연인을 위한 목적을 기초로 하기 때문에 특정한 성질에 따라 특정한 범위 내에서 법인의 기본권의 주체성을 인정하고 있다. 또한 헌법재판소의 견해(헌재 1991. 6. 30. 90헌바56 등)에 따라 기본권의 주체로 보고 있다.

2. 사회복지의 주체

사회복지의 법률관계는 사회복지의 주체와 사회복지의 객체 간의 권리 - 의무관계를 말한다. 사회복지의 법률관계도 크게 공법 관계와 사법 관계로 나눌 수 있다. 공법과 사법을 구분함에 있어서 여러 학설이 있으나, 사회복지의 주체에 대한 법적 검토를 행함에 있어서는 법률관계의 주체를 기준으로 공법과 사법[4]을 구분하는 주체설에 따라 논하는 것이 바람직하다.

4) 공법은 국가 또는 공공단체와 개인과의 관계 및 공공단체 상호간의 관계를 규율하는 법이고 사법은 사인 상호 간의 관계를 규율하는 법이다.

사회복지 분야에서 사회복지 주체는 주로 복지다원주의(welfare pluralism)를 통해 설명한다. 즉, 사회복지의 주체는 단일하지 않고 국가, 지방자치단체, 공공기관, 법인, 종교단체, 개인 등 다양하게 구성되어 있다. 사회복지는 국민의 인간다운 생활을 보장한다는 취지에 따라 공공성이 매우 높은 영역이기 때문에, 그 운영은 공정하게 이루어져야 한다. 따라서 사회복지의 법률관계를 수행하는 사회복지주체에 관한 논의는 국민들의 인간다운 생활 보장함에 있어 큰 의미가 있다.

사회복지법에서는 사회복지의 주체를 크게 공적 사회복지 주체(국가, 지방자치단체, 공법인)와 민간 사회복지 주체(법인, 사법인, 비영리법인)로 구분할 수 있다.

1) 공적 사회복지 주체

(1) 공적 사회복지 주체의 의의

사회복지의 공적인 법률관계는 주로 국가나 지방자치단체 또는 공공단체가 법률관계의 주체로서 사회복지와 관련하여 국민과 갖게 되는 권리-의무관계이다.

(2) 공적 사회복지 주체의 종류

① 국가

국가란 일정한 영토와 국민·주권을 기초로 통치 권력에 의하여 통치권을 행사하는 공식적인 통치조직을 말한다. 국가는 법률상 하나의 인격을 가지는 것으로 간주된다. 즉, 국가는 법률관계에서의 주체가 되는 것이다. 국가가 행정주체가 되는 경우, 그 권한은 대통령을 정점으로 하는 국가 행정조직을 통해 행사된다. 그리고 그 국가를 위해 실제로 행정사무를 담당·수행하는 역할을 하는 것이 행정기관이며, 이 행정기관은 어떠한 권한을 행사하느냐에 따라 행정관청, 집행기관, 의결기관, 자문기관, 보조기관 등으로 구분된다.

② 지방자치단체

지방자치단체는 국가 영토의 일부를 자기 구역으로 하여 그 구역 내의 모든 주민에 대하여 법률이 정하는 범위 내에서 지배권을 행사하는 단체이다. 지방자치단체는 그의 지배권이 지방자치단체에 고유한 것이 아니고, 국가로부터 부여된다는 점에서 국가와 구별되고, 일정한 구역에 대한 지배권을 가지는 지역단체인 점에서 다른 공법인과 구별된다.

지방자치단체는 자치행정의 주체로서 국가로부터 행정권의 일부를 부여받은 공공단체이며 공법인이다. 공적 사회복지 주체로서의 지방자치단체에는 보통 지방자치단체(특별시·광역시·도, 시·군·구)와 특별지방자치단체(지방자치단체조합)가 있다.

지방자치단체가 발전되어가면서 오늘날 공적 사회복지 주체로서 그 역할이 점차 증가하고 있다. 지방자치단체는 국민기초생활보장제도와 같은 공공부조나 사회복지서비스를 직접 국민들의 삶의 현장에서 집행한다. 최근 일부 지방 재정자립도가 높은 지역의 지방자치단체는 재정자립도가 낮은 지역의 지방자치단체보다 높은 수준의 복지혜택을 해당 지역의 주민들에게 지방자치단체의 자체 재원을 활용하여 제공하는 경우를 찾아볼 수 있다.

지방자치단체가 서비스의 주체가 되는 경우, 지역 특성이나 지역주민의 의견에 따라 서비스의 내용과 수준을 조정할 수 있으며, 다른 지방자치단체와의 경쟁으로 서비스가 개선될 수 있다는 장점이 있다. 하지만 지방자치단체 간의 재정격차로 인하여 서비스의 불평등이 심화될 수 있다.

③ 공법인

특정한 공공목적을 위하여 특별한 법적 근거에 따라서 설립된 법인을 공법인(公法人)이라 한다. 공법인은 사법인과 달리 보통 그 목적이 법률로서 정해져 있고, 목적 달성에 필요한 한도에서 행정권이 부여되고 여러 특혜가 인정되며 또한 국가의 특별한 지도감독을 받고 있다. 공법인은 광의로는 국가와 공공단체를 모두 포함하고 협의로는 공공단체와 같은 의미로 사용되고, 최협의로는 지방자치단체를 제외한 공공단체(예: 국민연금공단, 국민건강보험공단, 근로복지공단 등)를 의미한다.

2) 민간 사회복지 주체

(1) 법인

① 의의

법인은 자연인이 아니면서 법률상의 권리-의무의 주체가 되는 것, 또한 일정한 목적하에 결합된 사람의 집단 또는 재산의 집합체에 대하여 법인격, 즉 법률상의 권리·의무의 주체가 될 수 있는 능력이 부여된 것을 말한다. 법인격을 취득할 수 있는 단체로는 사단법인과 재단법인이 있다.

② 특징

일정한 단체가 법률에 의해 인격을 승인받아 권리-의무의 주체가 된다는 것은 다음과 같은 세 가지 의미를 갖는다. 첫째, 법인은 권리-의무의 주체가 될 수 있지만 자연인처럼 스스로 행동할 수는 없기 때문에 대표이사와 같은 기관을 설정하게 되고, 기관의 행위는 곧 법인의 행위로 간주하는 방식을 취한다. 둘째, 법인은 구성원의 가입·탈퇴가 있더라도 그에 영향을 받지 않고 그 동일성이 유지된다. 셋째, 법인의 재산은 구성원의 재산과는 독립된 법인 자체의 재산이다.

(2) 법인의 종류

법인의 종류는 기준에 따라 몇 가지로 나뉜다. 사회복지와 관련된 법인은 공법인과 사법인 가운데 비영리법인(재단법인과 사단법인)이 있고, 사회복지사업법상 사회복지법인으로 특정되어 있는 경우도 있다. 상당수의 법인이 민법상 재단법인과 사단법인으로 설립되었다가 사회복지법인으로 법인격을 변경하였다.

① 공법인과 사법인

법률관계가 복잡해져 획일적 기준으로 구별하기가 곤란하나 국가, 지방자치단체 등 공공의 목적을 위해 공법으로 설립된 법인은 공법인이다. 공법인은 사법인과는 달리 보통 그 목적이 법률로서 정해져 있고, 목적 달성에 필요한 한도에서 행정권이 부여되고, 여러 특혜가 인정되며, 국가의 특별한 지도·감독을 받고 있다.

사법인은 사법에 의하여 설립되고 규율되는 법인이다. 민법상의 비영리사단법인과 비영리재단법인 그리고 상법상의 영리법인이 대표적이며, 그 내부의 법률관계에 국가 또는 공공단체의 강제적 권력 작용이 가해지지 않는 법인을 가리킨다. 한국이웃사랑회, 한국사회복지사협회, 한국복지재단 등과 같은 사회복지사업법상 사회복지법인은 사법인이다.

- 법인(공법인과 사법인)
- 사법인(영리법인과 비영리법인)
- 비영리법인(사단법인과 재단법인)
- 사단법인과 재단법인(비사회복지법인과 사회복지법인)
- 사회복지법인(시설법인과 지원법인)

② 영리법인과 비영리법인

설립목적이 영리의 추구에 있느냐에 따라 영리법인과 비영리법인으로 구분한다. 영리법인은 구성원의 경제적 이익을 도모함을 궁극적 목적으로 하여 설립된 법인으로 사단법인만이 영리법이 될 수 있고, 재단법인은 영리법인이 될 수 없다. 비영리법인은 공익을 위한 사업이나 학술, 종교, 자선, 기예, 사교, 기타 영리가 아닌 사업을 목적으로 하는 법인을 말하며, 대부분의 사회복지기관이나 시설인 사회복지법인은 비영리법인이지만 유료노인복지시설인 실버사업과 같은 이용시설의 경우 영리법인이 될 수 있다. 단 비영리법인은 비영리사업의 목적을 달성하는 데 필요하며 본질에 반하지 않을 정도의 영리행위를 하는 것은 가능하다.

③ 사단법인과 재단법인

민법은 비영리법인으로서 사단법인, 재단법인 두 가지 중 하나로서 설립되어야만 하며, 중간적인 형태의 법인은 인정하지 않는다. 사단법인은 구성원과는 독립하여 단체 자체가 그 주체가 되고, 일정한 목적을 위하여 결합한 사람의 단체에 법인격이 부여된 것이며 단체의사에 의하여 자율적으로 활동한다. 재단법인은 재산을 일정한 목적을 위하여 출연하여 이를 바탕으로 일정한 조직을 갖추어 그 목적을 영위하는 경우 법인격을 가진 결합된 재산의 집단이며, 설립자의 의사에 의하여 타율적으로 운영된다. 예를 들어 홀트아동복지, 한국복지재단, 한민족복지재단, 삼성복지재단 등은 재단법인에 해당한다.

(3) 사회복지법인

① 정의

사회복지법인은 사회복지사업법 제2조의 "사회복지사업"을 행할 목적으로 설립된 법인을 의미한다. 사회복지법인은 사법인(私法人)이면서 비영리법인이며, 재단법인의 성격을 동시에 지닌다고 볼 수 있다.

② 사회복지법인의 종류

사회복지법인은 시설법인과 지원법인으로 구분한다. 시설법인은 사회복지시설을 설치·운영하는 법인으로 사회복지사업법 제2조의 사회복지시설을 설치·운영할 목적으로 설립된 사회복지법인이다. 지원법인은 사회복지사업을 지원하는 법인으로 사회복지사업을 지원할 목적으로 설립된 사회복지법인이다.

CHAPTER 02

사회복지의 권리성

제 1 절 시민법과 사회법

1. 시민법의 탄생

시민법은 부르주아 혁명에 의해 탄생한 시민사회[1]를 전제로 하여 출연한 법이다. 르네상스와 종교개혁을 바탕으로 인본주의(휴머니즘)를 전제로 하고 개인주의, 자유주의라는 당시의 사상적 배경을 토대로 하였다.

근대의 시민법은 인격절대주의, 자유인격의 원칙을 최고의 원칙으로 하였다. 모든 개인은 태어날 때부터 봉건적, 신분적 제한으로부터 완전히 자유롭고 서로 평등하며, 한편으로는 이성적이면서 다른 한편으로는 이기적인 추상적 개인, 즉, '인격자'로 보고 이러한 개인을 출발점으로 하였다.

2. 시민법의 주요원리

1) 사유재산권 존중의 원칙(=소유권 절대의 원칙)

근대 사회의 '개인'은 봉건사회의 신분적 종속관계에서 해방된 대신, 타인의 보호를 받아서는 생활할 수 없다는 것에 기초했다. 개인은 자기책임 하에 생활을 영위하여야 하고 그가 의지할 수 있는 것은 재화이다. 이러한 모든 재화에 대한 완전한 지배를 인정하고 서

1) 당시의 시민사회는 봉건사회의 신분질서를 타파하고 자본주의 사회를 확립한 시민계급(신흥 부르주아 계급) 사회를 말한다.

로 이를 침해하지 않도록 하는 것을 말한다. 각 개인의 사유재산권에 대한 절대적 지배를 인정하고 국가나 다른 사인은 이에 간섭하거나 제한하지 못한다. 사유재산권의 가장 전형적인 것은 소유권이므로 '소유권 절대의 원칙'이라고 한다.

2) 사적 자치의 원칙(=계약자유의 원칙)

사적 자치의 원칙은 사람은 누구나 합리적인 판단력을 가지고 있으며 개인의 활동에 있어서 국가가 간섭하지 않고 각자의 자유에 맡겨두면 사회는 조화 있게 된다는 생각을 바탕으로 하였다. 이 원칙은 법적으로 평등한 시민들 간의 자유로운 의사표시에 의한 구체적 합의에 의해서 법적인 권리 - 의무관계가 형성된다는 원칙이다. 개인이 자신의 자유의지에 따라 자유롭게 계약을 체결하므로 계약자유의 원칙이라고도 한다. 시민 개인의 영리 추구와 자유권을 인정하므로 경제적으로 자유경쟁주의, 자유방임주의로 나타났다.

3) 과실 책임의 원칙(=자기 책임의 원칙)

개인은 타인에게 준 손해에 대해서 그 행위가 위법할 경우뿐만 아니라 고의·과실이 있는 경우에만 책임을 지고 그렇지 않은 경우에는 책임을 지지 않는다는 원칙이다.

3. 사회법의 등장(시민법의 수정)

1) 사회법의 등장 원인

시민법은 사유재산권 존중의 원칙, 사적 자치의 원칙, 과실 책임의 원칙 등 근대 개인주의의 원칙에 근거한다. 그러나 근대 국가에 있어서 자본주의 경제의 발전으로 인해 사적 자치의 원칙을 수정할 필요성이 생겼다. 자본주의의 발전은 경제적 약자와 강자의 대립 또는 노사의 대립을 초래하여 사회적 위험을 발생시켰다. 평등한 개인을 전제로 하는 사적 자치의 원칙은 경제적 약자와 강자 간에 수정이 필요했다. 사회적 위험을 더 이상 가족 혹은 지역공동체에서 해결할 수 없게 된 것이다. 그리하여 소유권과 계약의 자유를 수정하여 공법적 제한을 가하는 국가의 사회정책, 경제정책, 노동정책적 입법이 형성됨에 따라 사회법(노동법, 경제법, 시회보장법)도 형성되었다.

2) 사회법의 기본 원칙

(1) 소유권 행사의 제한

공공복리를 기준으로 소유권에 대한 제한을 가하게 되었다.

(2) 계약자유의 원칙의 수정

계약에 대한 국가의 개입으로, 공공복리 · 질서유지 · 신의성실 등의 법리로 계약의 자유를 제한한다.

(3) 무과실 책임주의

무과실 책임주의란 시민법의 과실 책임주의 원칙을 수정한 것이다. 과학과 기술이 진보하면서 타인에게 입힌 손해가 누구의 과실로 인한 책임인가를 규명해서 책임이 있는 사람에게 손해배상을 청구하는 것이 매우 어려워졌고, 과실 책임을 입증하는 것에 너무 많은 시간과 돈이 필요하게 되었다. 이 과정이 길어지고 돈이 많이 들어가도 과실 책임을 밝히는 것이 어려워지게 되자 과실이 누구의 잘못으로 인한 것인지 따지지 않고 손해배상을 하는 것이 무과실 책임주의이다. 우리나라의 산업재해보상보험법도 무과실 책임주의를 따르고 있다.

제 2 절 기본권

1. 기본권의 정의 및 법적 성격

1) 기본권의 정의

기본권이란 국민이 향유하는 기본적 권리로서 헌법에 의해 보장[2)]되는 권리를 말한다.

2) 헌법상의 조항으로 본 기본권의 종류
① 포괄적 기본권: 모든 국민은 인간으로서의 존엄과 가치를 가지며, 행복을 추구할 권리를 가진다. 국가는 개인이 가지는 불가침의 기본적 인권을 확인하고 이를 보장할 의무를 진다(헌법 제11조).
② 평등권: 모든 국민은 법 앞에 평등하다. 누구든지 성별 · 종교 또는 사회적 신분에 의하여 정치적 · 경제적 · 사회적 · 문화적 생활의 모든 영역에 있어서 차별을 받지 아니한다(헌법 제11조).

반면에 인권이란 인간이 인간이기 때문에 당연히 갖는 생래적 자연권을 말한다. 기본권은 천부인권상의 권리뿐만 아니라 실정법에 의해서 비로소 형성되거나 구체화되는 권리까지도 포함하는 포괄적인 권리라고 할 수 있다.

2) 기본권의 법적 성격

(1) 주관적 공권

이는 기본권을 국민이 국가권력에 대하여 일정한 권리로서 가진다는 것을 말한다.

(2) 자연권

이는 기본권을 시대와 장소에 따라서 다소의 차이는 있으나, 기본권은 본질적으로 인간이 가지는 권리라는 것을 말한다. 기본권이 자연권인가 또는 실정법으로서 헌법에 규정되어야 비로소 권리가 된다는 실정권설인가에 대해서 견해가 갈려 있으나, 우리나라 현행 헌법은 자연권설에 기초하고 있다. 자연권은 생태적 권리, 천부인권[3]을 말하며, 실정권은 헌

---

③ 자유권적 기본권: 모든 국민은 신체의 자유를 가진다. 누구든지 법률에 의하지 아니하고는 체포·구속·압수·수색 또는 심문을 받지 아니하며, 법률과 적법한 절차에 의하지 아니하고는 처벌·보안처분 또는 강제노역을 받지 아니한다(헌법 제12조). 모든 국민은 거주·이전의 자유를 가진다(헌법 제14조). 모든 국민은 주거의 자유를 침해받지 아니한다(헌법 제16조). 모든 국민은 사생활의 비밀과 자유를 침해받지 아니한다(헌법 제17조). 보든 국민은 통신의 비밀을 침해받지 아니한다(헌법 제18조). 모든 국민은 양심의 자유를 가진다(헌법 제19조). 모든 국민은 종교의 자유를 가진다(헌법 제20조). 모든 국민은 언론·출판의 자유와 집회·결사의 자유를 가진다(헌법 제21조). 모든 국민은 학문과 예술의 자유를 가진다(헌법 제22조).

④ 경제적 기본권: 모든 국민의 재산권은 보장된다. 그 내용과 한계는 법률로 정한다(헌법 제23조). 모든 국민은 직업선택의 자유를 가진다(헌법 제15조).

⑤ 정치적 기본권: 모든 국민은 법률이 정하는 바에 의하여 선거권을 가진다(헌법 제24조).

⑥ 청구권적 기본권: 모든 국민은 법률이 정하는 바에 의하여 국가기관에 문서로 청원할 권리를 가진다(헌법 제26조). 모든 국민은 헌법과 법률이 정한 법관에 의하여 법률에 의한 재판을 받을 권리를 가진다(헌법 제27조). 형사피의자 또는 형사피고인으로서 구금되었던 자가 법률이 정하는 불기소처분을 받거나 무죄판결을 받은 때에는 법률이 정하는 바에 의하여 국가에 정당한 보상을 청구할 수 있다(헌법 제28조). 공무원의 직무상 불법행위로 손해를 받은 국민은 법률이 정하는 바에 의하여 국가 또는 공공단체에 정당한 배상을 청구할 수 있다. 이 경우 공무원 자신의 책임은 면제되지 아니한다(헌법 제29조).

3) 인권, 시민권, 기본권의 차이: 인권(human right)은 사람의 권리, 즉 태어날 때부터 인간이기 때문에 당연히 인정되는 권리(천부인권)이다. 자원권이라고도 하며, 인류에게 보편적이고 항구적으로 인정되는 권리이기 때문에 누구도 타인의 인권을 침해할 수 없다. 따라서 인권은 법 이전의 개념이고 법의 근거가 되는 개념이라 할 수 있다. 또한 사회복지 개념보다 더 근본적이고 더 넓으며 큰 개념이라 할 수 있다. 사회복지 법률은 인간의 인간다운 생활을 할 권리를 보장한다는 점에서 인권을 반영하고 보장하는 법률이라 할 수 있

법에 규정되어야 비로소 권리가 된다고 보는 학설이다.

(3) 기본권의 이중

기본권은 주관적으로는 개인을 위한 대국가적 공권을 의미하지만, 객관적으로는 국가의 기본적 법 질서성을 동시에 가지는데, 이러한 면을 이중성이라고 한다.

3) 기본권의 제한

현대 국가에서는 비상시의 원활한 대처와 위기극복을 위하여 헌법에 보장된 기본권이라 하더라도 헌법 제37조제2항에 의해서 국가안정보장, 질서유지, 공공복리를 위해서 필요한 경우에 한하여 제한이 가능하다. 그러나 기본권을 제한하더라도 과잉금지의 원칙, 이중기준의 원칙 등에 따라야 하고, 제한하는 경우에도 본질적으로 내용은 침해할 수 없다는 한계가 있다.

2. 사회권적 기본권(생존권적 기본권)

사회권적 기본권은 국민이 국가 기관에 대하여 인간다운 생활과 최저한의 생활보장을 적극적으로 요구할 수 있는 권리를 말한다. 사회권적 기본권(즉, 사회권)을 생존권적 기본권이라고도 한다. 사회권적 기본권에는 인간다운 생활을 할 권리, 교육을 받을 권리, 근로의 권리, 환경권 등이 있다. 사회권적 기본권은 복지권을 말하므로 여기에서는 사회권적 기본

을 것이다. 인권은 무엇이고 누가 부여하는가? 이런 질문을 매우 논쟁적이었는데, 근대국가가 형성되면서 인권은 시민사회의 구성원으로서 공유해야 할 권리로 인식되었다. 이렇게 시민권 개념이 등장하게 되었다. 시민권(citizenship) 개념은 마샬(T. H., Marshall)이라는 영국 학자에 의해 널리 알려졌는데, 그는 시민권이 공민권(,civil right), 정치권(political right), 사회권(social right)의 단계로 등장한다고 주장하였다. 공민권은 시민혁명 이후 시민계급이 추구했던 개인의 자유를 위한 권리(신체의 자유, 언론 및 사상의 자유, 사유재산 보장, 계약의 자유, 법 앞에서의 평등 등)를 말한다. 공민권이 경제영역에서의 시민권이라면, 정치권은 정치영역에서의 시민권, 즉 참정권을 의미한다. 마지막으로 등장한 사회권은 적정 수준의 경제적 보장을 받을 권리를 의미한다. 사회복지 입법 과정은 시민의 사회적 권리를 확대해나가는 과정이라 할 수 있다. 이러한 인권과 시민권은 다소 추상적이라 현실에서 적용하기에는 어려움이 있다. 따라서 이를 현실 속에서 최고법인 헌법 속에 명시한 것이 기본권이라 할 수 있다. 다시 정리하면, 기본권은 인간이 인간으로서 누릴 수 있는 권리 가운데 헌법이 보장하는 국민의 기본적 권리라 할 수 있다.

권을 살핌으로써 사회권적 기본권과 복지권을 함께 알아본다.

1) 사회권적 기본권의 의의

사회권적 기본권은 국민이 국가기관에 대하여 인간다운 생활과 최저한의 생활보장을 적극적으로 요구할 수 있는 권리를 의미하며, 사회권적 기본권은 생존권적 기본권이라고도 한다.

2) 최초의 사회권적 기본권

사회권적 기본권을 세계 최초로 규정한 것은 1919년 독일의 바이마르헌법이다. 사회권적 기본권(생존권)은 바이마르헌법에서 최초로 보장된 이래 세계 각국의 헌법이 이를 규정하였다. 바이마르헌법 제151조는 '경제생활의 질서는 각인으로 하여금 인간다운 생활을 보장하는 것을 목적으로 하는 정의의 원칙에 합치하여야 한다'고 규정하고 있다.

3) 우리나라 헌법의 규정

사회권적 기본권에 대해서 우리나라 헌법은 인간다운 생활을 할 권리, 교육을 받을 권리, 근로에 대한 권리, 근로 3권, 환경권 등을 규정하고 있다. 우리나라 헌법은 기본권 보장에 관한 규정을 두고 있다. 우리 헌법 전문에는 국민생활의 균등한 향상을 기하고 자유와 행복을 확보할 것이 명시되어 있다. 헌법상 국가는 사회보장 내지 사회복지의 증진을 위해 노력해야 할 의무가 있으며, 생활능력이 없는 국민은 국가로부터 보호를 받는다. 대한민국의 헌법은 사회권적 기본권(=사회권=생존권=인간다운 생활을 할 권리=사회복지권=복지권)에 대한 기본원칙을 제34조제1항에 규정하고, 그 세부적인 내용은 제34조제2항에서 제6항까지 규정하고 있다.

헌법에서의 사회권적 기본권 규정

조항	핵심	내용
헌법 제10조	기본권 보장의 대원칙 규정	모든 국민은 인간으로서의 존엄과 가치를 가지며, 행복을 추구할 권리를 가진다. 국가는 개인이 가지는 불가침의 기본적 인권을 확인하고 이를 보장할 의무를 진다.
헌법 제34조제1항	사회권적 기본권 보장의 기본원칙	모든 국민은 인간다운 생활을 할 권리를 가진다.
헌법 제34조제2항 이하	사회권적 기본권을 구체적으로 규정	국가는 사회보장·사회복지의 증진에 노력할 의무를 진다. 국가는 여자의 복지와 권익의 향상을 위하여 노력하여야 한다. 국가는 노인과 청소년의 복지향상을 위한 정책을 실시할 의무를 진다. 신체장애자 및 질병·노령 기타의 사유로 생활능력이 없는 국민은 법률이 정하는 바에 의하여 국가의 보호를 받는다. 국가는 재해를 예방하고 그 위험으로부터 국민을 보호하기 위하여 노력하여야 한다.

헌법에 규정된 사회권적 기본권의 내용을 살펴보면 국가는 사회보장, 사회복지 증진의 책임이 있고, 여자·노인·청소년 복지 정책을 실시해야 한다고 규정되어 있다. 그러나 장애인복지와 의료에 관한 국가의 책임을 명시하고 있는지는 그 조문을 잘 살펴보아야 한다. 다른 조문들은 "국가는 ~에 노력하여야 한다." 혹은 "국가는 ~에 의무를 진다."라고 표현되어 있는 반면, 장애인과 관련된 제5항은 "~법률이 정하는 바에 의하여 국가의 보호를 받는다."라고 규정함으로써 국가의 의무, 즉 법적 권리로서의 성격이 약하다. 또한 장애인복지를 제공해야 한다는 내용이 아니라 "신체장애자 및 질병, 노령, 기타의 사유로 생활능력이 없는 국민은 ~"이라고 표현함으로써 결국 장애인복지가 아닌 빈곤에 대한 규정으로서 단지, 빈곤의 사유 중 장애, 질병, 노령을 언급하고 있는 것이다. 그러므로 헌법상의 사회권적 기본권은 여성복지, 노인복지, 청소년복지는 국가의 의무로 규정되어 있지만, 장애인복지, 건강에 관한 복지 등에 대한 국가의 의무는 없다.

3. 복지권(인간다운 생활을 할 권리)

1) 복지권

전통적으로 기본권은 내용상 기본적 인권으로서 인간의 존엄과 가치 및 행복추구권 그리고 개별적인 기본권으로 평등권, 자유권, 사회권(생존권), 수익권, 참정권으로 구분된다. 이 가운데 사회권을 복지권이라고도 하며, 인간의 존엄과 가치 및 행복추구권이라는 기본적 인권 아래 주로 사회권의 한 영역으로 분석된다.

복지권은 그 대상이 요보호대상자에서 모든 국민으로 그리고 국내 체류 유자격 외국인들에게까지 상호주의[4]와 인도주의에 입각해 확대 발전되고 있다. 따라서 복지권이 공민권보다 오히려 대상 범위가 더 넓게 확대되어 가는 추세이다.

- 기본권(fundamental rights): 인간이 인간으로서 누릴 수 있는 권리 가운데 헌법이 보장하는 국민의 기본적 권리를 말한다.
- 복지권(welfare right; right to welfare): 헌법상 국민들이 복지혜택을 받을 권리로, 복지권이란 모든 국민이 인간다운 생활을 누리는 데 필요한 복지서비스를 국가로부터 보장받을 권리를 말한다.

2) 사회보장수급권

(1) 사회보장을 받을 권리

사회보장을 받을 권리란 사회보장수급권(사회보장기본법 제9조)을 말하는 것으로, 질병·노령·실직 등으로 말미암아 보호를 필요로 하는 개인이 인간의 존엄에 상응하는 인간다운 생활을 하기 위하여 국가에 대해 일정한 급여와 서비스 자원을 적극적으로 요구할 수 있는 권리를 말한다.

---

4) 예를 들어 외국에서 우리나라 국민에 대해서 사회보장제도를 적용한다면 우리나라에 거주하는 그 나라 국민에 대해서도 적용해야 한다는 것이다. 이를 위한 규범으로 사회보장협정이 있다. 이것은 외국에 거주하는 한국인과 국내에 거주하는 외국인에 대해서도 관계 법령이 정하는 바에 따라 적용된다. 예를 들어 국민연금 적용에서 상호주의 원칙이란 대한민국의 국민연금에 상응하는 연금에 관해 그 외국인의 본국법이 대한민국 국민에게 적용되어야 그 외국인에 대해서도 국민연금이 적용되는 원칙을 말한다.

(2) 사회보장수급권의 위치

사회보장을 받을 권리는 헌법상의 생존권, 사회권 조항을 기반으로 하는 권리로서 사회보장기본법 제9조에 의하며 '사회보장을 받을 권리', '사회보장수급권'으로 명시된 법적 용어이다. 이는 외국의 학자들이나 미국의 복지권 운동에 의해 복지권으로 사용되기도 한다.

제 3 절 사회권적 기본권의 법적 성격

사회권적 기본권이 최초로 바이마르 헌법에 규정된 이래로 사회권적 기본권의 성격이 어떤 것인지에 대한 문제가 끊임없이 제기되서 논의되어 왔다. 이러한 사회권적 기본권의 성격에 대한 문제는 헌법의 규범력이 높아지면서 더욱더 실질적으로 중요한 문제로 대두되고 있으며 많은 관심을 받고 있는 것이다. 우리나라의 경우도 헌법재판소가 생긴 이후 헌법의 규범력에 많은 관심을 쏟고 있으며, 사회권적 기본권의 법적 성격도 헌법재판소의 판례와 관련하여 중대한 문제로 대두되고 있는 것이다.

사회권적 기본권에 대하여는 바이마르 시대에는 프로그램 규정적 권리에 불과하다는 설이 다수였으나 차츰 법적 권리로 격상되었으며, 최근에는 법적 권리 중에서도 구체적 권리설이 많은 지지를 받고 있다.

1. 프로그램 규정적 권리

프로그램 규정적 권리설은 사회권적 기본권에 대해서 재판을 통해 구제 받을 수 있는 권리가 아닌, 국가가 국민에게 하나의 정책을 선언한 것에 지나지 않는다고 보는 학설이다. 모든 국민의 인간다운 생활을 위한 국가보호에 관한 헌법 규정은 구체적이고 현실적인 권리를 부여한 규정이 아니라, 그에 관한 법의 제정을 통해서만 효력이 발생하는 강령규정으로서 입법자에게 입법의 방침을 지시하는 규정이라는 것이다. 즉 국가가 프로그램(정책)을 행하면 그 프로그램에 대한 급여를 받을 수 있지만, 국가가 프로그램을 행하지 않으면 그와 관련한 사회보장(사회복지)에 대해 국가를 상대로 청구(요구)할 수 없다는 학설이다.

헌법상의 사회권적 기본권은 입법권만을 구속하고, 행정권과 사법권을 구속하지 않는다고 본다. 따라서 그 실시는 국가의 자유재량이며, 일종의 반사적 이익[5]에 속한다. 국민은 인간다운 생활에 필요한 급여를 구체적으로 청구할 수 없으며, 국가는 입법을 할 정치적·도의적 책임을 지는 데 불과하다.

이 학설에 의하면 사회권적 기본권은 국가의 정치적 권력을 헌법에 선언한 것에 불과하며 현실적으로는 국가의 입법이 있을 때 비로소 국가에 요구할 수 있는 공권이 발생하며, 국가의 재정능력에 발맞추어 국가의 사회정책이 정립될 수밖에 없고, 구체화할 수 있는 실질적인 전제가 헌법에 결여되어 있으므로 완전한 권리라 할 수 없기 때문에 이를 근거로 법원에 직접 소구할 수 없게 된다.

2. 법적 권리

법적 권리설은 사회복지의 권리에 관한 헌법규정은 법적인 권리로서 개별국민은 사회복지의 혜택을 누릴 권리가 법으로 보장되어 있으며, 국가는 이를 이행할 의무가 있다는 학설이다. 법적 권리설에서 사회권적 기본권은 입법권뿐만 아니라 행정권과 사법권을 모두 구속한다고 본다. 법적 권리는 추상적 권리와 구체적 권리로 나누어진다.

1) 추상적 권리설

추상적 권리설은 국민은 국가에 대해 사회복지 혜택을 받을 추상적 권리를 가지며, 국가는 입법, 기타 국정상 필요한 조치를 강구할 추상적 의무를 진다고 보는 학설이다. 헌법상의 사회권적 기본권은 직접적이고 구체적으로 권리를 보장하고 있지는 않다. 그러나 구체적인 권리를 보장하고 있지 않다고 해서 사회권적 기본권이 법적 권리가 아니라는 것은

5) 법이 공익의 보호·증진을 위해 일정한 규율을 행하는 데 따르는 반사적 효과로서 특정 또는 불특정의 사인에게 생기는 일정한 이익을 말한다. 이러한 반사적 이익은 법적으로 주장될 수 없으며, 일반적으로 재판상의 보호를 받을 수 없는 것으로 해석되고 있다. 반사적 이익의 반대말은 재판상의 보호를 받을 수 있는 개'인적 공권'이다.

아니며, 국민은 국가에 대하여 입법과 기타의 조치를 요구할 추상적 권리를 가진다. 즉, 이 학설은 사회권적 기본권의 법적 권리성을 인정하되 그 권리성은 추상적 정도에 그친다고 보는 견해이다. 이 견해에 의하면 국민은 국가에게 헌법 규정에 따른 추상적 권리를 가지고, 국가는 입법 기타 국정상 필요한 조치를 강구할 추상적 의무를 진다고 보는 것이다. 즉, 구체적인 생활보장을 요구하는 권리를 구체화하는 법률이 제정되지 않은 경우에는 국민이 헌법상의 사회권적 기본권을 근거로 특정의 입법을 할 것을 재판상 청구할 수 없게 되는 것이다.

2) 구체적 권리설

사회권적 기본권 규정이 현실적 효력을 가지는 규정이며 헌법 규정으로부터 구체적 현실적 권리가 나온다고 보는 견해이다. 즉, 그 사회의 급부능력과 생활수준 등에 비추어 사회권적 기본권의 내용은 확정 가능하다고 보아서 사회권적 기본권에 관한 헌법규정 자체에서 구체적 내용을 가진 권리가 인정된다고 보는 것이다.

그러므로 사회권적 기본권을 침해하는 입법이 행하여지거나 사회권적 기본권을 보장하는 입법이 행하여지지 않거나 행하여졌다고 하더라도 미흡한 경우에는 위헌으로 보게 되며, 입법부 작위에 대한 위헌확인소송이나 사회권적 기본권을 침해하는 입법에 대한 위헌확인소송도 제기할 수 있게 된다.[6]

6) 권영성, 헌법학원론, 1999, 556쪽에서는 사회적 기본권이 오늘날에는 불완전하나마 구체적 권리로서의 성격을 지니고 있다는 점을 유의하여야 하고, 또 사회적 기본권, 특히 인간다운 생활을 할 권리가 정신적 자유에 못지않게 중요한 의미를 가진다는 점을 감안하여 이제 사회적 기본권을 구체적 권리로 파악하는 적극적인 이론구성이 불가피하다는 인식을 가져야 한다고 보면서 사회권적 기본권의 구체적 내용은 직접 헌법규정에 의하여 확정되는 것이 아니라 청구권적 기본권, 정치적 기본권 등과 마찬가지로 구체화하는 입법으로써 결정된다고 보는 불완전한 구체적 권리설을 주장하고 있다.

제 4 절 사회권적 기본권의 규범적 구조

사회권적 기본권은 행정부의 급부를 통하여 실현되는 것으로 국가가 급부에 대한 대상, 방법, 수준을 구체적으로 정하기 때문에 헌법재판소의 기능은 권력분립의 원칙상 매우 제한적일 수밖에 없다. 그러나 우리 헌법이 최소한의 문화적 생활을 그 기준으로 삼고 있으므로 이러한 권리가 침해된 경우에는 구제절차가 마련되어야 한다.

권리를 형식적으로 구분할 때 일반적으로 실체적 권리와 절차적 권리[7])로 구분하며, 실체적 권리를 다시 둘로 나누어 절차적 권리와 수속적 권리로 설명하고 있으나, 기존 교과서들이 그렇게 서술하고 있기 때문이지 엄밀하게 절차적 권리와 수속적 권리가 구분되는 것은 아니다[8]).

1. 실체적 권리

모든 국민에게 인간다운 생활을 유지하도록 보장하기 위한 헌법상 권리를 구체화하는 법이 제정되었을 때, 국민이 해당 법률에 의해 현실적인 급여를 청구할 수 있는 권리를 말한다. 사회복지법은 수급요건 수급권자, 급여수준, 수급기준, 급여종류, 재원조달, 전달체

7) 실체적 권리는 실질적인 급여 청구와 관련된 권리이고, 절차적 권리는 절차와 관련된 권리이다. 그러므로 사회복지 급여(공공부조, 사회보험, 사회서비스를 청구하는 권리인 공공부조청구권, 사회보험청구권, 사회서비스청구권이 실체적 권리에 해당하는 것이다. 국가를 상대로 급여를 직접적으로 요구하는 실체적 권리 외에 모든 권리들을 절차적으로 이해하면 된다. 그러므로 절차상 요구되는 권리들(급여 정보권, 상담권, 적법진행보장권, 복지급여쟁송권, 복지행정참여권, 복지입법청구권)은 모두 직접적인 급여 지급과 관련이 없는 권리들로서 절차적 권리로 이해해도 된다.

8) 김유성은 사회보장을 받을 권리의 규범적 구조로서 실체적 권리와 절차적 권리로 분류하고, 전자에는 사회보장청구권, 공공부조청구권, 사회복지조치청구권을 후자에는 사회보장쟁송권, 사회보장행정참여권, 사회보장입법청구권으로 세분하였다. 따라서 여기서 실체적 권리는 사회보장수급권이 보장되는 핵심적 내용이지만, 절차적 권리는 실체적 권리를 실현하기 위해서 보장되어야 하는 절차에 관한 권리로 이해한다. 반면 학자에 따라 이 분류는 실체적 권리의 실질적 실현 과정에서 나타나는 권리실현의 수속적 과정을 표현하기에는 부족하다고 주장하며 절차적 권리와는 다른 차원의 수속적 권리를 주장하기도 한다. 수속적 권리는 사회복지급여를 받기 위하여 적절한 절차에 참가하는 권리, 불평등하게 취급당하지 않을 권리, 하자 없는 재량행사를 청구하는 권리 등을 의미하며, 실체적 권리와 절차적 권리가 정태적인 것에 비해서 소속적 권리는 권리실현의 역동성이 나타나는 권리라고 정의된다. 사회복지법제론 교재 중 일부는 본문에서 제시한 바와 같이 이러한 3가지 규범적 구조를 따르고 있기 때문에 구분해서 알아두어야 한다.

계, 수급권의 보호와 제한 등을 구체적으로 규정하여야 한다.

사회복지청구권의 구성은 다음과 같다.

- **공공부조청구권:** 공공부조법에 의한 생계급여나 의료급여 등을 청구할 수 있는 권리
- **사회보험청구권:** 사회보험법에 의한 연금이나 요양급여, 실업급여, 휴업급여 등을 청구할 수 있는 권리
- **사회서비스청구권:** 법에서 정하는 사회서비스를 청구할 수 있는 권리

2. 수속적 권리

복지급여를 받기 위해 거쳐야 하는 일련의 수속과정이 본래의 수급권 보장을 위해 적합하게 진행되어야 할 것을 요구하는 권리이다.

3. 절차적 권리

사회보장수급권의 실체적 권리를 보장하고 실현하기 위해 필요한 의무를 이행하고 강제를 구체적으로 실현하는 절차와 관련된 권리이다. 절차적 권리는 복지급여쟁송권, 복지행정참여권, 복지입법청구권으로 구성된다.

① **복지급여쟁송권:** 복지권이 위법 또는 부당한 행정기관의 조치에 의해서 침해되었을 때 이의 구제를 신청하는 권리를 말한다.

② **복지행정참여권:** 복지행정 과정에 복지권자나 국민들이 참여할 권리를 말한다. 사회복지수급자격이나 급여를 결정함에 있어 자산조사나 상태조사가 이루어지는 과정에서 재량권의 남용을 막고 복지행정이 공평무사하게 이루어지도록 하기 위한 것이다.

③ **복지입법청구권:** 인간다운 생활을 보장할 구체적 법률이 제정되지 않았거나 제정된 법률의 내용이 불충분한 경우에 복지권 보장하기 위한 입법이나 개정을 청구할 수 있는 권리를 말한다.

	권리의 종류	구성
사회권적 기본권의 규범적 구조	실체적 권리	공공부조청구권
		사회보험청구권
		사회서비스청구권
	수속적 권리	급여정보권
		상담권
		적법진행보장권
	절차적 권리	복지급여쟁송권
		복지행정참여권
		복지입법청구뤈

제 5 절 사회권적 기본권의 실천적 구조

앞에서 사회권적 기본권의 개념 및 그 구체적 적용 사례 등을 검토하였는데, 최상위 규범인 헌법을 시작으로 개별 사회복지법, 시행령, 시행규칙 등을 통해 사회권적 기본권의 이념이 구체적으로 표현된다. 이하에서는 사회권적 기본권의 실천적인 내용을 간략하게 살펴보고자 한다.

1. 인간다운 생활

사회권적 기본권이 구체적으로 표현된 것은 헌법 제34조의 '인간다운 생활'이라 할 수 있다. 물론 인간다운 생활이 사회보장기본법에서는 '건강하고 문화적인 최저생활의 보장'과 같은 보다 구체적·실천적인 표현으로 나타나고 있다. 하지만 인간다운 생활이 무엇이며, 어느 정도가 인간다운 생활의 기본이 되는지에 대해서는 정의내리기가 매우 어렵다. 이러한 논의가 구체적인 제도의 형태로 나타난 것이 최저생계비와 최저임금이라 할 수 있을 것이다.

2. 사회복지의 증진

다른 법과 마찬가지로 헌법의 사회권적 기본권을 구체화한 사회복지법은 개개의 법에서 입법 목적과 구체적 실천내용을 가지고 있으며, 그 궁극적 목적은 사회적 약자의 보호와 사회복지의 증진이라 할 수 있다. 사회보험법이나 공공부조는 물론 사회복지서비스법에서는 보다 구체적으로 사회복지의 증진을 언급하고 있다. 즉, 사회복지 증진은 사회복지법의 실천이념이자 목표이며, 이러한 목표의 실현을 위해 획득하려는 것은 사회적 약자의 복지 증진에 있다는 사실이다.

3. 자활, 자립

사회적 약자에 대하여 국가가 사회복지 급여를 지급하는 것으로 복지증진을 이루는 것은 궁극적으로 올바른 방향이 아니라 사회적 약자가 스스로의 힘으로 자립하여 살아갈 수 있는 형태의 사회복지가 보다 바람직하다 할 것이다. 특히 사회복지법 중에서 공공부조법이나 사회서비스법 분야에서는 자립과 자활을 더욱 중요시한다.

4. 소득 재분배

개인적 차원인 인간다운 생활, 자립 및 재활과는 달리 소득 재분배라는 실천 목표는 사회 전체의 맥락에서 문제를 해결하려는 노력이다. 이러한 노력의 일환으로 나타나는 것이 연금보험, 공공부조, 사회복지서비스 제도 등이며, 이렇게 조세를 통해 재원을 조달하여 사회적 약자에게 제공되는 조세제도와 사회복지제도의 결합을 통해서 이중적 소득 재분배 효과를 기대할 수 있다.

5. 사회통합

빈부 격차와 사회적 불평등의 해소를 통해 사회통합이 중요한 문제로 대두되고 있는 현대사회에서 국민(사회)통합을 이루는 것은 더욱 중요한 과제가 되었다. 사회보험원리에서 알 수 있듯이 사회적 위험의 분산과 이에 대한 공동 대처는 사회통합, 사회연대의 원리에 입각하고 있다.

6. 수급권의 권리성 국가사회의 책임

사회복지법제 중 사회보험법은 대부분 수급권의 권리성이 확실히 인정되고 있으며 이에 대한 보장도 확충되고 있는 상황이다. 하지만 공공부조와 사회복지서비스 분야는 국가 재정과 밀접한 관련을 갖는 관계로 충분한 보장이 어려운 것이 현실이다.

그러나 현대사회의 특성상 공공부조와 사회복지서비스 분야의 대상자들이 직면하고 있는 문제는 결코 개인만의 책임(사적 자치)이 아니라, 사회구조적·환경적 차원의 문제이므로 이들의 사회권적 기본권 보장을 전체 사회가 책임져야 하는 방향으로 나아가야 할 것이다. 우리 헌법에서도 이러한 것을 선언한 것이 사회권적 기본권 이므로 국가의 책임을 명확히 하고 있다.

PART 02

각 론

CHAPTER 03

사회보장기본법

제 1 절 개요

1. 목적 및 기본이념

1) 목적

사회보장에 관한 국민의 권리와 국가 및 지방자치단체의 책임을 정하고 사회보장정책의 수립·추진과 관련 제도에 관한 기본적인 사항을 규정함으로써 국민의 복지증진에 이바지하는 것을 목적으로 한다.

2) 기본이념

사회보장은 모든 국민이 다양한 사회적 위험으로부터 벗어나 행복하고 인간다운 생활을 향유할 수 있도록 자립을 지원하며, 사회참여·자아실현에 필요한 제도와 여건을 조성하여 사회통합과 행복한 복지사회를 실현하는 것을 기본이념으로 한다.

3) 사회보장정책의 기본방향

(1) 평생사회안전망의 구축운영 (제22조)

국가와 지방자치단체는 모든 국민이 생애 동안 삶의 질을 유지·증진할 수 있도록 평생사회안전망을 구축하여야 한다. 국가와 지방자치단체는 평생사회안전망을 구축·운영함에 있어 사회적 취약계층을 위한 공공부조를 마련하여 최저생활을 보장하여야 한다.

(2) 사회서비스 보장 (제23조)

국가와 지방자치단체는 모든 국민의 인간다운 생활과 자립, 사회참여, 자아실현 등을 지원하여 삶의 질이 향상될 수 있도록 사회서비스에 관한 시책을 마련하여야 한다. 국가와 지방자치단체는 사회서비스 보장과 소득보장이 효과적이고 균형적으로 연계되도록 하여야 한다.

(3) 소득보장 (제24조)

국가와 지방자치단체는 다양한 사회적 위험 하에서도 모든 국민들이 인간다운 생활을 할 수 있도록 소득을 보장하는 제도를 마련하여야 한다. 국가와 지방자치단체는 공공부문과 민간부문의 소득보장제도가 효과적으로 연계되도록 하여야 한다.

4) 기타

(1) 다른 법률과의 관계

사회보장에 관한 다른 법률을 제·개정하는 경우에는 이 법에 부합되도록 하여야 한다.

(2) 국가와 지방자치단체의 책임

국가와 지방자치단체는 모든 국민의 인간다운 생활을 유지·증진하는 책임을 가진다. 국가와 지방자치단체는 사회보장에 관한 책임과 역할을 합리적으로 분담하여야 한다. 국가와 지방자치단체는 국가 발전수준에 부응하고 사회환경의 변화에 선제적으로 대응하며 지속가능한 사회보장제도를 확립하고 매년 이에 필요한 재원을 조달하여야 한다. 국가는 사회보장제도의 안정적인 운영을 위하여 중·장기 사회보장 재정추계를 격년으로 실시하고 이를 공표하여야 한다.

(3) 국가 등과 가정

국가와 지방자치단체는 가정이 건전하게 유지되고 그 기능이 향상되도록 노력하여야 한다. 국가와 지방자치단체는 사회보장제도를 시행할 때에 가정과 지역공동체의 자발적인 복지활동을 촉진하여야 한다.

(4) 국민의 책임

모든 국민은 자신의 능력을 최대한 발휘하여 자립·자활(自活)할 수 있도록 노력하여야 한다. 모든 국민은 경제적·사회적·문화적·정신적·신체적으로 보호가 필요하다고 인정되는 사람에게 지속적인 관심을 가지고 이들이 보다 나은 삶을 누릴 수 있는 사회환경 조성에 서로 협력하고 노력하여야 한다. 모든 국민은 관계 법령에서 정하는 바에 따라 사회보장급여에 필요한 비용의 부담, 정보의 제공 등 국가의 사회보장정책에 협력하여야 한다.

(5) 외국인에 대한 적용

국내에 거주하는 외국인에게 사회보장제도를 적용할 때에는 상호주의의 원칙에 따르되, 관계 법령에서 정하는 바에 따른다.

2. 의의 및 특징

1) 의의

모든 국민이 평생 동안 겪는 다양한 사회적 위험에 대하여 사회정책과 경제정책을 통합적으로 고려하여 국민의 보편적·생애주기적인 특성에 맞게 소득과 사회서비스를 함께 보장하는 방향으로 사회보장제도를 확대·재정립함으로써 한국의 상황에 맞는 새로운 중장기 사회보장정책의 비전과 미래지향적인 발전방향을 제시하여 건강한 복지국가를 설립할 수 있는 토대를 마련하였다.

2) 특징

첫째, 사회보장기본법은 다른 개별 사회복지법률들과 비교해볼 때 일반법에 해당하며, 특별법 우선 적용의 원칙에 따라 개별 사회복지법률들이 우선 적용된다.

둘째, 사회보장기본법은 시기적으로 1995년 사회보장기본법이 제정되기 이전에 이미 제정된 사회보장관련 법들과 관련된 사항에 대해 소급하여 적용할 수 없다(법률불소급의 원칙).

셋째, 사회보장에 관한 다른 법률을 제정하거나 개정하는 경우에는 이 법에 부합되도록 하여야 한다(사회보장기본법 제4조)고 규정하고 있기 때문에 향후 사회보장기본법이 제정된 이후 사회보장에 관한 법률을 제정하거나 개정할 경우에는 사회보장기본법의 내용에 부합하도록 하여야 한다.

넷째, 사회보장기본법은 헌법과 개별 사회복지법 간에 중개자로서의 역할을 한다. 헌법에 규정된 사회보장에 관한 내용이 인간다운 생활을 할 권리와 같이 매우 추상적인 형태로 표현되어 있기 때문에 헌법의 범위 내에서 개별적인 사회복지법의 제정에 입법지침을 제공해주고 있다.

3. 용어의 정의

① **사회보장:** 출산, 양육, 실업, 노령, 장애, 질병, 빈곤 및 사망 등의 사회적 위험으로부터 모든 국민을 보호하고 국민 삶의 질을 향상시키는 데 필요한 소득·서비스를 보장하는 사회보험, 공공부조, 사회서비스를 말한다.

② **사회보험:** 국민에게 발생하는 사회적 위험을 보험의 방식으로 대처함으로써 국민의 건강과 소득을 보장하는 제도를 말한다.

③ **공공부조:** 국가와 지방자치단체의 책임 하에 생활 유지 능력이 없거나 생활이 어려운 국민의 최저생활을 보장하고 자립을 지원하는 제도를 말한다.

④ **사회서비스:** 국가·지방자치단체 및 민간부문의 도움이 필요한 모든 국민에게 복지, 보건의료, 교육, 고용, 주거, 문화, 환경 등의 분야에서 인간다운 생활을 보장하고 상담, 재활, 돌봄, 정보의 제공, 관련 시설의 이용, 역량 개발, 사회참여 지원 등을 통하여 국민의 삶의 질이 향상되도록 지원하는 제도를 말한다.

⑤ **평생사회안전망:** 생애주기에 걸쳐 보편적으로 충족되어야 하는 기본욕구와 특정한 사회위험에 의하여 발생하는 특수욕구를 동시에 고려하여 소득·서비스를 보장하는 맞춤형 사회보장제도를 말한다.

⑥ **사회보장 행정데이터:** 사회보장 행정데이터"란 국가, 지방자치단체, 공공기관 및 법인이 법령에 따라 생성 또는 취득하여 관리하고 있는 자료 또는 정보로서 사회보장 정책 수행에 필요한 자료 또는 정보를 말한다.

4. 연혁

① 사회보장에관한법률(1963. 11. 5. 제정)

전문 7개조밖에 갖추지 못하였으며, 사회보장심의위원회에 관한 규정 이외에는 상징적 의미밖에 없었다. 사회보장사업에 대한 정부 부처 내 담당 부처를 명확히 명시하지 않았기 때문에 사회보장사업을 일원화시켜 통일성을 기하지 못하였다.

② 사회보장기본법(1995. 12. 30. 제정)

사회보장에관한법률을 폐지하고 우리나라의 경제·사회의 발전수준과 국민의 복지욕구에 부합하는 사회보장제도를 확립하여 국민복지의 증진을 도모하기 위해 제정하였다.

③ 2012. 1. 26. 전부개정

종전의 사회보장 범위를 확대하여 사회복지서비스 및 관련 복지제도를 포괄하고, 사회보장의 기본이념, 기본원칙, 추진체계 등을 명확히 하였다. 아울러 사회보장정책의 기본방향과 사회보장정보의 관리 등을 새로이 추가하였다.

④ 2015. 12. 29. 일부개정

국가는 관계 법령에서 정하는 바에 따라 최저보장수준과 최저임금을 매년 공표하여야 한다. 국가와 지방자치단체는 제2항에 따른 최저보장수준과 최저임금 등을 고려하여 사회보장급여의 수준을 결정하여야 한다고 최저보장수준을 추가하였다.

제 2 절 사회보장의 핵심 영역

1. 공공부조

1) 공공부조 제도의 목적

공공부조 제도란, 사회보장 제도의 하나로 모든 국민이 인간다운 생활을 영위하도록 하기 위해 국가 및 지방자치단체의 책임 하에 생활유지능력이 없거나 생활이 어려운 국민의 최저생활을 보장하고 자립을 지원하는 제도를 말한다.

우리나라의 공공부조법인 국민기초생활보장법에는 공공부조의 목적에 대해 헌법상 국민의 생존권 보장이념에 근거를 두며, 생활유지의 능력이 없거나 생활이 어려운 자에게 필요한 급여를 행하여 이들의 최저생활을 보장하고 자활을 조성하는 것을 목적으로 한다(국민기초생활보장법 제1조)고 규정하고 있다.

2) 공공부조의 기본원리

(1) 국가 책임

생활능력이 없는 빈곤층에 대한 국가적 차원의 책임을 규정하였다.

(2) 최저생활 유지 및 생존권 보장

건강하고 문화적인 최저수준의 생활을 보장하여 국민의 생존권을 보호한다.

(3) 보충성

자신의 자산과 근로능력을 최대한 활용한 후 부족분을 보충(사회보험은 1차적 사회안전망의 역할을 수행하고 공공부조는 2차적 사회안전망의 역할을 수행)한다.

(4) 사회적 형평

동일한 상황에 있는 대상자들은 모두 똑같은 보장을 받아야 하고(수평적 형평), 다른 상황에 있는 대상자들은 다른 보장을 받아야 한다(수직적 형평).

(5) 자립조성

수급권자가 급여 수급에 의존하지 않고 자립할 있도록 한다.

3) 공공부조의 특징

공공부조는 프로그램의 수행주체가 국가나 지방자치단체 또는 관련 공공기관인 공적인 프로그램이다. 공공부조는 법적으로는 모든 국민이 보호의 대상이지만, 실제로는 자산조사를 거쳐 일정한 빈곤선 이하에서 자신의 능력으로 독립된 생활을 하기가 어렵고, 또한 가족이나 친족의 도움을 받을 수 없는 생활곤궁자인 절대빈곤층이 주대상이 되고 있다. 따라서 공공부조 수급권자는 상대적으로 소수에 국한된다.

공공부조 프로그램을 실시하기 위해 필요한 재원은 일반조세 수입으로 충당하며, 수직적 소득 재분배의 기능을 한다.

공공부조의 수혜자들은 프로그램의 재원을 위해 자신이 별도로 경제적인 기여를 하지 않는다. 공공부조는 모든 국민을 대상으로 제공되는 보편적인 프로그램이 아니라 엄격한 자산조사를 거쳐 선별된 대상자에게만 선택적으로 행해지는 선별적 프로그램이다.

공공부조는 규제적인 특징을 갖고 있다. 대상자가 공공부조의 혜택을 받기 위해서는 공공기관이 수혜자격 여부를 판정하기 위해 실시하는 조사에 응해야 한다.

2. 사회보험

1) 사회보험의 개념

사회보험은 사회보장제도의 하나로서 생활상에 직면하는 제반 사회적 위험에 대응하기 위하여 보험 원리를 적용하여 국가가 시행하는 강제보험을 총칭한다. 여기서의 사회보험법은 별도의 법률 명칭이 있는 것이 아니라 사회보험제도의 운영과 실시에 관한 법률을 총칭하는 것이다. 우리나라 사회보장기본법에는 '사회보험'을 국민에게 발생하는 사회적 위험을 보험방식에 의하여 대처함으로써 국민 건강과 소득을 보장하는 제도로 규정하고 있다. 사회보험의 특징은 가입의 강제성과 운영주체가 국가의 독점이라는 점 등이다.

2) 사회보험법의 형태

사회보험법의 형태를 법이 규율하는 사회적 위험의 내용에 따라 구분하면, 한국의 경우 5대 사회보험법으로 노령에 대비한 국민연금법, 질병에 대비한 국민건강보험법, 실업에 대비한 고용보험법, 산업재해에 대비한 산업재해보상보험법, 마지막으로 노인장기요양보험법이 있다. 공적연금을 가입 대상자를 기준으로 분류하면 4대 공적연금법으로는 국민연금법, 군인연금법, 사립학교교직원연금법, 공무원연금법이 있다.

3) 사회보험과 사보험의 유사점과 차이점

(1) 유사점

① 위험을 이전하고 정해진 위험을 공동으로 분담

② 적용 범위, 급여, 재정과 관련된 모든 조건을 구체적으로 명시

③ 급여를 받을 자격과 급여량을 정하기 위해서는 명확한 계산 필요

④ 운용에 필요한 비용을 충당할 충분한 기여금과 보험료가 필요

⑤ 급여를 받을 때 증명된 욕구에 근거하지 않음

⑥ 사회구성원에게 경제적 안정을 제공함으로써 사회 전체를 유익하게 함

(2) 차이점

구분	사회보험	사보험
가입	강제적	자발적
보험료 · 기여금 부과기준	소득수준	위험정도 · 급여수준
보호의 양	최저 소득보호	더 많은 보호기능
강조	사회적 적절성	개인의 적절성
급여근거	법	계약

구분	사회보험	사보험
운영형태	정부독점	경쟁
비용 예측	어려움	비교적 쉬움
완전한 재정준비	필요하지 않음	필요함
목적 · 결과 관련 의견	다양함	대체로 일치
투자	대체로 정부 업무	주로 민간 분야
인플레이션	세금 통해 인플레이션으로 인한 손실 보상	인플레이션 보상 취약

4) 사회보험법의 특성

사회보험법은 다른 사회보장제도와 내용상 구분이 되는 몇 가지 특징이 있다.

첫째, 사회보험은 강제 가입을 법에 규정하고 있어 '역(逆)의 선택'[1)]을 방지하고 규모의 경제를 기할 수 있다.

둘째, 사회보험은 일종의 빈곤을 예방하기 위한 소득보장으로 예방적 의미가 있다.

셋째, 사회보험의 주된 재원은 가입자가 의무적으로 납부하는 기여금 내지 보험료로 조달되고, 이를 재원으로 하여 보험급여가 지급되기 때문에 보험료를 납부한 가입자가 보험급여를 응당 받을 자격이 있어 권리성이 매우 강하다.

넷째, 사회보험은 가입자격, 수급자격, 가입 · 탈퇴, 수급 시기, 급여 수준 등 모든 보험 관련사항이 법적으로 규정되어 있으므로 획일적으로 관리된다. 따라서 이들 법정 사항을 신설 · 변경 · 폐지할 경우에는 국회의 법률 개정 절차를 거쳐야 한다.

다섯째, 사회보험은 미약하나마 서로 다른 소득계층 간의 수직적 재분배 기능을 하고 있고, 반면 사회적 위험이 서로 다른 계층 간에 수평적 재분배 기능을 하고 있어 사회적 형평을 기함으로써 사회연대(social solidarity)를 도모하고 있다.

여섯째, 사회보험은 민간보험이 아닌 공적보험이다. 따라서 보험의 수행주체가 국가나

1) 비대칭적인 정보의 특성상 정보수준이 낮은 쪽이 불리한 선택을 하게 됨을 일컫는다. 보험시장에서 역의 선택은 사고위험이 높은 그룹이 집중적으로 보험에 가입하는 현상으로, 공적 사회보험에서는 이를 방지하기 위해 강제가입을 두고 있다.

공공기관이며 사회보험 관련법상 일정한 자격요건을 갖추고 있으면 법에 의해 가입이 강제로 이루어지는 공적보험이다.

일곱째, 사회보험의 운영에 필요한 주된 재원은 주로 수혜 대상자의 기여금(산재보험의 경우는 제외)과 사용자의 부담으로 충당되고 있고, 일부 보험은 국가의 기여금도 포함된다.

여덟째, 사회보험은 소득과 재산에 대한 자산조사를 실시하지 않고 일정 요건을 갖춘 모든 사람들에게 급여를 제공한다.

5) 사회보험법의 기본원리

첫째, **소득 재분배의 원리:** 사회보험제도는 소득 재분배의 원리를 기초로 하고 있으며, 특히 수평적 재분배 기능이 강하게 이루어진다. 소득 재분배 효과는 기여금의 납부나 급여의 지급에 반영될 수 있다.

둘째, **보편주의 원리:** 사회보험법의 적용범위는 전 국민을 대상으로 하여야 한다는 원리이다. 보편주의의 원리는 제도 운영상의 기술축적과 국가 재정의 충분성 등에 따라 적용범위를 점차 확대해 나감에 따라 해결한다.

셋째, **비용분담의 원리:** 사회보험법의 운영에 필요한 재원은 사용자, 피용자, 국가가 분담하여 조달하여야 한다는 원리이다.

6) 사회보험법의 구성체계

(1) 사회보험의 주체(보험자, 관리운영 주체)

사회보험의 일차적인 운영주체는 국가이다. 우리나라 사회보험의 주관부처는 정부의 각 부처에 분산되어 있다. 예컨대, 군인연금은 국방부, 국민연금과 건강보험, 노인장기요양보험은 보건복지부, 공무원연금은 행정자치부, 사립학교교원연금은 교육부, 산업재해보상보험법과 고용보험은 고용노동부에서 관리·운영하고 있으며, 효율적인 운영을 위하여 직접적인 보험사무는 공법인인 국민연금공단, 국민건강보험공단, 공무원연금관리공단, 사립학교교원연금관리공단, 근로복지공단 등이 위탁받아 관리·운영하고 있다.

(2) 사회보험의 대상

사회보험의 종류와 성질에 따라 국민 중 일부나 특수계층만을 사회보험의 대상으로 하는 경우가 있으나 전체적인 적용범위는 원칙적으로 전 국민으로 한다.

(3) 보험급여의 종류와 수준

사회보험법에서의 급여는 피보험자가 일정한 수급자격을 갖추었을 때 보험자로부터 지급받는 금전, 물품, 기타 혜택을 의미한다. 사회보험법은 사회적 위험에 직면한 국민의 소득을 보장하기 위하여 현금이나 현물로 급여를 지급하도록 규정하고 있다.

(4) 재원의 조달

사회보장제도는 제도를 운영하는 데 드는 비용을 조달하는 데 있어서 여러 가지 방식을 채택하고 있다. 우리나라의 경우 산업재해보상보험에 있어서는 비용의 전액을 사용자가 부담하고 국가가 관리운영비를 보조하고 있으며, 기타 사회보험의 경우는 사용자, 피용자의 2자 부담을 원칙으로 하고 국가가 관리운영비를 부담하는 방식을 취하고 있다.

3. 사회서비스

사회서비스법은 주로 서비스의 제공을 급여내용으로 한다는 점에서 차이가 있다. 사회보험법이나 공공부조법의 경우 현금급여나 현물급여가 급여의 주된 내용을 이루는 데 반하여, 사회서비스법은 상담 · 재활 · 지도 등과 같은 비물질적 · 사회심리적 · 정신적 서비스의 급여가 주종을 이루고 있다.

사회서비스법은 급여의 특성상 개별적 처우를 요한다. 사회보험법과 공공부조법의 경우 가입기간, 소득, 재산 등과 같은 기준에 따라 획일적으로 규율하고 수급권자를 처우할 수 있으나 사회서비스법은 서비스 욕구가 매우 다양하고 대상자에 따라 그 정도가 차이가 나며, 환경에 의해 영향을 받고, 또 시간에 따라 변화하기 때문에 획일적으로 처우하기 어렵고, 수급권자 개개인에 대하여 개별적으로 처우해야 할 필요가 있다.

제 3 절 사회보장수급권

1. 사회보장수급권의 의의 및 수급권자

사회보장수급권은 사회보장기본법에 의한 복지권으로 국민이 사회보장급여를 받을 권리를 말한다. 사회보장기본법상 사회보장은 사회보험, 공공부조, 사회서비스로 구분된다. 다라서 사회보장수급권은 사회보험수급권, 공공부조수급권, 사회서비스수급권으로 구분된다. 모든 국민은 사회보장 관계 법령에서 정하는 바에 따라 사회보장급여를 받을 권리(사회보장수급권)를 가진다(제9조).

2. 사회보장급여

1) 사회보장급여의 수준(제10조)

국가와 지방자치단체는 모든 국민이 건강하고 문화적인 생활을 유지할 수 있도록 사회보장급여의 수준 향상을 위하여 노력하여야 한다. 국가는 관계 법령에서 정하는 바에 따라 최저보장수준과 최저임금을 매년 공표하여야 한다. 국가와 지방자치단체는 제2항에 따른 최저보장수준과 최저임금 등을 고려하여 사회보장급여의 수준을 결정하여야 한다.

2) 사회보장급여의 신청(제11조)

사회보장급여를 받으려는 사람은 관계 법령에서 정하는 바에 따라 국가나 지방자치단체에 신청하여야 한다. 다만, 관계 법령에서 따로 정하는 경우에는 국가나 지방자치단체가 신청을 대신할 수 있다. 사회보장급여를 신청하는 사람이 다른 기관에 신청한 경우에는 그 기관은 지체 없이 이를 정당한 권한이 있는 기관에 이송하여야 한다. 이 경우 정당한 권한이 있는 기관에 이송된 날을 사회보장급여의 신청일로 본다.

3. 사회보장수급권의 내용

1) 사회보장수급권의 보호(제12조)

사회보장수급권은 관계 법령에서 정하는 바에 따라 다른 사람에게 양도하거나 담보로 제공할 수 없으며, 이를 압류할 수 없다.

2) 사회보장수급권의 제한 및 포기

사회보장수급권은 제한되거나 정지될 수 없다. 다만, 관계 법령에서 따로 정하고 있는 경우에는 제한되거나 정지될 수 있다. 그러나 사회보장수급권이 제한되거나 정지되는 경우에는 제한 또는 정지하는 목적에 필요한 최소한의 범위에 그쳐야 한다(제13조).

사회보장수급권은 정당한 권한이 있는 기관에 서면으로 통지하여 포기할 수 있다. 또한 사회보장수급권의 포기는 취소할 수 있다. 사회보장수급권을 포기하는 것이 다른 사람에게 피해를 주거나 사회보장에 관한 관계 법령에 위반되는 경우에는 사회보장수급권을 포기할 수 없다(제14조).

3) 불법행위에 대한 구상

제3자의 불법행위로 피해를 입은 국민이 그로 인하여 사회보장수급권을 가지게 된 경우 사회보장제도를 운영하는 자는 그 불법행위의 책임이 있는 자에 대하여 관계 법령에서 정하는 바에 따라 구상권(求償權)[2]을 행사할 수 있다.

2) 구상권은 일반적으로 일정한 법률상의 이유에 의하여 특정인에게 자기가 행한 출재의 반환을 청구할 수 있는 권리이다.

제 4 절 사회보장제도의 운영 및 사회보장 기본계획

1. 사회보장제도의 운영

1) 사회보장제도의 운영원칙(제25조)

① **보편성**: 국가와 지방자치단체가 사회보장제도를 운영할 때에는 이 제도를 필요로 하는 모든 국민에게 적용하여야 한다.

② **형평성**: 국가와 지방자치단체는 사회보장제도의 급여 수준과 비용부담 등에서 형평성을 유지하여야 한다.

③ **민주성**: 국가와 지방자치단체는 사회보장제도의 정책 결정 및 시행 과정에 공익의 대표자 및 이해관계인 등을 참여시켜 이를 민주적으로 결정하고 시행하여야 한다.

④ **효율성, 연계성 및 전문성**: 국가와 지방자치단체가 사회보장제도를 운영할 때에는 국민의 다양한 복지 욕구를 효율적으로 충족시키기 위하여 연계성과 전문성을 높여야 한다.

⑤ **공공성**: 사회보험은 국가의 책임으로 시행하고, 공공부조와 사회서비스는 국가와 지방자치단체의 책임으로 시행하는 것을 원칙으로 한다. 다만, 국가와 지방자치단체의 재정 형편 등을 고려하여 이를 협의·조정할 수 있다.

2) 협의 및 조정(제26조)

국가와 지방자치단체는 사회보장제도를 신설하거나 변경할 경우 기존 제도와의 관계, 사회보장 전달체계와 재정 등에 미치는 영향 등을 사전에 충분히 검토하고 상호협력하여 사회보장급여가 중복 또는 누락되지 아니하도록 하여야 한다.

중앙행정기관의 장과 지방자치단체의 장은 사회보장제도를 신설하거나 변경할 경우 신설 또는 변경의 타당성, 기존 제도와의 관계, 사회보장 전달체계에 미치는 영향 및 운영방안 등에 대하여 보건복지부장관과 협의하여야 한다.

사회보장제도 운영에 관한 협의가 이루어지지 아니할 경우 위원회가 이를 조정한다.

보건복지부장관은 사회보장급여 관련 업무에 공통적으로 적용되는 기준을 마련할 수 있다.

3) 민간의 참여(제27조)

국가와 지방자치단체는 사회보장에 대한 민간부문의 참여를 유도할 수 있도록 정책을 개발·시행하고 그 여건을 조성하여야 한다. 국가와 지방자치단체는 사회보장에 대한 민간부문의 참여를 유도하기 위하여 자원봉사, 기부 등 나눔의 활성화를 위한 각종 지원 사업, 사회보장정책의 시행에 있어 민간 부문과의 상호협력체계 구축을 위한 지원사업, 그 밖에 사회보장에 관련된 민간의 참여를 유도하는 데에 필요한 사업을 시행할 수 있다. 또한 국가와 지방자치단체는 개인·법인 또는 단체가 사회보장에 참여하는 데에 드는 경비의 전부 또는 일부를 지원하거나 그 업무를 수행하기 위하여 필요한 지원을 할 수 있다.

4) 비용의 부담(제28조)

사회보장비용의 부담은 각각의 사회보장제도의 목적에 따라 국가, 지방자치단체 및 민간부문 간에 합리적으로 조정되어야 한다. 사회보험에 드는 비용은 사용자, 피용자(被傭者) 및 자영업자가 부담하는 것을 원칙으로 하되, 관계 법령에서 정하는 바에 따라 국가가 그 비용의 일부를 부담할 수 있다. 공공부조 및 관계 법령에서 정하는 일정 소득 수준 이하의 국민에 대한 사회서비스에 드는 비용의 전부 또는 일부는 국가와 지방자치단체가 부담한다. 부담 능력이 있는 국민에 대한 사회서비스에 드는 비용은 그 수익자가 부담함을 원칙으로 하되, 관계 법령에서 정하는 바에 따라 국가와 지방자치단체가 그 비용의 일부를 부담할 수 있다.

5) 사회보장 전달체계(제29)

국가와 지방자치단체는 모든 국민이 쉽게 이용할 수 있고 사회보장급여가 적시에 제공되도록 지역적·기능적으로 균형 잡힌 사회보장 전달체계를 구축하여야 한다. 국가와 지방자치단체는 사회보장 전달체계의 효율적 운영에 필요한 조직, 인력, 예산 등을 갖추어야 한다. 국가와 지방자치단체는 공공부문과 민간부문의 사회보장 전달체계가 효율적으로 연계되도록 노력하여야 한다.

6) 사회보장급여의 관리(제30조)

국가와 지방자치단체는 국민의 사회보장수급권의 보장 및 재정의 효율적 운용을 위하여 다음 각 호에 관한 사회보장급여의 관리체계를 구축·운영을 위하여, 사회보장수급권자 권리구제, 사회보장급여의 사각지대 발굴, 사회보장급여의 부정·오류 관리, 사회보장급여의 과오지급액의 환수 등 관리 등에 관한 사회보장급여의 관리체계를 구축·운영하여야 한다. 보건복지부장관은 사회서비스의 품질기준 마련, 평가 및 개선 등의 업무를 수행하기 위하여 필요한 전담기구를 설치할 수 있다.

7) 사회보장통계(제32조)

국가와 지방자치단체는 효과적인 사회보장정책의 수립·시행을 위하여 사회보장에 관한 통계(사회보장통계)를 작성·관리하여야 한다. 관계 중앙행정기관의 장과 지방자치단체의 장은 소관 사회보장통계를 보건복지부장관에게 제출하여야 한다. 보건복지부장관은 제출된 사회보장통계를 종합하여 위원회에 제출하여야 한다.

8) 정보공개(제33조)

국가와 지방자치단체는 사회보장제도에 관하여 국민이 필요한 정보를 관계 법령에서 정하는 바에 따라 공개하고, 이를 홍보하여야 한다.

9) 사회보장에 관한 설명·상담·통지

국가와 지방자치단체는 사회보장 관계 법령에서 규정한 권리나 의무를 해당 국민에게 설명하도록 노력하여야 한다(제34조). 국가와 지방자치단체는 사회보장 관계 법령에서 정하는 바에 따라 사회보장에 관한 상담에 응하여야 한다(제35조). 국가와 지방자치단체는 사회보장 관계 법령에서 정하는 바에 따라 사회보장에 관한 사항을 해당 국민에게 알려야 한다(제36조).

2. 사회보장 기본계획

1) 사회보장 기본계획의 수립(제16조, 제17조)

보건복지부장관은 관계 중앙행정기관의 장과 협의하여 사회보장 증진을 위하여 사회보장에 관한 기본계획(기본계획)을 5년마다 수립하여야 한다. 기본계획에는 국내외 사회보장 환경의 변화와 전망, 사회보장의 기본목표 및 중장기 추진방향, 주요 추진과제 및 추진방법, 필요한 재원의 규모와 조달방안, 사회보장 관련 기금 운용방안, 사회보장 전달체계, 그 밖에 사회보장정책의 추진에 필요한 사항이 포함되어야 한다. 기본계획은 사회보장위원회와 국무회의의 심의를 거쳐 확정한다. 기본계획 중 대통령령으로 정하는 중요한 사항을 변경하려는 경우에도 같다.

기본계획은 다른 법령에 따라 수립되는 사회보장에 관한 계획에 우선하며 그 계획의 기본이 된다.

2) 연도별 시행계획의 수립 및 시행(제18조)

보건복지부장관 및 관계 중앙행정기관의 장은 기본계획에 따라 사회보장과 관련된 소관 주요 시책의 시행계획(시행계획)을 매년 수립 · 시행하여야 한다. 관계 중앙행정기관의 장은 제1항에 따라 수립한 소관 시행계획 및 전년도의 시행계획에 따른 추진실적을 매년 보건복지부장관에게 제출하여야 한다. 보건복지부장관은 제2항에 따라 받은 관계 중앙행정기관 및 보건복지부 소관의 추진실적을 종합하여 성과를 평가하고, 그 결과를 사회보장위원회에 보고하여야 한다. 보건복지부장관은 평가를 효율적으로 하기 위하여 이에 필요한 조사 · 분석 등을 전문기관에 의뢰할 수 있다.

3) 사회보장에 관한 지역계획의 수립 · 시행(제19조)

특별시장 · 광역시장 · 특별자치시장 · 도지사 또는 특별자치도지사 · 시장 · 군수 · 구청장은 관계 법령으로 정하는 바에 따라 사회보장에 관한 지역계획을 수립 · 시행하여야 한다.

3. 사회보장위원회

1) 구성 및 운영(제20조, 제21조)

사회보장에 관한 주요 시책을 심의·조정하기 위하여 국무총리 소속으로 사회보장위원회를 둔다. 위원회는 위원장 1명, 부위원장 3명과 행정안전부장관, 고용노동부장관, 여성가족부장관, 국토교통부장관을 포함한 30명 이내의 위원으로 구성한다. 위원장은 국무총리가 되고 부위원장은 기획재정부장관, 교육부장관 및 보건복지부장관이 된다. 위원회의 위원은 관계 중앙행정기관의 장과 대통령이 위촉하는 사람(근로자를 대표하는 사람, 사용자를 대표하는 사람, 사회보장에 관한 학식과 경험이 풍부한 사람, 변호사 자격이 있는 사람)으로 한다.

위원의 임기는 2년으로 한다. 다만, 공무원인 위원의 임기는 그 재임 기간으로 하고, 위원이 기관·단체의 대표자 자격으로 위촉된 경우에는 그 임기는 대표의 지위를 유지하는 기간으로 한다. 보궐위원의 임기는 전임자 임기의 남은 기간으로 한다.

위원회를 효율적으로 운영하고 위원회의 심의사항을 전문적으로 검토하기 위하여 위원회에 실무위원회를 두며, 실무위원회에 분야별 전문위원회를 둘 수 있다. 실무위원회에서 의결한 사항은 위원장에게 보고하고 위원회의 심의를 거쳐야 한다. 다만, 경미한 사항에 대하여는 실무위원회의 의결로써 위원회의 의결을 갈음할 수 있다. 위원회의 사무를 효율적으로 처리하기 위하여 보건복지부에 사무국을 둔다.

2) 위원회의 직무

위원회는 사회보장 증진을 위한 기본계획, 사회보장 관련 주요 계획. 사회보장제도의 평가 및 개선, 사회보장제도의 신설 또는 변경에 따른 우선순위, 둘 이상의 중앙행정기관이 관련된 주요 사회보장정책, 사회보장급여 및 비용부담, 국가와 지방자치단체의 역할 및 비용 분담, 사회보장의 재정추계 및 재원조달 방안, 사회보장 전달체계 운영 및 개선, 사회보장통계, 사회보장정보의 보호 및 관리, 그 밖에 위원장이 심의에 부치는 사항 심의·조정한다.

3) 관계 행정기관의 이행

국가와 지방자치단체는 사회보장 관련 계획 및 정책의 수립·시행, 사회보장통계의 작성 등을 위하여 관련 공공기관, 법인, 단체 및 개인에게 자료제출 등 필요한 협조를 요청할 수 있다. 위원회는 사회보장에 관한 자료 제출 등 위원회 업무에 필요한 경우 관계 행정기관의 장에게 협조를 요청할 수 있다. 협조요청을 받은 자는 정당한 사유가 없으면 이에 따라야 한다.

제 5 절 사회보장정보의 관리 및 보칙

1. 사회보장정보의 관리

1) 사회보장정보시스템의 구축운영 등(제37조)

국가와 지방자치단체는 국민편익의 증진과 사회보장업무의 효율성 향상을 위하여 사회보장업무를 전자적으로 관리하도록 노력하여야 한다. 국가는 관계 중앙행정기관과 지방자치단체에서 시행하는 사회보장수급권자 선정 및 급여 관리 등에 관한 정보를 통합·연계하여 처리·기록 및 관리하는 시스템을 구축·운영할 수 있다.

보건복지부장관은 사회보장정보시스템의 구축·운영을 총괄하며, 사회보장정보시스템 구축·운영의 전 과정에서 개인정보 보호를 위하여 필요한 시책을 마련하여야 한다. 보건복지부장관은 관계 중앙행정기관, 지방자치단체 및 관련 기관·단체에 사회보장정보시스템의 운영에 필요한 정보의 제공을 요청하고 제공받은 목적의 범위에서 보유·이용할 수 있다. 이 경우 자료의 제공을 요청받은 자는 정당한 사유가 없으면 이에 따라야 한다. 보건복지부장관은 사회보장정보시스템의 운영·지원을 위하여 전담기구를 설치할 수 있다.

관계 중앙행정기관 및 지방자치단체의 장은 제2항의 사회보장정보와 관련하여 사회보장정보시스템의 활용이 필요한 경우 사전에 보건복지부장관과 협의하여야 한다. 이 경우 보건복지부장관은 관련 업무에 필요한 범위에서 정보를 제공할 수 있고 정보를 제공받은 관계 중앙행정기관 및 지방자치단체의 장은 제공받은 목적의 범위에서 보유·이용할 수 있다.

2) 개인정보 등의 보호(제38조)

사회보장 업무에 종사하거나 종사하였던 자는 사회보장업무 수행과 관련하여 알게 된 개인·법인 또는 단체의 정보를 관계 법령에서 정하는 바에 따라 보호하여야 한다. 국가와 지방자치단체, 공공기관, 법인·단체, 개인이 조사하거나 제공받은 개인·법인 또는 단체의 정보는 이 법과 관련 법률에 근거하지 아니하고 보유, 이용, 제공되어서는 아니 된다.

2. 보칙

1) 권리구제(제39조)

위법 또는 부당한 처분을 받거나 필요한 처분을 받지 못함으로써 권리 또는 이익을 침해받은 국민은 행정심판법에 따른 행정심판을 청구하거나 행정소송법에 따른 행정소송을 제기하여 그 처분의 취소 또는 변경 등을 청구할 수 있다.

2) 국민 등의 의견수렴(제40조)

국가와 지방자치단체는 국민생활에 중대한 영향을 미치는 사회보장 계획 및 정책을 수립하려는 경우 공청회 및 정보통신망 등을 통하여 국민과 관계 전문가의 의견을 충분히 수렴하여야 한다.

CHAPTER 04

사회복지사업법

제 1 절 개요

1. 목적 및 기본이념

1) 목적(제1조)

사회복지사업에 관한 기본적 사항을 규정하여 사회복지를 필요로 하는 사람에 대하여 인간의 존엄성과 인간다운 생활을 할 권리를 보장하고 사회복지의 전문성을 높이며, 사회복지사업의 공정 · 투명 · 적정을 도모하고, 지역사회복지의 체계를 구축함으로써 사회복지서비스의 질을 높여 사회복지의 증진에 이바지함을 목적으로 한다.

2) 기본이념(제1조의2)

사회복지를 필요로 하는 사람은 누구든지 자신의 의사에 따라 서비스를 신청하고 제공받을 수 있다. 사회복지법인 및 사회복지시설은 공공성을 가지며 사회복지사업을 시행하는 데 있어서 공공성을 확보하여야 한다. 사회복지사업을 시행하는 데 있어서 사회복지를 제공하는 자는 사회복지를 필요로 하는 사람의 인권을 보장하여야 한다. 또한, 사회복지서비스를 제공하는 자는 필요한 정보를 제공하는 등 사회복지서비스를 이용하는 사람의 선택권을 보장하여야 한다.

2. 의의 및 특징

1) 의의

사회복지사업법은 헌법 제34조에 규정된 생존권을 구체화한 법률이며, 각종 사회복지사업 분야에 관한 법률의 기본적 사항을 총괄적으로 규정한 일반법으로서의 의의가 있다.

2) 특징(제3조)

사회복지사업의 내용 및 절차 등에 관하여 이 법이 정한 27법에 특별한 규정이 있는 경우를 제외하고는 사회복지사업법에서 정하는 바에 따른다.

3. 용어의 정의

① **사회복지사업:** 보호 · 선도(善導) 또는 복지에 관한 사업과 사회복지상담, 직업지원, 무료 숙박, 지역사회복지, 의료복지, 재가복지(在家福祉), 사회복지관 운영, 정신질환자 및 한센병력자의 사회복귀에 관한 사업 등 각종 복지사업과 이와 관련된 자원봉사활동 및 복지시설의 운영 또는 지원을 목적으로 하는 사업을 말한다.

② **지역사회복지:** 주민의 복지증진과 삶의 질 향상을 위하여 지역사회 차원에서 전개하는 사회복지를 말한다.

③ **사회복지법인: 사회복지사업을 행할 목적으로 설립된 법인을 말한다.**

④ **사회복지시설:** 사회복지사업을 할 목적으로 설치된 시설을 말한다.

⑤ **사회복지관:** 지역사회를 기반으로 일정한 시설과 전문인력을 갖추고 지역주민의 참여와 협력을 통하여 지역사회의 복지문제를 예방하고 해결하기 위하여 종합적인 복지서비스를 제공하는 시설을 말한다.

⑥ **사회복지서비스:** 국가 · 지방자치단체 및 민간부문의 도움을 필요로 하는 모든 국민에게 사회보장기본법 제3조제4호에 따른 사회서비스중 사회복지사업을 통한 서비스를 제공하여 삶의 질이 향상되도록 제도적으로 지원하는 것을 말한다.

⑦ **보건의료서비스:** 국민의 건강을 보호 · 증진하기 위하여 보건의료인이 하는 모든 활동을 말한다.

4. 연혁

① 입법배경

1960년대 중반에는 우리나라에 생활보호법, 아동복리법, 윤락행위등방지법의 3법이 있었으며, 심신장애자복지법 · 노인복지법 · 모자복지법 등 사회복지서비스법들이 계속 제정되었다. 이러한 사회복지서비스를 위한 법이 각 분야별로 개별적으로 분립되어 제정되고 개정됨에 따라 사회복지서비스 분야에 관한 법률의 기본적 사항을 체계화시켜 규정한 기본법을 제정할 필요가 생겼다.

② 주요 사항

제 · 개정일	내용
1970. 1. 1. 제정(4월 시행)	사회복지사업법 제정.
1992. 12. 8. 개정	일선 행정기관에 사회복지전담공무원을 둠. 시 · 군 · 구에는 복지전담기구를 설치.
1997. 8. 22. 개정	복지 13법으로 확대. 국가시험에 합격한 자에게 사회복지사 1급 자격을 부여함. 사회복지시설의 설치 · 운영에 대한 허가제를 신고제로 변경. 자원봉사활동을 지원할 수 있는 법적 근거를 마련.
1999. 4. 30. 개정	가정폭력방지및피해자보호등에관한법률 추가(복지 14법).
2000. 1. 12. 개정	사회복지의 날 제정(9월 7일).
2008. 7. 30. 일부개정	지역사회복지협의체 설치(시 · 군 · 구). 지역사회복지계획 수립 · 시행: 사회복지서비스와 보건의료서비스의 연계를 통한 지역사회중심의 효율적 사회복지사업 추진. 재가복지서비스 우선 제공.
2006. 3. 24. 일부개정	식품기부활성화에 관한 법률 추가(복지 16법).
2007. 3. 7. 시행규칙 일부개정	사회복지서비스 이용권 제도의 시행에 필요한 구체적 사항을 정함.

제·개정일	내용
2007. 12. 14. 일부개정	의료급여법 추가(복지 17법).
2009. 6. 9. 일부개정	기초노령연금법, 긴급복지지원법, 다문화가족지원법 추가(복지 20법). 정보시스템 운영 전담기구 설립: 국가 및 지방자치단체 등 공공부문과 민간부문 간 정보를 공유하는 통합전산망을 마련함으로써 사회복지서비스의 중복 제공 및 부정 수급을 방지하여 공정하고 효율적인 사회복지행정을 구현하는 한편, 통합전산망의 구축 및 운영과정에서 발생할 수 있는 정보 유출·오용 및 남용을 금지하고 이에 대한 벌칙을 마련함으로써 개인정보를 보호하려는 것.
2009. 6. 9. 일부개정	정보의 파기: 보건복지부장관 및 시군구청장은 '복지요구의 조사'에 따라 조사하거나 제공받은 정보 중 보호대상자가 아닌 사람의 정보는 5년을 초과하여 보유할 수 없으며, 정보의 보유기한이 경과하면 지체 없이 이를 파기하여야 함.
2010. 4. 12. 일부개정	장애인연금법 추가(복지 21법)
2010. 4. 15. 일부개정	성폭력방지 및 피해자보호 등에 관한 법률 신설(종전의 성폭력범죄의 처벌 및 피해자보호 등에 관한 법률 폐지)
2011. 1. 14. 일부개정	장애인활동 지원에 관한 법률 추가(복지 22법)
2011. 6. 7. 일부개정	노숙인 등의 복지 및 자립지원에 관한 법률 추가(복지 23법)
2011. 8. 4. 일부개정	보호관찰 등에 관한 법률 추가(복지 24법)
2012. 1. 26. 일부개정	장애아동복지지원법 추가(복지 25법) 법인의 이사 정수를 최소 5명에서 7명으로 증원하고 법인 이사정수의 3분의 1(소수점 이하 버림) 이상을 사회복지위원회, 지역사회복지협의체에서 2배수로 추천한 사람 중에서 선임하도록 함. 중대한 성폭력 범죄를 저지른 사람은 임원, 시설의 장 및 종사자가 될 없도록 함. 사회복지분야의 6급 이상 공무원으로 재직하다 퇴직한 지 2년이 경과하지 아니한 사람은 퇴직 전 3년 동안 소속하였던 기초자치단체가 관할하는 법인의 임원, 시설의 장이 될 수 없도록 함. 법인이 운영하는 시설에서 반복적 또는 집단적 성폭력 범죄가 발생한 때에는 법인설립 허가를 취소할 수 있도록 함. 폐쇄명령을 받고 3년이 지나지 아니한 자는 시설의 설치·운영신고를 할 수 없도록 함. 시설에서 성폭력 범죄 또는 아동·청소년 대상 성폭력 범죄가 발생한 대에는 시설폐쇄 명령을 할 수 있도록 함. 보건복지부장관은 사회복지시설 서비스 최저기준을 마련하고 시설운영자는 최저기준 이상으로 서비스 수준을 유지하도록 함.

제·개정일	내용
2016. 2. 3. 개정	보조금과 관련하여 이 법에서 규정한 사항 외에는 보조금 관리에 관한 법률 및 지방재정법을 따른다는 규정 신설. 사회복지사 자격 취소 등에 관한 조항 신설.
2020. 4. 7. 개정	정신보건법 > 정신건강증진 및 정신질환자 복지서비스지원에 관한 법률 - 국가트라우마센터의 설치·운영 등 신설 추가

5. 복지 27법

현재 사회복지사업법에서 규정하고 있는 27개의 사회복지사업은 다음과 같다. 사회복지사업의 내용 및 절차 등에 관하여 다음의 각 법률에 특별한 규정이 있는 경우를 제외하고는 사회복지사업법에서 정하는 바에 따르며, 각 법률을 개정하는 경우 이 법에 부합하도록 해야 한다.

가. 국민기초생활 보장법

나. 아동복지법

다. 노인복지법

라. 장애인복지법

마. 한부모가족지원법

바. 영유아보육법

사. 성매매방지 및 피해자보호 등에 관한 법률

아. 정신건강증진 및 정신질환자 복지서비스 지원에 관한 법률

자. 성폭력방지 및 피해자보호 등에 관한 법률

차. 입양특례법

카. 일제하 일본군위안부 피해자에 대한 생활안정지원 및 기념사업 등에 관한 법률

타. 사회복지공동모금회법

파. 장애인·노인·임산부 등의 편의증진 보장에 관한 법률

하. 가정폭력방지 및 피해자보호 등에 관한 법률

거. 농어촌주민의 보건복지증진을 위한 특별법

너. 식품기부 활성화에 관한 법률

더. 의료급여법

러. 기초연금법

머. 긴급복지지원법

버. 다문화가족지원법

서. 장애인연금법

어. 장애인활동 지원에 관한 법률

저. 노숙인 등의 복지 및 자립지원에 관한 법률

처. 보호관찰 등에 관한 법률

커. 장애아동 복지지원법

터. 발달장애인 권리보장 및 지원에 관한 법률

퍼. 청소년복지 지원법[개정일: 2016. 2. 3, 시행일 : 2017.2.4.]

제 2 절 지역사회복지협의체와 자원봉사활동 지원 · 육성

1. 지역사회복지협의체

관할지역의 사회복지사업에 관한 중요 사항과 지역사회보장계획을 심의하거나 건의하고, 사회복지 · 보건의료 관련 기관 · 단체가 제공하는 사회복지서비스 및 보건의료서비스의 연계 · 협력을 강화하기 위하여 특별자치도 또는 시 · 군 · 구에 지역사회복지협의체를 둔다.

지역사회복지협의체의 위원은 사회복지 또는 보건의료에 관한 학식과 경험이 풍부한 사람, 사회복지사업을 하는 기관 · 단체의 대표자, 보건의료사업을 하는 기관 · 단체의 대표자, 공익단체에서 추천한 사람, 사회복지업무 또는 보건의료업무를 담당하는 공무원에 해당하는 사람 중에서 특별자치도지사 또는 시장 · 군수 · 구청장이 임명하거나 위촉한다.

지역사회복지협의체의 업무를 효율적으로 수행하기 위하여 지역사회복지협의체에 실무협의체를 둔다. 지역사회복지협의체 및 실무협의체의 조직·운영에 필요한 사항은 보건복지부령으로 정하는 바에 따라 시·군·구의 조례로 정한다. 실무협의체는 위원장 1명을 포함한 10명 이상 30명 이하의 위원으로 구성한다.

2. 사회복지 자원봉사활동의 지원·육성(제9조)

국가와 지방자치단체는 사회복지 자원봉사활동을 지원·육성하기 위하여 자원봉사활동의 홍보 및 교육, 자원봉사활동 프로그램의 개발·보급, 자원봉사활동 중의 재해에 대비한 시책의 개발, 그 밖에 자원봉사활동의 지원에 필요한 사항을 실시하여야 하며, 이를 효율적으로 수행하기 위하여 사회복지법인이나 그 밖의 비영리법인·단체에 이를 위탁할 수 있다.

제 3 절 사회복지사업의 시행

1. 국가와 지방자치단체의 책임

1) 복지와 인권증진의 책임(제4조)

국가와 지방자치단체는 사회복지서비스를 증진하고, 서비스를 이용하는 사람에 대하여 인권침해를 예방하고 차별을 금지하며 인권을 옹호할 책임을 진다. 국가와 지방자치단체는 사회복지서비스와 보건의료서비스를 함께 필요로 하는 사람에게 이들 서비스가 연계되어 제공되도록 노력하여야 한다. 그 밖에 사회복지사업을 하는 자는 사회복지를 필요로 하는 사람에 대하여 그 사업과 관련한 상담, 작업치료(作業治療), 직업훈련 등을 실시하고 필요한 경우에는 주민의 복지 욕구를 조사할 수 있다.

국가와 지방자치단체는 도움을 필요로 하는 국민이 본인의 선호와 필요에 따라 적절한 사회복지서비스를 제공받을 수 있도록 사회복지서비스 수요자 등을 고려하여 사회복지시설이 균형 있게 설치되도록 노력하여야 한다. 국가와 지방자치단체는 민간부문의 사회복지 증진활동이 활성화되고 국가 및 지방자치단체의 사회복지사업과 민간부문의 사회복지 증진활동이 원활하게 연계될 수 있도록 노력하여야 한다.

국가와 지방자치단체는 사회복지를 필요로 하는 사람의 인권이 충분히 존중되는 방식으로 사회복지서비스를 제공하고 사회복지와 관련된 인권교육을 강화하여야 한다. 그리고 사회복지서비스를 이용하는 사람이 긴급한 인권침해 상황에 놓인 경우 신속히 대응할 체계를 갖추어야 한다.

국가와 지방자치단체는 시설 거주자 또는 보호자의 희망을 반영하여 지역사회보호체계에서 서비스가 제공될 수 있도록 노력하여야 한다. 또한 사회복지서비스를 필요로 하는 사람들에게 사회복지서비스의 실시에 대한 정보를 제공하여야 한다.

2) 인권존중 및 최대봉사의 원칙(제5조)

복지업무에 종사하는 사람은 그 업무를 수행할 때에 사회복지를 필요로 하는 사람을 위하여 인권을 존중하고 차별 없이 최대로 봉사하여야 한다.

2. 사회복지사

1) 사회복지사 자격증의 발급(제11조)

보건복지부장관은 사회복지에 관한 전문지식과 기술을 가진 사람에게 사회복지사 자격증을 발급할 수 있다. 사회복지사의 등급은 1급·2급으로 하고 등급별 자격기준 및 자격증의 발급절차 등은 대통령령으로 정한다. 사회복지사 1급 자격증을 받으려는 사람은 국가시험에 합격하여야 한다.

보건복지부장관은 사회복지사 자격증을 발급받거나 재발급 받으려는 사람에게 보건복지부령으로 정하는 바에 따라 수수료를 내게 할 수 있다.

2) 사회복지사 결격사유(제11조의2)

피성년후견인 또는 피한정후견인, 금고 이상의 형을 선고받고 그 집행이 끝나지 아니하였거나 그 집행을 받지 아니하기로 확정되지 아니한 사람, 법원의 판결에 따라 자격이 상실되거나 정지된 사람, 마약·대마 또는 향정신성의약품의 중독자,정신건강복지법의 제3조제1호의 정신질환자 중 어느 하나에 해당하는 사람은 사회복지사가 될 수 없다.

3) 사회복지사 자격취소(제11조의3)

보건복지부장관은 사회복지사가 다음 어느 하나에 해당하는 경우 그 자격을 취소하거나 1년의 범위에서 정지시킬 수 있다. 거짓이나 그 밖의 부정한 방법으로 자격을 취득한 경우, 사회복지사 결격사유의 어느 하나에 해당하게 된 경우, 자격증을 대여·양도 또는 위조·변조한 경우, 사회복지사의 업무수행 중 그 자격과 관련하여 고의나 중대한 과실로 다른 사람에게 손해를 입힌 경우, 자격정지 처분을 3회 이상 받았거나, 정지 기간 종료 후 3년 이내에 다시 자격정지 처분에 해당하는 행위를 한 경우, 자격정지 처분 기간에 자격증을 사용하여 자격 관련 업무를 수행한 경우는 그 자격을 취소하거나 1년의 범위에서 정지할 수 있다. 다만, 거짓이나 그 밖의 부정한 방법으로 자격을 취득한 경우, 사회복지사 결격사유의 어느 하나에 해당하는 경우, 자격증을 대여·양도 또는 위조·변조한 경우에 해당하면 그 자격을 취소하여야 한다. 자격이 취소된 사람은 취소된 날부터 15일 내에 자격증을 보건복지부장관에게 반납하여야 한다. 자격이 취소된 사람에게는 그 취소된 날부터 2년 이내에 재교부하지 못한다.

4) 국가시험

국가시험은 보건복지부장관이 시행하되, 시험의 관리는 시험관리능력이 있다고 인정되는 관계 전문기관에 위탁할 수 있다. 보건복지부장관은 국가시험의 관리를 위탁하였을 때에는 그에 드는 비용을 예산의 범위에서 보조할 수 있다.시험의 관리를 위탁받은 기관은 보건복지부장관의 승인을 받아 정한 금액을 응시수수료로 받을 수 있다.

5) 사회복지사 채용 및 교육 등

사회복지법인 및 사회복지시설을 설치·운영하는 자는 사회복지사를 그 종사자로 채용하고, 보고방법 · 보고주기 등 시 · 도지사 또는 시장 · 군수 · 구청장에게 사회복지사의 임면에 관한 사항을 보고하여야 한다. 다만, 대통령령으로 정하는 사회복지시설은 그러하지 아니하다.

보건복지부장관은 사회복지사의 자질 향상을 위하여 필요하다고 인정하면 사회복지사에게 교육을 받도록 명할 수 있다. 다만, 사회복지법인 또는 사회복지시설에 종사하는 사회복지사는 정기적으로 인권에 관한 내용이 포함된 보수교육(補修敎育)을 받아야 한다.

사회복지법인 또는 사회복지시설을 운영하는 자는 그 법인 또는 시설에 종사하는 사회복지사에 대하여 교육을 이유로 불리한 처분을 하여서는 아니 된다.

3. 사회복지업무의 전자화(제6조의2)

국가와 지방자치단체는 사회복지업무를 전자적으로 처리할 수 있도록 필요한 시책을 마련하여야 한다. 보건복지부장관은 사회복지업무에 필요한 각종 자료 또는 정보의 효율적 처리와 기록 · 관리 업무의 전자화를 위하여 정보시스템을 구축 · 운영할 수 있다. 또한 보건복지부장관은 정보시스템을 구축 · 운영하는 데 필요한 자료를 수집 · 관리 · 보유할 수 있으며 관련 기관 및 단체에 필요한 자료의 제공을 요청할 수 있다. 이 경우 요청을 받은 기관 및 단체는 정당한 사유가 없으면 그 요청에 따라야 한다.

지방자치단체의 장은 사회복지사업을 수행할 때 관할 복지행정시스템과 제2항에 따른 정보시스템을 전자적으로 연계하여 활용하여야 한다. 사회복지법인의 대표이사와 사회복지시설의 장은 국가와 지방자치단체가 실시하는 사회복지업무의 전자화 시책에 협력하여야 한다.

4. 사회복지법인

1) 법인의 설립허가

사회복지법인을 설립하려는 자는 시 · 도지사의 허가를 받아야 한다. 허가를 받은 자는 법인의 주된 사무소의 소재지에서 설립등기를 하여야 한다.

사회복지법인 설립허가 신청서류(시행규칙 제7조)는 설립취지서, 정관, 재산출연증서, 재산의 소유를 증명할 수 있는 서류(부동산의 경우에는 등기부등본), 재산의 평가조서(감정평가업자의 감정평가서), 재산의 수익조서(수익용 기본 재산을 갖춘 경우에 한하며, 공인된 감정평가기관의 수익증명 또는 수익을 증명할 수 있는 기관의 증빙서류 첨부), 임원의 취임승낙서 및 이력서, 사회복지위원회 또는 지역사회복지협의체로부터 받은 이사 추천서, 임원 상호 간의 관계에 있어 법규정에 저촉되지 아니함(이사회의 구성에 있어서 특별한 관계에 있는 자가 이사 현원의 5분의 1을 초과할 수 없음)을 입증하는 각서, 설립 해당 연도 및 다음 연도의 사업계획서 및 예산서이다.

2) 정관

법인의 정관에는 목적, 명칭, 주된 사무소의 소재지, 사업의 종류, 자산 및 회계에 관한 사항, 임원의 임면(任免) 등에 관한 사항, 회의에 관한 사항, 수익(收益)을 목적으로 하는 사업이 있는 경우 그에 관한 사항, 정관의 변경에 관한 사항, 존립시기와 해산 사유를 정한 경우에는 그 시기와 사유 및 남은 재산의 처리방법, 공고 및 공고방법에 관한 사항이 포함되어야 한다.

법인이 정관을 변경하려는 경우에는 시 · 도지사의 인가를 받아야 한다. 다만, 보건복지부령으로 정하는 경미한 사항의 경우에는 그러하지 아니하다.

3) 임원의 구성 및 요건

법인은 대표이사를 포함한 이사 7명 이상과 감사 2명 이상을 두어야 한다. 법인은 이사 정수의 3분의 1(소수점 이하는 버린다) 이상을 사회복지위원회 또는 지역사회복지협의체가 사회복지 또는 보건의료에 관한 학식과 경험이 풍부한 사람, 사회복지를 필요로 하는 사람의 이익 등을 대표하는 사람, 공익단체에서 추천한 사람, 사회복지공동모금지회에서 추천한 사람 중 2배수로 추천한 사람 중에서 선임해야 한다.

이사회의 구성에 있어서 특별한 관계에 있는 사람이 이사 현원(現員)의 5분의 1을 초과할 수 없다. 이사의 임기는 3년으로 하고 감사의 임기는 2년으로 하며, 각각 연임할 수 있다. 외국인인 이사는 이사 현원의 2분의 1 미만이어야 한다.

법인은 임원을 임면하는 경우에는 보건복지부령으로 정하는 바에 따라 지체 없이 시·도지사에게 보고하여야 한다.

감사는 이사와 특별한 관계에 있는 사람이 아니어야 하며, 감사 중 1명은 법률 또는 회계에 관한 지식이 있는 사람 중에서 선임하여야 한다. 다만, 일정 규모 이상의 법인은 시·도지사의 추천을 받아 감사 인에 속한 사람을 감사로 선임하여야 한다.

사회복지법인의 임원의 결격사유와 관련하여, 사회복지위원회 위원의 결격사유 중 어느 하나에 해당하는 사람, 해임명령에 따라 해임된 날부터 5년이 지나지 아니한 사람, 사회복지분야의 6급 이상 공무원으로 재직하다 퇴직한지 3년이 경과하지 아니한 사람 중에서 퇴직 전 5년 동안 소속하였던 기초자치단체가 관할하는 법인의 임원이 되고자 하는 사람 중 어느 하나에 해당하는 사람은 임원이 될 수 없으며, 어느 하나에 해당하게 되었을 때에는 그 자격을 상실한다.

4) 재산 등(제23조)

법인은 사회복지사업의 운영에 필요한 재산을 소유하여야 한다. 법인의 재산은 보건복지부령으로 정하는 바에 따라 기본재산과 보통재산으로 구분하며, 기본재산은 그 목록과 가액(價額)을 정관에 적어야 한다. 법인은 기본재산에 관하여 다음 각 호의 어느 하나에 해당하는 경우에는 시·도지사의 허가를 받아야 한다. 다만, 보건복지부령으로 정하는 사항에 대하여는 그러하지 아니하다.

기본재산은 부동산, 정관에서 기본재산으로 정한 재산, 이사회의 결의에 의하여 기본재산으로 편입된 재산이다. 목적사업용 기본재산은 법인이 사회복지시설 등을 설치하는 데 직접 사용하는 기본재산이고, 수익용 기본재산은 법인이 그 수익으로 목적사업의 수행에 필요한 경비를 충당하기 위한 기본재산이고, 보통재산은 기본재산이 아닌 그 밖의 재산을 말한다.

4-1) 구 사회복지사업법 제23조 제3항 제1호에서 보건복지부장관의 허가사항으로 정하고 있는 '사회복지법인의 기본재산 임대행위'에 차임의 지급 약정 없이 무상으로 그 기본재산을 사용, 수익하게 하는 경우도 포함되는지 여부의 사례 (소극)(대법원, 2013)

구 사회복지사업법(2011. 8. 4. 법률 제10997호로 개정되기 전의 것, 이하 같다)은 사회복지법인이 기본재산을 임대하고자 할 때에는 보건복지부장관의 허가를 받아야 하고(제23조 제3항 제1호), 위 규정을 위반한 경우에는 형사처벌을 받는다고 규정하고 있다(제53조 제1호). 그런데 구 사회복지사업법은 위 '임대'의 정의에 관하여 아무런 규정을 두고 있지 아니하므로 같은 법 제23조 제3항 제1호(이하 '이 사건 규정'이라고 한다)에 규정된 '임대'의 의미는 그에 관한 일반규정인 민법에 의하여 정하여진다고 보아야 한다. 한편 민법상 임대차는 당사자 일방이 상대방에게 목적물을 사용, 수익하게 할 것을 약정하고 상대방이 이에 대하여 차임을 지급할 것을 약정함으로써 그 효력이 생기므로(민법 제618조), 차임지급의무는 임대차의 요소에 해당한다. 결국 이 사건 규정에서 보건복지부장관의 허가사항으로 정하고 있는 '사회복지법인의 기본재산 임대행위'는 차임을 지급받기로 하고 사회복지법인의 기본재산을 사용, 수익하게 하는 것을 의미하고 차임의 지급 약정 없이 무상으로 그 기본재산을 사용, 수익하게 하는 경우는 이에 포함되지 않는다고 할 것이다.

☞ 피고인이 보건복지부장관의 허가 없이 제3자로 하여금 사회복지법인의 기본재산인 이 사건 건물부분을 무상으로 사용, 수익할 수 있게 하였다고 하더라도, 이를 가리켜 보건복지부장관의 허가 없이 사회복지법인의 기본재산을 임대하였다고 할 수 없다고 판단하여 이와 다른 전제에서 사회복지사업법 위반죄를 유죄로 인정한 원심판결을 파기 환송한 사례

5) 설립허가 취소 등(제26조)

시·도지사는 법인이 다음 어느 하나에 해당할 때에는 기간을 정하여 시정명령을 하거나 설립허가를 취소할 수 있다. 설립허가를 취소하는 경우는 다른 방법으로 감독 목적을 달성할 수 없거나 시정을 명한 후 6개월 이내에 법인이 이를 이행하지 아니한 경우로 한정한다.

거짓이나 그 밖의 부정한 방법으로 설립허가를 받았을 때, 설립허가 조건을 위반하였을 때, 목적 달성이 불가능하게 되었을 때, 목적사업 외의 사업을 하였을 때, 정당한 사유 없

이 설립허가를 받은 날부터 6개월 이내에 목적사업을 시작하지 아니하거나 1년 이상 사업실적이 없을 때, 법인이 운영하는 시설에서 반복적 또는 집단적 성폭력범죄가 발생한 때, 법인 설립 후 기본재산을 출연하지 아니한 때, 임원정수를 위반한 때, 임원 관련 규정을 위반하여 이사를 선임한 때, 임원의 해임명령을 이행하지 아니한 때, 그 밖에 이 법 또는 이 법에 따른 명령이나 정관을 위반하였을 때는 기간을 정하여 시정명령을 하거나 설립허가를 취소할 수 있다. 다만, 거짓이나 그 밖의 부정한 방법으로 설립허가를 받았을 때 또는 법인 설립 후 기본재산을 출연하지 아니한 때에 해당할 때에는 설립허가를 취소하여야 한다.

6) 수익 사업(제28조)

법인은 목적사업의 경비에 충당하기 위하여 필요할 때에는 법인의 설립 목적 수행에 지장이 없는 범위에서 수익사업을 할 수 있다. 법인은 수익사업에서 생긴 수익을 법인 또는 법인이 설치한 사회복지시설의 운영 외의 목적에 사용할 수 없다. 수익사업에 관한 회계는 법인의 다른 회계와 구분하여 회계처리 하여야 한다.

7) 합병

법인은 시 · 도지사의 허가를 받아 이 법에 따른 다른 법인과 합병할 수 있다. 다만, 주된 사무소가 서로 다른 시 · 도에 소재한 법인 간의 합병의 경우에는 보건복지부장관의 허가를 받아야 한다. 법인이 합병하는 경우 합병 후 존속하는 법인이나 합병으로 설립된 법인은 합병으로 소멸된 법인의 지위를 승계한다.

8) 동일명칭 사용 금지

사회복지사업법에 따른 사회복지법인이 아닌 자는 사회복지법인이라는 명칭을 사용하지 못한다.

9) 다른 법률의 준용

법인에 관하여 이 법에서 규정한 사항을 제외하고는 민법과 공익법인의 설립 · 운영에 관한 법률을 준용한다.

5. 사회복지시설

1) 시설의 설치

국가나 지방자치단체는 사회복지시설을 설치·운영할 수 있다. 국가 또는 지방자치단체 외의 자가 시설을 설치·운영하려는 경우에는 보건복지부령으로 정하는 바에 따라 시장·군수·구청장에게 신고하여야 한다. 다만, 폐쇄명령을 받고 3년이 지나지 아니한 자는 설치·운영 신고를 할 수 없다. 시설을 설치·운영하는 자는 보건복지부령으로 정하는 재무·회계에 관한 기준에 따라 시설을 투명하게 운영하여야 한다.

국가나 지방자치단체가 설치한 시설은 필요한 경우 사회복지법인이나 비영리법인에 위탁하여 운영하게 할 수 있다.

2) 시설의 통합설치·운영 등에 관한 특례(제34조의2)

시설을 설치·운영하려는 경우에는 지역특성과 시설분포의 실태를 고려하여 시설을 통합하여 하나의 시설로 설치·운영하거나 하나의 시설에서 둘 이상의 사회복지사업을 통합하여 수행할 수 있다. 이 경우 국가 또는 지방자치단체 외의 자는 통합하여 설치·운영하려는 각각의 시설이나 사회복지사업에 관하여 해당 관계 법령에 따라 신고하거나 허가 등을 받아야 한다.

3) 보험가입 의무(제34조의3)

시설의 운영자는 화재로 인한 손해배상책임, 화재 외의 안전사고로 인하여 생명·신체에 피해를 입은 보호대상자에 대한 손해배상책임에 대한 손해배상책임을 이행하기 위하여 손해보험회사의 책임보험에 가입하거나 한국사회복지공제회의 책임공제에 가입하여야 한다. 국가나 지방자치단체는 예산의 범위에서 책임보험 또는 책임공제의 가입에 드는 비용의 전부 또는 일부를 보조할 수 있다.

4) 시설의 안전점검 등(제34조의4)

시설의 장은 시설에 대하여 정기 및 수시 안전점검을 실시하여야 하고, 안전점검을 한 후 그 결과를 시장·군수·구청장에게 제출하여야 한다. 시장·군수·구청장은 결과를 받은 후 필요한 경우에는 시설의 운영자에게 시설의 보완 또는 개수(改修)·보수를 요구할 수 있으며, 이 경우 시설의 운영자는 요구에 따라야 한다. 국가나 지방자치단체는 예산의 범위에서 안전점검, 시설의 보완 및 개수·보수에 드는 비용의 전부 또는 일부를 보조할 수 있다.

5) 사회복지관의 설치

사회복지관은 지역사회의 특성과 지역주민의 복지욕구를 고려하여 서비스 제공 등 지역복지증진을 위한 사업을 실시할 수 있다. 모든 지역주민을 대상으로 사회복지서비스를 실시하되, 수급자 및 차상위계층, 장애인, 노인, 한부모가족 및 다문화가족, 직업 및 취업 알선이 필요한 사람, 보호와 교육이 필요한 유아·아동 및 청소년, 그 밖에 사회복지관의 사회복지서비스를 우선 제공할 필요가 있다고 인정되는 사람에게 우선 제공하여야 한다.

6) 시설의 장과 종사자

시설의 장은 상근(常勤)하여야 한다. 사회복지법인과 사회복지시설을 설치·운영하는 자는 시설에 근무할 종사자를 채용할 수 있다.

7) 운영위원회(제36조 및 시행규칙 제24조)

시설의 장은 시설의 운영에 관한 사항을 심의하기 위하여 시설에 운영위원회를 두어야 한다. 다만, 보건복지부령으로 정하는 경우에는 복수의 시설에 공동으로 운영위원회를 둘 수 있다. 운영위원회에서는 시설운영계획의 수립·평가에 관한 사항, 사회복지 프로그램의 개발·평가에 관한 사항, 시설 종사자의 근무환경 개선에 관한 사항, 시설 거주자의 생활환경 개선 및 고충 처리 등에 관한 사항, 시설 종사자와 거주자의 인권보호 및 권익증진에 관한 사항, 시설과 지역사회의 협력에 관한 사항, 그 밖에 시설의 장이 운영위원회의 회의에 부치는 사항에 관하여 심의 한다.

운영위원회의 위원은 위원장을 포함하여 5명 이상 15명 이하의 위원으로 구성한다. 시설의 장, 시설 거주자 대표, 시설 거주자의 보호자 대표, 시설 종사자의 대표, 해당 시·군·구 소속의 사회복지업무를 담당하는 공무원, 후원자 대표 또는 지역주민, 공익단체에서 추천한 사람, 그 밖에 시설의 운영 또는 사회복지에 관하여 전문적인 지식과 경험이 풍부한 사람 중 같은 호에 해당하는 위원이 2명을 초과해서는 안 되며, 관할 시장·군수·구청장이 임명하거나 위촉한다. 운영위원의 위원장은 위원 중에서 호선하며, 위원의 임기는 3년으로 한다.

시설의 장은 시설의 회계 및 예산·결산에 관한 사항, 후원금 조성 및 집행에 관한 사항, 그 밖에 시설운영과 관련된 사건·사고에 관한 사항을 운영위원회에 보고하여야 한다.

8) 시설의 휴지·재개·폐지신고 등(제38조)

시설의 신고를 한 자는 지체 없이 시설의 운영을 시작하여야 한다. 시설의 운영자는 그 운영을 일정 기간 중단하거나 다시 시작하거나 시설을 폐지하려는 경우에는 보건복지부령으로 정하는 바에 따라 시장·군수·구청장에게 신고하여야 한다. 시장·군수·구청장은 시설 운영이 중단되거나 시설이 폐지되는 경우에는 보건복지부령으로 정하는 바에 따라 시설 거주자의 권익을 보호하기 위하여 다음의 조치를 하여야 한다.

시장·군수·구청장은 시설 거주자가 다른 시설을 선택할 수 있도록 하고 그 이행을 확인하는 조치, 시설 거주자가 이용료·사용료 등의 비용을 부담하는 경우 납부한 비용 중 사용하지 아니한 금액을 반환하게 하고 그 이행을 확인하는 조치, 보조금·후원금 등의 사용 실태 확인과 이를 재원으로 조성한 재산 중 남은 재산의 회수조치, 그 밖에 시설 거주자의 권익 보호를 위하여 필요하다고 인정되는 조치를 하여야 한다.

시설 운영자가 시설운영을 재개하려고 할 때에는 보건복지부령으로 정하는 바에 따라 시설 거주자의 권익을 보호하기 위하여 운영 중단 사유의 해소, 향후 안정적 운영계획의 수립, 그 밖에 시설 거주자의 권익 보호를 위하여 보건복지부장관이 필요하다고 인정하는 조치를 하여야 한다.

9) 시설 수용인원의 제한

각 시설의 수용인원은 300명을 초과할 수 없다. 수용인원 300명을 초과할 수 있는 사회복지시설은 노인주거복지시설 중 양로시설과 노인복지주택, 노인의료복지시설 중 노인요양시설, 보건복지부장관이 사회복지시설의 종류, 지역별 사회복지시설의 수, 지역별·종류별 사회복지서비스 수요 및 사회복지사업 관련 종사자의 수 등을 고려하여 정하여 고시하는 기준에 적합하다고 시장·군수·구청장이 인정하는 사회복지시설로 한다.

10) 시설의 서비스 최저기준(제43조)

보건복지부장관은 시설에서 제공하는 서비스의 최저기준을 마련하여야 한다. 시설 운영자는 서비스 최저기준 이상으로 서비스 수준을 유지하여야 한다.

11) 시설의 평가(제43조의2)

보건복지부장관과 시·도지사는 보건복지부령으로 정하는 바에 따라 시설을 정기적으로 평가하고, 그 결과를 공표하거나 시설의 감독·지원 등에 반영할 수 있으며 시설 거주자를 다른 시설로 보내는 등의 조치를 할 수 있다. 보건복지부장관이나 시·도지사는 평가결과에 따라 시설 거주자를 다른 시설로 보내는 등의 조치를 하여야 한다.

12) 시설의 서류 비치(시행규칙 제25조)

시설에 비치하여야 할 서류는 법인의 정관(법인에 한한다), 법인설립허가증사본(법인에 한한다), 사회복지시설신고증, 시설거주자 및 퇴소자의 명부, 시설거주자 및 퇴소자의 상담기록부, 시설의 운영계획서 및 예산·결산서, 후원금품대장, 시설의 건축물관리대장, 시설의 장과 종사자의 명부이다.

13) 시설설치 방해금지(제6조)

누구든지 정당한 이유 없이 사회복지시설의 설치를 방해하여서는 아니 된다. 시장·군수·구청장은 정당한 이유 없이 사회복지시설의 설치를 지연시키거나 제한하는 조치를 하여서는 아니 된다.

6. 보조금 등

국가나 지방자치단체는 사회복지사업을 하는 자 중 운영비 등 필요한 비용의 전부 또는 일부를 보조할 수 있다. 보조금은 그 목적 외의 용도에 사용할 수 없다. 국가나 지방자치단체는 보조금을 받은 자가 거짓이나 그 밖의 부정한 방법으로 보조금을 받았을 때, 사업 목적 외의 용도에 보조금을 사용하였을 때, 이 법 또는 이 법에 따른 명령을 위반하였을 때에는 이미 지급한 보조금의 전부 또는 일부의 반환을 명할 수 있다.

※ 사회복지법에 의하여 교부된 국가보조금을 다른 용도로 사용한 경우 횡령죄의 성립 여부의 사례 (적극)(대법원, 2011)

수행하는 자가 국가 또는 지방자치단체로부터 교부받은 보조금을 그 목적 외의 용도에 사용하는 것을 금지하고, 이를 위반하는 경우에는 5년 이하의 징역 또는 1,500만 원이하의 벌금에 처하도록 할 뿐만 아니라 그 교부받은 보조금의 전부 또는 일부의 반환을 명할 수 있도록 규정하고 있는바, 이러한 규정의 내용과 취지에 비추어 보조금은 그 용도가 엄격히 제한되어 있는 자금이라고 봄이 상당하므로, 이와 같은 보조금을 위탁받아 집행하는 자가 이를 다른 용도에 사용하면 그 자체로서 불법영득의 의사를 실현한 것이 되어 횡령죄가 성립한다.

7. 후원금의 관리[1)]

사회복지법인의 대표이사와 시설의 장은 아무런 대가 없이 무상으로 받은 금품이나 그 밖의 자산의 수입·지출 내용을 공개하여야 하며 그 관리에 명확성이 확보되도록 하여야 한다.

1) 후원금의 관리에 있어서 명확성 확보: 후원금의 범위 등 법인의 대표이사와 시설의 장은 후원금의 수입지출 내용과 관리에 명확성이 확보되도록 하여야 한다. 시설거주자가 받은 개인결연후원금을 당해 인이 정신질환 기타 이에 준하는 사유로 관리능력이 없어 시설의 장이 이를 관리하게 되는 경우에도 또한 같다(사회복지법인 및 사회복지시설 재무회계규칙 제41조의2)

제 4 절 사회복지서비스

1. 재가복지서비스

1) 재가복지서비스의 종류(제41조의2)

국가나 지방자치단체는 보호대상자가 가정봉사서비스(가사 및 개인활동을 지원하거나 정서활동을 지원하는 서비스), 주간·단기 보호서비스(주간·단기 보호시설에서 급식 및 치료 등 일상생활의 편의를 낮 동안 또는 단기간 동안 제공하거나 가족에 대한 교육 및 상담을 지원하는 서비스) 중 어느 하나에 해당하는 재가복지서비스를 제공받도록 할 수 있다.

시장·군수·구청장은 보호대상자별 서비스 제공 계획에 따라 보호대상자에게 사회복지서비스를 제공하는 경우 시설 입소에 우선하여 재가복지서비스를 제공하도록 하여야 한다.

2) 가정봉사원의 양성(제41조의4)

국가나 지방자치단체는 재가복지서비스를 필요로 하는 가정 또는 시설에서 보호대상자가 일상생활을 하기 위하여 필요한 각종 편의를 제공하는 가정봉사원을 양성하도록 노력하여야 한다.

제 5 절 법정 단체

1. 한국사회복지사협회(제46조)

사회복지사는 사회복지에 관한 전문지식과 기술을 개발·보급하고, 사회복지사의 자질 향상을 위한 교육훈련을 실시하며, 사회복지사의 복지증진을 도모하기 위하여 한국사회복지사협회를 설립한다. 협회에 관하여 이 법에서 규정한 사항을 제외하고는 민법 중 사단법인에 관한 규정을 준용한다.

한국사회복지사협회는 사회복지사에 대한 전문지식 및 기술의 개발·보급, 사회복지사의 전문성 향상을 위한 교육훈련, 사회복지사제도에 대한 조사연구·학술대회개최 및 홍보·출판사업, 국제사회복지사단체와의 교류·협력, 보건복지부장관이 위탁하는 사회복지사업에 관한 업무, 기타 협회의 목적달성에 필요한 사항에 관한 업무를 행한다.

2. 한국사회복지협의회(제33조)

사회복지에 관한 업무를 수행하기 위하여 전국 단위의 한국사회복지협의회와 시·도 단위의 시·도 사회복지협의회를 두며, 필요한 경우에는 시·군·구 단위의 시·군·구 사회복지협의회를 둘 수 있다.

한국사회복지협의회의 업무는 사회복지에 관한 조사·연구 및 정책 건의, 사회복지 관련 기관·단체 간의 연계·협력·조정, 사회복지 소외계층 발굴 및 민간사회복지자원과의 연계·협력, 대통령령으로 정하는 사회복지사업의 조성 등이다.

제 6 절 수급자의 권리보호 및 벌칙

1. 수급자의 권리보호

1) 비밀누설의 금지

사회복지사업 또는 사회복지업무에 종사하였거나 종사하고 있는 사람은 그 업무 수행과정에서 알게 된 다른 사람의 비밀을 누설하여서는 아니 된다.

2) 압류금지

사회복지사업법 및 복지27법에 따라 지급된 금품과 이를 받을 권리는 압류하지 못한다.

2. 벌칙 등

1) 벌칙

① 5년 이하의 징역 또는 5천만원 이하의 벌금

법인은 기본재산에 관하여 매도 · 증여 · 교환 · 임대 · 담보제공 또는 용도 변경하고자 할 때, 그리고 보건복지부령으로 정하는 금액 이상을 1년 이상 장기차입 하고자 할 때에는 시도지사의 허가를 받아야 하나 이를 위반 한 자나, 사회복지사업을 수행하는 자에게 지급된 국가 또는 지방자치단체의 보조금을 목적 외의 용도롤 사용한 자

② 1년 이하의 징역 또는 1천만원 이하의 벌금

- 사회복지시설의 설치를 방해한 자
- 수익사업으로부터 생긴 수익을 법인 또는 그가 설치한 사회복지시설의 운영 외의 목적에 사용한 자
- 국가 또는 지방자치단체 외의 자가 시장 · 군수 · 구청장에게 신고하지 않고 사회복지시설을 설치 · 운영한 자
- 정당한 이유 없이 시설운영이 중단되거나 폐지되는 경우, 사업의 정지 및 시설의 폐쇄명령을 받은 경우 시설거주자를 다른 시설로 보내는 등 시설거주자 권익 보호조치를 기피 또는 거부한 자
- 정당한 이유 없이 보건복지부장관, 시 · 도지사 또는 시장 · 군수 · 구청장의 시설의 개선, 사업의 정지, 시설의 장의 교체 명령이나 시설폐쇄 명령을 이행하지 아니한 자
- 사회복지사업 또는 사회복지업무에 종사하였거나 종사하고 있는 자로서 그 업무수행의 과정에서 알게 된 다른 사람의 비밀을 누설한 자
- 정당한 이유 없이 보건복지부장관, 시 · 도지사 또는 시장 · 군수 · 구청장이 명령한 소관 업무에 관한 보고를 하지 아니하거나 거짓으로 보고한 자, 자료를 제출하지 아니하거나 거짓 자료를 제출한 자, 검사 · 질문을 거부 · 방해 또는 기피한 자

③ 300만원 이하의 벌금

사회복지법인 및 사회복지시설을 설치 · 운영하는 자가 사회복지사를 그 종사로 채용하

지 않은 경우

2) 과태료[2)]

① 300만원 이하

- 사회복지사 보수교육(인권에 관한 내용 포함)을 받지 아니한 경우
- 사회복지사 보수교육을 이유로 불리한 처분을 한 경우
- 법인이 임원을 임면할 때 지체 없이 이를 시도지사에게 보고하지 않은 경우
- 법인이 매수·기부체납, 후원 등의 방법으로 재산을 취득하였을 때 이를 법인의 재산으로 편입조치하고, 그 취득사유, 취득재산의 종류수량 및 가액을 매년 시·도지사에게 보고하여야 하나 이를 위반한 경우
- 사회복지법인이 아닌 자가 사회복지법인이라는 명칭을 사용한 경우
- 시설의 운영자가 화재로 인한 손해배상책임의 이행을 위한 책임보험과 한국사회복지공제회의 책임공제에 가입하지 않은 경우
- 시설의 장이 시설에 대하여 정기 및 수시 안전점검을 실시하지 않았거나 안전점검 결과를 시장·군수·구청장에게 제출하지 않은 경우
- 후원금품대장 등 보건복지부령이 정하는 서류를 시설 내에 비치하지 않은 경우
- 지체 없이 시설의 운영을 시작하지 않은 경우
- 시설의 휴지·재개·폐지신고 등을 하지 않은 경우
- 후원금의 관리를 명확하게 하지 않은 경우

② 200만원 이하

복지요구의 조사에 따른 서류, 그 밖에 소득재산 등에 관한 자료를 정당한 사유 없이 제출하지 아니하거나 거짓 자료를 제출한 자 또는 조사 ·질문을 기피 ·거부 ·방해하거나 거짓 답변을 한 자

2) 벌금이나 과료와는 달리 형벌의 성질을 가지지 않는 법령위반에 대해서 과해지는 금전 벌. 공법상의 의무나 질서의 유지 등을 위해서 위반자에게 가해지는 벌로 범칙금, 구류, 과태료가 있다.

CHAPTER 05

공공부조법

제 1 절 국민기초생활보장법

1. 개요

1) 목적(제1조)

국민기초생활보장법은 생활이 어려운 자에게 필요한 급여를 행하여 이들의 최저생활을 보장하고 자활을 돕는 것을 목적으로 한다.

2) 의의

(1) 공공부조수급권의 법적 명확화

국민기초생활보장법은 헌법에 보장된 인간다운 생활을 할 권리, 생존권, 사회권, 복지권 내지 사회보장수급권 보장을 규정한 법으로서, 공공부조수급권을 구체적으로 보장하기 위한 법률이다.

급여를 받는 사람들의 권리를 인정하여 수급자와 수급권자라는 용어를 사용함으로써 복지권 내지 생존권에 대한 수혜자의 법적 권리를 강조하였다. 이 법은 공공부조수급권을 프로그램 규정적 권리설에 입각한 권리가 아니라 법적 권리[1]로 인정한 법률이라는 점에서

1) 프로그램 규정적 권리설은 사회복지 권리에 관한 법규정이 구체적·현실적 권리를 부여한 것이 아닌 입법의 방침을 지시하는 정책 선언에 불과하다는 것이다. 법적 권리설은 사회복지 권리에 관한 헌법 규정은 법적인 권리로서 개개국민은 복지의 혜택을 누릴 권리가 법적으로 보장된다는 입장이다.

의의를 가진다.

(2) 최저생계보장에 대한 국가 책임의 강조

국민기초생활보장법은 국가와 지방자치단체가 생활이 어려운 자에게 필요한 급여를 행하여 이들의 최저생활을 보장하고 자활을 조성해야 할 책임이 있음을 명시하고 있다는 점에서 의의가 있다.

(3) 종합적 빈곤 대책

국민기초생활보장법은 생활이 어려운 자들이 인간다운 최저생활을 영위할 수 있도록 보장해주고, 스스로 자립·자활하도록 조성해주는 데 그 목적이 있다. 기존의 생활보호법상 수급요건인 인구학적 기준(18세 미만 65세 이상)을 철폐하고, 소득이 최저생계비 이하인 국민은 누구나 국가로부터 지원을 받을 수 있도록 함으로써 수급요건을 '빈곤'으로 단순화하였다. 근로능력이 있는 수급권자에 대해서는 근로조건부(근로와 연계하여)로 급여를 제공하는 적극적 자활정책을 수행한다.

3) 용어의 정의

① **수급권자: 이 법에 따른** 급여를 받을 수 있는 자격을 가진 사람을 말한다.
② **수급자: 이 법에 따른** 급여를 받는 사람을 말한다.
③ **수급품: 이 법에 따라** 수급자에게 지급하거나 대여하는 금전 또는 물품을 말한다.
④ **보장기관:** 급여를 실시하는 국가 또는 지방자치단체를 말한다.
⑤ **부양의무자:** 수급권자를 부양할 책임이 있는 사람으로서 수급권자의 1촌의 직계혈족 및 그 배우자를 말한다. 다만, 사망한 1촌의 직계혈족의 배우자는 제외한다.
⑥ **최저보장수준:** 국민의 소득·지출 수준과 수급권자의 가구 유형 등 생활실태, 물가상승률 등을 고려하여 급여의 종류별로 공표하는 금액이나 보장수준을 말한다.
⑦ **개별가구:** 급여를 받거나 이 법에 따른 자격요건에 부합하는지에 관한 조사를 받는 기본단위로서 수급자 또는 수급권자로 구성된 가구를 말한다.
⑧ **소득인정액:** 보장기관이 급여의 결정 및 실시 등에 사용하기 위하여 산출한 개별가

구의 소득평가액과 재산의 소득환산액을 합산한 금액을 말한다.

⑨ **차상위계층:** 수급권자(수급권자로 보는 자는 제외)에 해당하지 아니하는 계층으로서 소득인정액이 기준 이하인 계층을 말한다.

⑩ **기준 중위소득:** 보건복지부장관이 급여의 기준 등에 활용하기 위하여 중앙생활보장위원회의 심의·의결을 거쳐 고시하는 국민 가구소득의 중위 값을 말한다.

4) 연혁

(1) 입법 배경

① 사회안정망 구축의 필요성(1999. 9. 7. 제정, 2000. 10. 1. 시행)

1997년 경제위기에 따른 경제불황과 사회전반의 구조조정에 따른 대량실업으로 인해 빈곤문제가 더욱 악화된 상황에서 기존의 생활보호제도는 2차적 사회안전망으로서 제 기능을 다하지 못하였다. 이러한 현실적 문제를 해결하기 위해 사회안전망의 사각지대에 살고 있는 저소득계층을 생존위기로부터 보호하기 위한 근본적인 변화가 필요하게 되었다.

② 사회·경제적 환경의 변화

경제성장률의 둔화, 실업률의 상승, 빈곤율 증가 등의 사회경제적 환경의 변화로 인해 국민기초생활보장제도가 도입되었다.

③ 생산적 복지정책 개념의 채택

생산적 복지정책은 모든 국민이 인간답게 살며 기본적인 권리를 누리는 복지사회의 건설을 목표로 하였다. 이러한 목표를 달성하기 위해 국민기초생활보장제도가 도입되었다.

(2) 주요 개정

① 2005. 12. 23. 일부개정

부양의무자 범위를 '수급권자의 1촌 직계혈족 및 그 배우자'로 축소하였고, 국내체류 외국인 중 한국인과 결혼하여 한국 국적의 미성년 자녀를 양육하고 있는 자도 수급권자에 포함하였다.

② 2006. 12. 28. 일부개정

주요 개정 내용은 차상위계층에 대한 주거, 교육, 의료, 장제 및 자활급여 등 부분급여 지급, 중앙자활센터 설치, 자활후견기관을 지역자활센터로 변경, 시·군·구 자활기관협의체 의무적 설치, 상시근로자의 일정비율 이상을 수급자로 채용하는 기업에 대하여 지원을 할 수 있도록 하였고, 보장기금을 자활기금으로 명칭을 변경 등이다.

③ 2007. 10. 17. 일부개정

시·군·구의 재정부담 불균형을 해소하기 위하여 해당 시·군·구의 재정여건과 사회보장비 지출 등에 따라 기초생활보장사업에 드는 비용에 대한 국가, 시·도 및 시·군·구 간 분담 비율을 서로 다르게 할 수 있도록 하려는 것이다.

④ 2012. 2. 1. 일부개정

중앙자활센터의 기본 사업으로 수급자와 차상위자에 대한 취업·창업 지원 조항을 추가하였고, 광역자활센터의 지정 및 취소, 수행사업 내용, 경비보조 등의 법적 근거를 마련하였다. 자활공동체의 명칭을 자활기업으로 변경하고, 그 설립조건을 2인 이상 공동 창업에서 1인으로 완화하였다.

⑤ 2014. 12. 30. 일부개정

기초생활보장제도를 효과적이고 효율적인 맞춤형 빈곤정책으로 전환하여 지원대상을 확대하고 일할수록 유리한 급여체계를 마련함으로써 탈수급 유인을 촉진하고 빈곤예방기능을 강화하는 한편, 현행 제도의 운영상 나타난 미비점을 전반적으로 개선·보완하려하였다. 또한, 벌금액을 국민권익위원회의 권고안 및 국회사무처 법제예규의 기준인 징역 1년당 1천만원의 비율로 개정함으로써 벌금형을 현실화하고, 형벌로서의 기능을 회복시켜 일반인에 대한 범죄억지력을 확보하려하였다.

⑥ 2016. 2. 3. 일부개정

사회복지전담공무원이 수급권자의 급여 신청에 대해 알기 쉽게 설명하도록 하고, 사회복지전담공무원이 신청자를 조사할 때 권한을 표시하는 증표뿐만 아니라 조사기간, 조사범위

등이 기재된 서류를 제시하도록 함으로써 기초생활수급자의 권리를 보호하고 합리적인 조사가 이루어지도록 하였다.

2. 수급권자

1) 수급권자

(1) 수급권자

이 법에 의한 급여를 받을 수 있는 자격을 가진 사람을 말하고, 수급자는 이 법에 따른 급여를 받는 사람을 말한다.

(2) 외국인에 대한 특례

국내에 체류하고 있는 외국인 중 대한민국 국민과 혼인하여 본인 또는 배우자가 임신 중이거나 대한민국 국적의 미성년 자녀를 양육하고 있거나 배우자의 대한민국 국적인 직계존속(直系尊屬)과 생계나 주거를 같이하고 있는 사람으로서 급여를 받을 수 있는 자격을 가진 경우에는 수급권자[2)]가 된다.

2) 수급자 선정기준

(1) 급여종류에 따른 수급자 선정기준[3)]

수급자 선정을 위한 기준은 기준 중위소득을 적용한다. 급여별 선정기준을 중위소득(모든 가구를 소득 순으로 순위를 매겼을 때, 가운데를 차지한 가구의 소득)과 연동한다.

---

2) 수급권자에 해당하는 외국인의 범위는 외국인 등록을 한 사람으로서 다음에 어느 하나에 해당하는 사람으로 한다. 첫째, 대한민국 국민과 혼인 중인 사람으로 본인 또는 대한민국 국적의 배우자가 임신 중인 사람, 대한민국 국적의 미성년 자녀(계부자 · 계모자 관계와 양친자관계를 포함한다)를 양육하고 있는 사람, 배우자의 대한민국 국적인 직계존속과 생계나 주거를 같이 하는 사람. 둘째, 대한민국 국민의 배우자와 이혼하거나 그 배우자가 사망한 사람으로서 대한민국 국적의 미성년 자녀를 양육하고 있는 사람 또는 사망한 배우자의 태아를 임신하고 있는 사람은 수급권자에 해당한다.

3) 선정기준을 다층화 하여 최저생계비를 급여별 선정기준으로 변경하였다. 급여별 선정기준을 모든 가구를 소득 순으로 순위를 매겼을 때 가운데를 차지한 가구의 소득인 중위소득과 연동하였다.

(2) 부양의무자 기준[4)]

부양의무자가 기준 중위소득 수준을 고려하여 소득 · 재산 · 기준 미만인 경우, 직계존속 또는 장애인연금법의 중증장애인인 직계비속을 자신의 주거에서 부양하는 경우로서 보건복지부장관이 정하여 고시하는 경우, 그 밖에 질병, 교육, 가구 특성 등으로 부양능력이 없다고 보건복지부장관이 정하는 경우 중 어느 하나에 해당하는 경우에는 부양의무자가 있어도 부양능력이 없는 것으로 본다.

부양의무자가 병역법에 따라 징집되거나 소집된 경우, 해외이주법의 해외이주자에 해당하는 경우, 형의 집행 및 수용자의 처우에 관한 법률 및 치료감호법 등에 따른 교도소, 구치소, 치료감호시설 등에 수용 중인 경우, 부양의무자에 대하여 실종선고 절차가 진행 중인 경우, 보장시설에서 급여를 받고 있는 경우, 가출 또는 행방불명으로 경찰서 등 행정관청에 신고 된 후 1개월이 지났거나 가출 또는 행방불명 사실을 특별자치시장 · 특별자치도지사 · 시장 · 군수 · 구청장(자치구의 구청장을 말한다. 이하 "시장 · 군수 · 구청장"이라 한다)이 확인한 경우 중 어느 하나에 해당하는 경우, 그 밖에 부양을 받을 수 없는 것으로 보건복지부장관이 정하는 경우에는 부양의무자가 있어도 부양을 받을 수 없는 경우로 본다.

3) 조건부수급자

보장기관은 근로능력이 있는 수급자에게 자활에 필요한 사업에 참가할 것을 조건으로 부과하여 생계급여를 지급할 수 있으며, 조건부수급자란 자활사업에 참가할 것을 조건으로 생계급여를 지급받는 사람으로, 근로능력이 있는 수급자[5)]라 한다. 근로능력이 있는 조건부수급자임에도 불구하고 시장 · 군수 · 구청장은 다음 어느 하나에 해당하는 사람에게는 조건 부과를 유예할 수 있다. 다만, 아래 셋째에 해당하는 사람의 경우에는 그 유예기간을 3개월로 한정한다.

---

4) 소득 기준 완화, 교육급여의 특수성을 고려하여 예외적으로 부양의무자 기준 폐지, 장애로 인하여 생계비가 추가로 소요되는 점을 반영하여 소득 · 재산 기준을 추가 완화하는 부양의무자 기준을 완화했다.

5) 근로능력이 있는 수급자(시행령 제7조)는 18세 이상 64세 이하의 수급자를 말한다. 다만, 중증장애인이나 질병, 부상 또는 그 후유증으로 치료나 요양이 필요한 사람 중에서 근로능력평가를 통하여 특별자치도지사 · 시장 · 군수 · 구청정이 근로능력이 없다고 판정한 사람, 그 밖에 근로가 곤란하다고 보건복지부장관이 정하는 사람은 제외한다.

첫째, 개별가구 또는 개인의 여건 등으로 자활사업에 참가하기가 곤란한 ① 미취학 자녀, 질병·부상 또는 장애 등으로 거동이 곤란한 가구원이나 치매 등으로 특히 보호가 필요한 가구원을 양육·간병 또는 보호하는 수급자(가구별로 1명으로 한정하되, 양육·간병 또는 보호를 할 수 있는 다른 가구원이 있거나 사회복지시설 등에서 보육·간병 또는 보호서비스를 제공받는 경우는 제외한다), ② 대학, 산업대학, 교육대학, 전문대학, 기술대학, 각종학교(원격대학은 제외)에 재학 중인 사람, ③ 장애인 직업재활 실시 기관 및 한국장애인고용공단이 실시하는 고용촉진 및 직업재활 사업에 참가하고 있는 장애인, ④ 임신 중이거나 분만 후 6개월 미만인 여자, ⑤ 사회복무요원 등 법률상 의무를 이행 중인 사람 중 어느 하나에 해당하는 사람을 조건부수급자라 한다.

둘째, 근로 또는 사업에 종사하는 대가로 보건복지부장관이 정하여 고시하는 기준을 초과하는 소득을 얻고 있는 사람으로서 주당 평균 3일(1일 6시간 이상 근로에 종사하는 경우만 해당한다) 이상 근로에 종사하거나 주당 평균 4일 이상의 기간 동안 22시간 이상 근로에 종사하는 사람, 사업자등록을 하고 그 사업에 종사하고 있는 사람 중 어느 하나에 해당하는 사람을 조건부수급권자라 한다.

셋째, 환경 변화로 적응기간이 필요하다고 인정되는 입영예정자 또는 전역자, 교도소, 구치소, 치료감호시설 등에서 출소한 사람, 보장시설에서 퇴소한 사람, 학교 또는 고등교육법에 따른 학교의 졸업자, 질병·부상 등으로 2개월 이상 치료를 받고 회복 중인 사람 중 어느 하나에 해당하는 사람을 조건부수급자라 한다.

넷째, 그 밖에 자활사업에 참가할 것을 조건으로 하여 생계급여를 지급하는 것이 곤란하다고 보건복지부장관이 정하는 사람을 조건부수급자라 하며, 조건 부과를 유예 받은 사람은 그 유예기간 동안 조건부수급자로 보지 아니한다.

3. 급여

1) 급여의 기본원칙

급여는 수급자가 자신의 생활의 유지·향상을 위하여 그의 소득, 재산, 근로능력 등을 활용하여 최대한 노력하는 것을 전제로 이를 보충·발전시키는 것을 기본원칙으로 한다. 부양의무자의 부양과 다른 법령에 따른 보호는 이 법에 따른 급여에 우선하여 행하여지는 것으로 한다. 다만, 다른 법령에 따른 보호의 수준이 이 법에서 정하는 수준에 이르지 아니하는 경우에는 나머지 부분에 관하여 이 법에 따른 급여를 받을 권리를 잃지 아니한다.

급여의 기본원칙을 정리하면 다음과 같다.

① **공공책임의 원칙:** 일상생활이 어려운 국민의 생존권을 보장하는 일이 국가의 책무이므로, 국민기초생활보장법의 실시를 국가 혹은 공공책임으로 간주한다.

② **최저생활보장의 원칙:** 생활이 어려운 자에게 생계·주거·의료·교육·자활 등 필요한 급여를 행하여 이들의 최저생활을 보장한다. 국민기초생활보장법에 의하여 실시되는 급여는 건강하고 문화적인 최저생활을 유지할 수 있는 수준이어야 한다.

③ **보충급여의 원칙:** 급여수준을 생계·주거·의료·교육급여액과 수급자의 소득인정액을 포함한 총금액이 최저생계비 이상이 되도록 지원한다. 즉, 가구별 최저생계비와 소득인정액의 차액을 급여한다.

④ **자립지원의 원칙:** 근로능력이 있는 수급자에게는 자활사업에 참여할 것을 조건으로 급여를 지급한다. 이는 국민기초생활보장대상자가 경제생활의 면에 있어 부조를 받지 않고는 자력으로 정상적인 사회인으로 생활해 나갈 수 있도록 원조하는 원리이다. 수급자 가구별로 자활지원계획을 수립하고 자활사업에 참여하도록 조건을 부여한다. 조건불이행자에게는 수급자 본인의 생계급여 일부 또는 전부를 지급하지 아니한다.

⑤ **개별성의 원칙:** 급여수준을 정함에 있어서 수급권자의 개별적 특수 상황을 최대한 반영한다. 이를 위해 수급권자 및 부양의무자의 소득·재산, 수급권자의 근로능력·취업상태·자활욕구 등 자활지원계획 수립에 필요한 사항, 기타 수급권자의 건강상태·가구특성 등 생활실태에 관한 사항 등을 조사한다.

⑥ **가족부양 우선의 원칙:** 급여 신청자가 부양의무자에 의하여 부양될 수 있는 경우에는 기초생활보장급여에 우선하여 부양의무자에 의한 보호가 먼저 행해져야 한다. 수급자에게 부양능력을 가진 부양의무자가 있음이 확인된 경우에는 부양의무자로부터 보장비용을 징수할 수 있다.

⑦ **타급여 우선의 원칙:** 급여 신청자가 다른 법령에 의하여 보호를 받을 수 있는 경우에

는 기초생활보장급여에 우선하여 다른 법령에 의한 보호가 먼저 행해져야 한다.

⑧ **보편성의 원칙:** 국민기초생활보장법에 규정된 요건을 충족시키는 국민에 대하여는 성별 · 직업 · 연령 · 교육수준 · 소득원, 기타의 이유로 수급권을 박탈하지 아니한다.

2) 급여의 기준[6)]

급여는 건강하고 문화적인 최저생활을 유지할 수 있는 것이어야 한다. 급여의 기준은 수급자의 연령, 가구 규모, 거주지역, 그 밖의 생활여건 등을 고려하여 급여의 종류별로 보건복지부장관이 정하거나 급여를 지급하는 중앙행정기관의 장이 보건복지부장관과 협의하여 정한다.

보장기관은 이 법에 따른 급여를 개별가구 단위로 실시하되, 특히 필요하다고 인정하는 경우에는 개인 단위로 실시할 수 있다. 지방자치단체인 보장기관은 해당 지방자치단체의 조례로 정하는 바에 따라 이 법에 따른 급여의 범위 및 수준을 초과하여 급여를 실시할 수 있다. 이 경우 해당 보장기관은 보건복지부장관 및 소관 중앙행정기관의 장에게 알려야 한다.

보건복지부장관 또는 소관 중앙행정기관의 장은 급여의 종류별 수급자 선정기준 및 최저보장수준을 결정하여야 한다. 보건복지부장관 또는 소관 중앙행정기관의 장은 매년 8월 1일까지 중앙생활보장위원회의 심의 · 의결을 거쳐 다음 연도의 급여의 종류별 수급자 선정기준 및 최저보장수준을 공표하여야 한다.

기준 중위소득은 통계청이 공표하는 통계자료의 가구 경상소득(근로소득, 사업소득, 재산소득, 이전소득을 합산한 소득을 말한다)의 중간 값에 최근 가구소득 평균 증가율, 가구규모에 따른 소득수준의 차이 등을 반영하여 가구규모별로 산정한다. 그 밖에 가구규모별 소득수준 반영 방법 등 기준 중위소득의 산정에 필요한 사항은 중앙생활보장위원회에서 정한다.

개별가구의 소득평가액은 개별가구의 실제소득에도 불구하고 보장기관이 급여의 결정 및 실시 등에 사용하기 위하여 산출한 금액으로 개별가구의 실제소득(근로소득, 사업소득, 재산소득, 이전소득을 합한 급액)에서 장애 · 질병 · 양육 등 가구 특성에 따른 지출요인, 근로

6) 최저생계비를 급여별 최조보장수준으로 변경하여 급여수준을 현실화 하였다.

를 유인하기 위한 요인, 그 밖에 추가적인 지출요인에 해당하는 금액을 감하여 산정한다. 재산의 소득환산액은 개별가구의 재산가액에서 기본재산액(기초생활의 유지에 필요하다고 보건복지부장관이 정하여 고시하는 재산액을 말한다) 및 부채를 공제한 금액에 소득환산율을 곱하여 산정한다.

3) 급여의 종류

수급권자에 대한 급여는 수급자의 필요에 따라 생계급여부터 자활급여까지의 급여의 전부 또는 일부를 실시하는 것으로 본다. 차상위계층에 속하는 사람에 대한 급여는 보장기관이 차상위자의 가구별 생활여건을 고려하여 예산의 범위에서 급여의 전부 또는 일부를 실시할 수 있다.

(1) 생계급여

생계급여는 수급자에게 의복, 음식물 및 연료비와 그 밖에 일상생활에 기본적으로 필요한 금품을 지급하여 그 생계를 유지하게 하는 것으로 한다. 생계급여 수급권자는 부양의무자가 없거나, 부양의무자가 있어도 부양능력이 없거나 부양을 받을 수 없는 사람으로서 그 소득인정액이 중앙생활보장위원회의 심의·의결을 거쳐 결정하는 금액 이하인 사람으로 한다. 이 경우 생계급여 선정기준은 기준 중위소득의 100분의 30 이상으로 한다.

생계급여 최저보장수준은 생계급여와 소득인정액을 포함하여 생계급여 선정기준 이상이 되도록 하여야 한다. 보장시설에 위탁하여 생계급여를 실시하는 경우에는 보건복지부장관이 정하는 고시에 따라 그 선정기준 등을 달리 정할 수 있다.

생계급여의 지급은 금전을 지급하는 것으로 한다. 다만, 금전으로 지급할 수 없거나 금전으로 지급하는 것이 적당하지 아니하다고 인정하는 경우에는 물품을 지급할 수 있다.

수급품은 매월 정기적으로 지급하여야 한다. 다만, 특별한 사정이 있는 경우에는 그 지급방법을 다르게 정하여 지급할 수 있다. 또한 수급품은 수급자에게 직접 지급한다. 다만, 보장시설이나 타인의 가정에 위탁하여 생계급여를 실시하는 경우에는 그 위탁받은 사람에게 이를 지급할 수 있다. 이 경우 보장기관은 보건복지부장관이 정하는 바에 따라 정기적으로 수급자의 수급 여부를 확인하여야 한다. 생계급여는 보건복지부장관이 정하는 바에 따라 수급자의 소득인정액 등을 고려하여 차등지급할 수 있다.

보장기관은 근로능력이 있는 수급자에게 자활에 필요한 사업에 참가할 것을 조건으로 하여 생계급여를 실시할 수 있다. 이 경우 보장기관은 자활지원계획을 고려하여 조건을 제시하여야 한다.

생계급여의 실시 장소는 수급자의 주거에서 실시한다. 다만, 수급자가 주거가 없거나 주거가 있어도 그곳에서는 급여의 목적을 달성할 수 없는 경우 또는 수급자가 희망하는 경우에는 수급자를 보장시설이나 타인의 가정에 위탁하여 급여를 실시할 수 있다. 수급자에 대한 생계급여를 타인의 가정에 위탁하여 실시하는 경우에는 거실의 임차료와 그 밖에 거실의 유지에 필요한 비용은 수급품에 가산하여 지급한다.

(2) 주거급여

주거급여는 수급자에게 주거 안정에 필요한 임차료, 수선유지비, 그 밖의 수급품을 지급하는 것으로 한다. 주거급여에 관하여 필요한 사항은 따로 법률에서 정한다.

(3) 의료급여

의료급여는 수급자에게 건강한 생활을 유지하는 데 필요한 각종 검사 및 치료 등을 지급하는 것으로 한다. 의료급여 수급권자는 부양의무자가 없거나, 부양의무자가 있어도 부양능력이 없거나 부양을 받을 수 없는 사람으로서 그 소득인정액이 중앙생활보장위원회의 심의·의결을 거쳐 결정하는 금액 이하인 사람으로 한다. 이 경우 의료급여 선정기준은 기준 중위소득의 100분의 40 이상으로 한다.

(4) 교육급여

교육급여는 수급자에게 입학금, 수업료, 학용품비, 그 밖의 수급품을 지급하는 것으로 하되, 교육부장관의 소관으로 한다. 교육급여 수급권자는 부양의무자가 없거나, 부양의무자가 있어도 부양능력이 없거나 부양을 받을 수 없는 사람으로서 그 소득인정액이 중앙생활보장위원회의 심의·의결을 거쳐 결정하는 금액 이하인 사람으로 한다. 이 경우 교육급여 선정기준은 기준 중위소득의 100분의 50 이상으로 한다. 교육급여의 신청 및 지급 등에 대하여는 초·중등교육법에 따른 교육비 지원절차를 준용한다.

교육급여 수급권자를 선정하는 경우에는 교육급여와 초·중등교육법에 따른 교육비 지원과의 연계·통합을 위하여 소득인정액이 교육급여 선정기준 이하인 사람을 수급권자로 본다.

(5) 해산급여

해산급여는 생계급여, 주거급여, 의료급여 중 하나 이상의 급여를 받는 수급자에게 조산, 분만 전과 분만 후에 필요한 조치와 보호를 실시하는 것으로 한다.

해산급여는 보건복지부령으로 정하는 바에 따라 보장기관이 지정하는 의료기관에 위탁하여 실시할 수 있다. 해산급여에 필요한 수급품은 보건복지부령으로 정하는 바에 따라 수급자나 그 세대주 또는 세대주에 준하는 사람에게 지급한다. 다만, 제2항에 따라 그 급여를 의료기관에 위탁하는 경우에는 수급품을 그 의료기관에 지급할 수 있다.

(6) 장제급여

장제급여는 생계급여, 주거급여, 의료급여 중 하나 이상의 급여를 받는 수급자가 사망한 경우 사체의 검안(檢案)·운반·화장 또는 매장, 그 밖의 장제조치를 하는 것으로 한다. 장제급여는 보건복지부령으로 정하는 바에 따라 실제로 장제를 실시하는 사람에게 장제에 필요한 비용을 지급하는 것으로 한다. 다만, 그 비용을 지급할 수 없거나 비용을 지급하는 것이 적당하지 아니하다고 인정하는 경우에는 물품을 지급할 수 있다.

(7) 자활급여

자활급여는 수급자의 자활을 돕기 위하여 실시하는 급여를 말한다. 자활급여의 내용은 자활에 필요한 금품의 지급 또는 대여, 자활에 필요한 근로능력의 향상 및 기능습득의 지원, 취업알선 등 정보의 제공, 자활을 위한 근로기회의 제공, 자활에 필요한 시설 및 장비의 대여, 창업교육, 기능훈련 및 기술·경영지도 등 창업지원, 자활에 필요한 자산형성 지원, 그 밖에 대통령령으로 정하는 자활을 위한 각종 지원 등이다.

자활급여는 관련 공공기관·비영리법인·시설과 그 밖에 기관에 위탁하여 실시할 수 있다. 이 경우 그에 드는 비용은 보장기관이 부담한다.

(7-1) 기초생활수급자 생활지원금 부정수급 관련 사기 및 국민기초생활보장법위반의 사례 (대구지방법원서부지원, 2014)

김민수(가명)는 어머니인 강은미(가명)와 공모하여, 강은미가 OO요양병원의 대외협력이사로 근무하면서 매월 300만 원의 급여와 간병비를 별도로 지급받고 있음에도 불구하고 강은미가 기초생활수급자의 자격을 유지하여 지원금 및 각종 혜택을 받기로 마음먹었다.

김민수는 위와 같은 공모에 따라 강은미의 급여 300만 원을 현금으로 출금한 후 강은미의 동생인 강은진(가명) 명의의 계좌로 송금하고, 강은미의 4대보험 가입 및 급여신고를 누락하는 방법으로 소득을 숨기고, 강은미에게 관할관청에 소득변경신고를 하지 않도록 하는 방법으로 강은미로 하여금 2011. 9.경부터 2013. 8.경까지 대구 달성군 다사읍으로부터 총 24회에 걸쳐 기초생활지원금 2,984,130원을 교부받았다.

이로써 김민수는 강은미와 공모하여 피해자 대구 달성군 다사읍의 직원을 기망하여 재물을 교부받고, 소득변경신고 등을 하지 않는 등 부정한 방법으로 기초생활수급자 지원금을 교부받았다. 이는 기초생활수급자 생활지원금 부정수급 관련 사기 및 국민기초생활보장법위반에 해당한다.

4) 급여의 실시

(1) 급여의 신청[7)]

수급권자와 그 친족, 그 밖의 관계인은 관할 시장·군수·구청장에게 수급권자에 대한 급여를 신청할 수 있다. 차상위자가 급여를 신청하려는 경우에도 같다. 사회복지 전담공무원은 이 법에 따른 급여를 필요로 하는 사람이 누락되지 아니하도록 하기 위하여 관할지역에 거주하는 수급권자에 대한 급여를 직권으로 신청할 수 있다. 이 경우 수급권자의 동의를 구하여야 하며 수급권자의 동의는 수급권자의 신청으로 볼 수 있다.

7) 신청주의와 직권주의: 신청주의는 사회보장에 대한 권리를 바탕으로 급여를 신청하는 것이고, 직권주의는 행정조직의 판단과 직권에 따라 급여를 지급하는 것이다.

급여를 신청할 때 수급권자와 부양의무자는 금융정보, 신용정보, 보험정보의 제공에 대하여 동의한다는 서면을 제출해야 한다. 또한 사회복지 전담공무원은 신청한 사람이 급여에 관한 정보의 부족 등으로 불리한 입장에 놓이지 아니하도록 수급권자의 선정기준, 급여의 내용 및 신청방법 등을 알기 쉽게 설명하여야 한다. 시장·군수·구청장은 신청자에게 급여 신청의 철회나 포기를 유도하는 행위를 하여서는 아니 된다. 급여의 신청 방법 및 절차 등에 관하여 필요한 사항은 보건복지부령으로 정한다.

(2) 신청에 의한 조사

시장·군수·구청장은 급여신청이 있는 경우에는 사회복지 전담공무원으로 하여금 급여의 결정 및 실시 등에 필요한 사항(부양의무자의 유무 및 부양능력 등 부양의무자와 관련된 사항, 수급권자 및 부양의무자의 소득·재산에 관한 사항, 수급권자의 근로능력, 취업상태, 자활욕구 등 제28조에 따른 자활지원계획 수립에 필요한 사항, 그 밖에 수급권자의 건강상태, 가구 특성 등 생활실태에 관한 사항)을 조사하게 하거나 수급권자에게 보장기관이 지정하는 의료기관에서 검진을 받게 할 수 있다.

시장·군수·구청장은 신청한 수급권자 또는 그 부양의무자의 소득, 재산 및 건강상태 등을 확인하기 위하여 필요한 자료를 확보하기 곤란한 경우 보건복지부령으로 정하는 바에 따라 수급권자 또는 부양의무자에게 필요한 자료의 제출을 요구할 수 있다.

시장·군수·구청장은 급여의 결정 또는 실시 등을 위하여 필요한 경우에는 조사를 관계 기관에 위촉하거나 수급권자 또는 그 부양의무자의 고용주, 그 밖의 관계인에게 이에 관한 자료의 제출을 요청할 수 있다.

보장기관이 조사를 하기 위하여 금융·국세·지방세·토지·건물·건강보험·국민연금·고용보험·출입국·병무·교정 등 관련 전산망 또는 자료를 이용하려는 경우에는 관계 기관의 장에게 협조를 요청할 수 있다. 이 경우 관계 기관의 장은 정당한 사유가 없으면 협조하여야 한다.

사회복지 전담공무원은 그 권한을 표시하는 증표 및 조사기간, 조사범위, 조사담당자, 관계 법령 등 보건복지부령으로 정하는 사항이 기재된 서류를 지니고 이를 관계인에게 보여주어야 한다. 보장기관의 공무원 또는 공무원이었던 사람은 얻은 정보와 자료를 이 법에서 정한 보장목적 외에 다른 용도로 사용하거나 다른 사람 또는 기관에 제공하여서는 아니 된다.

보장기관은 조사 결과를 대장으로 작성하여 갖추어 두어야 하며 그 밖에 조사에 필요한 사항은 보건복지부장관이 정한다. 다만, 전산정보처리조직에 의하여 관리되는 경우에는 전산 파일로 대체할 수 있다. 보장기관은 수급권자 또는 부양의무자가 조사 또는 자료제출 요구를 2회 이상 거부·방해 또는 기피하거나 검진 지시에 따르지 아니하면 급여신청을 각하(却下)할 수 있다. 이 경우 서면으로 그 이유를 구체적으로 밝혀 수급자에게 통지하여야 한다.

(3) 확인조사

시장·군수·구청장은 수급자 및 수급자에 대한 급여의 적정성을 확인하기 위하여 매년 연간조사계획을 수립하고 관할구역의 수급자를 대상으로 매년 1회 이상 정기적으로 조사하여야 하며, 특히 필요하다고 인정하는 경우에는 보장기관이 지정하는 의료기관에서 검진을 받게 할 수 있다. 다만, 보건복지부장관이 정하는 사항은 분기마다 조사하여야 한다.

보장기관은 수급자 또는 부양의무자가 조사나 자료제출 요구를 2회 이상 거부·방해 또는 기피하거나 검진 지시에 따르지 아니하면 수급자에 대한 급여 결정을 취소하거나 급여를 정지 또는 중지할 수 있다. 이 경우 서면으로 그 이유를 구체적으로 밝혀 수급자에게 통지하여야 한다.

(4) 금융정보 등의 제공

보건복지부장관은 수급권자와 그 부양의무자가 제출한 동의 서면을 전자적 형태로 바꾼 문서에 의하여 금융기관 등의 장에게 금융정보·신용정보 또는 보험정보의 제공을 요청할 수 있다.

보건복지부장관은 확인조사를 위하여 필요하다고 인정하는 경우 기준에 따라 인적사항을 적은 문서 또는 정보통신망으로 금융기관 등의 장에게 수급자와 부양의무자의 금융정보 등을 제공하도록 요청할 수 있다.

금융정보 등의 제공을 요청받은 금융기관 등의 장은 금융정보 등을 제공하여야 하며,

금융정보 등을 제공한 금융기관 등의 장은 금융정보 등의 제공 사실을 명의인에게 통보하여야 한다. 다만, 명의인이 동의한 경우에는 통보하지 아니할 수 있다.

금융정보 등의 제공요청 및 제공은 정보통신망을 이용하여야 한다. 다만, 정보통신망의 손상 등 불가피한 사유가 있는 경우에는 그러하지 아니하다.

업무에 종사하고 있거나 종사하였던 사람은 업무를 수행하면서 취득한 금융정보 등을 이 법에서 정한 목적 외의 다른 용도로 사용하거나 다른 사람 또는 기관에 제공하거나 누설하여서는 아니 된다.

(5) 차상위계층에 대한 조사 및 결과 보고

시장 · 군수 · 구청장은 급여의 종류별 수급자 선정기준의 변경 등에 의하여 수급권자의 범위가 변동함에 따라 다음 연도에 이 법에 따른 급여가 필요할 것으로 예측되는 수급권자의 규모를 조사하기 위하여 보건복지부령으로 정하는 바에 따라 차상위계층에 대하여 조사할 수 있다. 시장 · 군수 · 구청장은 조사를 하려는 경우 조사대상자의 동의를 받아야 한다. 이 경우 조사대상자의 동의는 다음 연도의 급여신청으로 본다.

시장 · 군수 · 구청장이 수급권자, 수급자, 부양의무자 및 차상위계층을 조사하였을 때에는 보건복지부령으로 정하는 바에 따라 관할 시 · 도지사에게 보고하여야 하며 보고를 받은 시 · 도지사는 이를 보건복지부장관 및 소관 중앙행정기관의 장에게 보고하여야 한다. 시 · 도지사가 조사하였을 때에도 또한 같다.

(6) 급여의 결정 및 실시

시장 · 군수 · 구청장은 조사를 하였을 때에는 지체 없이 급여 실시 여부와 급여의 내용을 결정하여야 한다. 차상위계층을 조사한 시장 · 군수 · 구청장은 급여개시일이 속하는 달에 급여 실시 여부와 급여 내용을 결정하여야 한다.

시장 · 군수 · 구청장은 급여 실시 여부와 급여 내용을 결정하였을 때에는 그 결정의 요지, 급여의 종류 · 방법 및 급여의 개시 시기 등을 서면으로 수급권자 또는 신청인에게 통지하여야 한다. 신청인에 대한 제3항의 통지는 급여의 신청일부터 30일 이내에 하여야 한다. 다만, 부양의무자의 소득 · 재산 등의 조사에 시일이 걸리는 특별한 사유가 있는 경우,

수급권자 또는 부양의무자가 관계 법률에 따른 조사나 자료제출 요구를 거부·방해 또는 기피하는 경우에는 신청일부터 60일 이내에 통지할 수 있다. 이 경우 통지서에 그 사유를 구체적으로 밝혀야 한다.

급여 실시 및 급여 내용이 결정된 수급자에 대한 급여는 제21조에 따른 급여의 신청일부터 시작한다. 다만, 보건복지부장관 또는 소관중앙행정기관의 장이 매년 결정·공표하는 급여의 종류별 수급자 선정기준의 변경으로 인하여 매년 1월에 새로 수급자로 결정되는 사람에 대한 급여는 해당 연도의 1월 1일을 그 급여개시일로 한다.

시장·군수·구청장은 급여 실시 여부의 결정을 하기 전이라도 수급권자에게 급여를 실시하여야 할 긴급한 필요요구가 있다고 인정할 때에는 급여의 일부를 실시할 수 있다.

(7) 급여의 지급방법

보장기관이 급여를 금전으로 지급할 때에는 수급자의 신청에 따라 수급자 명의의 지정된 계좌로 입금하여야 한다. 다만, 정보통신 장애나 그 밖에 불가피한 사유로 급여수급계좌로 이체할 수 없을 때에는 급여를 지급할 수 있다. 급여수급계좌의 해당 금융기관은 이 법에 따른 급여만이 급여수급계좌에 입금되도록 관리하여야 한다.

5) 자활지원

(1) 중앙자활센터 및 광역자활센터·지역자활센터

① 중앙자활센터

수급자 및 차상위자의 자활촉진에 필요한 사업을 수행하기 위하여 중앙자활센터를 둘 수 있다.

중앙자활센터에서는 자활 지원을 위한 조사·연구·교육 및 홍보 사업, 자활 지원을 위한 사업의 개발 및 평가, 광역자활센터, 제16조에 따른 지역자활센터 및 자활기업의 기술·경영지도 및 평가, 자활 관련 기관 간의 협력체계 및 정보네트워크 구축·운영, 취업·창업을 위한 자활촉진 프로그램 개발 및 지원, 고용지원서비스 및 사회복지서비스의 대상자 관리, 그 밖에 자활촉진에 필요한 사업으로서 보건복지부장관이 정하는 사업을 한다.

중앙자활센터는 법인으로 하며, 정부는 중앙자활센터의 설치 및 운영에 필요한 경비의 전부 또는 일부를 보조할 수 있다. 대상자 관리를 위한 시스템은 사회복지사업법 정보시스템과 연계할 수 있다.

② 광역자활센터

보장기관은 수급자 및 차상위자의 자활촉진에 필요한 다음 각 호의 사업을 수행하게하기 위하여 사회복지법인, 사회적협동조합 등 비영리법인과 단체를 법인 등의 신청을 받아 특별시·광역시·특별자치시·도·특별자치도 단위의 광역자활센터로 지정할 수 있다. 이 경우 보장기관은 법인 등의 지역사회복지사업 및 자활지원사업의 수행 능력·경험 등을 고려하여야 한다.

광역자활센터에서는 시·도 단위의 자활기업 창업지원, 시·도 단위의 수급자 및 차상위자에 대한 취업·창업 지원 및 알선, 지역자활센터 종사자 및 참여자에 대한 교육훈련 및 지원, 지역특화형 자활프로그램 개발·보급 및 사업개발 지원, 지역자활센터 및 제18조에 따른 자활기업에 대한 기술·경영지도, 그 밖에 자활촉진에 필요한 사업으로서 보건복지부장관이 정하는 사업을 한다.

보장기관은 광역자활센터의 설치 및 운영에 필요한 경비의 전부 또는 일부를 보조할 수 있으며. 보장기관은 광역자활센터에 대하여 정기적으로 사업실적 및 운영 실태를 평가하고 수급자의 자활촉진을 달성하지 못하는 광역자활센터에 대하여는 그 지정을 취소할 수 있다.

③ 지역자활센터

보장기관은 수급자 및 차상위자의 자활 촉진에 필요한 사업을 수행하게하기 위하여 사회복지법인, 사회적협동조합 등 비영리법인과 단체를 법인 등의 신청을 받아 지역자활센터로 지정할 수 있다. 이 경우 보장기관은 법인 등의 지역사회복지사업 및 자활지원사업 수행능력·경험 등을 고려하여야 한다.

지역자활센터에서는 자활의욕 고취를 위한 교육, 자활을 위한 정보제공, 상담, 직업교육 및 취업알선, 생업을 위한 자금융자 알선, 자영창업 지원 및 기술·경영지도, 자활기업의 설립·운영 지원, 그 밖에 자활을 위한 각종 사업을 한다.

보장기관은 지정을 받은 지역자활센터에 대하여 지역자활센터의 설립·운영비용 또는 사업수행 비용의 전부 또는 일부, 국유·공유 재산의 무상임대, 보장기관이 실시하는 사업의 우선 위탁을 지원을 할 수 있다.

보장기관은 지역자활센터에 대하여 정기적으로 사업실적 및 운영 실태를 평가하고 수급자의 자활촉진을 달성하지 못하는 지역자활센터에 대하여는 그 지정을 취소할 수 있다. 지역자활센터는 수급자 및 차상위자에 대한 효과적인 자활 지원과 지역자활센터의 발전을 공동으로 도모하기 위하여 지역자활센터협회를 설립할 수 있다.

(2) 자활기관협의체

시장·군수·구청장은 자활지원사업의 효율적인 추진을 위하여 지역자활센터, 직업안정기관, 사회복지시설의 장 등과 상시적인 협의체계를 구축하여야 한다.

(3) 자활기업

수급자 및 차상위자는 상호 협력하여 자활기업을 설립·운영할 수 있다. 자활기업은 조합 또는 부가가치세법상의 사업자로 한다.

보장기관은 자활기업에게 직접 또는 중앙자활센터, 광역자활센터 및 지역자활센터를 통하여 자활을 위한 사업자금 융자, 국·공유지 우선 임대, 국가 또는 지방자치단체가 실시하는 사업의 우선 위탁, 국가 또는 지방자치단체의 조달 구매 시 공동체 생산품의 우선 구매, 기타 수급자의 자활촉진을 위한 각종 사업을 지원 할 수 있다.

(4) 수급자의 고용촉진

보장기관은 수급자 및 차상위자의 고용을 촉진하기 위하여 상시근로자의 일정비율 이상을 수급자로 채용하는 기업에 대하여는 해당하는 지원을 할 수 있다.

시장·군수·구청장은 수급자 및 차상위자에게 가구별 특성을 감안하여 관련 기관의 고용지원서비스를 연계할 수 있다. 수급자 및 차상위자의 취업활동으로 인하여 지원이 필요하게 된 해당 가구의 아동·노인 등에게 사회복지서비스를 지원할 수 있다.

(5) 자산형성지원

보장기관은 이 법에 따른 자활지원사업의 원활한 추진을 위하여 일정한 금액과 연한을 정하여 자활기금을 적립할 수 있다. 자활지원사업의 효율적 추진을 위하여 필요하다고 인정하는 경우에는 자활기금의 관리·운영을 중앙자활센터 또는 자활지원사업을 수행하는 비영리법인에 위탁할 수 있다. 이 경우 그에 드는 비용은 보장기관이 부담한다.

(6) 자활의 교육 등

보건복지부장관, 특별시장·광역시장·특별자치시장·도지사·특별자치도지사, 시장·군수구청장은 수급자 및 차상위자의 자활촉진을 위하여 교육을 실시할 수 있다. 보건복지부장관은 교육을 위하여 교육기관을 설치·운영하거나, 운영의 전부 또는 일부를 법인·단체 등에 위탁할 수 있으며, 교육기관의 운영을 위탁받은 법인·단체 등에 대하여 그 운영에 필요한 비용을 지원할 수 있다.

(7) 자활지원계획(시행령 제37조)

시장·군수·구청장은 자활지원계획에 따라 수급자의 자활을 체계적으로 지원하기 위하여 해당 지역의 자활지원계획을 해마다 1월 31일까지 수립하고, 그 계획을 특별자치시장·특별자치도지사는 보건복지부장관에게 보고하여야 하고, 시장·군수·구청장(특별자치시장·특별자치도지사는 제외한다)은 특별시장·광역시장·도지사에게 보고하여야 한다.

자활지원계획에 해당 연도 및 다음 연도의 자활지원 수요와 자활지원사업 실시에 관한 사항, 해당 연도 및 다음 연도의 자활지원사업 실시를 위한 재원 조달에 관한 사항, 다음 연도의 자활사업실시기관 육성·지원계획에 관한 사항, 그 밖에 자활지원에 필요한 사항을 포함해야 한다.

특별시장·광역시장·도지사는 보고받은 자활지원계획을 기초로 해당 시·도 자활지원계획을 수립하고, 그 계획을 해마다 2월 말까지 보건복지부장관에게 보고하여야 한다. 이 경우 특별시장·광역시장·도지사는 시장·군수·구청장(특별자치시장·특별자치도지사는 제외한다)과의 협의를 거쳐 자활지원계획을 조정할 수 있다.

보건복지부장관은 시·도지사로부터 자활지원계획을 보고받은 경우에는 해당 계획의 시행에 필요한 조치를 하여야 한다.

시장・군수・구청장이 수급자 가구별 자활지원계획 및 이를 지원하기 위한 해당 지역의 자활지원계획을 수립하는 경우에는 지역주민, 자활 관련 전문가 및 자활기관협의체의 의견을 들어야 하며, 필요한 경우에는 직업안정기관의 장 또는 자활사업실시기관의 장에게 자료의 제공 및 협력을 요청할 수 있다. 해당 지역의 자활지원계획을 변경하는 경우에도 또한 같다.

보건복지부장관은 기초생활보장 기본계획의 내용을 반영하여 연도별 자활지원계획을 수립하여야 한다.

4. 보장기관 및 보장시설

1) 보장기관

보장기관이란 이 법에 따른 급여를 실시하는 국가 또는 지방자치단체를 말한다. 급여는 수급권자 또는 수급자의 거주지를 관할하는 시・도지사와 시장・군수・구청장(교육급여인 경우에는 특별시・광역시・특별자치시・도・특별자치도의 교육감을 말한다)이 실시한다. 다만, 주거가 일정하지 아니한 경우에는 수급권자 또는 수급자가 실제 거주하는 지역을 관할하는 시장・군수・구청장이 실시한다.

보건복지부장관, 소관 중앙행정기관의 장과 시・도지사는 수급자를 각각 국가나 해당 지방자치단체가 경영하는 보장시설에 입소하게 하거나 다른 보장시설에 위탁하여 급여를 실시할 수 있다.

보장기관은 수급권자・수급자・차상위계층에 대한 조사와 수급자 결정 및 급여의 실시 등 이 법에 따른 보장업무를 수행하게하기 위하여 사회복지사업법에 따른 사회복지 전담공무원을 배치하여야 한다. 이 경우 자활급여 업무를 수행하는 사회복지 전담공무원은 따로 배치하여야 한다.

2) 생활보장위원회

생활보장사업의 기획·조사·실시 등에 관한 사항을 심의·의결하기 위하여 보건복지부와 시·도 및 시·군·구에 각각 생활보장위원회를 둔다. 다만, 시·도 및 시·군·구에 두는 생활보장위원회는 그 기능을 담당하기에 적합한 다른 위원회가 있고 그 위원회의 위원이 제4항에 규정된 자격을 갖춘 경우에는 시·도 또는 시·군·구의 조례로 정하는 바에 따라 그 위원회가 생활보장위원회의 기능을 대신할 수 있다.

(1) 중앙생활보장위원회

보건복지부에 두는 생활보장위원회는 기초생활보장 종합계획의 수립, 소득인정액 산정방식과 기준 중위소득의 결정, 급여의 종류별 수급자 선정기준과 최저보장수준의 결정, 급여기준의 적정성 등 평가 및 실태조사에 관한 사항, 급여의 종류별 누락·중복·차상위계층의 지원사업 등에 대한 조정, 자활기금의 적립·관리 및 사용에 관한 지침의 수립, 그 밖에 위원장이 회의에 부치는 사항을 심의·의결한다.

중앙생활보장위원회는 위원장을 포함하여 16명 이내의 위원으로 구성하고 위원은 보건복지부장관이 공공부조 또는 사회복지와 관련된 학문을 전공한 전문가로서 대학의 조교수 이상인 사람 또는 연구기관의 연구원으로 재직 중인 사람 5명 이내, 공익을 대표하는 사람 5명 이내, 관계 행정기관 소속 3급 이상 공무원 또는 고위공무원단에 속하는 일반직공무원 5명 이내에 해당하는 사람 중에서 위촉·지명하며 위원장은 보건복지부장관으로 한다.

(2) 지방생활보장위원회

지방생활보장위원회의 위원은 시·도지사 또는 시장·군수·구청장이 사회보장에 관한 학식과 경험이 있는 사람, 공익을 대표하는 사람, 관계 행정기관 소속 공무원에 해당하는 사람 중에서 위촉·지명하며 위원장은 해당 시·도지사 또는 시장·군수·구청장으로 한다.

생활보장위원회는 심의·의결과 관련하여 필요한 경우 보장기관에 대하여 그 소속 공무원의 출석이나 자료의 제출을 요청할 수 있다. 이 경우 해당 보장기관은 정당한 사유가 없으면 요청에 따라야 한다.

3) 기초생활보장 계획의 수립 및 평가

소관 중앙행정기관의 장은 수급자의 최저생활을 보장하기 위하여 3년마다 소관별로 기초생활보장 기본계획을 수립하여 보건복지부장관에게 제출하여야 한다. 보건복지부장관 및 소관 중앙행정기관의 장은 제4항에 따른 실태조사 결과를 고려하여 급여기준의 적정성 등에 대한 평가를 실시할 수 있으며, 이와 관련하여 전문적인 조사・연구 등을 공공기관의 운영에 관한 법률에 따른 공공기관 또는 민간 법인・단체 등에 위탁할 수 있다. 또한 보건복지부장관은 기초생활보장 기본계획 및 평가결과를 종합하여 기초생활보장 종합계획을 수립하여 중앙생활보장위원회의 심의를 받아야 한다.

보건복지부장관은 수급권자, 수급자 및 차상위계층 등의 규모・생활실태 파악, 최저생계비 계측 등을 위하여 3년마다 실태조사를 실시・공표하여야 한다. 보건복지부장관 및 소관 중앙행정기관의 장은 관계 행정기관, 지방자치단체, 공공기관 등에 대하여 평가에 관한 의견 또는 자료의 제출을 요구할 수 있다. 이 경우 관계 행정기관 등은 특별한 사유가 없으면 이에 따라야 한다.

4) 보장시설 및 보장시설장의 의무

보장시설이란 급여를 실시하는 사회복지사업법에 따른 사회복지시설로서 보건복지부령으로 정하는 시설을 말한다. 장애인 거주시설, 노인주거복지시설, 노인의료복지시설, 아동복지시설 및 통합 시설, 정신질환자사회복귀시설 및 정신요양시설, 노숙인재활시설 및 노숙인요양시설, 가정폭력피해자 보호시설, 성매매피해자등을 위한 지원시설, 성폭력피해자보호시설, 한부모가족복지시설, 결핵 및 한센병요양시설, 그 밖에 보건복지부령으로 정하는 시설을 말한다.

보장시설의 장은 보장기관으로부터 수급자에 대한 급여를 위탁받은 경우에는 정당한 사유 없이 이를 거부하여서는 아니 된다. 보장시설의 장은 위탁받은 수급자에게 보건복지부장관 및 소관 중앙행정기관의 장이 정하는 최저기준 이상의 급여를 실시하여야 한다. 위탁받은 수급자에게 급여를 실시할 때 성별・신앙 또는 사회적 신분 등을 이유로 차별대우를 하여서는 아니 되며, 위탁받은 수급자에게 급여를 실시할 때 수급자의 자유로운 생활을 보장하여야 한다. 또한 수급자에게 종교상의 행위를 강제하여서는 아니 된다.

5) 보장비용

(1) 보장비용

보장비용이란, 보장업무에 드는 인건비와 사무비, 생활보장위원회의 운영에 드는 비용, 규정에 따른 급여 실시 비용, 그 밖에 이 법에 따른 보장업무에 드는 비용을 말한다.

(2) 보장비용의 부담 구분

보장비용의 부담은 국가 또는 시·도가 직접 수행하는 보장업무에 드는 비용은 국가 또는 해당 시·도가 부담하고, 급여의 실시 비용은 국가 또는 해당 시·도가 부담한다. 시·군·구가 수행하는 보장업무에 드는 비용은 해당 시·군·구가 부담한다. 시·군·구가 수행하는 보장업무에 드는 비용(시·군·구 보장비용)은 시·군·구의 재정여건, 사회보장비 지출 등을 고려하여 국가, 시·도 및 시·군·구가 차등하여 분담한다.

국가는 시·군·구 보장비용의 총액 중 100분의 40 이상 100분의 90 이하를 부담한다. 시·도는 시·군·구 보장비용의 총액에서 국가부담분을 뺀 금액 중 100분의 30 이상 100분의 70 이하를 부담하고, 시·군·구는 시·군·구 보장비용의 총액 중에서 국가와 시·도가 부담하는 금액을 뺀 금액을 부담한다. 다만, 특별자치시·특별자치도는 시·군·구 보장비용의 총액 중에서 국가가 부담하는 금액을 뺀 금액을 부담한다.

국가는 매년 이 법에 따른 보장비용 중 국가부담 예정 합계액을 각각 보조금으로 지급하고, 그 과부족 금액은 정산하여 추가로 지급하거나 반납하게 한다. 시·도는 매년 시·군·구에 대하여 국가의 보조금에, 시·도의 부담예정액을 합하여 보조금으로 지급하고 그 과부족 금액은 정산하여 추가로 지급하거나 반납하게 한다.

지방자치단체의 조례에 따라 이 법에 따른 급여 범위 및 수준을 초과하여 급여를 실시하는 경우 그 초과 보장비용은 해당 지방자치단체가 부담한다.

(3) 비용의 징수

수급자에게 부양능력을 가진 부양의무자가 있음이 확인된 경우에는 보장비용을 지급한 보장기관은 생활보장위원회의 심의·의결을 거쳐 그 비용의 전부 또는 일부를 그 부양의무자로부터 부양의무의 범위에서 징수할 수 있다. 속임수나 그 밖의 부정한 방법으로 급여를 받거나 타인으로 하여금 급여를 받게 한 경우에는 보장비용을 지급한 보장기관은 그 비용의 전부 또는 일부를 그 급여를 받은 사람 또는 급여를 받게 한 자(부정수급자)로부터 징수할 수 있다. 징수할 금액은 각각 부양의무자 또는 부정수급자에게 통지하여 징수하고, 부양의무자 또는 부정수급자가 이에 응하지 아니하는 경우 국세 또는 지방세 체납처분의 예에 따라 징수한다.

(4) 반환명령

보장기관은 급여의 변경 또는 급여의 정지·중지에 따라 수급자에게 이미 지급한 수급품 중 과잉지급분이 발생한 경우에는 즉시 수급자에 대하여 그 전부 또는 일부의 반환을 명하여야 한다. 다만, 이미 이를 소비하였거나 그 밖에 수급자에게 부득이한 사유가 있을 때에는 그 반환을 면제할 수 있다.

시장·군수·구청장이 긴급급여를 실시하였으나 조사 결과에 따라 급여를 실시하지 아니하기로 결정한 경우 급여비용의 반환을 명할 수 있다.

5. 수급자의 권리보호 및 벌칙

1) 수급자의 권리와 의무

(1) 급여 변경의 금지

수급자에 대한 급여는 정당한 사유 없이 수급자에게 불리하게 변경할 수 없다.

(2) 압류금지

수급자에게 지급된 수급품과 이를 받을 권리는 압류할 수 없다. 지정된 급여수급계좌의 예금에 관한 채권은 압류할 수 없다.

(3) 양도금지

수급자는 급여를 받을 권리를 타인에게 양도할 수 없다.

(4) 신고의 의무

수급자는 거주지역, 세대의 구성 또는 임대차 계약내용이 변동되거나 부양의무자의 유무 및 부양능력 등 부양의무자와 관련된 사항, 수급권자 및 부양의무자의 소득·재산에 관한 사항, 수급권자의 근로능력, 취업상태, 자활욕구 등 자활지원계획 수립에 필요한 사항, 그 밖에 수급권자의 건강상태, 가구 특성 등 생활실태에 관한 사항이 현저하게 변동되었을 때에는 지체 없이 관할 보장기관에 신고하여야 한다.

(5) 이의신청

① 시·도지사에 대한 이의신청

수급자나 급여 또는 급여 변경을 신청한 사람은 시장·군수·구청장(교육급여인 경우에는 시·도교육감을 말한다)의 처분에 대하여 이의가 있는 경우에는 그 결정의 통지를 받은 날부터 60일 이내에 해당 보장기관을 거쳐 시·도지사(특별자치시장·특별자치도지사 및 시·도교육감의 처분에 이의가 있는 경우에는 해당 특별자치시장·특별자치도지사 및 시·도교육감을 말한다)에게 서면 또는 구두로 이의를 신청할 수 있다. 이 경우 구두로 이의신청을 접수한 보장기관의 공무원은 이의신청서를 작성할 수 있도록 협조하여야 한다.

이의신청을 받은 시장·군수·구청장은 10일 이내에 의견서와 관계 서류를 첨부하여 시·도지사에게 보내야 한다.

② 시·도지사의 처분 등

시·도지사가 시장·군수·구청장으로부터 이의신청서를 받았을 때(특별자치시장·특별자치도지사 및 시·도교육감의 경우에는 직접 이의신청을 받았을 때를 말한다)에는 30일 이내에 필요한 심사를 하고 이의신청을 각하 또는 기각하거나 해당 처분을 변경 또는 취소하거나 그 밖에 필요한 급여를 명하여야 한다. 시·도지사는 처분 등을 하였을 때에는 지체 없이 신청인과 해당 시장·군수·구청장에게 각각 서면으로 통지하여야 한다.

③ 보건복지부장관 등에 대한 이의신청

처분 등에 대하여 이의가 있는 사람은 그 처분 등의 통지를 받은 날부터 60일 이내에 시·도지사를 거쳐 보건복지부장관(주거급여 또는 교육급여인 경우에는 소관 중앙행정기관의 장을 말하며, 보건복지부장관에게 한 이의신청은 소관 중앙행정기관의 장에게 한 것으로 본다)에게 서면 또는 구두로 이의를 신청할 수 있다. 이 경우 구두로 이의신청을 접수한 보장기관의 공무원은 이의신청서를 작성할 수 있도록 협조하여야 한다.

시·도지사는 이의신청을 받으면 10일 이내에 의견서와 관계 서류를 첨부하여 보건복지부장관 또는 소관 중앙행정기관의 장(주거급여 또는 교육급여인 경우에 한정한다)에게 보내야 한다.

④ 이의신청의 결정 및 통지

보건복지부장관 또는 소관 중앙행정기관의 장은 이의신청서를 받았을 때에는 30일 이내에 필요한 심사를 하고 이의신청을 각하 또는 기각하거나 해당 처분의 변경 또는 취소의 결정을 하여야 한다. 보건복지부장관 또는 소관 중앙행정기관의 장은 결정을 하였을 때에는 지체 없이 시·도지사 및 신청인에게 각각 서면으로 결정 내용을 통지하여야 한다. 이 경우 소관 중앙행정기관의 장이 결정 내용을 통지하는 때에는 그 사실을 보건복지부장관에게 알려야 한다.

2) 벌칙

(1) 벌칙

금융정보를 사용·제공 또는 누설한 자는 5년 이하의 징역 또는 3천만원 이하의 벌금에 처한다(제48조제1항).

정보 또는 자료를 사용하거나 제공한 자, 신용정보 또는 보험정보를 사용·제공 또는 누설한 자 중 어느 하나에 해당하는 자는 3년 이하의 징역 또는 2천만원 이하의 벌금에 처한다(제48조제2항).

속임수나 그 밖의 부정한 방법으로 급여를 받거나 타인으로 하여금 급여를 받게 한 자는 1년 이하의 징역, 1천만원 이하의 벌금, 구류 또는 과료에 처한다(제49조).

수급자의 급여 위탁을 정당한 사유 없이 거부한 자나 종교상의 행위를 강제한 자는 300만원 이하의 벌금, 구류 또는 과료에 처한다(제50조).

(2) 양벌규정

법인의 대표자나 법인 또는 개인의 대리인, 사용인, 그 밖의 종업원이 그 법인 또는 개인의 업무에 관하여 위반행위를 하면 그 행위자를 벌하는 외에 그 법인 또는 개인에게도 각 해당 조문의 벌금 또는 과료의 형을 과(科)한다. 다만, 법인 또는 개인이 그 위반행위를 방지하기 위하여 해당 업무에 관하여 상당한 주의와 감독을 게을리 하지 아니한 경우에는 그러하지 아니하다.

제 2 절 의료급여법

1. 개요

1) 목적

이 법은 생활이 어려운 사람에게 의료급여를 함으로써 국민보건의 향상과 사회복지의 증진에 이바지함을 목적으로 한다.

2) 의의

의료급여제도는 의료부조제도로서 공공부조제도의 일환으로 실시된다. 이는 건강보험과 더불어 국민의 건강한 생활을 보장하기 위한 의료보장제도로서 저소득층의 의료복지를 위한 중요한 수단이 되고 있다.

3) 특징

국가의 재원으로 행해지는 공적의료부조제도이다. 의료급여제도는 모든 국민을 대상으로 차별 없이 제공되는 보편적 프로그램이 아니라, 자신의 소득이 최저생계비 이하인 절대빈곤층이 주대상이 되는 선별적 프로그램이다. 의료급여는 건강보험과는 달리 필요한 재원을 일반조세수입으로 충당한다. 따라서 소득 재분배 기능을 수행함으로써 사회적 형평을 기여한다. 또한 의료급여제도는 헌법상 보장된 인간다운 생활을 할 권리와 국민의 건강권을 저소득층과 사회적 기여자들에게 구체화하는 공공부조프로그램이다.

4) 용어의 정의

① **수급권자:** 의료급여를 받을 수 있는 자격을 가진 사람을 말한다.

② **의료급여기관:** 수급권자에 대한 진료·조제 또는 투약 등을 담당하는 의료기관 및 약국 등을 말한다.

③ **부양의무자:** 수급권자를 부양할 책임이 있는 사람으로서 수급권자의 1촌 직계혈족 및 그 배우자를 말한다.

5) 연역

① 2001. 5. 24. 제정(2001. 10. 1. 시행)

이 법의 근거법률인 국민기초생활보장법에서 종전의 '의료보호'를 '의료급여(제7조제3항)'로 변경함에 따라 이 법의 제명을 의료급여법으로 변경하였다.

중앙의료급여심의위원회를 설치하였고, 생활이 어려운 저소득 국민의 의료에 대한 권리가 강화되었다. 또한 요양비 지급, 건강검진을 규정하였다.

의료급여 제한의 범위를 축소하였다. 수급권자 자신의 고의 또는 중대한 과실로 인한 범죄 행위로 인한 사고에만 의료급여를 하지 않도록 의료급여 제한의 범위를 축소하였다.

② 2003. 5. 15. 일부개정

문화재보호법상의 중요무형문화재가 전수교육이 어려워 명예보유자로 인정되는 경우

의료급여 수급대상자에 추가하였다.

③ 2004. 3. 5. 일부개정

국내에 입양된 18세 미만의 아동을 의료급여 수급권자에 포함하였다.

④ 2005. 12. 23. 일부개정

의료기관의 서류보존의무를 신설하였다(처방전 3년, 급여비용 청구 서류 5년).

⑤ 2006. 10. 4. 일부개정

난민으로 인정된 자 중 국민기초생활보장법 수급기준에 해당하는 자에 대한 수급권 인정규정을 신설하였다.

⑥ 2006. 12. 28. 일부개정

본인부담금이 과다하게 납부된 경우 과다납부금을 환불받을 수 있도록 하였고, 의료급여기관이 입원보증금 등 다른 명목의 비용을 청구할 수 없도록 규정하였다.

⑦ 2011. 3. 30. 일부개정

의료급여에 관한 업무를 행하는 보장기관의 범위를 시장 · 군수 · 구청장뿐만 아니라 특별시장 · 광역시장 · 도지사까지 확대하였다. 의료급여 수급권자에 대하여 사례관리를 실시하기 위하여 의료급여 관리사를 시 · 도 및 시 · 군 · 구에 두고, 동 사업의 지원을 위하여 의료급여 사업지원단을 설치 · 운영할 있도록 하였다.

⑧ 2013. 6. 12. 일부개정

시장 · 군수 · 구청장, 급여비용심사기관 및 급여비용지급기관은 국가, 지방자치단체, 의료급여기관 또는 그 밖의 공공단체 등에 대하여 의료급여사업을 위하여 필요한 자료를 요청할 수 있다는 자료의 제공 규정을 신설하였다(2013. 7. 1. 시행).

수급권자의 인정절차 등의 조항을 신설하여, 수급권자가 되려는 사람은 보건복지부령으로 정하는 바에 따라 특별자치시장 · 특별자치도지사 · 시장(특별자치도의 행정시장은 제외한다) · 군수 · 구청장에게 수급권자 인정 신청을 하여야 한다고 규정하였다(2013. 12. 13. 시행).

⑨ 2014. 1. 8. 일부개정

의료급여비용의 심사·조정에 관한 급여비용심사기관의 이의신청에 대한 결정에 불복이 있을 경우 종전의 국민권익위원회 소속 중앙행정심판위원회가 아닌 「국민건강보험법」에 따른 건강보험분쟁조정위원회에 심판을 청구하도록 하여 심판청구의 공정·객관성 및 전문성을 확보하고 국민의 권익보호 증진에 이바지하려하였다.

⑩ 2015. 12. 29. 일부개정

급여비용의 지급을 청구한 의료급여기관이 의료법 또는 약사법을 위반하였다는 사실을 수사기관의 수사결과로 확인한 경우, 해당 의료급여기관이 급여비용의 지급을 청구하면 시장·군수·구청장이 지급을 보류할 수 있도록 법적 근거를 마련함으로써, 부적절한 급여비용 지급을 방지하려하였다. 다만, 지급보류 전 해당 의료급여기관에 의견제출 기회를 제공하고 추후 무죄로 확정된 경우에는 지급 보류된 금액에 이자를 가산하여 지급하도록 함으로써, 선의의 의료기관·약국의 피해를 방지하고자 하였다.

⑪ 2016. 2. 3. 일부개정

장기간 과징금을 납부하지 않을 경우에는 원처분인 업무정지로 환원하여 처분함으로써 과징금 징수율을 제고하려하였고, 소속 공무원이 현장 확인을 할 때 권한을 표시하는 증표뿐만 아니라 조사기간, 조사범위 등이 기재된 서류를 제시하도록 함으로써 조사 대상자의 권리를 보호하고 합리적인 조사가 이루어지도록 하였다.

⑫ 2017. 3. 21. 일부개정(2017. 9. 22. 시행)

의료급여를 거부한 수급권자 및 그 가구원에 대해서는 해당 연도에 의료급여를 다시 지급하지 아니하도록 하던 제도를 폐지하고, 급여비용심사기관의 처분에 이의가 있는 경우에는 기존의 의료급여기관뿐만 아니라 수급권자도 이의신청을 할 수 있도록 하는 등 의료급여비용의 심사·조정 등에 대한 이의신청의 주체 및 대상을 확대하여 의료급여 수급권자에 대한 의료보장을 강화하였다. 또한 국민권익위원회의 권고안 및 국회사무처 법제예규의 기준인 '징역 1년당 1천만원'에 따라 벌금형을 정비하였다.

2. 수급권자

1) 수급권자

① 국민기초생활 보장법에 따른 의료급여 수급자
② 재해구호법에 따른 이재민으로서 보건복지부장관이 의료급여가 필요하다고 인정한 사람
③ 의사상자 등 예우 및 지원에 관한 법률에 따라 의료급여를 받는 사람
④ 입양특례법에 따라 국내에 입양된 18세 미만의 아동
⑤ 독립유공자예우에 관한 법률, 국가유공자 등 예우 및 지원에 관한 법률 및 보훈보상대상자 지원에 관한 법률의 적용을 받고 있는 사람과 그 가족으로서 국가보훈처장이 의료급여가 필요하다고 추천한 사람 중에서 보건복지부장관이 의료급여가 필요하다고 인정한 사람
⑥ 무형문화재 보전 및 진흥에 관한 법률에 따라 지정된 국가무형문화재의 보유자(명예보유자를 포함한다)와 그 가족으로서 문화재청장이 의료급여가 필요하다고 추천한 사람 중에서 보건복지부장관이 의료급여가 필요하다고 인정한 사람
⑦ 북한이탈주민의 보호 및 정착지원에 관한 법률의 적용을 받고 있는 사람과 그 가족으로서 보건복지부장관이 의료급여가 필요하다고 인정한 사람
⑧ 5·18민주화운동 관련자 보상 등에 관한 법률에 따라 보상금등을 받은 사람과 그 가족으로서 보건복지부장관이 의료급여가 필요하다고 인정한 사람
⑨ 노숙인 등의 복지 및 자립지원에 관한 법률에 따른 노숙인 등으로서 보건복지부장관이 의료급여가 필요하다고 인정한 사람
⑩ 그 밖에 생활유지 능력이 없거나 생활이 어려운 사람으로서 대통령령으로 정하는 사람

2) 1종 및 2종 수급권자의 구분

(1) 1종 수급권자

① 국민기초생활보장법에 의한 수급자 중 다음에 해당하는 자

- 다음(18세 미만인 자, 65세 이상인 자, 장애인고용촉진 및 직업재활법에 해당하는 중증장애인(장애인 중 근로 능력이 현저하게 상실된 자), 질병, 부상 또는 그 후유증으로 치료나 요양이 필요한 사람 중에서 근로능력평가를 통하여 시장・군수・구청장이 근로능력이 없다고 판정한 자, 임신 중에 있거나 분만 후 6개월 미만의 여자, 병역법에 의한 병역의무를 이행 중인 자 중 어느 하나에 해당하는 자 또는 근로능력이 없거나 근로가 곤란하다고 인정하여 보건복지부장관이 정하는 자만으로 구성된 세대의 구성원
- 국민기초생활보장법 시행령에 의한 보장시설에서 급여를 받고 있는 자
- 국민기초생활보장법의 수급권자에 해당하지 아니하여도 생활이 어려운 자로서 일정기간 동안 이 법이 정하는 급여의 전부 또는 일부가 필요하다고 보건복지부장관이 정하는 사람 중 의료급여의 필요를 보건복지부장관이 인정하는 자
- 보건복지부장관이 정하여 고시하는 희귀난치성질활 또는 중증질환을 가진 자

② 타법에 의한 의료급여 수급권자

이재민, 의상자 및 의사자의 유족, 입양아동(18세 미만), 국가유공자, 중요무형문화재 보유자, 북한이탈주민, 5・18민주화운동 관련자, 노숙인

③ 일정한 거소가 없는 사람으로서 경찰관서에서 무연고자로 확인된 사람

④ 그 밖에 보건복지부장관이 1종 의료급여가 필요하다고 인정하는 자

(2) 2종 수급권자

- 국민기초생활보장법에 따른 수급권자 중 1종 수급권자에 해당하지 아니하는 자
- 보건복지부장관이 2종 의료급여가 필요하다고 인정하는 자

3) 수급권자의 인정 절차

수급권자가 되려는 사람은 보건복지부령으로 정하는 바에 따라 특별자치시장·특별자치도지사·시장(특별자치도의 행정시장은 제외한다)·군수·구청장(구청장은 자치구의 구청장을 말한다)에게 수급권자 인정 신청을 하여야 한다. 시장·군수·구청장은 신청인을 수급권자로 인정하는 것이 타당한지를 확인하기 위하여 필요한 경우 그 신청인에게 국민기초생활 보장법에 따른 자료 또는 정보의 제공에 동의한다는 서면을 제출하게 할 수 있다. 신청에 따른 조사, 확인조사, 금융정보 등의 제공 등에 관하여는 국민기초생활 보장법을 준용한다.

국가보훈처장과 문화재청장은 수급권자로 인정할 필요가 있는 사람을 추천하여 그 결과를 수급권자의 주소지를 관할하는 시장·군수·구청장에게 알려야 한다. 이 경우 수급권자가 되려는 사람이 제1항에 따른 수급권자 인정 신청을 한 것으로 본다.

시장·군수·구청장은 수급권자 인정 신청을 한 사람 중에서 수급권자의 인정 기준에 따라 수급권자를 정하여야 한다.

3. 급여

1) 의료급여의 내용(제7조)

수급권자의 질병·부상·출산 등에 대한 의료급여의 내용은 진찰·검사, 약제(藥劑)·치료재료의 지급, 처치·수술과 그 밖의 치료, 예방·재활, 입원, 간호, 이송과 그 밖의 의료목적 달성을 위한 조치이다.

의료급여의 방법·절차·범위·한도 등 의료급여의 기준에 관하여는 보건복지부령으로 정하고, 의료수가기준과 그 계산방법 등에 관하여는 보건복지부장관이 정한다. 보건복지부장관은 의료급여의 기준을 정할 때에는 업무 또는 일상생활에 지장이 없는 질환 등 보건복지부령으로 정하는 사항은 의료급여 대상에서 제외할 수 있다.

2) 의료급여증

시장 · 군수 · 구청장은 수급권자에게 의료급여증을 발급하여야 한다. 다만, 부득이한 사유가 있는 경우에는 의료급여증을 갈음하여 의료급여증명서를 발급하거나 보건복지부령으로 정하는 바에 따라 의료급여증을 발급하지 아니할 수 있다. 수급권자가 의료급여를 받을 때에는 의료급여증 또는 의료급여증명서를 의료급여기관에 제출하여야 한다. 다만, 천재지변이나 그 밖의 부득이한 사유가 있으면 그러하지 아니하다.

수급권자는 주민등록증, 운전면허증, 여권, 그 밖에 본인 여부를 확인할 수 있는 보건복지부령으로 정하는 신분증명서로 의료급여기관이 그 자격을 확인할 수 있으면 의료급여증 또는 의료급여증명서를 제출하지 아니할 수 있다.

3) 의료급여의 개시 및 절차

(1) 의료급여의 개시일(시행령 제6조)

수급권자에 대한 의료급여는 국민기초생활 보장법에 따른 수급자가 되거나 수급권자로 인정된 날부터 개시한다. 다만, 무연고자는 행정기관이 응급진료를 받게 한 날부터, 의상자 또는 의사자의 유족은 의상자 또는 의사자가 다른 사람의 생명 · 신체 또는 재산을 구하다가 신체의 부상을 입거나 사망한 날부터 개시한다(시행령 제6조).

(2) 의료급여의 절차(시행규칙 제3조)

수급권자가 의료급여를 받고자 하는 경우에는 제1차 의료급여기관에 의료급여를 신청하여야 한다. 다만, "응급환자인 경우, 분만의 경우, 보건복지부장관이 정하여 고시하는 결핵질환, 희귀난치성질환 또는 중증질환을 가진 사람이 의료급여를 받고자 하는 경우, 제2차 의료급여기관 또는 제3차 의료급여기관에서 근무하는 수급권자가 그 근무하는 의료급여기관에서 의료급여를 받고자 하는 경우, 등록한 장애인이 장애인 보장구를 지급받고자 하는 경우, 감염병의 확산 등 긴급한 사유가 있어 보건복지부장관이 정하여 고시하는 기준에 따라 의료급여를 받고자 하는 경우" 중 어느 하나에 해당하는 경우에는 제2차 의료급여기관 또는 제3차 의료급여기관에 의료급여를 신청할 수 있고, "단순물리치료가 아닌 작업치료 · 운동치료 등의 재활치료가 필요하다고 인정되는 자가 재활의학과에서 의료급여를 받고자 하는 경우, 한센병환자가 의료급여를 받고자 하는 경우, 등록한 장애인이 의료급여를 받고자 하는 경우, 지역의 의료급여수급권자가 의료급여를 받고자 하는 경우, 상이등급을 받은 사람이 의료급여를 받고자 하는 경우, 8세 미만의 소아가 보건복지부장관이 정하여 고시하는 야간 · 공휴일에 의료급여를 받으려는 경우" 중 어느 하나에 해당하는 경우에는 제2차 의료기관에서 의료급여를 신청할 수 있다.

4) 의료급여의 제한 및 중지

(1) 적용배제

수급자가 다른 법령에 따라 의료급여를 받고 있는 경우에는 이 법에 따른 의료급여를 하지 아니 한다.[8)]

(2) 의료급여 일수의 상한(연간 365일)[9)]

수급권자가 의료급여기금의 부담으로 의료급여를 받을 수 있는 일수는 보건복지부장관이 정하여 고시하는 결핵질환, 희귀난치성질환 및 중증질환 : 각 질환별로 연간 365일(윤년의 경우 366일로 한다), 정신 및 행동장애(뇌전증을 포함한다) 등 보건복지부장관이 정하여 고시하는 질환 : 각 질환별로 연간 365일, 모든 질환의 의료급여 일수를 합하여 연간 365일이다. 다만, 인체면역결핍증바이러스 질환자에 대하여는 상한일수를 제한하지 아니한다.

수급권자가 장기간 입원 또는 복합적인 투약 등으로 불가피하게 의료급여를 받아야 할 사유가 발생한 경우에는 보건복지부장관이 정하는 기준에 따라 시장 · 군수 · 구청장의 승인을 얻어 상한일수를 초과하여 의료급여를 받을 수 있다. 이 경우 시장 · 군수 · 구청장은 시 · 군 · 구 의료급여심의위원회의 심의를 거쳐야 한다.

시장 · 군수 · 구청장은 상한일수를 초과하여 의료급여를 받으려는 자 중 중복투약으로

---

8) 타급여 우선의 원칙: 급여 신청자가 다른 법령에 의해 보호를 받을 수 있는 경우에는 의료급여에 우선하여 다른 법령에 의한 보호가 먼저 행해져야 한다는 원칙이다.

9) 연간 365일 계산의 예: 급여일수에는 입언일수, 투약일수, 투약 없는 외래 진료일수를 합하여 산정한다. 예를 들어 A씨가 3월 20일 00병원 외과에서 5일분 투약처방을 받고, 내과에서 3일분 투약처방을 받은 경우, 각 질환별로 계산되기 때문에 급여일수는 8일이 된다.

인하여 건강상 위해가 발생할 우려가 있는 자로서 보건복지부장관이 정하여 고시하는 기준에 해당하는 자에 대하여는 의료급여를 받을 수 있는 의료급여기관의 선택 범위를 차기 연도 말까지 제한하는 것을 조건으로 승인할 수 있다.

(3) 의료급여 일수의 산정방법

의료급여일수는 매년 1월 1일부터 12월 31일까지의 입원일수, 투약일수, 투약 없이 외래로 의료급여를 받는 경우의 급여일수 및 제4호의 규정에 의한 경구약제만을 투여 받는 경우의 급여일수를 합하여 산정한다. 입원 중 입원한 의료급여기관에서 투약 받는 경우 그 입원기간중의 투약일수, 동일 처방에 의하여 원내투약과 원외투약이 동시에 이루어지는 경우 중복되는 투약일수, 혈액투석 또는 복막투석을 받고 있는 만성신부전증환자와 장기이식을 받은 환자가 국민건강보험 요양급여의 기준에 관한 규칙에 따라 보건복지부장관이 정하여 고시하는 필수적인 경구약제를 투여 받는 경우 그 투약일수는 제외한다.

(4) 의료급여 일수의 통보

공단은 급여일수가 180일 이상이 되는 수급권자가 있는 경우에는 급여일수가 상한일수를 초과하는 때에는 그 초과하는 일수에 해당하는 비용을 본인이 전액 부담하여야 한다는 뜻과 그 때까지의 급여일수를 그 수급권자 및 해당 시장·군수·구청장에게 분기별 1회 이상 통보하여야 한다. 다만, 급여일수가 300일 이상이 되는 수급권자의 경우에는 매월 1회 이상 통보하여야 한다.

수급권자 또는 시장·군수·구청장은 급여일수에 대한 의료급여내역의 확인을 공단에 요청할 수 있다. 이 경우 공단은 의료급여내역별 급여일수를 지체 없이 확인해 주어야 한다. 수급권자가 상한일수를 초과하여 의료급여를 받아 공단이 그 초과하는 일수에 해당하는 비용을 의료급여기관에 지급한 경우에는 공단은 그 내역을 해당 시장·군수·구청장에게 통보하여야 하며, 시장·군수·구청장은 그 통보된 내역에 따라 초과되는 일수에 해당하는 금액을 수급권자로부터 징수하여야 한다.

(5) 의료급여의 제한사유 통보

의료급여기관의 장은 수급권자가 급여의 제한사유에 해당된다고 판단되는 경우에는 의사의 진찰소견, 환자 또는 보호자 그 밖의 관계인의 진술내용, 수급권자의 인적사항 등을 지체 없이 수급권자의 거주지를 관할하는 시장 · 군수 · 구청장에게 통보하여야 한다.

시장 · 군수 · 구청장은 제1항의 규정에 의하여 통보를 받은 때에는 지체 없이 그 수급권자에 대한 의료급여의 필요성 여부를 조사 · 확인하여 그 의료급여기관에 통보하여야 한다.

(6) 의료급여의 제한

시장 · 군수 · 구청장은 수급권자가 다음 각 호의 어느 하나에 해당하면 이 법에 따른 의료급여를 하지 아니한다. 다만, 수급권자가 자신의 고의 또는 중대한 과실로 인한 범죄행위에 그 원인이 있거나 고의로 사고를 일으켜 의료급여가 필요하게 된 경우, 수급권자가 정당한 이유 없이 이 법의 규정이나 의료급여기관의 진료에 관한 지시에 따르지 아니한 경우처럼 보건복지부장관이 의료급여를 할 필요가 있다고 인정하는 경우에는 그러하지 아니하다.

(7) 의료급여의 변경

시장 · 군수 · 구청장은 수급권자의 소득, 재산상황, 근로능력 등이 변동되었을 때에는 직권으로 또는 수급권자나 그 친족, 그 밖의 관계인의 신청을 받아 의료급여의 내용 등을 변경할 수 있다. 시장 · 군수 · 구청장은 의료급여의 내용 등을 변경하였을 때에는 서면으로 그 이유를 밝혀 수급권자에게 알려야 한다.

(8) 의료급여의 중지(제17조)

시장 · 군수 · 구청장은 수급권자에 대한 의료급여가 필요 없게 된 경우, 수급권자가 의료급여를 거부한 경우에 의료급여를 중지하여야 한다. 시장 · 군수 · 구청장은 수급권자가 의료급여를 거부한 경우에는 수급권자가 속한 가구원 전부에 대하여 의료급여를 중지하여야 한다. 〈개정 2017.3.21.〉 〔시행일: 2017.9.22.〕

시장 · 군수 · 구청장은 의료급여를 중지하였을 때에는 서면으로 그 이유를 밝혀 수급권자에게 알려야 한다.

5) 의료급여기관

(1) 실시기관

의료급여는 의료법에 따라 개설된 의료기관 지역보건법에 따라 설치된 보건소·보건의료원 및 보건지소 농어촌 등 보건의료를 위한 특별조치법에 따라 설치된 보건진료소, 약사법에 따라 개설등록된 약국 및 한국희귀의약품센터의 의료급여기관에서 실시한다. 이 경우 보건복지부장관은 공익상 또는 국가시책상 의료급여기관으로 적합하지 아니하다고 인정할 때에는 의료급여기관에서 제외할 수 있다. 의료급여기관은 정당한 이유 없이 이 법에 따른 의료급여를 거부하지 못한다.

(2) 구분

① 제1차 의료급여기관

- 의료법에 따라 시장·군수·구청장에게 개설·신고를 한 의료기관
- 지역보건법에 따라 설치된 보건소·보건의료원 및 보건지소
- 농어촌 등 보건의료를 위한 특별조치법에 따라 설치된 보건진료소
- 약사법에 따라 등록된 약국 및 한국희귀의약품 센터

② 제2차 의료급여기관

의료법에 따라 시·도지사에게 개설허가를 받은 의료기관

③ 제3차 의료급여기관

제2차 의료급여기관 중에서 보건복지부장관이 지정하는 의료기관

(3) 급여비용의 청구와 지급(제11조)

의료급여기관은 의료급여기금에서 부담하는 급여비용의 지급을 시장·군수·구청장에게 청구할 수 있다. 이 경우 심사청구는 시장·군수·구청장에 대한 급여비용의 청구로 본다.

급여비용을 청구하려는 의료급여기관은 급여비용심사기관에 급여비용의 심사청구를 하여야 하며, 심사청구를 받은 급여비용심사기관은 이를 심사한 후 지체 없이 그 내용을 시장·군수·구청장 및 의료급여기관에 알려야 한다.

심사의 내용을 통보받은 시장 · 군수 · 구청장은 지체 없이 그 내용에 따라 급여비용을 의료급여기관에 지급하여야 한다. 이 경우 수급권자가 이미 납부한 본인부담금이 과다한 경우에는 의료급여기관에 지급할 금액에서 그 과다하게 납부된 금액을 공제하여 수급권자에게 반환하여야 한다.

시장 · 군수 · 구청장은 의료급여의 적정성 여부를 평가할 수 있고, 그 평가결과에 따라 급여비용을 가산 또는 감액 조정하여 지급한다. 이 경우 평가결과에 따른 급여비용의 가감지급의 기준은 보건복지부령으로 정한다. 〈개정 2017.3.21.〉

시장 · 군수 · 구청장은 위의 적정성 평가결과를 공개할 수 있다. 〈신설 2017.3.21.〉

시장 · 군수 · 구청장은 근로복지공단이 의료급여법에 따라 의료급여를 받을 수 있는 사람에게 산업재해보상보험법에 따른 요양급여를 지급한 후 그 지급결정이 취소된 경우로서 그 요양급여 비용을 청구하는 경우에는 그 요양급여가 의료급여법에 따라 실시할 수 있는 의료급여에 상당한 것으로 인정되면 그 의료급여에 해당하는 금액을 지급할 수 있다. 〈개정 2017.3.21.〉

〔시행일: 2017.9.22.〕 제11조

(4) 의료급여기관의 비용 청구에 관한 금지행위

의료급여기관은 의료급여를 하기 전에 수급권자에게 본인부담금을 청구하거나 수급권자가 이 법에 따라 부담하여야 하는 비용과 비급여비용 외에 입원보증금 등 다른 명목의 비용을 청구하여서는 아니 된다.

(5) 의료기관의 업무정지 등

보건복지부장관은 의료급여기관이 다음의 어느 하나에 해당하면 1년의 범위에서 기간을 정하여 의료급여기관의 업무정지를 명할 수 있다.

① 속임수나 그 밖의 부당한 방법으로 수급권자, 부양의무자 또는 시장 · 군수 · 구청장에게 급여비용을 부담하게 한 경우

② 본인부담금을 미리 청구하거나 입원보증금 등 다른 명목의 비용을 청구한 경우

③ 진료 · 약제의 지급 등 의료급여에 관한 보고 또는 서류제출을 하지 아니하거나 거짓

보고를 하거나 거짓 서류를 제출하거나 소속 공무원의 질문 및 검사를 거부·방해 또는 기피한 경우

보건복지부장관은 제3차 의료급여기관이 위의 ①, ②, ③ 중 어느 하나에 해당하면 그 지정을 취소할 수 있다. 지정취소처분을 받은 제3차 의료급여기관을 그 지정을 취소한 날부터 1년 이내에는 제3차 의료급여기관으로 다시 지정할 수 없다.

업무정지처분을 받은 자는 해당 업무정지 기간 중에는 의료급여를 하지 못한다.

업무정지처분의 효과는 그 처분이 확정된 의료급여기관을 양수한 자 또는 합병 후 존속하는 법인이나 합병으로 설립된 법인에 승계되고, 업무정지처분의 절차가 진행 중인 때에는 양수인 또는 합병 후 존속하는 법인이나 합병으로 설립되는 법인에 대하여 그 절차를 계속 진행할 수 있다. 다만, 양수인 또는 합병 후 존속하는 법인이나 합병으로 설립되는 법인이 그 처분 또는 위반사실을 알지 못하였음을 증명하는 경우에는 그러하지 아니하다.

업무정지처분을 받았거나 업무정지처분 절차가 진행 중인 자는 행정처분을 받은 사실 또는 행정처분 절차가 진행 중인 사실을 보건복지부령으로 정하는 바에 따라 양수인 또는 합병 후 존속하는 법인이나 합병으로 설립된 법인에 지체 없이 알려야 한다.

(6) 과징금

보건복지부장관은 의료급여기관이 업무정지처분을 하여야 하는 경우로서 그 업무정지처분이 수급권자에게 심한 불편을 주거나 그 밖의 특별한 사유가 있다고 인정되면 그 업무정지처분을 갈음하여 속임수나 그 밖의 부당한 방법으로 부담하게 한 급여비용의 5배 이하의 금액을 과징금으로 부과·징수할 수 있다. 이 경우 보건복지부장관은 12개월의 범위에서 분할 납부를 하게 할 수 있다.

보건복지부장관은 과징금을 납부하여야 할 자가 납부기한까지 내지 아니하면 국세 체납처분의 예에 따라 징수할 수 있다. 다만, 과징금 징수에 관한 권한이 시·도지사에게 위임된 경우에는 시·도지사가 지방세 체납처분의 예에 따라 징수할 수 있다. 과징금을 징수하기 위하여 필요하면 납세자의 인적사항, 사용목적, 과징금 부과 사유 및 부과 기준 등의 사항을 적은 문서로 관할 세무관서의 장 또는 지방자치단체의 장에게 과세정보의 제공을

요청할 수 있다.

6) 급여비용의 부담

급여비용은 그 전부 또는 일부를 의료급여기금에서 부담하되, 의료급여기금에서 일부를 부담하는 경우 그 나머지 비용은 본인이 부담한다.

7) 기타

(1) 요양비

시장·군수·구청장은 수급권자가 보건복지부령으로 정하는 긴급하거나 그 밖의 부득이한 사유로 의료급여기관과 같은 기능을 수행하는 기관으로서 보건복지부령으로 정하는 기관에서 질병·부상·출산 등에 대하여 의료급여를 받거나 의료급여기관이 아닌 장소에서 출산을 하였을 때에는 그 의료급여에 상당하는 금액을 보건복지부령으로 정하는 바에 따라 수급권자에게 요양비로 지급한다.

의료급여를 실시한 기관은 보건복지부장관이 정하는 요양비명세서 또는 요양의 명세를 적은 영수증을 요양을 받은 사람에게 내주어야 하며, 요양을 받은 사람은 이를 시장·군수·구청장에게 제출하여야 한다.

(2) 장애인 및 임산부에 대한 특례

시장·군수·구청장은 장애인복지법에 따라 등록한 장애인인 수급권자에게 보장구(補裝具)에 대하여 급여를 실시할 수 있다. 임신한 수급권자가 임신기간 중 의료급여기관에서 받는 진료에 드는 비용(출산비용을 포함한다)에 대하여 추가급여를 실시할 수 있다.

(3) 건강검진

시장·군수·구청장은 이 법에 따른 수급권자에 대하여 질병의 조기발견과 그에 따른 의료급여를 하기 위하여 건강검진을 할 수 있다. 건강검진의 대상·횟수·절차와 그 밖에 필요한 사항은 보건복지부장관이 정한다.

4. 보장기관 등

1) 보장기관

의료급여에 관한 업무는 수급권자의 거주지를 관할하는 특별시장・광역시장・도지사와 시장・군수・구청장이 한다. 주거가 일정하지 아니한 수급권자에 대한 의료급여 업무는 그가 실제 거주하는 지역을 관할하는 시장・군수・구청장이 한다.

특별시장・광역시장・도지사 및 시장・군수・구청장은 수급권자의 건강 유지 및 증진을 위하여 필요한 사업을 실시하여야 한다.

2) 사례관리

보건복지부장관, 특별시장・광역시장・도지사 및 시장・군수・구청장은 수급권자의 건강관리 능력 향상 및 합리적 의료이용 유도 등을 위하여 사례관리를 실시할 수 있다. 사례관리를 실시하기 위하여 특별시장・광역시장・도지사 및 시・군・구에 의료급여 관리사를 둔다. 보건복지부장관은 사례관리 사업의 전문적인 지원을 위하여 해당 업무를 공공 또는 민간 기관・단체 등에 위탁하여 실시할 수 있다.

3) 의료급여심의위원회

의료급여사업의 실시에 관한 사항을 심의하기 위하여 보건복지부, 시・도 및 시・군・구에 각각 의료급여심의위원회를 둔다. 다만, 시・도 및 시・군・구에 두는 의료급여심의위원회의 경우에는 그 기능을 담당하기에 적합한 다른 위원회가 있고 그 위원회의 위원이 자격을 갖춘 경우 시・도 또는 시・군・구의 조례로 각각 정하는 바에 따라 그 위원회로 하여금 의료급여심의위원회의 기능을 수행하게 할 수 있다.

보건복지부에 두는 의료급여심의위원회는 의료급여사업의 기본방향 및 대책 수립에 관한 사항, 의료급여의 기준 및 수가에 관한 사항, 그 밖에 보건복지부장관 또는 위원장이 부의하는 사항을 심의한다.

중앙의료급여심의위원회는 위원장을 포함하여 15인 이내의 위원으로 구성하고 위원은 보건복지부장관이 공익을 대표하는 사람(의료보장에 관한 전문가로서 대학의 조교수 이상인 사람 또는 연구기관의 연구원으로 재직 중인 사람), 의약계를 대표하는 사람 및 사회복지계를 대표하는 사람, 관계 행정기관 소속의 3급 이상 공무원 중 어느 하나에 해당하는 사람 중에서 위촉·지명하며 위원장은 보건복지부차관으로 한다. 〈개정 2017.3.21.〉〔시행일: 2017.9.22.〕

시·도 및 시·군·구 의료급여심의위원회의 위원은 특별시장·광역시장·도지사 및 시장·군수·구청장이 의료보장에 관한 학식과 경험이 있는 사람, 공익을 대표하는 사람, 관계 행정기관 소속의 공무원 중 어느 하나에 해당하는 사람 중에서 위촉·지명하며 위원장은 해당 특별시장·광역시장·도지사 및 시장·군수·구청장으로 한다. 다만, 다른 위원회가 의료급여심의위원회의 기능을 대신하는 경우 위원장은 조례로 정한다.

의료급여심의위원회는 심의와 관련하여 필요한 경우 보장기관에 대하여 그 소속 공무원의 출석이나 자료의 제출을 요청할 수 있다. 이 경우 해당 보장기관은 정당한 사유가 없는 한 이에 응하여야 한다.

보건복지부와 시·도 및 시·군·구에 두는 의료급여심의위원회의 기능과 각 의료급여심의위원회의 구성·운영 등에 관하여 필요한 사항은 대통령령으로 정한다.

4) 의료급여기금

(1) 의료급여기금의 설치 및 조성

급여비용의 재원에 충당하기 위하여 시·도에 의료급여기금을 설치한다. 기금은 국고보조금, 지방자치단체의 출연금, 상환 받은 대지급금, 징수한 부당이득금, 징수한 과징금, 기금의 결산상 잉여금 및 그 밖의 수입금의 재원으로 조성한다.

국가와 지방자치단체는 기금운영에 필요한 충분한 예산을 확보하여야 한다.

국고보조금의 비율은 보조금 관리에 관한 법률 및 관계 법령에서 정하는 바에 따른다.

(2) 기금의 관리 및 운용

기금은 일반회계와 구분하여 별도의 계정을 설정하여 관리하여야 한다. 기금은 급여비용, 대지급에 드는 비용, 업무 위탁에 드는 비용 또는 그 밖의 의료급여 업무에 직접 드는 비용으로서 보건복지부령으로 정하는 비용에만 사용하여야 한다.

특별시장 · 광역시장 · 특별자치시장 · 도지사 · 특별자치도지사는 기금에 여유자금이 있을 때에는 금융기관 또는 체신관서에의 예치, 국채 · 공채의 매입 방법으로 기금을 운용할 수 있다.

5) 업무의 위탁(시행령 제20조)

시장 · 군수 · 구청장의 업무 중 급여비용(건강검진비용을 포함)의 심사 · 조정, 의료급여(건강검진을 포함)의 적정성 평가, 심사 및 평가기준의 설정의 업무를 건강보험심사평가원에 위탁한다.

시장 · 군수 · 구청장의 업무 중 급여비용의 지급 및 급여비용의 지급 보류, 전산기기에 의한 수급권자의 자격, 개인별 진료내역의 관리, 의료급여의 제한에 필요한 실태조사 및 자료수집 업무를 국민건강보험공단에 위탁한다.

5. 수급자의 권리보호 및 벌칙

1) 수급권의 보호 및 구상권

의료급여를 받을 권리는 양도하거나 압류할 수 없다.

시장 · 군수 · 구청장은 제3자의 행위로 인하여 수급권자에게 의료급여를 한 경우에는 그 급여비용의 범위에서 제3자에게 손해배상을 청구할 권리를 얻는다. 의료급여를 받은 사람이 제3자로부터 이미 손해배상을 받은 경우에는 시장 · 군수 · 구청장은 그 배상액의 한도에서 의료급여를 하지 아니한다.

2) 이의신청 및 심판청구

(1) 이의신청 등

수급권자의 자격, 의료급여 및 급여비용에 대한 시장 · 군수 · 구청장의 처분에 이의가 있는 자는 시장·군수·구청장에게 이의신청을 할 수 있다.

급여비용의 심사·조정, 의료급여의 적정성 평가 및 급여 대상 여부의 확인에 관한 급여비용심사기관의 처분에 이의가 있는 보장기관, 의료급여기관 또는 수급권자는 급여비용심사기관에 이의신청을 할 수 있다. 〈개정 2017.3.21.〉〔시행일: 2017.9.22.〕

이의신청은 처분이 있음을 안 날부터 90일 이내에 문서(전자문서 포함)로 하여야 하며, 처분이 있은 날부터 180일이 지나면 제기하지 못한다. 다만, 정당한 사유에 따라 그 기간에 이의신청을 할 수 없었음을 소명한 경우에는 그러하지 아니하다. 의료급여기관이 급여비용심사기관의 확인에 대하여 이의신청을 하려면 통보받은 날부터 30일 이내에 하여야 한다.

(2) 심판청구

급여비용심사기관의 이의신청에 대한 결정에 불복이 있는 자는 건강보험분쟁조정위원회에 심판청구를 할 수 있다. 이 경우 심판청구의 제기기간 및 제기방법은 이의신청 처분이 있음을 안 날부터 90일 이내에 문서(전자문서를 포함)로 하여야 하며, 처분이 있은 날부터 180일이 지나면 제기하지 못한다. 다만, 정당한 사유에 따라 그 기간에 이의신청을 할 수 없었음을 소명한 경우에는 그러하지 아니하다.

3) 벌칙 등

(1) 벌칙

금융정보를 사용·제공 또는 누설한 사람은 5년 이하의 징역 또는 5천만원 이하의 벌금에 처한다. 〈개정 2017.3.21.〉 〔시행일: 2017.9.22.〕

정보 또는 자료를 사용하거나 제공한 사람, 대행청구단체의 종사자로서 거짓이나 그 밖의 부정한 방법으로 급여비용을 청구한 사람은 3년 이하의 징역 또는 3천만원 이하의 벌금에 처한다.

정당한 이유 없이 이 법에 따른 의료급여를 거부한 자, 대행청구단체가 아닌 자로 하여금 급여비용의 심사청구를 대행하게 한 자, 속임수나 그 밖의 부정한 방법으로 의료급여를 받은 자 또는 제3자로 하여금 의료급여를 받게 한 자, 업무정지 기간 중에 의료급여를 한

의료급여기관의 개설자 중 어느 하나에 해당하는 자는 1년 이하의 징역 또는 1천만원 이하의 벌금에 처한다.

정당한 이유 없이 보고 또는 서류제출을 하지 아니하거나 거짓으로 보고하거나 거짓 자료를 제출하거나 검사를 거부·방해 또는 기피한 사람은 1천만원 이하의 벌금에 처한다.

(2) 양벌규정

법인의 대표자나 법인 또는 개인의 대리인, 사용인, 그 밖의 종업원이 그 법인 또는 개인의 업무에 관하여 위반행위를 하면 그 행위자를 벌하는 외에 그 법인 또는 개인에게도 해당 조문의 벌금형을 과(科)한다. 다만, 법인 또는 개인이 그 위반행위를 방지하기 위하여 해당 업무에 관하여 상당한 주의와 감독을 게을리 하지 아니한 경우에는 그러하지 아니하다.

제 3 절 긴급복지지원법

1. 개요

1) 목적 및 의의

(1) 목적

생계곤란 등의 위기상황에 처하여 도움이 필요한 사람을 신속하게 지원함으로써 이들이 위기상황에서 벗어나 건강하고 인간다운 생활을 하게 함을 목적으로 한다.

(2) 의의

경제 양극화 및 이혼 증가 등 사회변화 속에서 소득상실, 질병과 같이 갑작스러운 위기상황이 발생한 경우 누구든지 손쉽게 도움을 청하고 필요한 지원을 받을 수 있는 제도를 마련하기 위하여 지역사회의 각종 복지자원을 활용하여 위기상황에 처한 자를 조기에 찾을 수 있는 체계를 갖추고 이들에게 필요한 지원을 신속하게 실시하며 기존의 공공부조제도나 사회복지서비스와 연계되도록 하려는 것이다.

2) 기본원칙 및 정의

(1) 기본원칙

지원은 위기상황에 처한 사람에게 일시적으로 신속하게 지원하는 것을 기본원칙으로 한다. 재해구호법, 국민기초생활 보장, 의료급여법, 사회복지사업법, 가정폭력방지 및 피해자보호 등에 관한 법률, 성폭력방지 및 피해자보호 등에 관한 법률 등 다른 법률에 따라 이 법에 따른 지원 내용과 동일한 내용의 구호·보호 또는 지원을 받고 있는 경우에는 이 법에 따른 지원을 하지 아니한다.

(2) 정의

위기상황이란, 본인 또는 본인과 생계 및 주거를 같이 하고 있는 가구구성원 '주소득자(主所得者)가 사망, 가출, 행방불명, 구금시설에 수용되는 등의 사유로 소득을 상실한 경우, 중한 질병 또는 부상을 당한 경우, 가구구성원으로부터 방임(放任) 또는 유기되거나 학대 등을 당한 경우, 가정폭력을 당하여 가구구성원과 함께 원만한 가정생활을 하기 곤란하거나 가구구성원으로부터 성폭력을 당한 경우, 화재 등으로 인하여 거주하는 주택 또는 건물에서 생활하기 곤란하게 된 경우, 보건복지부령으로 정하는 기준에 따라 지방자치단체의 조례로 정한 사유가 발생한 경우, 그 밖에 보건복지부장관이 정하여 고시하는 사유가 발생한 경우(주소득자와 이혼한 때, 단전되어 1개월이 경과된 때, 주소득자의 휴·폐업/실직으로 생계가 곤란할 때, 구금기간이 1개월 이상으로서 긴급지원 신청일 기준 교정시설에서 출소한지 6개월 이내로 가족이 없거나 가족과의 관계가 단절되어 생계가 곤란한 경우, 가족으로부터 방임유기 또는 생계유지의 곤란 등으로 6개월 미만의 초기 노숙을 하는 경우, 이 법 취지에 반하지 않는 범위에서 지역상황을 고려하여 조례로 정하거나 지자체장이 인정하는 경우)' 중 어느 하나에 해당하는 사유로 인하여 생계유지 등이 어렵게 된 것을 말한다.

3) 연혁

① 2005. 12. 23. 제정

이 법은 생계곤란 등의 위기상황에 처하여 도움이 필요한 자를 신속하게 지원함으로써 이들이 위기상황에서 벗어나 건강하고 인간다운 생활을 영위하게 함을 목적으로 제정되었으며, 시행일로부터 5년간 그 효력을 가진다(한시법).

② 2009. 5. 28. 개정

시행일로부터 5년간 효력을 갖는다는 종전의 부칙 조항을 삭제하였다. 긴급지원의 기간을 최장 4개월에서 6개월로 연장하고, 시장·군수·구청장이 긴급지원 기간을 1개월씩 2회 연장할 수 있도록 하며, 위기상황에 처한 초·중·고등학생의 입학금 및 수업료 등을 지원하도록 하였다.

③ 2012. 10. 22. 개정

위기상황에 대한 정의에서 최저생계비 이하 소득기준을 규정하고 있는 부분을 삭제하여 생계지원 소득기준을 완화하였다. 주거지원 기간의 상한을 6개월에서 12개월로 연장하였고, 긴급지원 관련 민간단체가 참여하는 긴급지원협의회를 폐지하였다.

④ 2014. 12. 30. 일부개정

긴급지원 여부를 지방자치단체가 판단할 수 있도록 범위의 확대, 안내, 강화, 정기적으로 위기상황에 처한 사람에 대한 발굴조사 및 운영실태 점검, 긴급지원담당공무원의 권한을 확대하는 등 긴급지원의 진입장벽을 낮추고, 찾아가는 복지를 통하여 최소한의 사회안전망을 확보하려는 것이다. 한편, 긴급지원대상자가 신청하는 경우에는 긴급지원대상자에게 지급되는 금전만이 입금되는 긴급지원대상자 명의의 지정된 계좌(긴급지원수급계좌)로 긴급지원대상자에게 지급되는 금전을 입금하도록 하고, 긴급지원수급계좌의 긴급지원금과 이에 관한 채권은 압류할 수 없도록 규정함으로써 긴급지원대상자에게 지급되는 금전에 대한 압류를 방지하고 긴급지원대상자의 생계보호를 강화하려는 것이다.

⑤ 2015. 12. 29. 일부개정

긴급지원담당공무원이 현장 확인을 할 때 권한을 표시하는 증표뿐만 아니라 조사기간, 조사범위 등이 기재된 서류를 제시하도록 함으로써 위기상황에 처한 자의 권리를 보호하고 합리적인 조사가 이루어지도록 하였다.

⑥ 2016. 12. 02. 일부개정

벌금액을 국민권익위원회의 권고안 및 국회사무처 법제예규의 기준인 징역 1년당 1천만 원으로 개정함으로써 벌금형을 현실화하고, 형벌로서의 기능을 회복시켜 범죄억지력을 확보하려하였다.

4) 긴급지원 대상자 및 긴급지원기관

(1) 긴급지원대상자

긴급지원대상자는 위기상황에 처한 사람으로서 이 법에 따른 지원이 긴급하게 필요한 사람으로 한다. 국내에 체류하고 있는 외국인 중 다음의 경우에 해당하는 사람이 위기상황에 처한 경우에는 긴급지원 대상자가 된다.

- 대한민국 국민과 혼인 중인 사람
- 대한민국 국민인 배우자와 이혼하거나 그 배우자가 사망한 사람으로서 대한민국 국적을 가진 직계존비속을 돌보고 있는 사람
- 난민으로 인정된 사람
- 본인의 귀책사유 없이 화재, 범죄, 천재지변으로 피해를 입은 사람
- 그 밖에 보건복지부장관이 긴급한 지원이 필요하다고 인정하는 사람

(2) 긴급지원기관

이 법에 따른 지원은 긴급지원대상자의 거주지를 관할하는 시장·군수·구청장이 한다. 다만, 긴급지원대상자의 거주지가 분명하지 아니한 경우에는 지원요청 또는 신고를 받은 시장·군수·구청장이 한다. 거주지가 분명하지 아니한 사람에게 지원요청 또는 신고가 특정 지역에 집중되는 경우에는 보건복지부령으로 정하는 바에 따라 긴급지원기관을 달리 정할 수 있다. 시장·군수·구청장은 긴급지원사업을 수행할 담당공무원을 지정하여야 한다.

5) 국가 및 지방자치단체의 책무

(1) 국가 및 지방자치단체의 책무

국가 및 지방자치단체는 위기상황에 처한 사람을 찾아내어 최대한 신속하게 필요한 지원을 하도록 노력하여야 하며, 긴급지원의 지원대상 및 소득 또는 재산 기준, 지원 종류 · 내용 · 절차와 그 밖에 필요한 사항 등 긴급지원사업에 관하여 적극적으로 안내하여야 한다.

국가 및 지방자치단체는 이 법에 따른 지원 후에도 위기상황이 해소되지 아니하여 계속 지원이 필요한 것으로 판단되는 사람에게는 다른 법률에 따른 구호 · 보호 또는 지원을 받을 수 있도록 노력하여야 한다. 구호 · 보호 또는 지원이 어렵다고 판단되는 경우에는 민간기관 · 단체와의 연계를 통하여 구호 · 보호 또는 지원을 받을 수 있도록 노력하여야 한다.

(2) 예산분담

국가 및 지방자치단체는 긴급지원 업무를 수행하기 위하여 필요한 비용을 분담하여야 한다.

6) 긴급복지지원제도의 원칙

(1) 선지원 후처리 원칙

위기상황에 처한 자 등의 지원요청 또는 신고가 있는 경우 긴급지원담당공무원 등의 현장확인(1인 이내)을 통해 긴급한 지원의 필요성을 포괄적으로 판단하여 우선 지원(추가 1일 이내, 총 48시간 이내)을 신속하게 실시하고 나중에 소득, 재산 등을 조사하여 지원의 적정성을 심사한다.

(2) 단기지원 원칙

시 · 군 · 구청장은 위기상황에 처한 사람에게 일시적으로 신속하게 지원하는 것을 원칙으로 한다. 지원이 종료되면 동일한 사유로 인하여는 다시 지원할 수 없다(출소나 실직을 반복하는 경우 등). 다만, 지원이 종료된 때로부터 2년이 경과한 후에는 동일한 사유로 다시 지원할 수 있다.

(3) 타법률 지원 우선의 원칙

다른 법률에 의하여 긴급지원의 내용과 동일한 내용의 구호보호나 지원을 받고 있는 경우에는 긴급지원을 하지 아니한다. 지원요청 또는 신고를 받을 때 시장·군수·구청장이 가구특성, 생활실태 등을 고려하여, 긴급지원보다는 국민기초생활보장, 의료급여, 시설보호 등 다른 법률에 의한 지원의 대상이 되는 것이 적합하다고 판단되는 경우에는 해당 지원에 연계토록 한다.

(4) 현물지원 우선의 원칙(지원의 종류에 따라 현금지원을 우선으로 하는 경우도 있음)

의료 서비스 제공, 임시거소 및 사회복지시설 이용 등 지원의 본래 목적을 달성하기 위하여 현물지원을 우선하도록 하고, 현물지원이 곤란한 경우에 한하여 예외적으로 금전지원을 실시한다. 생계지원, 연료비, 해산 장제비 등의 경우에는 금전지원을 원칙으로 하고, 금전지원이 관련한 경우에 한하여 예외적으로 현물지원을 실시한다.

(5) 가구단위 지원의 원칙

가구단위로 산정하여 지원하는 것을 원칙으로 하지만, 개인단위 지원도 가능하다.

2. 급여

1) 긴급지원의 종류 및 내용

(1) 생계지원

생계지원의 대상은 긴급지원대상자로서 생계유지가 곤란한 사람으로 한다.

시장·군수·구청장은 가구구성원의 수 등을 고려하여 보건복지부장관이 정하여 고시하는 기준에 따른 금액을 긴급지원대상자에게 지급하여야 한다. 다만, 긴급지원대상자가 거동이 불편하여 물품구매가 곤란한 경우 등 현금을 지급하는 것이 적절하지 아니하다고 판단되는 경우에는 이에 상당하는 현물(現物)을 지급할 수 있다.

시장·군수·구청장은 현금을 지급하는 경우에는 해당 금액을 금융기관이나 체신관서에 개설된 긴급지원대상자의 계좌에 입금하여야 한다. 다만, 긴급지원대상자가 금융기관이나 체신관서가 없는 지역에 거주하는 등 부득이한 사유가 있는 경우에는 해당 금액을 현금으로 긴급지원대상자에게 직접 지급할 수 있다.

(2) 의료지원

의료지원의 대상은 긴급지원대상자로서 의료비를 감당하기 곤란한 사람으로 한다.

시장·군수·구청장은 의료기관 또는 약국이 긴급지원대상자에게 검사 및 치료 등의 의료서비스를 제공하게 하여야 한다.

- 의료법에 따라 개설된 의료기관
- 지방의료원의 설립 및 운영에 관한 법률에 따라 설립된 지방의료원
- 지역보건법에 따라 설치된 보건소, 보건의료원 및 보건지소
- 농어촌 등 보건의료를 위한 특별조치법에 따라 설치된 보건진료소
- 약사법에 따라 등록된 약국

시장·군수·구청장은 국민건강보험법과 의료급여법에 따른 본인부담금 등을 고려하여 보건복지부장관이 정하여 고시하는 금액의 범위에서 의료서비스 제공에 필요한 금액을 해당 의료서비스를 제공한 의료기관등에 지급하여야 한다.

(3) 주거지원

주거지원의 대상은 긴급지원대상자로서 임시거소(臨時居所)의 제공 또는 주거비 지원이 필요하다고 인정되는 사람으로 한다. 시장·군수·구청장은 긴급지원대상자에게 임시거소를 제공하여야 한다. 다만, 임시거소를 제공하는 것이 곤란한 경우에는 거소 확보에 필요한 비용을 긴급지원대상자에게 지급할 수 있다.

시장·군수·구청장은 임시거소 중 국가 또는 지방자치단체의 소유가 아닌 임시거소를 제공하는 경우에는 지역 등을 고려하여 보건복지부장관이 정하여 고시하는 기준에 따라 임시거소의 제공에 필요한 비용을 해당 임시거소의 소유자 또는 관리자에게 지급하여야 한다.

(4) 사회복지시설 이용 지원

사회복지시설 이용 지원의 대상자는 긴급지원대상자로서 사회복지시설에서 제공하는 서비스가 필요하다고 인정되는 사람으로 한다.

시장·군수·구청장은 긴급지원대상자가 사회복지시설에 입소하거나 사회복지시설을 이용하게 하고, 시설의 입소자 수 또는 이용자 수 등을 고려하여, 보건복지부장관이 정하여 고시하는 금액의 범위에서 사회복지시설의 입소 또는 이용에 필요한 비용을 해당 사회복지시설을 운영하는 자에게 지급하여야 한다. 다만, 사회복지시설을 운영하는 자에게 지급하는 것이 적절하지 아니하다고 판단되는 경우에는 사회복지시설의 이용에 필요한 금액을 긴급지원대상자에게 지급할 수 있다.

(5) 교육지원

교육지원의 대상은 긴급지원대상자로서 학교 또는 시설에 입학하거나 재학 중인 사람 중 교육비 지원이 필요하다고 인정되는 사람으로 한다.

시장·군수·구청장은 긴급지원대상자에게 학교 또는 시설의 종류 등을 고려하여 보건복지부장관이 정하여 고시하는 기준에 따라 수업료, 입학금, 학교운영지원비 및 학용품비 등을 금전이나 물품으로 지급하여야 한다. 금전을 지급하는 경우에는 해당 금액을 금융기관이나 체신관서에 개설된 긴급지원대상자의 계좌에 입금하여야 한다. 다만, 긴급지원대상자가 금융기관이나 체신관서가 없는 지역에 거주하는 등 부득이한 사유가 있는 경우에는 해당 금액을 현금으로 긴급지원대상자에게 직접 지급할 수 있다.

교육지원의 목적을 달성하기 위하여 부득이한 경우에는 시장·군수·구청장이 직접 수업료 등을 납부하거나 학용품 등을 현물로 지급할 수 있다. 학비를 지원하는 경우에는 보건복지부령으로 정하는 분기에 따라 신청일이 속하는 해당 분기분을 지급하여야 한다.

(6) 그 밖의 지원

그 밖의 지원의 종류는 연료비 및 해산비, 그 밖에 보건복지부장관이 정하는 지원으로 한다. 시장·군수·구청장은 보건복지부장관이 정하여 고시하는 금액의 범위에서 지원금을 긴급지원대상자에게 지급하여야 한다. 다만, 지원의 성격상 현금을 지급하는 것이 적절하지 아니하다고 판단되는 경우에는 긴급지원대상자에게 현물을 제공할 수 있다.

2) 긴급지원의 기간 등

(1) 긴급지원의 기간

긴급지원은 1개월간의 생계유지 등에 필요한 지원으로 한다. 다만, 시장·군수·구청장이 긴급지원대상자의 위기상황이 계속된다고 판단하는 경우에는 1개월씩 두 번의 범위에서 기간을 연장할 수 있다. 지원은 위기상황의 원인이 되는 질병 또는 부상을 검사·치료하기 위한 범위에서 한 번 실시하며, 교육지원도 한 번 실시한다.

시장·군수·구청장은 위 규정에 의한 지원에도 불구하고 위기상황이 계속되는 경우에는 긴급지원심의위원회의 심의를 거쳐 지원을 연장할 수 있다. 이 경우 생계지원, 사회복지시설 이용 지원, 그 밖의 지원은 규정된 지원기간을 합하여 총 6개월을 초과하여서는 아니 되고, 지원기간을 합하여 총 12개월을 초과하여서는 아니 되며, 주거지원은 규정된 지원기간을 합하여 총 12개월을 초과해서는 안 되고, 의료지원은 규정된 지원횟수를 합하여 총 2번, 교육지원은 규정된 지원횟수를 합하여 총 4번을 초과하여서는 아니 된다.

(2) 지원연장

시장·군수·구청장은 긴급지원대상자에 대한 지원기간을 연장하려는 경우에는 지원기간이 끝나기 3일 전까지 연장 여부를 결정하여야 하고, 지원연장을 결정한 때에는 지원연장 기간 및 지원 내용과 그 밖에 지원에 필요한 사항을 긴급지원대상자에게 지체 없이 알려야 한다.

시장·군수·구청장은 위기상황이 계속되는 긴급지원대상자에 대하여 지원연장이 필요한 사유, 지원연장 기간 및 지원 내용 등을 기재하여 긴급지원심의위원회의 심의에 부쳐야 한다. 심의를 요청한 긴급지원대상자의 지원연장 여부에 대하여 지원기간이 끝나기 3일 전까지 심의를 마쳐야 한다.

시장·군수·구청장은 지원연장을 하기로 결정한 긴급지원대상자에게 지원연장 기간 및 지원 내용과 그 밖에 지원에 필요한 사항을 지체 없이 알려야 한다.

3) 지원요청 및 신고

긴급지원대상자와 친족, 그 밖의 관계인은 구술 또는 서면 등으로 관할 시장·군수·구청장에게 이 법에 따른 지원을 요청할 수 있다. 누구든지 긴급지원대상자를 발견한 경우에는 관할 시장·군수·구청장에게 신고하여야 한다.

다음 중 어느 하나에 해당하는 사람은 진료·상담 등 직무수행 과정에서 긴급지원대상자가 있음을 알게 된 경우에는 관할 시장·군수·구청장에게 이를 신고하고, 긴급지원대상자가 신속하게 지원을 받을 수 있도록 노력하여야 한다.

① 의료법에 따른 의료기관의 종사자

② 유아교육법, 초·중등교육법 및 고등교육법에 따른 교원

③ 사회복지사업법에 따른 사회복지시설의 종사자 및 같은 위촉된 복지위원

④ 국가공무원법 및 지방공무원법에 따른 공무원

⑤ 장애인활동 지원에 관한 법률에 따른 활동지원기관의 장 및 그 종사자와 활동지원인력

⑥ 그 밖에 긴급지원대상자를 발견할 수 있는 자로서 보건복지부령으로 정하는 자

4) 위기상황의 발굴

국가 및 지방자치단체는 위기상황에 처한 사람에 대한 발굴조사를 연 1회 이상 정기적으로 실시하여야 한다. 국가 및 지방자치단체는 정기 발굴조사 또는 수시 발굴조사를 위하여 필요한 경우 관계 기관·법인·단체 등의 장에게 자료의 제출, 위기상황에 처한 사람의 거주지 등 현장조사 시 소속 직원의 동행 등 협조를 요청할 수 있다. 이 경우 관계 기관·법인·단체 등의 장은 정당한 사유가 없으면 이에 따라야 한다.

국가 및 지방자치단체는 위기상황에 처한 사람에 대한 발굴체계의 운영 실태를 정기적으로 점검하고 개선방안을 수립하여야 한다.

5) 현장 확인 및 지원

시장·군수·구청장은 지원요청 또는 신고를 받거나 위기상황에 처한 사람을 찾아낸 경우에는 지체 없이 긴급지원담당공무원으로 하여금 긴급지원대상자의 거주지 등을 방문하

여 위기상황을 확인하여야 한다. 위기상황을 확인하기 위하여 필요한 경우에는 관할 경찰관서, 소방관서 등 관계 행정기관의 장에게 협조를 요청할 수 있다. 이 경우 관계 행정기관의 장은 정당한 사유가 없으면 그 요청에 따라야 한다.

시장·군수·구청장은 현장 확인 결과 위기상황의 발생이 확인된 사람에 대하여는 지체 없이 지원의 종류 및 내용을 결정하여 지원을 하여야 한다. 이 경우 긴급지원대상자에게 신속히 지원할 필요가 있다고 판단되는 경우 긴급지원담당공무원으로 하여금 우선 필요한 지원을 하도록 할 수 있다.

현장을 확인하는 긴급지원담당공무원은 권한을 표시하는 증표 및 조사기간, 조사범위, 조사담당자, 관계 법령 등 보건복지부령으로 정하는 사항이 기재된 서류를 지니고 이를 관계인에게 내보여야 한다.

조사의 내용·절차·방법 등에 관하여 이 법에서 정하는 사항을 제외하고는 행정조사기본법에서 정하는 바를 따른다.

6) 긴급지원수급계좌

시장·군수·구청장은 긴급지원대상자의 신청이 있는 경우에는 긴급지원대상자에게 지급하는 금전을 긴급지원대상자 명의의 지정된 계좌로 입금하여야 한다. 다만, 정보통신장애나 그 밖에 불가피한 사유로 긴급지원수급계좌로 이체할 수 없을 때에는 현금 등을 지급할 수 있다.

긴급지원수급계좌가 개설된 금융기관은 긴급지원금만이 긴급지원수급계좌에 입금되도록 하고, 이를 관리하여야 한다.

7) 담당기구 설치 등

보건복지부장관은 위기상황에 처한 사람에게 상담·정보제공 및 관련 기관·단체 등과의 연계서비스를 제공하기 위하여 담당기구를 설치·운영할 수 있다. 시장·군수·구청장은 긴급지원사업을 원활하게 수행하기 위하여 사회복지사업법에 따른 지역사회복지협의체를 통하여 사회복지·보건의료 관련 기관·단체 간의 연계·협력을 강화하여야 한다.

8) 긴급지원심의위원회

긴급지원연장 결정, 긴급지원의 적정성 심사, 긴급지원의 중단 또는 지원비용의 환수 결정, 그 밖에 긴급지원심의위원회의 위원장이 회의에 부치는 사항을 심의·의결하기 위하여 시·군·구에 긴급지원심의위원회를 둔다.

긴급지원심의위원회는 위원장 1명을 포함한 15명 이내의 위원으로 구성한다. 위원장은 시장·군수·구청장이 되고, 위원은 사회보장에 관한 학식과 경험이 있는 사람, 비영리민간단체에서 추천한 사람, 해당 시·군·구 또는 관계 행정기관 소속의 공무원, 해당 시·군·구 지방의회가 추천하는 사람 중 어느 하나에 해당하는 사람 중에서 시장·군수·구청장이 임명하거나 위촉한다. 이 중 사회보장에 관한 학식과 경험이 있는 사람, 비영리민간단체에서 추천한 사람이 2분의 1 이상이 되도록 구성하여야 한다.

시·군·구에 생활보장위원회가 있는 경우 그 위원회는 조례로 정하는 바에 따라 긴급지원심의위원회의 기능을 대신할 수 있다.

3. 수급자의 권리보호 및 벌칙

1) 사후조사

시장·군수·구청장은 지원을 받았거나 받고 있는 긴급지원대상자에 대하여 소득 또는 재산 등 기준에 따라 긴급지원이 적정한지를 조사하여야 한다. 조사를 위하여 금융·국세·지방세·건강보험·국민연금 및 고용보험 등 관련 전산망을 이용하려는 경우에는 해당 법률에서 정하는 바에 따라 관계 기관의 장에게 협조를 요청할 수 있다. 이 경우 관계 기관의 장은 정당한 사유가 없으면 그 요청에 따라야 한다.

보건복지부장관은 조사를 위하여 긴급지원대상자 및 가구구성원이 제출한 동의 서면을 전자적 형태로 바꾼 문서에 따라 금융기관 등의 장에게 금융정보·신용정보 또는 보험정보의 제공을 요청할 수 있다.

금융정보 등의 제공을 요청받은 금융기관 등의 장은 명의인의 금융정보 등을 제공하여야 한다. 금융정보 또는 보험정보를 제공한 금융회사 등의 장은 그 정보의 제공사실을 명의인에게 통보하여야 한다. 다만, 명의인의 동의가 있는 경우에는 통보하지 아니할 수 있다. 금융정보 등의 제공요청 및 제공은 정보통신망을 이용하여야 한다. 다만, 정보통신망의 손상 등 불가피한 경우에는 그러하지 아니하다.

긴급지원담당공무원 또는 긴급지원담당공무원이었던 사람은 얻은 정보와 자료를 이 법에서 정한 지원 목적 외에 다른 용도로 사용하거나 다른 사람 또는 기관에 제공하여서는 아니 된다.

2) 긴급지원의 적정성 심사

긴급지원심의위원회는 시장·군수·구청장이 한 사후조사 결과를 참고하여 긴급지원의 적정성을 심사한다. 긴급지원심의위원회는 긴급지원대상자가 수급권자로 결정된 경우에는 심사를 하지 아니할 수 있다.

시장·군수·구청장은 심사결과 긴급지원대상자에 대한 지원이 적정하지 아니한 것으로 결정된 경우에도 긴급지원담당공무원의 고의 또는 중대한 과실이 없으면 이를 이유로 긴급지원담당공무원에 대하여 불리한 처분이나 대우를 하여서는 아니 된다.

3) 지원중단 또는 비용환수

시장·군수·구청장은 심사결과 거짓이나 그 밖의 부정한 방법으로 지원을 받은 것으로 결정된 사람에게는 긴급지원심의위원회의 결정에 따라 지체 없이 지원을 중단하고 지원한 비용의 전부 또는 일부를 반환하게 하여야 한다. 또한 심사결과 긴급지원이 적정하지 아니한 것으로 결정된 사람에게는 지원을 중단하고 지원한 비용의 전부 또는 일부를 반환하게 할 수 있다.

시장·군수·구청장은 지원기준을 초과하여 지원받은 사람에게는 그 초과 지원 상당분을 반환하게 할 수 있다. 반환명령에 따르지 아니하는 사람에게는 지방세 체납처분의 예에 따라 징수한다.

4) 이의신청

결정이나 반환명령에 이의가 있는 사람은 그 처분을 고지 받은 날부터 30일 이내에 해당 시장·군수·구청장을 거쳐 특별시장·광역시장·도지사·특별자치도지사에게 서면으로 이의신청할 수 있다. 이 경우 시장·군수·구청장은 이의신청을 받은 날부터 10일 이내에 의견서와 관련 서류를 첨부하여 시·도지사에게 송부하여야 한다. 시·도지사는 송부를 받은 날부터 15일 이내에 이를 검토하고 처분이 위법·부당하다고 인정되는 때는 시정, 그 밖에 필요한 조치를 하여야 한다.

5) 압류 등의 금지

긴급지원대상자에게 지급되는 금전 또는 현물은 압류할 수 없다. 긴급지원수급계좌의 긴급지원금과 이에 관한 채권은 압류할 수 없다. 긴급지원대상자는 이 법에 따라 지급되는 금전 또는 현물을 생계유지 등의 목적 외의 다른 용도로 사용하기 위하여 양도하거나 담보로 제공할 수 없다.

6) 벌칙

긴급지원담당공무원 또는 긴급지원담당공무원이었던 사람이 긴급지원 대상자에 대한 소득 또는 재산 조사를 통해 얻은 정보와 자료를 이 법이 정한 지원목적 외의 다른 용도로 사용하거나 다른 사람 또는 기관에 제공한 경우 3년 이하의 징역 또는 3천만원 이하의 벌금에 처한다.

제 4 절 기초연금법

1. 개요

1) 목적

기초연금법(2014. 5. 20. 제정, 2014. 7. 1. 시행)[10]은 노인에게 기초연금을 지급하여 안정적인 소득기반을 제공함으로써 노인의 생활안정을 지원하고 복지를 증진함을 목적으로 한다.

2) 용어의 정의

① **기초연금 수급권(受給權):** 이 법에 따른 기초연금을 받을 권리를 말한다.
② **기초연금 수급권자:** 기초연금 수급권을 가진 사람을 말한다.
③ **기초연금 수급자:** 이 법에 따라 기초연금을 지급받고 있는 사람을 말한다.
④ **소득인정액:** 본인 및 배우자의 소득평가액과 재산의 소득환산액을 합산한 금액을 말한다.

3) 연혁

① 2014. 5. 20. 제정

국가재정의 지속가능성을 확보하면서 노인세대를 위한 안정적인 공적연금제도를 마련하여 65세 이상의 노인 중 소득기반이 취약한 70퍼센트의 노인에게 기초연금을 지급함으로써 노인 빈곤 문제를 해소하고 노인의 생활안정과 복지 증진에 기여하려하였다.

② 2016. 2. 3. 일부개정

노인이 정보 부족 등을 이유로 부당하게 기초연금 수급 기회를 상실하는 것을 방지하기 위

10) 기초연금은 '생활이 어려운' 노인을 대상으로 '조세를 기반으로' 급여를 지급하는 점으로 인해 공공부조의 성격을 갖고 있다. 기초연금법에서의 '소득인정액', '계층간 소득역전현상 방지' 등의 표현에서도 공공부조적 특성을 발견할 수 있다.

하여 보건복지부장관 또는 지방자치단체의 장이 65세 이상인 사람에게 기초연금의 지급대상, 연금액 및 기초연금의 신청 방법 등 기초연금 관련 정보를 제공하도록 하고, 국민 편의를 증진하고 행정의 효율성을 높이기 위하여 「가족관계의 등록 등에 관한 법률」에 따른 신고의무자가 같은 법에 따라 기초연금 수급자의 사망신고를 한 경우에는 이 법에 따른 기초연금 수급권 상실신고를 한 것으로 간주하였다. 또한 수급자의 권리를 보호하고 합리적인 조사가 이루어지도록 하기 위하여, 관계 공무원이 수급권자를 조사할 때 권한을 표시하는 증표뿐만 아니라 조사기간, 조사범위 등이 기재된 서류를 제시하도록 하였다.

4) 국가와 지방자치단체의 책무

국가와 지방자치단체는 기초연금의 목적에 따라 노인의 생활안정을 지원하고 복지를 증진하는 데 필요한 수준이 되도록 최대한 노력하여야 한다. 국가와 지방자치단체는 필요한 비용을 부담할 수 있도록 재원(財源)을 조성하여야 한다. 국민연금기금은 기초연금 지급을 위한 재원으로 사용할 수 없다. 또한 기초연금의 지급에 따라 계층 간 소득역전 현상이 발생하지 아니하고 근로의욕 및 저축유인이 저하되지 아니하도록 최대한 노력하여야 한다.

2. 기초연금 수급권자의 범위

1) 지급대상

기초연금은 65세 이상인 사람으로서 소득인정액이 보건복지부장관이 정하여 고시하는 금액(선정기준액) 이하인 사람에게 지급한다.

2) 소득인정액 요건

보건복지부장관은 선정기준액을 정하는 경우 65세 이상인 사람 중 기초연금 수급자가 100분의 70 수준이 되도록 한다.

3) 직역연금[11)]의 요건

다음의 어느 하나에 해당하는 연금의 수급권자와 그 배우자나 다음 각 호의 어느 하나에 해당하는 연금을 받은 사람 중 사람과 그 배우자에게는 기초연금을 지급하지 아니한다.

① 공무원연금법과 사립학교교직원 연금법에 따른 퇴직연금, 퇴직연금일시금, 퇴직연금공제일시금, 장해연금, 장해보상금, 유족연금, 유족연금일시금, 순직유족연금 또는 유족일시금(유족일시금의 경우에는 공무원연금법에 해당하는 경우로서 유족이 유족연금을 갈음하여 선택한 경우로 한정한다)

② 군인연금법에 따른 퇴역연금, 퇴역연금일시금, 퇴역연금공제일시금, 상이연금, 유족연금 또는 유족연금일시금

③ 별정우체국법에 따른 퇴직연금, 퇴직연금일시금, 퇴직연금공제일시금, 유족연금 또는 유족연금일시금

④ 국민연금과 직역연금의 연계에 관한 법률에 따른 연계퇴직연금 또는 연계퇴직유족연금 중 직역재직기간이 10년 이상인 경우의 연계퇴직연금 또는 연계퇴직유족연금

직역연금의 종류와 기초연금 대상 여부

<table>
<tr><th>구분</th><th>직역연금 종류</th><th>기초연금 대상</th><th>직역연금 종류</th><th>기초연금 대상</th></tr>
<tr><td rowspan="4">공무원연금</td><td>퇴직연금</td><td rowspan="7">제외</td><td>순직유족보상금
(공무원연금만 해당)</td><td rowspan="7">지급</td></tr>
<tr><td>퇴직연금일시금</td><td>사망조위금</td></tr>
<tr><td>퇴직연금공제일시금</td><td>퇴직일시금</td></tr>
<tr><td>장해연금</td><td>유족일시금</td></tr>
<tr><td rowspan="3">사립학교
교직원연금
(사학연금)</td><td>연계퇴직연금
(재직기간 10년 이상)</td><td>퇴직수당</td></tr>
<tr><td>연계퇴직연금(재직기간
10년 이상)</td><td>유족보상금</td></tr>
<tr><td>유족연금</td><td>재해부조금</td></tr>
</table>

11) 직역연금은 공무원연금법, 사립학교교직원 연금법, 군인연금법, 별정우체국법에 따른 퇴직연금, 유족연금, 장해연금 및 일시금 등을 말한다.

<table>
<tr><th>구분</th><th>직역연금 종류</th><th>기초연금 대상</th><th>직역연금 종류</th><th>기초연금 대상</th></tr>
<tr><td rowspan="4"></td><td>순직유족연금
(공무원연금만 해당)</td><td></td><td>유족연금
특별기부금</td><td rowspan="20">지급</td></tr>
<tr><td>장해보상금</td><td rowspan="3">수령 후 5년
경과 시 지급</td><td></td></tr>
<tr><td>유족연금일시금</td><td></td></tr>
<tr><td>유족일시금
(공무원연금만 해당)</td><td></td></tr>
<tr><td rowspan="9">군인연금</td><td>퇴역연금</td><td rowspan="7">제외</td><td>유족연금부기금</td></tr>
<tr><td>퇴역연금일시금ㅂ</td><td>유족연금
특별부기금</td></tr>
<tr><td>퇴역연금공제일시금</td><td>유족일시금</td></tr>
<tr><td>유족연금</td><td>퇴직수당</td></tr>
<tr><td>상이연금</td><td>공무상요양비</td></tr>
<tr><td>연계퇴직연금
(재직기간 10년 이상)</td><td>사망보상금</td></tr>
<tr><td>연계퇴직유족연금
(재직기간 10년 이상)</td><td>장애보상금</td></tr>
<tr><td>유족연금일시금</td><td>수령 후 5년
경과 시 지급</td><td>사망조위금</td></tr>
<tr><td>퇴직일시금</td><td>지급</td><td>재해부조금</td></tr>
<tr><td rowspan="7">별정우체국
직원연금</td><td>퇴직연금</td><td rowspan="5">제외</td><td>퇴직일시금</td></tr>
<tr><td>퇴직연금일시금</td><td>유족연금부기금</td></tr>
<tr><td>퇴직연금공제일시금</td><td>유족연금
특별부기금</td></tr>
<tr><td>유족연금</td><td>유족일시금</td></tr>
<tr><td>연계퇴직유족연금
(재직기간 10년 이상)</td><td>퇴직수당</td></tr>
<tr><td>연계퇴직유족연금
(재직기간 10년 이상)</td><td>수령 후 5년
경과 시 지급</td><td>사망조위금</td></tr>
<tr><td>유족연금일시금</td><td></td><td>재해부조금</td></tr>
</table>

4) 기초연금의 신청 및 지급 결정 등

(1) 기초연금 지급의 신청

기초연금을 지급받으려는 사람(기초연금 수급희망자) 또는 보건복지부령으로 정하는 대리인은 특별자치시장·특별자치도지사·시장·군수·구청장에게 기초연금의 지급을 신청할 수 있다. 기초연금 수급희망자와 그 배우자는 신청을 할 때 다음의 자료 또는 정보를 보건복지부장관 및 특별자치시장·특별자치도지사·시장·군수·구청장(업무를 위탁받은 자를 포함)에게 제공하는 것에 대하여 동의한다는 서면을 제출하여야 한다.

① 금융실명거래 및 비밀보장에 관한 법률에 따른 금융자산 및 금융거래에 관한 자료 또는 정보 중 예금의 평균잔액과 그 밖에 자료 또는 정보(금융정보)

② 신용정보의 이용 및 보호에 관한 법률에 따른 신용정보 중 채무액과 그 밖에 자료 또는 정보(신용정보)

③ 보험업법에 따른 보험에 가입하여 납부한 보험료와 그 밖에 대통령령으로 정하는 자료 또는 정보(보험정보)

(2) 기초연금 지급의 결정

특별자치시장·특별자치도지사·시장·군수·구청은 조사를 한 후 기초연금 수급권의 발생·변경·상실 등을 결정한다. 결정을 한 경우에는 그 결정 내용을 서면으로 그 이유를 구체적으로 밝혀 기초연금 수급권자에게 지체 없이 통지하여야 한다.

(3) 기초연금의 지급 및 지급 시기

특별자치시장·특별자치도지사·시장·군수·구청은 기초연금 수급권자로 결정한 사람에 대하여 기초연금의 지급을 신청한 날이 속하는 달부터 기초연금 수급권을 상실한 날이 속하는 달까지 매월 정기적으로 기초연금을 지급한다.

기초연금의 지급이 정지된 기간에는 기초연금을 지급하지 아니한다.

5) 기초연금액의 산정 및 기초연금 급여액 결정

(1) 기초연금액으로 산정

기초연금 수급권자에 대한 기초연금의 금액(기초연금액)은 기준연금액과 국민연금 급여액 등을 고려하여 산정한다. 기준연금액은 보건복지부장관이 그 전년도의 기준연금액에 전국소비자물가변동률(통계청장이 매년 고시하는 전국소비자물가변동률)을 반영하여 매년 고시한다. 이 경우 그 고시한 기준연금액의 적용기간에 관하여는 국민연금법을 준용한다.

기준연금액으로 산정하는 경우는 ① 국민연금을 받지 않고 있는 분(무연금자) ② 국민연금 월 급여액이 기준연금액의 150% 이하인 분 ③ 국민연금의 유족연금이나 장애연금을 받고 있는 분 ④ 장애인연금 수급권자 및 국민기초생활보장 수급권자

기준연금액으로 산정하는 분들에 해당하지 않는 분들의 기초연금액은 소득재분배급여(A급여)애 따른 산식에 의하여 산정한다.

(기준연금액 - 2/3 × A급여액) + 부가연금액

* ( ) 안의 금액이 음의 값일 경우 '0'으로 처리, 기초연금액의 최대 값은 기준연금액

(2) 직역연금 특례대상자

부가연금액(기준연금액의 2분의 1에 해당하는 금액)

(3) 기초연금액의 감액

본인과 그 배우자가 모두 기초연금 수급권자인 경우에는 각각의 기초연금액에서 기초연금액의 100분의 20에 해당하는 금액을 감액한다. 소득인정액과 기초연금액을 합산한 금액이 선정기준액 이상인 경우에는 선정기준액을 초과하는 금액의 범위에서 기초연금액의 일부를 감액할 수 있다.

(4) 기초연금의 한도

산정한 기초연금액이 기준연금액을 초과하는 경우 기준연금액을 기초연금액으로 본다.

(5) 기초연금액의 적정성 평가

보건복지부장관은 5년마다 기초연금 수급권자의 생활수준, 국민연금법에 따른 금액의 변동률, 전국소비자물가변동률 등을 종합적으로 고려하여 기초연금액의 적정성을 평가하고 그 결과를 반영하여 기준연금액을 조정하여야 한다. 적정성 평가를 할 때에는 노인 빈곤에 대한 실태 조사와 기초연금의 장기적인 재정 소요에 대한 전망을 함께 실시하여야 한다. 보건복지부장관은 조정한 기준연금액을 고시하여야 한다. 이 경우 그 고시는 전단에 따른 고시로 본다.

6) 비용의 분담

국가는 지방자치단체의 노인인구 비율 및 재정 여건 등을 고려하여 기초연금의 지급에 드는 비용 중 100분의 40 이상 100분의 90 이하의 범위에서 대통령령으로 정하는 비율에 해당하는 비용을 부담한다. 국가가 부담하는 비용을 뺀 비용은 특별시 · 광역시 · 특별자치시 · 도 · 특별자치도와 시 · 군 · 구가 상호 분담한다. 이 경우, 그 부담비율은 노인인구 비율 및 재정여건 등을 고려하여 보건복지부장관과 협의하여 시 · 도의 조례 및 시 · 군 · 구의 조례로 정한다.

3. 수급자의 권리보호 및 벌칙

1) 수급자 사후관리

(1) 미지급 기초연금

기초연금 수급자가 사망한 경우로서 그 기초연금 수급자에게 지급되지 아니한 기초연금액이 있는 경우에는 그 기초연금 수급자의 사망 당시 생계를 같이 한 부양의무자(배우자와 직계혈족 및 그 배우자)는 미지급 기초연금을 청구할 수 있다. 이 경우 특별자치시장 · 특별자치도지사 · 시장 · 군수 · 구청장은 지체 없이 그 지급 여부를 결정하여 그 부양의무자에게 통지하여야 한다.

(2) 기초연금 지급의 정지

특별자치시장 · 특별자치도지사 · 시장 · 군수 · 구청장은 기초연금 수급자가 다음의 어느 하나의 경우에 해당하면 그 사유가 발생한 날이 속하는 달의 다음 달부터 그 사유가 소멸한 날이 속하는 달까지는 기초연금의 지급을 정지한다.

① 기초연금 수급자가 금고 이상의 형을 선고받고 교정시설 또는 치료감호시설에 수용되어 있는 경우
② 기초연금 수급자가 행방불명되거나 실종되는 등 사망한 것으로 추정되는 경우
③ 기초연금 수급자의 국외 체류기간이 60일 이상 지속되는 경우. 이 경우 국외 체류 60일이 되는 날을 지급 정지의 사유가 발생한 날로 본다.
④ 그 밖에 제1호부터 제3호까지의 경우에 준하는 경우로서 대통령령으로 정하는 경우

(3) 기초연금 수급권의 상실

기초연금 수급권자는 사망한 때, 국적을 상실하거나 국외로 이주한 때, 기초연금 수급권자에 해당하지 아니하게 된 때 중 어느 하나에 해당하게 된 때에 기초연금 수급권을 상실한다.

(4) 신고

기초연금 수급자는 다음의 어느 하나에 해당하는 경우 30일 이내에 그 사실을 특별자치시장 · 특별자치도지사 · 시장 · 군수 · 구청장에게 신고하여야 한다. 다만, 가족관계의 등록 등에 관한 법률에 따른 신고의무자가 특별자치시장 · 특별자치도지사 · 시장 · 군수 · 구청장에게 신고하여야 한다.

① 지급 정지의 사유가 소멸한 경우
② 기초연금 수급권 상실의 사유가 있는 경우
③ 기준에 해당하는 기초연금 수급자 또는 그 배우자의 소득 · 재산의 변동이 발생한 경우
④ 기초연금 수급자가 결혼 또는 이혼을 하거나 그 배우자가 사망한 경우
⑤ 그 밖에 보건복지부령으로 정하는 사유가 발생한 경우

가족관계의 등록 등에 관한 법률에 따른 신고의무자가 기초연금 수급자의 사망신고를 한 경우에는 신고를 한 것으로 본다.

(5) 기초연금액의 환수

특별자치시장·특별자치도지사·시장·군수·구청장은 기초연금을 받은 사람이 다음 각의 어느 하나에 해당하는 경우에는 지급한 기초연금액을 환수하여야 한다. 이 경우 지급한 기초연금액에 이자를 붙여 환수한다.

① 거짓이나 그 밖의 부정한 방법으로 기초연금을 받은 경우

② 기초연금의 지급이 정지된 기간에 대하여 기초연금이 지급된 경우

③ 그 밖의 사유로 기초연금이 잘못 지급된 경우

특별자치시장·특별자치도지사·시장·군수·구청장은 환수할 기초연금액(환수금)의 환수 대상자에게 지급할 기초연금액이 있는 경우 그 지급할 기초연금액을 환수금과 상계할 수 있다. 특별자치시장·특별자치도지사·시장·군수·구청장은 환수금이 정하는 금액 미만인 경우에는 환수하지 아니할 수 있다.

2) 수급권의 보호

(1) 기초연금 수급권의 보호

기초연금 수급권은 양도하거나 담보로 제공할 수 없으며, 압류 대상으로 할 수 없다. 기초연금으로 지급받은 금품은 압류할 수 없다.

(2) 이의신청

지급 결정이나 그 밖에 이 법에 따른 처분에 이의가 있는 사람은 특별자치시장·특별자치도지사·시장·군수·구청장에게 이의신청을 할 수 있다. 이의신청은 그 처분이 있음을 안 날부터 90일 이내에 서면으로 하여야 한다. 다만, 정당한 사유로 인하여 그 기간 이내에 이의신청을 할 수 없었음을 증명한 때에는 그 사유가 소멸한 때부터 60일 이내에 이의신청을 할 수 있다.

(3) 시효

환수금을 환수할 권리와 기초연금 수급권자의 권리는 5년간 행사하지 아니하면 시효의 완성으로 소멸한다.

3) 벌칙 등

(1) 벌칙

① **5년 이하의 징역 또는 3천만원 이하의 벌금**
금융정보를 다른 자에게 제공하거나 누설한 자

② **3년 이하의 징역 또는 2천만원 이하의 벌금**
신용정보 또는 보험정보를 다른 자에게 제공하거나 누설한 자

③ **1년 이하의 징역 또는 500만원 이하의 벌금에 처한다.**
거짓이나 그 밖의 부정한 방법으로 기초연금을 지급받은 자

(2) 양벌규정

법인의 대표자, 법인 또는 개인의 대리인, 사용인, 그 밖의 종업원이 그 법인 또는 개인의 업무에 관하여 위반행위를 하면 그 행위자를 벌하는 외에 그 법인 또는 개인에게도 해당 조항의 벌금형을 과(科)한다. 다만, 법인 또는 개인이 그 위반행위를 방지하기 위하여 해당 업무에 관하여 상당한 주의와 감독을 게을리 하지 아니한 경우에는 그러하지 아니하다.

(3) 과태료

① **20만원 이하의 과태료**

- 정당한 사유 없이 서류나 그 밖에 소득·재산 등에 관한 자료를 제출하지 아니한 자
- 거짓의 서류 또는 자료를 제출한 자 또는 조사·질문을 거부·방해 또는 기피하거나 거짓 답변을 한 자

② 10만원 이하의 과태료

정당한 사유 없이 신고를 하지 아니한 자

제 5 절 장애인연금법

1. 개요

1) 목적

장애로 인하여 생활이 어려운 중증장애인에게 장애인연금을 지급함으로써 중증장애인의 생활 안정 지원과 복지 증진 및 사회통합을 도모하는 데 이바지함을 목적으로 한다.

2) 용어의 정의

① **중증장애인:** 장애인복지법에 따라 등록한 장애인 중 근로능력이 상실되거나 현저하게 감소된 사람으로서 제1급 및 제2급의 장애등급을 받은 사람과 제3급의 장애등급을 받은 사람 중 대통령령으로 정하는 사람을 말한다.

② **수급권:** 장애인연금을 받을 수 있는 자격을 말한다.

③ **수급권자:** 수급권을 가진 사람을 말한다.

④ **수급자:** 장애인연금을 받는 사람을 말한다.

⑤ **소득인정액:** 수급권자와 그 배우자의 소득평가액과 재산의 소득환산액을 합산한 금액을 말한다.

⑥ **수급권자와 그 배우자의 소득평가액:** 수급권자와 그 배우자의 실제 소득에도 불구하고 장애인연금의 지급 결정 및 실시 등에 사용하기 위하여 산출한 금액을 말한다.

⑦ **재산의 소득환산액:** 수급권자와 그 배우자의 재산가액에 재산의 소득환산율을 곱하여 산출한 금액을 말한다.

3) 국가 및 지방자치단체의 책무

국가 및 지방자치단체는 장애인연금이 중증장애인의 생활 안정을 지원하고 복지를 증진하는 데 필요한 수준이 되도록 최대한 노력하여야 하며, 매년 필요한 재원(財源)을 조달하여야 한다.

국가 및 지방자치단체는 장애인연금의 지급에 따라 계층 간 소득 역전(逆轉) 현상이 발생하지 아니하고 근로 의욕 및 저축 유인이 저하되지 아니하도록 최대한 노력하여야 한다.

4) 연혁

① 2010. 4. 12. 제정, 2010. 7. 1. 시행

장애로 인하여 생활이 어려운 중증장애인에게 장애인연금을 지급함으로써 중증장애인의 생활 안정 지원과 복지 증진 및 사회통합을 도모하는 데 이바지함을 목적으로 제정되었다. 국가나 지방자치단체의 책무, 수급권자의 범위, 장애인연금의 종류 및 내용, 장애인연금의 신청, 신청에 따른 조사 등에 대해 규정하였다.

② 2014. 5. 20. 일부개정, 2014. 7. 1. 시행

수급권자의 범위, 기초급여액, 장애인연금의 신청 등과 관련하여 일부 개정하였고, 수급권자와 그 배우자가 모두 기초급여를 받는 경우에는 각각의 기초급여액에서 기초급여액의 100분의 20에 해당하는 금액을 감액한다는 규정을 추가하였다.

③ 2016. 5. 29. 일부개정

수급자가 신청하는 경우에는 장애인연금만이 입금되는 수급자 명의의 지정된 계좌로 장애인연금을 입금하도록 하고, 해당 수급계좌의 예금에 관한 채권은 압류할 수 없도록 규정함으로써 장애인연금에 대한 압류 방지의 실효성을 확보하고 장애인의 생계 보호를 강화하려하였다.

③ 2017. 2. 8. 일부개정(2017. 8. 9. 시행)

장애인연금 신청자가 수급권을 가지지 못한 경우 매년 이력조사를 통하여 수급이 가능할 것으로 예상되는 수급희망자에게 장애인연금을 신청하도록 안내하는 장애인연금 수급 희망 이력관리의 근거를 마련하려하였다. 또한, '징역 1년당 벌금형 1천만원'의 기준으로 벌금액을 상향 조정하여 벌금형의 금액을 현실화하고, 형벌 유형 간 형평성을 확보하려하였다.

2. 연금

1) 수급권자의 범위

수급권자는 18세 이상의 중증장애인으로서 소득인정액이 그 중증장애인의 소득·재산·생활수준과 물가상승률 등을 고려하여 보건복지부장관이 정하여 고시하는 금액(선정기준액) 이하인 사람으로 한다. 다만, 20세 이하로서 초·중등교육법에 따른 학교에 재학 중인 사람은 제외한다.

보건복지부장관은 선정기준액을 정하는 경우에 18세 이상의 중증장애인 중 수급자가 100분의 70 수준이 되도록 한다.

다음 중 어느 하나에 해당하는 연금을 받을 자격이 있는 사람과 그 배우자나 다음 각 호의 어느 하나에 해당하는 연금을 받은 사람 중 대통령령으로 정하는 사람과 그 배우자에게는 장애인연금을 지급하지 아니한다.

① 공무원연금법, 사립학교교직원 연금법에 따른 퇴직연금, 퇴직연금일시금, 퇴직연금공제일시금, 장해연금, 장해보상금, 유족연금, 유족연금일시금, 순직유족연금 또는 유족일시금(유족일시금의 경우에는 공무원연금법에 해당하는 경우로서 유족이 유족연금을 갈음하여 선택한 경우로 한정한다).

② 군인연금법에 따른 퇴역연금, 퇴역연금일시금, 퇴역연금공제일시금, 상이연금, 유족연금 또는 유족연금일시금

③ 별정우체국법에 따른 퇴직연금, 퇴직연금일시금, 퇴직연금공제일시금, 유족연금 또는 유족연금일시금

④ 국민연금과 직역연금의 연계에 관한 법률 따른 연계퇴직연금 또는 연계퇴직유족연금

중 직역재직기간이 10년 이상인 경우의 연계퇴직연금 또는 연계퇴직유족연금

2) 연금의 신청 및 조사

(1) 연금의 신청

장애인연금을 지급받으려는 사람(수급희망자)은 관할 특별자치시장 · 특별자치도지사 · 시장 · 군수 · 구청장에게 장애인연금의 지급을 신청할 수 있다.

특별자치시장 · 특별자치도지사 · 시 · 군 · 구 소속 공무원은 이 법에 따른 장애인연금을 필요로 하는 사람이 누락되지 아니하도록 하기 위하여 관할 지역에 거주하는 수급희망자 또는 수급권자에 대한 장애인연금의 지급을 신청할 수 있다. 이 경우 그 수급희망자 또는 수급권자의 동의를 받아야 하며, 그 동의는 수급희망자 또는 수급권자의 신청으로 본다.

장애인연금을 신청할 때나 특별자치시장 · 특별자치도지사 · 시 · 군 · 구 소속 공무원이 장애인연금을 신청하는 것에 수급희망자 또는 수급권자가 동의하였을 때에는 그 수급희망자 또는 수급권자와 그 배우자는 다음의 자료 또는 정보를 보건복지부장관 및 특별자치시장 · 특별자치도지사 · 시장 · 군수 · 구청장에게 제공한다는 것에 대하여 동의한다는 뜻을 서면(전자문서를 포함)으로 제출하여야 한다.

① 금융실명거래 및 비밀보장에 관한 법률에 따른 금융자산 및 금융거래의 내용에 대한 자료 또는 정보 중 예금의 평균잔액과 그 밖에 자료 또는 정보(금융정보)

② 신용정보의 이용 및 보호에 관한 법률에 따른 신용정보 중 채무액과 그 밖에 자료 또는 정보(신용정보)

③ 보험업법에 따른 보험에 가입하여 납부한 보험료와 그 밖에 자료 또는 정보(보험정보)

(2) 신청에 따른 조사

보건복지부장관 또는 특별자치시장 · 특별자치도지사 · 시장 · 군수 · 구청장은 장애인연금의 신청을 받으면 소속 공무원으로 하여금 장애인연금의 지급 결정 및 실시 등에 필요한 다음 각 호의 사항을 조사하게 할 수 있다.

조사 내용은 ① 수급희망자 또는 수급권자와 그 배우자의 소득 및 재산에 관한 사항, ②

수급희망자 또는 수급권자의 가구 특성 및 장애등급에 관한 사항, ③ 수급희망자 또는 수급권자의 지급계좌 등 장애인연금의 지급에 필요한 사항이다.

보건복지부장관 또는 특별자치시장 · 특별자치도지사 · 시장 · 군수 · 구청장은 신청을 받은 경우에는 해당 수급희망자 또는 수급권자의 장애 상태와 장애등급을 확인하기 위하여 장애등급을 재심사할 수 있다.

보건복지부장관 또는 특별자치시장 · 특별자치도지사 · 시장 · 군수 · 구청장은 사항을 확인하거나 재심사를 하기 위하여 필요한 자료를 확보하기 곤란한 경우에는 보건복지부령으로 정하는 바에 따라 수급희망자 · 수급권자, 그 배우자 또는 그 밖의 관계인(수급권자 등)에게 소득 · 재산 및 장애등급 등의 확인에 필요한 자료의 제출을 요구할 수 있다.

④ 보건복지부장관 또는 특별자치시장 · 특별자치도지사 · 시장 · 군수 · 구청장은 조사를 위하여 국세 · 지방세, 토지 · 주택 · 건축물 · 자동차 · 선박 · 항공기, 국민건강보험 · 국민연금 · 고용보험 · 산업재해보상보험 · 보훈급여 · 군인연금 · 사립학교교직원연금 · 공무원연금 · 별정우체국연금 · 기초연금, 출입국, 교정시설 · 치료감호시설의 입소 · 출소, 매장 · 화장 · 장례, 주민등록 · 가족관계등록 등에 관한 자료의 제공을 관계 기관의 장에게 요청할 수 있다. 이 경우 자료의 제공을 요청받은 관계 기관의 장은 특별한 사유가 없으면 이에 따라야 한다. 조사를 하는 공무원은 그 권한을 표시하는 증표를 지니고 이를 관계인에게 보여 주어야 한다.

보건복지부 또는 특별자치시장 · 특별자치도지사 · 시 · 군 · 구의 소속 공무원 또는 소속 공무원이었던 자와 업무를 위탁받은 자는 규정에 따라 얻은 정보와 자료를 이 법에서 정한 목적 외의 다른 용도로 사용하거나 다른 사람 또는 기관에 제공하거나 누설하여서는 아니 된다. 보건복지부장관 또는 특별자치시장 · 특별자치도지사 · 시장 · 군수 · 구청장은 규정에 따른 조사 결과를 대장으로 작성하여 갖추어 두어야 한다. 다만, 전산정보처리조직으로 관리되는 경우에는 전산파일로 대체할 수 있다.

특별자치시장 · 특별자치도지사 · 시장 · 군수 · 구청장은 수급권자 등이 조사 및 재심사에 필요한 서류 · 자료의 제출 및 조사 · 질문 또는 제3항에 따른 자료제출 요구를 두 번 이상 거부 · 방해 또는 기피하는 경우에는 장애인연금 지급의 신청을 각하(却下)할 수 있다. 이 경우 서면으로 그 이유를 분명하게 밝혀 수급권자등에게 통지하여야 한다.

보건복지부장관 또는 특별자치시장 · 특별자치도지사 · 시장 · 군수 · 구청장에게 제공되는 자료 또는 업무를 위탁받은 관계 전문기관에 제공되는 자료에 대하여는 사용료, 수수료 등을 면제한다.

(3) 장애인연금 지급의 결정 등

특별자치시장 · 특별자치도지사 · 시장 · 군수 · 구청장은 조사를 하였을 때에는 지체 없이 장애인연금 지급의 여부와 내용을 결정하여야 한다. 장애인연금 지급의 여부와 내용을 결정하였을 때에는 그 결정의 요지, 장애인연금의 종류 및 지급 개시시기 등을 서면으로 해당 수급희망자 또는 수급권자에게 통지하여야 한다. 수급희망자 또는 수급권자에 대한 통지는 장애인연금 지급의 신청일부터 30일 이내에 하여야 한다.

수급희망자 또는 수급권자와 그 배우자의 소득 · 재산의 조사나 수급희망자 또는 수급권자의 장애등급의 재심사에 시일이 필요한 특별한 사유가 있는 경우, 수급권자등이 조사나 자료제출 요구를 거부 · 방해 또는 기피하는 경우 중 어느 하나에 해당하는 경우에는 제3항에도 불구하고 신청일부터 60일 이내에 통지할 수 있다. 이 경우 통지서에 그 사유를 분명하게 밝혀야 한다.

(4) 수급자에 대한 사후관리

보건복지부장관은 수급자에 대한 장애인연금 지급의 적정성을 확인하기 위하여 매년 연간조사계획을 수립하고, 전국의 수급자를 대상으로 조사하여야 한다. 특별자치시장 · 특별자치도지사 · 시장 · 군수 · 구청장은 연간조사계획에 따라 관할 지역의 연간조사계획을 수립하고, 관할 지역의 수급자를 대상으로 사항을 조사하여야 한다.

특별자치시장 · 특별자치도지사 · 시장 · 군수 · 구청장은 수급자, 그 배우자 또는 그 밖의 관계인이 조사 및 준용되는 자료제출 요구를 두 번 이상 거부 · 방해 또는 기피한 경우에는 수급자에 대한 장애인연금 지급 결정을 취소하거나 장애인연금 지급을 정지할 수 있다. 이 경우 서면으로 그 이유를 분명하게 밝혀 수급자에게 통지하여야 한다.

3) 장애인연금의 지급기간 및 지급시기

특별자치시장·특별자치도지사·시장·군수·구청장은 장애인연금의 지급이 결정되면 해당 수급권자에게 장애인연금을 신청한 날이 속하는 달부터 수급권이 소멸한 날이 속하는 달까지 매월 정기적으로 지급한다. 장애인연금은 그 지급을 정지하여야 할 사유가 발생한 경우에는 그 사유가 발생한 날이 속하는 달의 다음 달부터 그 사유가 소멸한 날이 속하는 달까지는 지급하지 아니한다. 다만, 정지 사유가 발생한 날과 그 사유가 소멸한 날이 같은 달에 속하는 경우에는 그 지급을 정지하지 아니한다.

4) 연금의 종류 및 금액

(1) 기초급여

기초급여는 근로능력의 상실 또는 현저한 감소로 인하여 줄어드는 소득을 보전(補塡)하여 주기 위하여 지급하는 급여이다.

기초급여의 금액(기초급여액)은 보건복지부장관이 그 전년도 기초급여액에 전국소비자물가변동률(통계법에 따라 통계청장이 매년 고시하는 전국소비자물가변동률)을 반영하여 매년 고시한다. 기초연금법에 따라 기준연금액을 고시한 경우 그 기준연금액을 기초급여액으로 한다.

수급권자와 그 배우자가 모두 기초급여를 받는 경우에는 각각의 기초급여액에서 기초급여액의 100분의 20에 해당하는 금액을 감액한다. 소득인정액과 기초급여액을 합한 금액이 선정기준액 이상인 경우에는 기초급여액의 일부를 감액하여 지급할 수 있다.

수급권자 중 기초연금법에 따른 기초연금 수급권자에게는 기초급여를 지급하지 아니한다. 기초급여액의 적용기간은 국민연금법을 준용한다.

(2) 부가급여

부가급여는 장애로 인하여 추가로 드는 비용의 전부 또는 일부를 보전하여 주기 위하여 지급하는 급여이다.

3. 수급자의 권리보호 및 벌칙

1) 기타

(1) 수급권의 소멸과 정지

수급권자가 사망한 경우, 국적을 상실하거나 외국으로 이주하기 위하여 출국하는 경우, 수급권자의 요건에 해당하지 아니하게 된 경우, 장애등급의 변경 등으로 중증장애인에 해당하지 아니하게 된 경우 중 어느 하나에 해당하게 되면 그 수급권은 소멸한다.

특별자치시장·특별자치도지사·시장·군수·구청장은 수급자가 금고 이상의 실형을 선고받고 형의 집행 및 수용자의 처우에 관한 법률 또는 치료감호법에 따른 교정시설 또는 치료감호시설에 수용 중인 경우, 수급자가 행방불명 또는 실종 등의 사유로 사망한 것으로 추정되는 경우 중 어느 하나에 해당하게 되면 장애인연금의 지급을 정지한다.

특별자치시장·특별자치도지사·시장·군수·구청장은 수급권이 소멸하거나 제2항에 따라 장애인연금의 지급을 정지하는 경우에는 서면으로 그 이유를 분명하게 밝혀 수급권자 또는 수급자나 그 배우자에게 통지하여야 한다.

(2) 장애인연금의 환수

특별자치시장·특별자치도지사·시장·군수·구청장은 이 법에 따라 장애인연금을 받은 자가 거짓이나 그 밖의 부정한 방법으로 장애인연금을 받은 경우, 장애인연금을 받은 후 그 장애인연금을 받게 된 사유가 소급하여 소멸한 경우, 잘못 지급된 경우 중 어느 하나에 해당되면 그가 받은 장애인연금의 전부 또는 일부를 환수하여야 한다. 다만, 이자를 가산하여 환수하여야 한다.

환수하여야 할 장애인연금을 받은 사람(그 사람이 사망한 경우에는 유족)에게 지급할 장애인연금이 있는 경우 그 지급할 장애인연금을 환수할 장애인연금과 상계할 수 있다.

특별자치시장·특별자치도지사·시장·군수·구청장은 장애인연금을 반환하여야 할 사람이 기간 내에 이를 반환하지 아니하면 국세 또는 지방세 체납처분의 예에 따라 징수할 수 있다. 장애인연금을 징수할 때 반환하여야 할 자가 행방불명되거나 재산이 없거나 그

밖의 불가피한 사유가 있어 환수가 불가능하다고 인정할 때에는 결손처분 할 수 있다

2) 수급권 보호 및 벌칙

(1) 이의신청

장애인연금의 지급 결정이나 그 밖에 이 법에 따른 처분에 이의가 있는 사람은 특별자치시장·특별자치도지사·시장·군수·구청장에게 이의신청을 할 수 있다. 이의신청은 그 처분이 있음을 안 날부터 90일 이내에 서면으로 할 수 있다. 다만, 정당한 사유로 그 기간 내에 이의신청을 할 수 없음을 증명한 경우에는 그 사유가 소멸한 날부터 60일 이내에 이의신청을 할 수 있다.

(2) 압류 금지 등

수급자에게 장애인연금으로 지급된 금품이나 이를 받을 권리는 압류할 수 없다. 수급자는 장애인연금을 받을 권리를 다른 사람에게 양도하거나 담보로 제공할 수 없다.

(3) 벌칙 <개정 2017.2.8.> [시행 2017.8.9.]

① 5년 이하의 징역 또는 5천만원 이하의 벌금

금융정보등을 사용·제공 또는 누설한 자

② 3년 이하의 징역 또는 3천만원 이하의 벌금

정보 또는 자료를 사용·제공 또는 누설한 자

③ 1년 이하의 징역 또는 1천만원 이하의 벌금

거짓이나 그 밖의 부정한 방법으로 장애인연금을 받거나 다른 사람으로 하여금 장애인연금을 받게 한 자

(4) 양벌규정

법인의 대표자나 법인 또는 개인의 대리인, 사용인, 그 밖의 종업원이 그 법인 또는 개인의 업무에 관하여 위반행위를 하면 그 행위자를 벌하는 외에 그 법인 또는 개인에게도 해

당 조문의 벌금을 과(科)한다. 다만, 법인 또는 개인이 그 위반행위를 방지하기 위하여 해당 업무에 관하여 상당한 주의와 감독을 게을리 하지 아니한 경우에는 그러하지 아니하다.

(5) 과태료

① 20만원 이하의 과태료

서류나 그 밖에 소득·재산 및 장애등급 등에 대한 자료를 제출하지 아니하거나 거짓 자료를 제출한 자 또는 조사·질문을 거부·방해 또는 기피하거나 거짓 답변을 한 자

② 10만원 이하의 과태료

정당한 사유 없이 신고를 하지 아니한 자

CHAPTER 06

사회보험법

제 1 절 국민연금법

1. 개요

1) 목적

국민의 노령, 장애 또는 사망에 대하여 연금급여를 실시함으로써 국민의 생활 안정과 복지 증진에 이바지하는 것을 목적으로 한다.

2) 특징

국민연금은 사회보험의 일반적 특성에 따라 국가 관장 원리, 강제 가입 및 위험 분산, 소득 재분배, 부분적립(수정적립) 방식을 채택하고 있다.

① **국가 관장 원리:** 연금 제도의 관리·운영은 국가가 관장함으로써 제도의 영속성과 안정성을 도모한다.

② **강제 가입 및 위험 분산:** 사회적 위험의 분산을 목적으로 역의 선택과 같은 현상을 방지하기 위해 민간보험과 달리 가입이 강제되고, 탈퇴나 보험료 징수 및 급여 등에 관한 사항은 법에 따라 엄격히 규제한다.

③ **소득 재분배:** 연금제도 도입 초기의 세대가 연금제도가 성숙된 이후의 미래세대보다 보험료 부담이 적도록 설계함으로써 현재의 가입세대가 미래의 가입 세대로부터 일정한 지원을 받는 세대 간 재분배 요소가 반영되어 있다. 일부 세대 내 재분배 기능도 하

지만 매우 미약하며 주로 세대 간 재분배의 기능을 한다. 급여의 산정 시 '평균소득월액'을 통해 실현된다.

④ **수정적립방식:** 국민연금의 재정방식[1]은 수정적립방식이다 이 방식은 제도의 도입 초기에 불충분한 재정구조에 따른 '저 부담 - 고 급여' 방식으로 재정을 운영한 뒤 제도가 점차 정착되어 감에 따라 보험료를 상향조정하는 방식이다.

3) 용어의 정의

① **근로자:** 직업의 종류가 무엇이든 사업장에서 노무를 제공하고 그 대가로 임금을 받아 생활하는 자(법인의 이사와 그 밖의 임원을 포함)를 말한다. 다만, 대통령령으로 정하는 자는 제외한다.

② **사용자(使用者):** 해당 근로자가 소속되어 있는 사업장의 사업주를 말한다.

③ **소득:** 일정한 기간 근로를 제공하여 얻은 수입에서 비과세소득을 제외한 금액 또는 사업 및 자산을 운영하여 얻는 수입에서 필요경비를 제외한 금액을 말한다.

④ **평균소득월액:** 매년 사업장가입자 및 지역가입자 전원(全員)의 기준소득월액을 평균한 금액을 말한다.

⑤ **기준소득월액:** 연금보험료와 급여를 산정하기 위하여 국민연금가입자(가입자)의 소득월액을 기준으로 하여 정하는 금액을 말한다.

⑥ **사업장가입자:** 사업장에 고용된 근로자 및 사용자로서 제8조에 따라 국민연금에 가입된 자를 말한다.

⑦ **지역가입자:** 사업장가입자가 아닌 자로서 국민연금에 가입된 자를 말한다.

⑧ **임의가입자:** 사업장가입자 및 지역가입자 외의 자로서 국민연금에 가입된 자를 말한다.

⑨ **임의계속가입자:** 국민연금 가입자 또는 가입자였던 자가 가입자로 된 자를 말한다.

⑩ **연금보험료:** 국민연금사업에 필요한 비용으로서 사업장가입자의 경우에는 부담금 및 기여금의 합계액을, 지역가입자 · 임의가입자 및 임의계속가입자의 경우에는 본인이

---

1) 적립방식과 부과방식: 적립방식은 연금급여비의 재원을 보험료 등의 수입에 의해 미리 적립하는 방식이다. 부과방식은 일정한 기간 중에 지불해야 하는 급여지출비용을 그 기간 내에 보험료 등의 수입을 통해 확보하는 방식이다.

내는 금액을 말한다.

⑪ **부담금:** 사업장가입자의 사용자가 부담하는 금액을 말한다.

⑫ **기여금:** 사업장가입자가 부담하는 금액을 말한다.

⑬ **사업장:** 근로자를 사용하는 사업소 및 사무소를 말한다.

이 법을 적용할 때 배우자, 남편 또는 아내에는 사실상의 혼인관계에 있는 자를 포함한다. 이 법에 따른 급여를 받을 권리를 취득할 당시 가입자 또는 가입자였던 자의 태아가 출생하면 그 자녀는 가입자 또는 가입자였던 자에 의하여 생계를 유지하고 있던 자녀로 본다.

4) 국가의 책무

국가는 이 법에 따른 연금급여가 안정적·지속적으로 지급되도록 필요한 시책을 수립·시행하여야 한다.

5) 연혁

① 1973. 12. 24. 국민복지연금법 제정

국민의 노령·폐질 또는 사망 등에 대하여 연금급여를 실시하기 위한 국민복지연금법을 제정하였으나 대통령긴급조치 제3호에 의하여 효력이 정지되었다.

② 1986. 12. 31. 국민연금법 제정

1988. 1. 1. 부터 국민연금제도를 실시하기 위하여 국민복지연금법의 법명을 국민연금법으로 변경하고, 국민연금에 가입할 수 있는 자는 18세 이상 60세 미만의 국민으로 하였다. 가입자는 사업장가입자·지역가입자 및 임의계속가입자로 구분하였다. 급여는 노령연금·장해연금·유족연금 및 반환일시금으로 하였다.

③ 1995. 1. 5. 일부개정

국민연금 당연적용 대상을 농어민과 농어촌지역 자영업자에게까지 확대하였다.

④ 1995. 8. 4. 일부개정

대한민국에 체류하는 외국인으로서 국민연금 적용 사업장에 종사하는 자에 대하여 국민연금에 당연히 가입되게 하고 반환일시금의 지급을 제한하였다.

⑤ 1998. 12. 31. 일부개정

1994. 4. 1.부터 국민연금 가입대상자의 범위를 도시지역자영업자까지 확대하였고, 5년마다 국민연금의 재정수지를 계산할 수 있도록 하는 재정계산제도를 도입하였다.

⑥ 2000. 12. 23. 일부개정

경기변동에 따른 국민연금 급여액의 급격한 변동을 완화하고 연금재정의 장기적인 안정을 도모하기 위하여 기본연금액 산정방식을 일부 조정하였다.

⑦ 2007. 7. 23. 일부개정

연금보험료와 급여를 산정하기 위한 금액이 '표준소득월액'에서 '기준소득월액'으로 변경하였고, 군복무기간에 대한 가입기간 추가 산입(6개월 추가)하였다. 또한 출산에 대한 가입기간을 추가 산입하였고, 기본연금액을 조정하였다(급여의 소득대비율이 60%에서 50%로 조정하였고, 2028년까지 40%로 조정).

⑧ 2009. 1. 30. 일부개정

공단의 업무에 가입자, 가입자였던 자 및 수급권자들을 위한 '노후설계상담 및 소득활동지원' 사업을 할 수 있도록 하였다.

공단의 업무 중 노인복지법에 따른 노인복지시설의 설치 및 운영 근거를 마련하였고, 복지사업 중 노인복지시설에 재활치료를 위한 수영장, 헬스장 등을 설치할 수 있도록 하였다. 또한 복지사업 시행 시 국민연금기금의 출자를 통하여 실시할 수 있는 근거를 마련하였고, 공단은 복지시설 설치 시 국가, 지방자치단체 또는 공공기관으로부터 안정적으로 부지를 확보할 수 있도록 하는 특례 규정을 마련하였다.

⑨ 2009. 2. 6. 일부개정

국민연금의 가입기간과 공무원연금, 사립학교교직원연금, 군인연금 등 직역연금의 재직

기간을 연계하여 연계노령연금, 연계퇴직연금 등의 연계급여를 지급함으로써 공적연금의 사각지대를 해소하고, 국민의 안정적인 노후생활을 보장하였다.

⑩ 2009. 5. 21. 일부개정(2011. 1. 1. 시행)

사회보험의 보험료 징수업무는 성격이 유사함에도 불구하고 개별적으로 운영되어 국민의 불편을 초래하고 사회보험의 비효율이 발생하는 원인이 되고 있으므로 사회보험료 징수업무를 국민건강보험공단으로 일원화하는 데 필요한 사항을 정하려는 것이었다. 연금보험료 징수업무를 국민건강보험공단에 위탁하고, 국민연금공단은 연금보험료 부과업무를 수행하도록 하였다.

⑪ 2012. 10. 22. 일부개정(2013. 4. 23. 시행)

국민연금 가입자가 60세가 되어 가입자격을 상실하게 된 날부터 지급연령에 도달하는 날까지의 기간에 발생한 질병부상이나 사망은 가입기간 중에 발생한 것으로 보도록 함으로써 장애연금 및 유족연금이 수급권을 보장하고 국민연금 가입기간이 10년 미만인 가입자 또는 가입자였던 사람은 60세가 된 때 반환일시금을 지급받을 수 있도록 함으로써 수급자의 선택권을 보장하도록 하였다

⑫ 2014. 1. 14. 일부개정

국가의 책무에 국민연금법에 따른 연금급여가 안정적 · 지속적으로 지급되도록 필요한 시책을 수립 · 시행하도록 규정함으로써 국민연금 지급보장에 대한 국민의 신뢰를 강화하고, FTA 체결 등으로 농수산물 수입개방이 확대되어 농어업인의 경제적인 부담이 갈수록 가중되고 있으므로 2014년 12월 31일까지로 되어 있는 농 · 어업인에 대한 연금보험료 지원기한을 2019년 12월 31일까지 연장하도록 하였다.

⑬ 2015. 1. 28. 일부개정

미성년근로자의 권익을 보호하기 위하여 미성년자인 근로자도 사용자 동의 없이도 사업장가입자가 될 수 있도록 하고, 고용보험상 구직급여를 수급하는 가입자 등에 대하여 국가에서 보험료의 일부를 지원하는 실업크레딧 제도를 도입하며, 소득활동에 따른 노령연금의 감액 기준을 연령에서 소득으로 변경하였다.

납부자의 연금보험료 신용카드 납부 및 체납보험료 분할납부의 근거를 마련하였으며, 국민연금기금이 사회책임투자를 통해 공공자금으로서의 사회적 책임을 다하는 동시에 장기적인 수익률도 제고할 수 있도록 국민연금기금을 통한 사회책임투자의 근거를 마련하고, 국민연금공단이 공용목적으로 업무상 필요한 자료를 요청할 수 있는 근거를 명확하게 하며, 국민연금급여를 독립된 계좌인 급여수급전용계좌로 지급하고 해당 계좌의 예금에 관한 채권을 압류할 수 있도록 하는 등 현행 제도의 운영상 나타난 일부 미비점을 개선·보완하려하였다.

⑭ 2016. 5. 29. 일부개정

전업주부 및 경력단절여성의 국민연금 적용제외 되었던 기간에 대해서도 연금보험료 추후납부를 허용하고, 장애·사망일 당시 적용제외자인 전업주부나 경력단절여성도 일정한 가입기간이 있는 경우에는 가입자와 동일한 요건에 따라서 장애연금이나 유족연금을 지급받을 수 있도록 수급기준을 개선하였다.

부부 가입자가 늘어나고 있는 현실을 반영하여 유족연금의 중복지급률을 인상 조정하고, 유족연금을 수급 받을 수 있는 자녀의 연령을 현행 19세 미만에서 25세 미만으로 확대하며, 현재 군복무크레딧의 적용대상인 현역병 및 사회복무요원과 복무형태나 소득활동의 제약 정도가 유사한 전환복무자, 상근예비역 등으로 까지 군복무크레딧의 적용대상자를 확대하였다.

⑮ 2017. 3. 21. 일부개정(2017. 3. 21. 및 2017. 9. 22. 시행)

조기노령연금수급자가 신청하는 경우에 조기노령연금의 지급을 정지할 수 있도록 함으로써 본인의 선택에 따라 국민연금에 재가입하여 노령연금 급여수준을 확충할 수 있도록 하고, 납부 의무자의 편의성을 제고하기 위하여 신용카드 등을 이용한 납부액 한도를 폐지하려하였다.

또한 같은 날 개정하여 2017. 9. 22. 시행될 내용은 조기노령연금수급자가 신청하는 경우에 조기노령연금의 지급을 정지할 수 있도록 함으로써 본인의 선택에 따라 국민연금에 재가입하여 노령연금 급여수준을 확충할 수 있도록 하고, 납부 의무자의 편의성을 제고하기 위하여 신용카드 등을 이용한 납부액 한도를 폐지하였다.

2. 가입자

1) 가입대상

국내에 거주하는 국민으로서 18세 이상 60세 미만인 자는 국민연금 가입 대상이 된다. 다만, 공무원연금법, 군인연금법 및 사립학교교직원 연금법을 적용받는 공무원, 군인 및 사립학교 교직원, 그 밖에 대통령령으로 정하는 자는 제외한다.

2) 가입자의 종류

가입자는 사업장가입자, 지역가입자, 임의가입자 및 임의계속가입자로 구분한다.

(1) 사업장가입자

사업의 종류, 근로자의 수 등을 고려하여 대통령령으로 정하는 사업장(당연적용사업장)의 18세 이상 60세 미만인 근로자와 사용자는 당연히 사업장가입자가 된다. 다만, 공무원연금법, 사립학교교직원 연금법 또는 별정우체국법에 따른 퇴직연금, 장해연금 또는 퇴직연금일시금이나 군인연금법에 따른 퇴역연금, 상이연금, 퇴역연금일시금을 받을 권리를 얻은 자(퇴직연금등수급권자)는 제외한다. 다만, 퇴직연금등수급권자가 국민연금과 직역연금의 연계에 관한 법률에 따라 연계 신청을 한 경우에는 그러하지 아니하다.

국민연금에 가입된 사업장에 종사하는 18세 미만 근로자는 사업장가입자가 되는 것으로 본다. 다만, 본인이 원하지 아니하면 사업장가입자가 되지 아니할 수 있다. 또한 국민기초생활 보장법에 따른 생계급여 수급자 또는 의료급여 수급자는 본인의 희망에 따라 사업장가입자가 되지 아니할 수 있다.

종별	종류		가입요건
사업장 가입자	적용 대상	일반가입자	근로자 1인 이상 사업장(당연적용사업장)에 종사하는 18세 이상 60세 미만의 자
		특례적용	당연적용사업장 이외의 사업장은 사용자가 18세 이상 60세 미만의 근로자 3분의 2 이상의 동의를 얻어 가입 가능
		외국인	18세 이상 60세 미만으로서 국민연금 적용 사업장에 종사하는 외국인 또는 외국에 거주하는 국민(해외교포 등)으로 국내에 체류하면서 국민연금 적용사업장에 종사하는 자
	적용대상 제외자 (임의가입자로 가입 가능)		공무원연금법 · 사립학교교직원연금법 · 별정우체국법에 의한 퇴직연금 · 장해연금 · 퇴직연금일시금이나 군인연금법에 의한 퇴직연금 · 상이연금 · 퇴역연금일시금의 수급권을 취득한 자(퇴직연금등수급권자) 단, 퇴직연금등수급권자가 국민연금과 직역연금의 연계에 관한 법률에 따라 연계 신청한 경우는 제외

(2) 지역가입자

종별	종류		가입요건
지역 가입자	적용 대상	일반가입자	18세 이상 60세 미만으로서 사업장가입자가 아닌 자
		외국인	18세 이상 60세 미만으로서 국내에 거주하는 외국인(국내체류 교포 등 포함)
	적용대상 제외자 (임의가입자로 가입 가능)		• 다음 해당자의 배우자로서 별도의 소득이 없는 자 - 타 공적연금 가입자료 국민연금 가입대상에서 제외되는 자 사업장가입자, 지역가입자, 임의계속가입자 별정우체국직원 노령연금 · 퇴직연금 등 수급권자 • 18세 이상 27세 미만인 자로서 학생이거나 군복무 등의 이유로 소득이 없는 자(연금보험료 납부이력 있는 자는 제외) • 퇴직연금 등 수급권자(연계 신청자는 제외) • 국민기초생활보장법에 따른 수급자 • 1년 이상 행방불명된 자

(3) 임의가입자

사업장가입자, 지역가입자 중 어느 하나에 해당하는 자 외의 자로서 18세 이상 60세 미만인 자는 보건복지부령으로 정하는 바에 따라 국민연금공단에 가입을 신청하면 임의가입자가 될 수 있다. 임의가입자는 보건복지부령으로 정하는 바에 따라 국민연금공단에 신청하여 탈퇴할 수 있다.

(4) 임의계속가입자

다음 중 어느 하나에 해당하는 자는 65세가 될 때까지 보건복지부령으로 정하는 바에 따라 국민연금공단에 가입을 신청하면 임의계속가입자가 될 수 있다. 이 경우 가입 신청이 수리된 날에 그 자격을 취득한다.

① 국민연금 가입자 또는 가입자였던 자로서 60세가 된 자. 다만, 연금보험료를 납부한 사실이 없는 자, 노령연금 수급권자로서 급여를 지급받고 있는 자, 반환일시금을 지급받은 자는 제외한다.

② 전체 국민연금 가입기간의 5분의 3 이상을 대통령령으로 정하는 직종의 근로자로 국민연금에 가입하거나 가입하였던 사람(특수직종근로자)으로서 노령연금 수급권을 취득한 사람, 특례노령연금 수급권을 취득한 사람 중 어느 하나에 해당하는 사람 중 노령연금 급여를 지급받지 않는 사람

③ 임의계속가입자는 보건복지부령으로 정하는 바에 따라 국민연금공단에 신청하면 탈퇴할 수 있다.

④ 임의계속가입자는 사망한 때, 국적을 상실하거나 국외로 이주한 때, 탈퇴 신청이 수리된 때, 정하는 기간 이상 계속하여 연금보험료를 체납한 때 중 어느 하나에 해당하게 된 날의 다음 날에 그 자격을 상실한다.

3) 가입자 자격의 취득 및 상실 등

(1) 가입자 자격의 취득 시기

사업장가입자는 사업장에 고용된 때 또는 그 사업장의 사용자가 된 때, 당연적용사업장으로 된 때 중 어느 하나에 해당하게 된 날에 그 자격을 취득한다.

지역가입자는 사업장가입자의 자격을 상실한 때, 국민연금 가입 대상 제외자에 해당하지 아니하게 된 때, 배우자가 별도의 소득이 있게 된 때, 18세 이상 27세 미만인 자가 소득이 있

게 된 때 중 어느 하나에 해당하게 된 날에 그 자격을 취득한다. 소득이 있게 된 때를 알 수 없는 경우에는 신고를 한 날에 그 자격을 취득한다. 임의가입자는 가입 신청이 수리된 날에 자격을 취득한다.

(2) 가입자 자격의 상실 시기

사업장가입자는 사망한 때, 국적을 상실하거나 국외로 이주한 때, 사용관계가 끝난 때, 60세가 된 때, 국민연금 가입 대상 제외자에 해당하게 된 때 중 어느 하나에 해당하게 된 날의 다음 날에 자격을 상실한다. 다만, 국민연금 가입 대상 제외자에 해당하게 된 때에는 그에 해당하게 된 날에 자격을 상실한다.

지역가입자는 사망한 때, 국적을 상실하거나 국외로 이주한 때, 국민연금 가입 대상 제외자에 해당하게 된 때, 사업장가입자의 자격을 취득한 때, 배우자로서 별도의 소득이 없게 된 때, 60세가 된 때 중 어느 하나에 해당하게 된 날의 다음 날에 자격을 상실한다. 다만, 국민연금 가입 대상 제외자에 해당하게 된 때, 사업장가입자의 자격을 취득한 때에는 그에 해당하게 된 날에 그 자격을 상실한다.

임의가입자는 사망한 때, 국적을 상실하거나 국외로 이주한 때, 탈퇴 신청이 수리된 때, 60세가 된 때, 대통령령으로 정하는 기간 이상 계속하여 연금보험료를 체납한 때, 사업장가입자 또는 지역가입자의 자격을 취득한 때, 국민연금 가입 대상 제외자에 해당하게 된 때 중 어느 하나에 해당하게 된 날의 다음 날에 자격을 상실한다. 다만, 사업장가입자 또는 지역가입자의 자격을 취득한 때, 국민연금 가입 대상 제외자에 해당하게 된 때에는 그에 해당하게 된 날에 그 자격을 상실한다.

4) 신고 및 통지 등

(1) 신고

사업장가입자의 사용자는 보건복지부령으로 정하는 바에 따라 당연적용사업장에 해당된 사실, 사업장의 내용 변경 및 휴업·폐업 등에 관한 사항과 가입자 자격의 취득·상실, 가입자의 소득월액 등에 관한 사항을 국민연금공단에 신고하여야 한다.

지역가입자, 임의가입자 및 임의계속가입자는 보건복지부령으로 정하는 바에 따라 자격의 취득·상실, 이름 또는 주소의 변경 및 소득에 관한 사항 등을 국민연금공단에 신고하여야 한다. 지역가입자, 임의가입자 또는 임의계속가입자가 부득이한 사유로 신고를 할 수 없는 경우에는 배우자나 그 밖의 가족이 신고를 대리(代理)할 수 있다.

(2) 가입자 등에 대한 통지 등

국민연금공단은 사업장가입자의 자격 취득·상실에 관한 확인을 한 때와 기준소득월액이 결정되거나 변경된 때에는 이를 그 사업장의 사용자에게 통지하여야 하며, 지역가입자, 임의가입자 또는 임의계속가입자의 자격 취득·상실에 관한 확인을 한 때와 기준소득월액이 결정되거나 변경된 때에는 이를 그 지역가입자, 임의가입자 또는 임의계속가입자에게 통지하여야 한다. 통지를 받은 사용자는 이를 해당 사업장가입자 또는 그 자격을 상실한 자에게 통지하되, 그 통지를 받을 자의 소재를 알 수 없어 통지할 수 없는 경우에는 그 뜻을 국민연금공단에 통지하여야 한다.

사용자는 사업장가입자 또는 그 자격을 상실한 사람에게 통지를 한 경우에는 그 사실을 확인할 수 있는 서류를 작성하고, 보건복지부령으로 정하는 기간 동안 이를 보관하여야 한다.

국민연금공단은 사업장이 폐지된 경우, 통지를 받을 지역가입자, 임의가입자 또는 임의계속가입자의 소재를 알 수 없는 경우, 사용자로부터 통지를 받은 경우, 그 밖에 통지할 수 없는 불가피한 사정이 있는 경우로서 대통령령으로 정하는 경우 중 어느 하나에 해당하면 보건복지부령으로 정하는 바에 따라 공고하는 것으로 통지를 갈음할 수 있다.

3. 급여

1) 연금액의 산정

연금액은 지급사유에 따라 기본연금액과 부양가족연금액을 기초로 산정한다.

(1) 기본연금액

수급권자의 기본연금액은 다음 각 호의 금액을 합한 금액에 1천분의 1천200을 곱한 금액으로 한다. 다만, 가입기간이 20년을 초과하면 그 초과하는 1년(1년 미만이면 매 1개월을 12분의 1년으로 계산)마다 본문에 따라 계산한 금액에 1천분의 50을 곱한 금액을 더한다.

가. 다음 ㉠, ㉡, ㉢ 각각 산정한 금액 을 합산하여 3으로 나눈 금액

㉠ 연금 수급 3년 전 연도의 평균소득월액을 연금 수급 3년 전 연도와 대비한 연금 수급 전년도의 전국소비자물가변동률(통계법에 따라 통계청장이 매년 고시하는 전국소비자물가변동률)에 따라 환산한 금액

㉡ 연금 수급 2년 전 연도의 평균소득월액을 연금 수급 2년 전 연도와 대비한 연금 수급 전년도의 전국소비자물가변동률에 따라 환산한 금액

㉢ 연금 수급 전년도의 평균소득월액

나. 가입자 개인의 가입기간 중 매년 기준소득월액을 보건복지부장관이 고시하는 연도별 재평가율에 의하여 연금 수급 전년도의 현재가치로 환산한 후 이를 합산한 금액을 총 가입기간으로 나눈 금액. 다만, 다음 ㉠, ㉡에 따라 산정하여야 하는 금액은 그 금액으로 한다.

㉠ 추가로 산입되는 가입기간의 기준소득월액은 산정한 금액의 2분의 1에 해당하는 금액

㉡ 추가로 산입되는 가입기간의 기준소득월액은 산정한 금액

② 제①항 금액을 수급권자에게 적용할 때에는 연금 수급 2년 전 연도와 대비한 전년도의 전국소비자물가변동률을 기준으로 매년 3월 말까지 그 변동률에 해당하는 금액을 더하거나 빼되, 미리 국민연금심의위원회의 심의를 거쳐야 한다.

③ 조정된 금액을 수급권자에게 적용할 때 그 적용 기간은 해당 조정연도 4월부터 다음 연도 3월까지로 한다.

(2) 부양가족연금액

① 부양가족연금액은 수급권자(유족연금의 경우에는 사망한 가입자 또는 가입자였던 자)를 기준으로 하는 다음의 자로서 수급권자에 의하여 생계를 유지하고 있는 자에 대하여 해

당 호에 규정된 각각의 금액으로 한다.

- 배우자: 연 15만원
- 19세 미만이거나 장애등급 2급 이상인 자녀(배우자가 혼인 전에 얻은 자녀를 포함): 연 10만원
- 60세 이상이거나 장애등급 2급 이상인 부모(부 또는 모의 배우자, 배우자의 부모를 포함): 연 10만원

② 부양가족연금액을 수급권자에게 적용하는 경우에는 연금 수급 2년 전 연도와 대비한 전년도의 전국소비자물가변동률을 기준으로 매년 3월 말까지 그 변동률에 해당하는 금액을 더하거나 빼되, 미리 국민연금심의위원회의 심의를 거쳐야 하고, 조정된 금액을 수급권자에게 적용할 때 그 적용 기간은 해당 조정연도 4월부터 다음 연도 3월까지로 하는 것을 준용한다.

③ 다음 각 호의 어느 하나에 해당하면 부양가족연금액 계산에서 제외한다.

- 연금 수급권자(국민연금과 직역연금의 연계에 관한 법률에 따른 연계급여 수급권자를 포함)
- 퇴직연금등수급권자
- 공무원연금법, 사립학교교직원 연금법, 별정우체국법 또는 군인연금법에 따른 유족연금 수급권자

④ 부양가족연금액을 계산할 때 2명 이상의 연금 수급권자의 부양가족연금 계산 대상이 될 수 없다.

⑤ 제①항의 각 호에 해당하는 자가 다음 중 어느 하나에 해당하게 되면 부양가족연금액의 계산에서 제외한다.

- 사망한 때
- 수급권자에 의한 생계유지의 상태가 끝난 때
- 배우자가 이혼한 때
- 자녀가 다른 사람의 양자가 되거나 파양된 때
- 자녀가 19세가 된 때. 다만, 장애등급 2급 이상의 상태에 있는 자녀는 제외한다.
- 장애등급 2급 이상의 상태에 있던 자녀 또는 부모가 그 장애상태에 해당하지 아니하게 된 때

• 배우자가 혼인 전에 얻은 자녀와의 관계가 이혼으로 인하여 종료된 때
• 재혼한 부 또는 모의 배우자와 수급자의 관계가 부모와 그 배우자의 이혼으로 인하여 종료된 경우

2) 급여의 종류

급여의 종류에는 노령연금, 장애연금, 유족연금, 반환일시금이 있다.

(1) 노령연금

① 노령연금 수급권자

가입기간이 10년 이상인 가입자 또는 가입자였던 자에 대하여는 60세(특수직종근로자는 55세)가 된 때부터 그가 생존하는 동안 노령연금을 지급한다.

가입기간이 10년 이상인 가입자 또는 가입자였던 자로서 55세 이상인 자가 소득이 있는 업무에 종사하지 아니하는 경우 본인이 희망하면 60세가 되기 전이라도 본인이 청구한 때부터 그가 생존하는 동안 일정한 금액의 연금(조기노령연금)을 받을 수 있다.

② 지급의 연기에 따른 가산

노령연금의 수급권자로서 60세 이상 65세 미만인 사람(특수직종근로자는 55세 이상 60세 미만인 사람)이 연금지급의 견기를 희망하는 경우에는 1회에 한정하여 65(특수직종근로자는 60세) 전까지의 기간에 대하여 그 연금의 전부 또는 일부의 지급을 연기할 수 있다. 연금 전부의 지급 연기를 신청한 수급권자가 연금의 지급을 희망하거나 65세(특수직종근로자는 60세)가 된 경우의 연금액은 지급의 연기를 신청한 때의 노령연금액(부양가족연금액은 제외)을 연기되는 매 1개월마다 그 금액의 1천분의 6을 더한 액으로 한다. 연금 일부의 지급 연기를 신청한 수급권자는 연금 전부의 지급을 희망하거나 65세가 된 경우의 노령연금액은 ① 노령연금액 중 지급연기를 신청하지 아니한 금액을 조정한 금액과 노령연금액 중 지급연기를 신청한 금액을 조정한 금액에 연기되는 매 1개월마다 그 금액의 1천분의 6을 더한 금액을 합산한 금액으로 한다.

③ 노령연금액

노령연금액은 다음의 구분에 따른 금액에 부양가족연금액을 더한 금액으로 한다.

- 가입기간이 20년 이상인 경우: 기본연금액
- 가입기간이 10년 이상 20년 미만인 경우: 기본연금액의 1천분의 500에 해당하는 금액에 가입기간 10년을 초과하는 1년(1년 미만이면 매 1개월을 12분의 1년으로 계산한다)마다 기본연금액의 1천분의 50에 해당하는 금액을 더한 금액

④ 조기노령연금액은 가입기간에 따라 노령연금액 중 부양가족연금액을 제외한 금액에 수급연령별로 다음 각 호의 구분에 따른 비율(청구일이 연령도달일이 속한 달의 다음 달 이후인 경우에는 1개월마다 1천분의 5를 더한다)을 곱한 금액에 부양가족연금액을 더한 금액으로 한다.

- 55세부터 지급받는 경우에는 1천분의 700
- 56세부터 지급받는 경우에는 1천분의 760
- 57세부터 지급받는 경우에는 1천분의 820
- 58세부터 지급받는 경우에는 1천분의 880
- 59세부터 지급받는 경우에는 1천분의 940

⑤ 조기노령연금의 지급 정지 등

조기노령연금을 받고 있는 60세 미만인 자가 소득이 있는 업무에 종사하게 되면 그 기간에 해당하는 조기노령연금은 지급을 정지한다. 조기노령연금을 받고 있는 본인이 조기노령연금 지급 정지를 신청하는 경우 지급을 정지한다.

조기노령연금의 지급이 정지된 자가 ① 60세에 도달하는 경우 ② 60세에 도달하기 전에 소득이 있는 업무에 종사하지 아니하는 경우 ③ 조기노령연금을 받고 있는 본인이 조기노령연금 지급 정지를 신청한 자가 60세에 도달하기 전에 소득이 있는 업무에 종사하지 아니한 상태에서 본인이 조기노령연금의 재지급을 신청하는 경우 중 어느 하나에 해당되면 조기노령연금을 다시 지급한다.

⑥ 특례노령연금

1999년 4월 1일 현재 50세 이상 60세 미만인 자로서 다음의 어느 하나에 해당하는 자에

대하여는 해당 호에 규정된 날부터 일정한 금액의 연금을 지급한다.

- 60세가 되기 전에 가입기간이 5년 이상 10년 미만이 되는 자: 60세가 되는 날
- 60세가 된 후에 가입기간이 5년 이상이 되는 자: 가입자 자격을 상실한 날

특례노령연금의 금액은 기본연금액의 1천분의 250에 해당하는 금액에 부양가족연금액을 더한 금액으로 한다. 다만, 5년을 초과하는 경우에는 그 초과하는 1년(1년 미만의 매 1개월은 12분의 1년으로 계산)마다 기본연금액의 1천분의 50에 해당하는 금액을 더한다.

국민연금법중개정법률 부칙에 따라 지역가입자로 된 자가 가입기간이 5년 이상 되고 가입자자격을 상실한 경우에 준용한다.

(1-1) 특례노령연금지급결정 직권취소 및 환수처분 취소 사례 (대법원, 2015)

- 출생연월일 정정으로 인하여 특례노령연금 수급요건을 충족하지 못하게 된 원고에 대하여, 지급결정을 소급적으로 직권취소하고 및 이미 지급된 급여를 환수하는 처분이 적법한지 여부

① 원고의 출생연월일이 사후적으로 정정된 결과 원고에 대한 지급결정 당시 특례노령연금 수급요건을 갖추지 못하게 되었다고 하더라도, 연금지급신청 당시 객관적 소명자료인 가족관계등록부에 기재된 출생연월일을 기재하여 특례노령연금을 지급받은 원고에게 고의 또는 중과실의 귀책사유가 있다고 단정하기 어렵다. ② 원고에 대한 퇴직노령연금 지급개시시점과 이 사건 각 처분시점의 시간적 간격이 6년여가 되어 이미 지급된 급여를 원상회복하는 것이 쉽지 않아 보이고, 또한 지급된 급여에 대하여 원고가 이를 퇴직노령연금의 취지에 어긋나게 이를 낭비하였다고 볼 만한 사정도 발견되지 아니한다. ③ 한편 이 사건 환수처분에 의하여 원고가 반환해야 하는 급여액수, 원고의 연령과 경제적 능력 등을 고려하면 원고에게 가혹하다고 보이는 점 등을 종합하여, 이 사건 환수처분을 함으로써 얻을 수 있는 공익상 필요가 그로 말미암아 원고가 입게 될 불이익을 정당화할 만큼 강하다고 보기 어렵다고 판단함으로써, 이 사건 환수처분은 위법하다고 판단한 반면, 이 사건 직권취소 처분은 원고 연금수급권의 법적 근거를 상실시키기 위하여 2008. 2. 10.자 이 사건 지급결정을 직권취소하는 취지로 볼 수 있고, 특례노령연금 수급을 받을 것이라는 점에 관한 원고의 신뢰가 있었다고 하더라도, 원고의 정정된 출생연월일을 기준으로 원고가 특례노령연금의 수급요건을 충족하지 않

> 는다는 점이 확인된 이상 원고에 대한 연금 지급근거를 상실시킴으로써 장기적으로 국민연금기금의 재정적 건전성을 확보하여야 할 공익상 필요가 원고의 신뢰 보호 필요성에 비하여 강하다고 보아야 하므로 적법하다고 판단하였다.

⑦ 분할연금 수급권자

혼인 기간(배우자의 가입기간 중의 혼인 기간만 해당)이 5년 이상인 자가 "배우자와 이혼하였을 것, 배우자였던 사람이 노령연금 수급권자일 것, 60세가 되었을 것"의 요건을 모두 갖추면 그때부터 그가 생존하는 동안 배우자였던 자의 노령연금을 분할한 일정한 금액의 연금(분할연금)을 받을 수 있다.

분할연금액은 배우자였던 자의 노령연금액(부양가족연금액은 제외) 중 혼인 기간에 해당하는 연금액을 균등하게 나눈 금액으로 한다.

⑧ 분할연금과 노령연금과의 관계

분할연금 수급권은 그 수급권을 취득한 후에 배우자였던 자에게 생긴 사유로 노령연금 수급권이 소멸·정지되어도 영향을 받지 아니한다.

수급권자에게 2 이상의 분할연금 수급권이 생기면 2 이상의 분할연금액을 합산하여 지급한다. 다만, 2 이상의 분할연금 수급권과 다른 급여(노령연금을 제외)의 수급권이 생기면 그 2 이상의 분할연금 수급권을 하나의 분할연금 수급권으로 보고 본인의 선택에 따라 분할연금과 다른 급여 중 하나만 지급하고 선택하지 아니한 분할연금 또는 다른 급여의 지급은 정지된다.

분할연금 수급권자는 따른 유족연금을 지급할 때 노령연금 수급권자로 보지 아니한다. 분할연금 수급권자에게 노령연금 수급권이 발생한 경우에는 분할연금액과 노령연금액을 합산하여 지급한다.

(2) 장애연금

① 장애연금의 수급권자

가입 중에 생긴 질병(당해 질병의 초진일이 가입 중에 있는 경우로서 가입자가 가입 당시 발병 사실을 알지 못한 경우를 포함)이나 부상으로 완치된 후에도 신체상 또는 정신상의 장애가 있는 자에 대하여는 그 장애가 계속되는 동안 장애 정도에 따라 장애연금을 지급한다.

질병이나 부상을 입은 자가 초진일부터 1년 6개월이 지나도 완치되지 아니하면 그 1년 6개월이 지난날을 기준으로 장애 정도를 결정한다. 다만, 그 1년 6개월이 지난날에 장애연금의 지급 대상이 되지 아니한 자가 그 질병이나 부상이 악화되어 60세가 되기 전에 장애연금 지급 대상이 되는 경우에는 본인의 청구에 따라 그 청구한 날을 기준으로 장애 정도를 결정한다.

장애연금의 수급권이 소멸된 자가 장애연금 수급권을 취득할 당시의 질병이나 부상이 악화되어 60세가 되기 전에 다시 장애연금의 지급 대상이 되는 경우에는 본인의 청구에 따라 그 청구한 날을 기준으로 장애 정도를 결정한다.

장애연금의 지급 대상이 되는 자가 반환일시금을 지급받았으면 장애연금을 지급하지 아니한다. 장애 정도에 관한 장애등급은 1급, 2급, 3급 및 4급으로 구분한다.

장애등급 구분의 기준(제46조제1항 관련)

장애등급	장애상태
1급	1. 두 눈의 시력이 각각 0.02 이하로 감퇴된 자 2. 두 팔을 전혀 쓸 수 없도록 장애가 남은 자 3. 두 다리를 전혀 쓸 수 없도록 장애가 남은 자 4. 두 팔을 손목관절 이상에서 상실한 자 5. 두 다리를 발목관절 이상에서 상실한 자 6. 위의 제1호부터 제5호가지 규정된 자 외의 자로서 신체의 기능이 노동 불능상태이며 상시 보호가 필요한 정도의 장애가 남은 자 7. 정신이나 신경계통이 노동 불능상태로서 상시 보호나 감시가 필요한 정도의 장애가 남은 자 8. 부상이나 질병이 치유되지 아니하여 신체의 기능과 정신이나 신경계통이 노동 불능상태로서 장기간의 안정과 상시 보호 도는 감시가 필요한 정도의 장애가 있는 자로서 보건복지부장관이 따로 정하는 자
2급	1. 두 눈의 시력이 각각 0.06 이하로 감퇴된 자 2. 한 눈의 시력이 0.02 이하로 감퇴되고, 다른 눈의 시력이 0.1 이하로 감퇴된 자 3. 음식물을 먹는 기능이나 말하는 기능을 상실한 자 4. 척추의 기능에 극히 심한 장애가 남은 자 5. 한 팔을 손목관절 이상에서 상실한 자 6. 한 다리를 발목관절 이상에서 상실한 자 7. 한 팔을 전혀 쓸 수 없도록 장애가 남은 자

장애등급	장애상태
	8. 한 다리를 전혀 쓸 수 없도록 장애가 남은 자 9. 두 손의 손가락을 전부 상실하였거나 전혀 쓸 수 없도록 장애가 남은 자 10. 두 발을 리스프랑관절 이상 부위에서 상실한 자 11. 위의 제1호부터 제10호까지 규정된 자 외의 자로서 신체의 기능이 노동에 극히 심한 제한을 받거나 또는 노동에 극히 현저한 제한을 가할 필요가 있는 정도로 장애가 남은 자 12. 정신이나 신경계통에 노동 불능상태의 장애가 남은 자 13. 부상이나 질병이 치유되지 아니하여 신체의 기능과 정신이나 신경계통이 노동에 극히 심한 제한을 받거나 노동에 극히 현저한 제한을 가할 필요가 있는 정도로 장애가 있는 자로서 보건복지부장관이 따로 정하는 자
3급	1. 두 눈의 시력이 각각 0.1 이하로 감퇴된 자나 한 눈의 시력이 0.02 이하로 감퇴되고 다른 눈의 시력이 0.15 이하로 감퇴된 자 2. 두 귀의 청력이 귀에 대고 큰 소리로 말을 해도 이를 알아듣지 못할 정도로 장애가 남은 자 3. 음식물을 먹는 기능 또는 말하는 기능에 현저한 장애가 남은 자 4. 척추의 기능에 중등도의 장애가 남은 자 5. 한 팔의 3대 관절 중 2관절을 쓸 수 없도록 장애가 남은 자 6. 한 다리의 3대 관절 중 2관절을 쓸 수 없도록 장애가 남은 자 7. 한 손의 엄지손가락과 둘째손가락을 상실한 자 8. 한 손의 엄지손가락과 둘째손가락을 포함하여 4개 이상의 손가락을 쓸 수 없도록 장애가 남은 자 9. 한 발을 리스프랑관절 이상 부위에서 상실한 자 10. 두 발의 모든 발가락을 쓸 수 없도록 장애가 남은 자 11. 위의 제1호부터 제10호까지 규정된 자 외의 자로서 신체의 기능이 노동에 현저한 제한을 가할 필요가 있는 정도로 장애가 남은 자 12. 정신 또는 신경계통이 노동에 있어서 심환 제한을 받거나 도는 노동에 현저한 제한을 가할 필요가 있는 정도의 장애가 남은 자 13. 부상이나 질병이 치유되지 아니하여 신체의 기능과 정신 또는 신경계통이 노동에 심한 제한을 받거나 노동에 현저한 제한을 가할 필요가 있는 정도로 장애가 있는 자로서 보건복지부장관이 따로 정하는 자
4급	1. 두 눈의 시력이 각각 0.3 이하로 감퇴된 자 2. 두 귀의 청력이 1미터 이상의 거리에서 보통의 소리로 말을 해도 알아듣지 못할 정도로 장애가 남은 자 3. 음식물을 먹는 기능 또는 말하는 기능에 중등도의 장애가 남은 자 4. 척추에 기능장애가 남은 자 5. 한 팔의 3대 관절 중 1관절을 쓸 수 없도록 장애가 남은 자 6. 한 다리의 3대 관절 중 1관절을 쓸 수 없도록 장애가 남은 자 7. 엄지손가락 또는 둘째손가락 외의 4개의 손가락을 상실한 자 또는 엄지손가락과 둘째손가락 외의 4개의 손가락을 상실한 자

장애등급	장애상태
	8. 두 발의 발가락 중 여섯 발가락을 쓸 수 없도록 장애가 남은 자 9. 위의 제1호부터 제8까지 규정된 자 외의 자로서 신체의 기능이 노동에 제한을 가할 필요가 있는 정도로 장애를 입은 자 10. 정신 또는 신경계통이 노동에 제한을 가할 필요가 있는 정도로 장애가 남은 자 11. 부상이나 질병이 치유되지 아니하여 노동에 제한을 받거나 노동에 제한을 가할 필요가 있는 정도로 장애가 있는 자로서 보건복지부장관이 따로 정하는 자

비고
시력 측정은 국제적 시력표에 의하며, 굴절이상이 있는 자는 원칙적으로 교정시력을 측정한다.
손가락의 상실이란 엄지손가락은 지관절, 그 밖의 손가락은 제1지관절 이상 부위를 상실한 경우를 말한다.

② 장애연금액

장애연금액은 장애 등급에 따라 다음 금액으로 한다.

- 장애등급 1급에 해당하는 자에 대하여는 기본연금액에 부양가족연금액을 더한 금액
- 장애등급 2급에 해당하는 자에 대하여는 기본연금액의 1천분의 800에 해당하는 금액에 부양가족연금액을 더한 금액
- 장애등급 3급에 해당하는 자에 대하여는 기본연금액의 1천분의 600에 해당하는 금액에 부양가족연금액을 더한 금액
- 장애등급 4급에 해당하는 자에 대하여는 기본연금액의 1천분의 2천250에 해당하는 금액을 일시보상금으로 지급한다.

③ 장애의 중복 조종

장애연금 수급권자에게 다시 장애연금을 지급하여야 할 장애가 발생한 때에는 전후의 장애를 병합(倂合)한 장애 정도에 따라 장애연금을 지급한다. 다만, 전후의 장애를 병합한 장애 정도에 따른 장애연금이 전의 장애연금보다 적으면 전의 장애연금을 지급한다.

④ 장애연금액의 변경 등

공단은 장애연금 수급권자의 장애 정도를 심사하여 장애등급이 다르게 되면 그 등급에 따라 장애연금액을 변경하고, 장애등급에 해당되지 아니하면 장애연금 수급권을 소멸시킨다. 장애연금의 수급권자는 그 장애가 악화되면 공단에 장애연금액의 변경을 청구할 수 있다.

장애정도를 결정할 때에는 질병이나 부상이 완치된 날을 기준으로 하며, 구분에 따른 날까지 완치되지 않은 경우에는 그 해당하는 날을 기준으로 장애 정도를 결정한다.

⑤ 일시보상금에 대한 평가

일시보상금 수급권자에게 중복급여의 조정, 장애의 중복 조정, 장애연금액의 변경 및 소멸시효를 적용할 때에는 일시보상금 지급 사유 발생일이 속하는 달의 다음 달부터 기본연금액의 1천분의 400을 12로 나눈 금액이 67개월 동안 지급된 것으로 본다.

(3) 유족연금

① 유족연금의 수급권자

노령연금 수급권자, 가입기간이 10년 이상인 가입자였던 자, 가입자, 장애등급이 2급 이상인 장애연금 수급권자 중 어느 하나에 해당하는 자가 사망하면 그 유족에게 유족연금을 지급한다. 다만, 가입기간이 1년 미만인 가입자가 질병이나 부상으로 사망하면 가입 중에 생긴 질병이나 부상으로 사망한 경우에만 유족연금을 지급한다.

가입기간이 10년 미만인 가입자였던 자가 가입 중에 생긴 질병이나 부상 또는 그 부상으로 생긴 질병으로 가입 중의 초진일 또는 가입자 자격을 상실한 후 1년 이내의 초진일부터 2년 이내에 사망하면 그 유족에게 유족연금을 지급할 수 있다. 다만, 본인이나 유족이 반환일시금을 지급받은 경우에는 유족연금을 지급하지 아니한다.

② 유족의 범위

유족연금을 지급받을 수 있는 유족은 가입자 또는 가입자였던 자가 사망할 당시 그에 의하여 생계를 유지하고 있던 자이다. 유족연금은 배우자, 자녀, 부모(배우자의 부모를 포함), 손자녀, 조부모(배우자의 조부모를 포함) 순위에 따라 최우선 순위자에 한하여 지급한다.

유족연금은 순위에 따라 최우선 순위자에게만 지급한다. 같은 순위의 유족이 2명 이상이면 그 유족연금액을 똑같이 나누어 지급한다.

자녀 · 손자녀의 경우 19세 미만이거나 장애등급 2급 이상인 자만 해당, 부모 · 조부모인 경우 60세 이상이거나 장애등급 2급 이상인 자만 해당된다.

③ 유족연금액

유족연금액은 가입기간에 따라 가입기간이 10년 미만이면 기본연금액의 1천분의 400에 해당하는 금액, 가입기간이 10년 이상 20년 미만이면 기본연금액의 1천분의 500에 해당하는 금액, 가입기간이 20년 이상이면 기본연금액의 1천분의 600에 해당하는 금액에 부양가족연금액을 더한 금액으로 한다. 다만, 노령연금 수급권자가 사망한 경우의 유족연금액은 사망한 자가 지급받던 노령연금액을 초과할 수 없다.

④ 유족연금 수급권의 소멸

유족연금 수급권자가 다음 중 어느 하나에 해당하게 되면 그 수급권은 소멸한다.

- 수급권자가 사망한 때
- 배우자인 수급권자가 재혼한 때
- 자녀나 손자녀인 수급권자가 다른 사람에게 입양되거나 파양된 때
- 장애등급 2급 이상에 해당하지 아니한 자녀 또는 손자녀인 수급권자가 19세가 된 때
- 장애로 수급권을 취득한 자가 장애등급 2급 이상에 해당하지 아니하게 된 때

부모, 손자녀 또는 조부모인 유족의 유족연금 수급권은 가입자 또는 가입자였던 사람이 사망할 당시에 그 가입자 또는 가입자였던 사람의 태아가 출생하여 수급권을 갖게 되면 소멸한다.

⑤ 배우자에 대한 유족연금의 지급 정지

유족연금의 수급권자인 배우자에 대하여는 수급권이 발생한 때부터 3년 동안 유족연금을 지급한 후 55세가 될 때까지 지급을 정지한다. 다만, 그 수급권자가 다음 중 어느 하나에 해당하면 지급을 정지하지 아니한다.

- 장애등급이 2급 이상인 경우
- 가입자 또는 가입자였던 자의 19세 미만인 자녀 또는 장애등급 2급 이상인 자녀의 생계를 유지한 경우
- 대통령령으로 정하는 소득이 있는 업무에 종사하지 아니하는 경우

유족연금의 수급권자인 배우자의 소재를 1년 이상 알 수 없는 때에는 유족인 자녀의 신

청에 의하여 그 소재 불명(不明)의 기간 동안 그에게 지급하여야 할 유족연금은 지급을 정지한다.

배우자 외의 자에 대한 유족연금의 수급권자가 2명 이상인 경우 그 수급권자 중에서 1년 이상 소재를 알 수 없는 자가 있으면 다른 수급권자의 신청에 따라 그 소재 불명의 기간에 해당하는 그에 대한 유족연금의 지급을 정지한다. 유족연금의 지급이 정지된 자의 소재가 확인된 경우에는 본인의 신청에 의하여 지급 정지를 해제한다.

(4) 반환일시금

① 반환일시금

가입자 또는 가입자였던 자가 가입기간이 10년 미만인 자가 60세가 된 때, 가입자 또는 가입자였던 자가 사망한 때 , 국적을 상실하거나 국외로 이주한 때 중 어느 하나에 해당하게 되면 본인이나 그 유족의 청구에 의하여 반환일시금을 지급받을 수 있다.

반환일시금의 액수는 가입자 또는 가입자였던 자가 납부한 연금보험료(사업장가입자 또는 사업장가입자였던 자의 경우에는 사용자의 부담금을 포함)에 이자를 더한 금액으로 한다.

② 반환일시금 액수

- 사업장가입자: 기여금 및 부담금에 각각 산정한 이자를 합산한 금액
- 지역가입자 · 임의가입자 및 임의계속가입자와 보험료를 추후 납부한 가입자: 본인이 부담한 연금보험료 또는 추후 납부한 보험료에 산정한 이자를 합산한 금액

③ 반납금 납부와 가입기간

반환일시금을 받은 자로서 다시 가입자의 자격을 취득한 자는 지급받은 반환일시금에 이자를 더한 금액(반납금)을 공단에 낼 수 있다. 반납금은 분할하여 납부하게 할 수 있다. 이 경우 이자를 더하여야 한다.

반납금을 낸 경우에는 그에 상응하는 기간은 가입기간에 넣어 계산한다.

④ 반환일시금 수급권의 소멸

반환일시금의 수급권은 수급권자가 다시 가입자로 된 때, 수급권자가 노령연금의 수급

권을 취득한 때, 수급권자가 장애연금의 수급권을 취득한 때, 수급권자의 유족이 유족연금의 수급권을 취득한 때 중 어느 하나에 해당하면 소멸한다.

(5) 사망일시금

① 사망일시금

가입자 또는 가입자였던 자가 사망한 때에 유족이 없으면 그 배우자·자녀·부모·손자녀·조부모·형제자매 또는 4촌 이내 방계혈족(傍系血族)에게 사망일시금을 지급한다. 다만, 가출·실종 등 대통령령으로 정하는 경우에 해당하는 사람에게는 지급하지 아니하며, 4촌 이내 방계혈족의 경우에는 가입자 또는 가입자였던 사람의 사망 당시 가입자 또는 가입자였던 사람에 의하여 생계를 유지하고 있던 사람에게만 지급한다.

사망일시금은 가입자 또는 가입자였던 자의 반환일시금에 상당하는 금액으로 하되, 그 금액은 사망한 가입자 또는 가입자였던 자의 최종 기준소득월액을 연도별 재평가율에 따라 사망일시금 수급 전년도의 현재가치로 환산한 금액과 같은 호에 준하여 산정한 가입기간 중 기준소득월액의 평균액 중에서 많은 금액의 4배를 초과하지 못한다.

사망일시금을 받을 자의 순위는 배우자·자녀·부모·손자녀·조부모·형제자매 및 4촌 이내의 방계혈족 순으로 한다. 이 경우 순위가 같은 사람이 2명 이상이면 똑같이 나누어 지급한다.

② 유족연금과 사망일시금의 관계

유족연금 수급권자에 대하여는 유족연금수급권이 소멸할 때까지 지급받은 유족연금액이 사망일시금액보다 적을 때에는 그 차액을 일시금으로 지급한다.

3) 기타 급여 사항

① 연금액의 최고한도

연금의 월별 지급액은 다음의 금액 중에서 많은 금액을 넘지 못한다.

- 가입자였던 최종 5년 동안의 기준소득월액(연금 수급 전년도를 기준으로 준하여 조정)을 평균한 금액을 준하여 조정한 금액

• 가입기간 동안의 기준소득월액(연금 수급 전년도를 기준으로 준하여 조정)을 평균한 금액을 준하여 조정한 금액

② 연금의 지급기간 및 지급시기

연금은 지급하여야 할 사유가 생긴 날(반납금, 추납보험료 또는 체납된 연금보험료를 냄에 따라 연금을 지급하여야 할 사유가 생긴 경우에는 해당 금액을 낸 날)이 속하는 달의 다음 달부터 수급권이 소멸한 날이 속하는 달까지 지급한다.

연금은 매월 25일에 그 달의 금액을 지급하되, 지급일이 토요일이나 공휴일이면 그 전날에 지급한다. 다만, 수급권이 소멸하거나 연금 지급이 정지된 경우에는 그 지급일 전에 지급할 수 있다.

연금은 지급을 정지하여야 할 사유가 생기면 그 사유가 생긴 날이 속하는 달의 다음 달부터 그 사유가 소멸한 날이 속하는 달까지는 지급하지 아니한다.

③ 미지급 급여

수급권자가 사망한 경우 그 수급권자에게 지급하여야 할 급여 중 아직 지급되지 아니한 것이 있으면 그 배우자·자녀·부모·손자녀·조부모 또는 형제자매의 청구에 따라 그 미지급 급여를 지급한다. 다만, 가출·실종 등 대통령령으로 정하는 경우에 해당하는 사람에게는 지급하지 아니하며, 형제자매의 경우에는 수급권자의 사망 당시 수급권자에 의하여 생계를 유지하고 있던 사람에게만 지급한다.

급여를 받을 순위는 배우자, 자녀, 부모, 손자녀, 조부모, 형제자매의 순으로 한다. 이 경우 순위가 같은 사람이 2명 이상이면 똑같이 나누어 지급하되, 미지급 급여는 수급권자가 사망한 날부터 5년 이내에 청구하여야 한다.

④ 급여의 환수, 환수금의 고지, 독촉 및 체납처분

공단은 급여를 받은 사람이 거짓이나 그 밖의 부정한 방법으로 급여를 받은 경우, 수급권 소멸사유를 공단에 신고하지 아니하거나 늦게 신고하여 급여가 잘못 지급된 경우, 그 밖의 사유로 급여가 잘못 지급된 경우 중 어느 하나에 해당하는 경우에는 그 금액을 환수해야 한다. 공단은 이자를 가산하여 환수한다. 다만, 납부 의무자의 귀책사유가 없는 경우에는 이자를 가산하지 아니한다.

공단은 환수금의 납부 의무자가 납부 기한까지 내지 아니하면 연체금을 징수하며, 이 경우 건강보험공단은 공단으로, 연금보험료는 환수금으로 본다. 다만, 천재지변이나 그 밖에 부득이한 사유가 있는 경우에는 연체금을 징수하지 아니할 수 있다.

사망한 것으로 추정된 자의 생존이 확인되면 공단은 그 사망의 추정을 근거로 급여를 지급받은 자로부터 그 지급 금액을 환수하여야 한다.

환수금 및 연체금의 납부 의무자에게 다른 급여의 수급권이 있거나 과오납금 등 반환받을 금액이 있으면 공단은 이를 환수할 금액 및 연체금(환수금)에 충당할 수 있다.

규정에 따라 환수할 금액 및 연체금이 대통령령으로 정하는 금액 미만인 경우에는 징수하지 아니할 수 있다.

4) 중복급여의 조정

① 중복급여의 조정

수급권자에게 이 법에 따른 2 이상의 급여 수급권이 생기면 수급권자의 선택에 따라 그 중 하나만 지급하고 다른 급여의 지급은 정지된다.

선택하지 아니한 급여가 유족연금일 때(반환일시금일 때를 제외) : 유족연금액의 100분의 20에 해당하는 금액, 반환일시금일 때(선택한 급여가 장애연금이고, 선택하지 아니한 급여가 본인의 연금보험료 납부로 인한 반환일시금일 때를 제외): 사망일시금에 준용하여 그에 상당하는 금액 중 어느 하나에 해당하는 경우에는 해당 호에 규정된 금액을 선택한 급여에 추가하여 지급한다.

② 연금의 중복급여의 조정

장애연금 또는 유족연금의 수급권자가 이 법에 따른 장애연금 또는 유족연금의 지급 사유와 같은 사유로 근로기준법에 따른 장해보상, 유족보상 또는 일시보상, 산업재해보상보험법 장해급여, 유족급여, 진폐보상연금 또는 같은 진폐유족연금, 선원법에 따른 장해보상, 일시보상 또는 유족보상, 어선원 및 어선 재해보상보험법에 따른 장해급여, 일시보상급여 또는 유족급여 중 어느 하나에 해당하는 급여를 받을 수 있는 경우에는 장애연금액이나 유족연금액은 그 2분의 1에 해당하는 금액을 지급한다.

5) 급여의 제한 등

① 급여의 제한

가입자 또는 가입자였던 자가 고의로 질병·부상 또는 그 원인이 되는 사고를 일으켜 그로 인하여 장애를 입은 경우에는 그 장애를 지급 사유로 하는 장애연금을 지급하지 아니할 수 있다. 또한 고의나 중대한 과실로 요양 지시에 따르지 아니하거나 정당한 사유 없이 요양 지시에 따르지 아니하여 장애를 입거나 사망한 경우, 장애나 사망의 원인이 되는 사고를 일으킨 경우, 장애를 악화시키거나 회복을 방해한 경우 중 어느 하나에 해당하게 되면 이를 원인으로 하는 급여의 전부 또는 일부를 지급하지 아니할 수 있다.

② 장애연금액의 변경 제한

장애연금의 수급권자가 고의나 중대한 과실로 요양 지시에 따르지 아니하거나 정당한 사유 없이 요양 지시에 따르지 아니하여 장애를 악화시키거나 회복을 방해한 경우에는 장애연금액을 변경하지 아니할 수 있다.

③ 유족연금의 지급 제한

가입자 또는 가입자였던 자를 고의로 사망하게 한 유족에게는 유족연금을 지급하지 아니한다. 유족연금의 수급권자가 될 수 있는 자를 고의로 사망하게 한 유족에게는 유족연금을 지급하지 아니한다.

유족연금의 수급권자가 다른 수급권자를 고의로 사망하게 한 경우에는 그에게는 유족연금을 지급하지 아니한다.

④ 연금보험료의 미납에 따른 지급

장애연금의 경우에는 당해 질병 또는 부상의 초진일 당시, 유족연금의 경우에는 사망일 당시 다음 중 어느 하나에 해당하면 그 연금을 지급하지 아니한다.

- 연금보험료를 낸 사실이 없는 경우
- 연금보험료를 낸 기간(기여금을 낸 기간을 포함)이 그 연금보험료를 낸 기간과 연금보험료를 내지 아니한 기간(납부 기한으로부터 1개월이 지나지 아니한 기간과 연금보험료를 내지 아니한 기간은 제외)을 합산한 기간의 3분의 2보다 짧은 경우. 다만, 연금보험료를 내지

아니한 기간이 6개월 미만인 경우는 제외한다.

⑤ 제한지급의 정지 등

수급권자가 중 어느 하나에 해당하면 급여의 전부 또는 일부의 지급을 정지할 수 있다. 급여의 지급을 정지하려는 경우에는 지급을 정지하기 전에 급여의 지급을 일시 중지할 수 있다.

- 수급권자가 정당한 사유 없이 공단의 서류, 그 밖의 자료 제출 요구에 응하지 아니한 때
- 장애연금 또는 유족연금의 수급권자가 정당한 사유 없이 공단의 진단 요구 또는 확인에 응하지 아니한 때
- 장애연금 수급권자가 고의나 중대한 과실로 요양 지시에 따르지 아니하거나 정당한 사유 없이 요양 지시에 따르지 아니하여 회복을 방해한 때
- 수급권자가 정당한 사유 없이 신고를 하지 아니한 때

4. 비용부담 및 가입기간

1) 연금보험료의 부과 · 징수

보건복지부장관은 국민연금사업 중 연금보험료의 징수에 관하여 이 법에서 정하는 사항을 건강보험공단에 위탁한다. 공단은 국민연금사업에 드는 비용에 충당하기 위하여 가입자와 사용자에게 가입기간 동안 매월 연금보험료를 부과하고, 건강보험공단이 이를 징수한다.

사업장가입자의 연금보험료 중 기여금은 사업장가입자 본인이, 부담금은 사용자가 각각 부담하되, 그 금액은 각각 기준소득월액의 1천분의 45에 해당하는 금액으로 한다.

(단위: %)

기준	계	근로자부담	사업주부담
기준소득월액	9(100)	4.5(50)	4.5(50)

지역가입자, 임의가입자 및 임의계속가입자의 연금보험료는 지역가입자, 임의가입자 또

는 임의계속가입자 본인이 부담하되, 그 금액은 기준소득월액의 1천분의 90으로 한다.

공단은 기준소득월액 정정 등의 사유로 당초 징수 결정한 금액을 다시 산정함으로써 연금보험료를 추가로 징수하여야 하는 경우 가입자 또는 사용자에게 그 추가되는 연금보험료를 나누어 내도록 할 수 있다.

2) 연금보험료 징수의 우선순위

연금보험료나 그 밖의 이 법에 따른 징수금을 징수하는 순위는 국민건강보험법에 따른 보험료와 같은 순위로 한다.

국민건강보험법에 따르면 보험료 등은 국세 및 지방세를 제외한 기타의 채권에 우선하여 징수한다고 규정하고 있다. 다만, 보험료 등의 납부기한 전에 전세권·질권 또는 저당권의 설정을 등기 또는 등록한 사실이 증명되는 재산의 매각에 있어서 그 매각대금 중에서 보험료 등을 징수하는 경우의 그 전세권·질권 또는 저당권에 의하여 담보된 채권에 대하여는 그러하지 아니한다고 규정하고 있다(국민건강보험법 제73조).

- **국민연금보험료 징수의 우선순위:**

  국세 및 지방세 〉 연금보험료 〉 채권(민사채권, 상사채권, 공과금채권)

3) 국민연금 재정 계산 및 장기재정균형 유지

급여 수준과 연금보험료는 국민연금 재정이 장기적으로 균형을 유지할 수 있도록 조정(調整)되어야 한다.

보건복지부장관은 5년마다 국민연금 재정 수지를 계산하고, 국민연금의 재정 전망과 연금보험료의 조정 및 국민연금기금의 운용 계획 등이 포함된 국민연금 운영 전반에 관한 계획을 수립하여 국무회의의 심의를 거쳐 대통령의 승인을 받아야 하며, 승인받은 계획을 국회에 제출하고 공시하여야 한다.

연금보험료, 급여액, 급여의 수급 요건 등은 국민연금의 장기재정 균형 유지, 인구구조의 변화, 국민의 생활수준, 임금, 물가, 그 밖에 경제사정에 뚜렷한 변동이 생기면 그 사정에 맞게 조정되어야 한다.

4) 국민연금 가입기간의 계산

(1) 가입기간의 계산

국민연금 가입기간(가입기간)은 월 단위로 계산하되, 가입자의 자격을 취득한 날이 속하는 달의 다음 달부터 자격을 상실한 날의 전날이 속하는 달까지로 한다. 다만, 다음 중 어느 하나에 해당하는 경우 자격을 취득한 날이 속하는 달은 가입기간에 산입하되, 가입자가 그 자격을 상실한 날의 전날이 속하는 달에 자격을 다시 취득하면 다시 취득한 달을 중복하여 가입기간에 산입하지 아니한다.

- 가입자가 자격을 취득한 날이 그 속하는 달의 초일인 경우(자격 취득일이 속하는 달에 다시 그 자격을 상실하는 경우는 제외)
- 임의계속가입자의 자격을 취득한 경우
- 가입자가 희망하는 경우

가입기간을 계산할 때 연금보험료를 내지 아니한 기간은 가입기간에 산입하지 아니한다. 다만, 사용자가 근로자의 임금에서 기여금을 공제하고 연금보험료를 내지 아니한 경우에는 그 내지 아니한 기간의 2분의 1에 해당하는 기간을 근로자의 가입기간으로 산입한다. 이 경우 1개월 미만의 기간은 1개월로 한다.

국민건강보험법에 따른 국민건강보험공단(건강보험공단)이 보건복지부령으로 정하는 바에 따라 근로자에게 그 사업장의 체납 사실을 통지한 경우에는 제2항 단서에도 불구하고 통지된 체납월의 다음 달부터 체납 기간은 가입기간에 산입하지 아니한다. 이 경우 그 근로자는 기여금을 건강보험공단에 낼 수 있다.

지급받은 반환일시금이 환수할 급여에 해당하는 경우 이를 반납하지 아니하는 때에는 그에 상응하는 기간을 가입기간에 산입하지 아니한다.

(2) 가입기간의 합산

가입자의 자격을 상실한 후 다시 그 자격을 취득한 자에 대하여는 전후(前後)의 가입기간을 합산한다. 가입자의 가입 종류가 변동되면 그 가입자의 가입기간은 각 종류별 가입기간을 합산한 기간으로 한다.

(3) 군 복무기간에 대한 가입기간 추가 산입

현역병, 사회복무요원 다음 중 어느 하나에 해당하는 자가 노령연금 수급권을 취득한 때(가입기간이 추가 산입되면 노령연금 수급권을 취득할 수 있는 경우를 포함)에는 6개월을 가입기간에 추가로 산입한다. 다만, 병역법에 따른 병역의무를 수행한 기간이 6개월 미만인 경우에는 그러하지 아니한다.

각 호의 어느 하나에 해당하는 경우에는 제1항을 적용하지 아니한다.

- 병역법에 따른 병역의무를 수행한 기간의 전부 또는 일부가 공무원연금법 · 사립학교교직원 연금법 및 별정우체국법에 따라 재직기간에 산입되거나 군인연금법에 따라 복무기간에 산입된 경우
- 병역법에 따른 병역의무를 수행한 기간 중 연금보험료를 납부하여 가입기간으로 인정된 경우. 다만, 당해 가입기간이 6개월 미만인 경우를 제외한다.

(4) 출산에 대한 가입기간 추가 산입

2 이상의 자녀가 있는 가입자 또는 가입자였던 자가 노령연금수급권을 취득한 때(가입기간이 추가 산입되면 노령연금수급권을 취득할 수 있는 경우를 포함)에는 다음 각 호에 따른 기간을 가입기간에 추가로 산입한다. 다만, 추가로 산입하는 기간은 50개월을 초과할 수 없다.

- **자녀가 2명인 경우:** 12개월
- **자녀가 3명 이상인 경우:** 둘째 자녀에 대하여 인정되는 12개월에 2자녀를 초과하는 자녀 1명마다 18개월을 더한 개월 수

추가 가입기간은 부모가 모두 가입자 또는 가입자였던 자인 경우에는 부와 모의 합의에 따라 2명 중 1명의 가입기간에만 산입하되, 합의하지 아니한 경우에는 균등 배분하여 각각의 가입기간에 산입한다. 가입기간을 추가로 산입하는데 필요한 재원은 국가가 전부 또는 일부를 부담한다.

(5) 실업에 대한 가입기간 추가 산입

18세 이상 60세 미만인 사람 중 가입자 또는 가입자였을 것, 재산 또는 소득이 보건복지부장관이 정하여 고시하는 기준 이하일 것

의 요건을 모두 갖춘 사람이 고용보험법에 따른 구직급여를 받는 경우로서 구직급여를 받는 기간을 가입기간으로 산입하기 위하여 국민연금공단에 신청하는 때에는 그 기간을 가입기간에 추가로 산입한다. 다만, 추가로 산입하는 기간은 1년을 초과할 수 없다.

산입되는 가입기간에 대하여는 고용보험법에 따른 구직급여의 산정 기초가 되는 임금일액을 월액으로 환산한 금액의 절반에 해당하는 소득(인정소득)으로 가입한 것으로 본다. 다만, 인정소득의 상한선 및 하한선은 보건복지부장관이 정하여 고시하는 금액으로 한다.

가입자 또는 가입자였던 사람은 구직급여를 받는 기간을 가입기간으로 추가 산입하려는 경우 인정소득을 기준으로 연금보험료를 납부하여야 한다. 이 경우 국가는 연금보험료의 전부 또는 일부를 일반회계, 국민연금기금 및 고용보험기금에서 지원할 수 있다.

추가로 산입된 가입기간(추가산입기간)을 급여에 적용할 때에는 다음 각 호를 따른다.

- **노령연금:** 추가산입기간을 기본연금액에 반영한다.
- **장애연금:** 추가산입기간을 기본연금액에 반영하지 아니한다.
- **유족연금:** 추가산입기간을 기본연금액에 반영하지 아니하되, 가입기간에는 반영한다.

  국민연금공단은 제1항에 따른 신청의 접수·처리 등 업무를 고용보험법에 따른 직업안정기관 및 그 밖의 공공기관(공공기관의 운영에 관한 법률에 따른 공공기관)에 위탁할 수 있다.

5. 관리 및 운영기구

1) 국민연금공단

(1) 국민연금공단의 설립

보건복지부장관의 위탁[2])을 받아 목적을 달성하기 위한 사업을 효율적으로 수행하기 위하여 국민연금공단(공단)을 설립한다. 공단은 법인으로 한다. 국민연금관리공단은 공법인으로 특별법인 국민연금법에 의해 설립되고 규율을 받는 특수법인이며, 영리를 목적으로 하지 않는 비영리법인이다. 공단에 관하여 국민연금법에 정한 것을 제외하고는 민법 중 재

2) 법률행위나 사실행위의 수행을 다른 사람에게 의뢰하는 일이다.

단법인에 관한 규정을 준용한다.

(2) 공단의 업무

공단은 ① 가입자에 대한 기록의 관리 및 유지, ② 연금보험료의 부과, ③ 급여의 결정 및 지급, ④ 가입자, 가입자였던 자 및 수급권자를 위한 자금의 대여와 복지시설의 설치 · 운영 등 복지사업, ⑤ 가입자 및 가입자였던 자에 대한 기금증식을 위한 자금 대여사업, ⑥ 가입 대상(가입대상)과 수급권자 등을 위한 노후준비서비스 사업, ⑦ 국민연금제도 · 재정계산 · 기금운용에 관한 조사연구, ⑧ 국민연금에 관한 국제협력, ⑨ 그 밖에 이 법 또는 다른 법령에 따라 위탁받은 사항, ⑩ 그 밖에 국민연금사업에 관하여 보건복지부장관이 위탁하는 사항의 업무를 한다.

(3) 복지사업과 대여사업

공단은 가입자, 가입자였던 자 및 수급권자의 복지를 증진하기 위하여 ① 자금의 대여, ② 노인복지시설의 설치 · 공급 · 임대와 운영, ③ 노인복지시설의 부대시설로서 체육시설의 설치 및 운영, ④ 그 밖에 대통령령으로 정하는 복지사업을 할 수 있다.

복지사업을 실시하기 위하여 국민연금기금으로부터 보건복지부령으로 정하는 법인에 출자할 수 있다. 공단은 가입자와 가입자였던 자에 대하여 국민연금기금의 증식을 위한 대여사업을 할 수 있다. 대여 업무를 담당하는 공단의 임직원은 그 직무를 수행하면서 고의 또는 중대한 과실로 공단에 손해를 끼쳤을 때에는 그 손해를 배상하여야 한다.

공단은 복지사업에 지장이 없는 범위에서 가입자, 가입자였던 사람 또는 수급권자가 아닌 사람에게 공단이 운영하는 시설의 일부를 이용하게 할 수 있다.

(4) 노후준비서비스

공단은 가입대상 및 수급권자를 포함한 국민의 안정된 노후생활 보장을 위하여 노후준비서비스와 관련된 ① 노후준비서비스의 제공, ② 노후준비서비스에 관한 조사 · 연구, ③ 노후준비서비스에 필요한 프로그램의 개발 · 보급, ④ 노후준비서비스 제공자의 양성 · 관리, ⑤ 노후준비서비스를 위한 정보시스템의 구축 · 운영, ⑥ 그 밖에 노후준비서비스 제공에 관하여 보건복지부장관이 위탁하는 사항에 관한 사업을 실시할 수 있다.

(5) 임원[3)]

공단 임원으로 이사장 1명, 상임이사 3명 이내, 이사 7명, 감사 1명을 두되, 이사에는 사용자 대표, 근로자 대표, 지역가입자 대표 각 1명 이상과 당연직 이사로서 보건복지부에서 국민연금 업무를 담당하는 3급 국가공무원 또는 고위공무원단에 속하는 일반직 공무원 1명이 포함되어야 한다.

(6) 이사회

공단의 중요 사항을 심의·의결하기 위하여 공단에 이사회를 둔다. 이사회는 이사장·상임이사 및 이사로 구성한다.

(7) 공단의 정관

공단의 정관에는 목적, 명칭, 주된 사무소와 분사무소에 관한 사항, 임직원에 관한 사항, 이사회에 관한 사항, 사업에 관한 사항, 예산 및 결산에 관한 사항, 자산 및 회계에 관한 사항, 정관의 변경에 관한 사항, 규약·규정의 제정 및 개정·폐지에 관한 사항, 공고에 관한 사항 다음 사항을 기재하여야 한다.

공단은 정관을 변경하려면 보건복지부장관의 인가를 받아야 한다.

2) 국민연금심의위원회[4)]

국민연금사업에 관한 ① 국민연금제도 및 재정 계산에 관한 사항, ② 급여에 관한 사항, ③ 연금보험료에 관한 사항, ④ 국민연금기금에 관한 사항, ⑤ 그 밖에 국민연금제도의 운영과 관련하여 보건복지부장관이 회의에 부치는 사항을 심의하기 위하여 보건복지부에 국

---

3) 임원의 결격사유: ① 피성년후견인 또는 피한정후견인, ② 파산선고를 받고 복권되지 아니한 자, ③ 금고 이상의 실형을 선고받고 그 집행이 끝나거나 집행을 받지 아니하기로 확정된 날부터 3년이 지나지 아니한 자, ④ 법률이나 법원의 판결에 따라 자격이 상실되거나 정지된 자

4) 국민연금심의위원회와 국민연금심사위원회의 구분: 국민연금가입자는 자신의 자격, 기준소득월액, 연금보험료 및 기타 징수금과 급여에 과한 공단의 처분에 이의가 있을 때 90일 이내 공단에 심사청구를 할 수 있는데 이 심사청구사항을 심사하기 위하여 공단에 국민연금심사위원회를 둔다.

민연금심의위원회를 둔다.

국민연금심의위원회는 위원장·부위원장 및 위원으로 구성하되, 위원장은 보건복지부 차관이 되고, 부위원장은 공익을 대표하는 위원 중에서 호선(互選)하며, 위원은 다음 구분에 따라 보건복지부장관이 지명하거나 위촉한다.

- 사용자를 대표하는 위원으로서 사용자 단체가 추천하는 자 4명
- 근로자를 대표하는 위원으로서 근로자 단체가 추천하는 자 4명
- 지역가입자를 대표하는 위원으로서 다음의 자
  - 농어업인 단체가 추천하는 자 2명
  - 농어업인 단체 외의 자영자 관련 단체가 추천하는 자 2명
  - 소비자단체와 시민단체가 추천하는 자 2명
  - 공익을 대표하는 위원으로서 국민연금에 관한 전문가 5명

국민연금심의위원회의 회의는 정기회와 임시회로 구분한다. 정기회는 매년 2월에 하며, 임시회는 보건복지부장관의 요구가 있는 때, 국민연금심의위원회의 재적위원 3분의 1 이상의 요구가 있는 때, 기타 위원장이 필요하다고 인정하는 때에 소집한다.

3) 국민연금기금

보건복지부장관은 국민연금사업에 필요한 재원을 원활하게 확보하고, 이 법에 따른 급여에 충당하기 위한 책임준비금으로서 국민연금기금(기금)을 설치한다. 기금은 ① 연금보험료, ② 기금 운용 수익금, ③ 적립금, ④ 공단의 수입지출 결산상의 잉여금의 재원으로 조성한다.

국민연금기금=연금보험료 + 기금운용수익금 + 적립금 + 수입지출 결산상의 잉여금

(1) 연금기금 운용의 기본원칙

수익성, 안정성, 공공성을 들고 있다. 그 밖에 유동성의 원칙이 있다. 연금은 필요한 때에 수급권자에게 현금으로 지급해야 하기 때문에 투자된 연금은 현금화가 용이하여야 한다. 유동성의 원칙은 공공성의 원칙과 상충되는 경우가 많다.

(2) 기금의 관리 및 운용

기금은 보건복지부장관이 관리·운용한다.

보건복지부장관은 국민연금 재정의 장기적인 안정을 유지하기 위하여 그 수익을 최대로 증대시킬 수 있도록 국민연금기금운용위원회에서 의결한 바에 따라 다음의 방법으로 기금을 관리·운용하되, 가입자, 가입자였던 자 및 수급권자의 복지증진을 위한 사업에 대한 투자는 국민연금 재정의 안정을 해치지 아니하는 범위에서 하여야 한다.

- 대통령령으로 정하는 금융기관에 대한 예입 또는 신탁
- 공공사업을 위한 공공부문에 대한 투자
- 증권의 매매 및 대여
- 지수 중 금융투자상품지수에 관한 파생상품시장에서의 거래
- 복지사업 및 대여사업
- 기금의 본래 사업 목적을 수행하기 위한 재산의 취득 및 처분
- 그 밖에 기금의 증식을 위하여 대통령령으로 정하는 사업

사업 외의 사업으로 기금을 관리·운용하는 경우에는 자산 종류별 시장수익률을 넘는 수익을 낼 수 있도록 신의를 지켜 성실하게 하여야 한다. 다만, 기금을 공공자금관리기금(관리기금)에 예탁할 경우 그 수익률은 공공자금관리기금운용위원회가 5년 만기 국채 수익률 이상의 수준에서 국민연금기금운용위원회와 협의하여 정한다.

기금을 관리·운용하는 경우에는 장기적이고 안정적인 수익 증대를 위하여 투자대상과 관련한 환경·사회·지배구조 등의 요소를 고려할 수 있다.

보건복지부장관은 기금의 운용 성과 및 재정 상태를 명확히 하기 위하여 기금을 회계처리 하여야 한다. 보건복지부장관은 기금의 관리·운용에 관한 업무의 일부를 공단에 위탁할 수 있다.

(3) 국민연금기금운용위원회

기금의 운용에 관한 다음 각 호의 사항을 심의·의결하기 위하여 보건복지부에 국민연금기금운용위원회(운용위원회)를 둔다. 운용위원회에서는 ① 기금운용지침에 관한 사항, ②

기금을 관리기금에 위탁할 경우 예탁 이자율의 협의에 관한 사항, ③ 기금 운용 계획에 관한 사항, ④ 기금의 운용 내용과 사용 내용에 관한 사항, ⑤ 그 밖에 기금의 운용에 관하여 중요한 사항으로서 운용위원회 위원장이 회의에 부치는 사항을 심의 · 의결한다.

운용위원회는 위원장인 보건복지부장관, 당연직 위원인 기획재정부차관 · 농림축산식품부차관 · 산업통상자원부차관 · 고용노동부차관과 공단 이사장 및 위원장이 위촉하는 다음 각 호의 위원으로 구성하며, 위원의 임기는 2년으로 하고, 1차만 연임할 수 있다. 다만, 위원장과 당연직 위원의 임기는 그 재임 기간으로 한다.

(4) 국민건강보험공단에 출연

보건복지부장관은 연금보험료 등의 징수에 소요되는 비용을 국민연금기금운용위원회의 의결을 거쳐 기금에서 건강보험공단에 출연할 수 있다.

(5) 국민연금기금 운용지침

운용위원회는 가입자의 권익이 극대화되도록 매년 다음 사항에 관한 국민연금기금운용지침(기금운용지침)을 마련하여야 한다.

- 공공사업에 사용할 기금 자산의 비율
- 공공사업에 대한 기금 배분의 우선순위
- 가입자, 가입자였던 자 및 수급권자의 복지 증진을 위한 사업비
- 기금의 증식을 위한 가입자 및 가입자였던 자에 대한 대여사업비
- 기금의 관리 · 운용 현황에 관한 공시 대상 및 방법

6. 외국인에 대한 적용 및 사회보장협정

1) 외국인에 대한 적용

외국인에 대한 국민연금의 적용은 상호주의에 입각하고 있다. 이 법의 적용을 받는 사업장에 사용되고 있거나 국내에 거주하는 외국인으로서 대통령령으로 정하는 자 외의 외국인은 당연히 사업장가입자 또는 지역가입자가 된다. 다만, 이 법에 따른 국민연금에 상응하는

연금에 관하여 그 외국인의 본국 법이 대한민국 국민에게 적용되지 아니하면 그러하지 아니하다.

다음의 경우는 제외된다.

- 출입국관리법 규정에 의하여 체류기간 연장허가를 받지 않고 체류하는 자
- 외국인 등록을 하지 아니하거나 강제퇴거명령서가 발부된 자
- 외국인 체류자격이 있는 자로서 보건복지부령으로 정하는 자

2) 외국과의 사회보장협정

대한민국이 외국과 사회보장협정을 맺은 경우에는 이 법에도 불구하고 국민연금의 가입, 연금보험료의 납부, 급여의 수급 요건, 급여액의 산정, 급여의 지급 등에 관하여 그 사회보장협정에서 정하는 바에 따른다.

7. 수급자의 권리보호 및 벌칙

1) 수급자의 권리보호

(1) 압류금지

국민연금의 급여를 받을 권리는 양도압류하거나 담보로 제공할 수 없다. 수급권자에게 지급된 급여로서 대통령령으로 정하는 금액 이하의 급여는 압류할 수 없다. 급여수급전용 수급계좌에 입금된 급여와 이에 관한 채권은 압류할 수 없다.

(2) 근로자의 권익 보호

사용자는 근로자가 가입자로 되는 것을 방해하거나 부담금의 증가를 기피할 목적으로 정당한 사유 없이 근로자의 승급(昇級) 또는 임금 인상을 하지 아니하거나 해고(解雇)나 그 밖의 불리한 대우를 하여서는 아니 된다.

(3) 심사청구 및 재심사청구

가입자의 자격, 기준소득월액, 연금보험료, 그 밖의 이 법에 따른 징수금과 급여에 관한 공단 또는 건강보험공단의 처분에 이의가 있는 자는 그 처분을 한 공단 또는 건강보험공단에 심사청구를 할 수 있다.

심사청구는 그 처분이 있음을 안 날부터 90일 이내에 문서(전자문서를 포함)로 하여야 하며, 처분이 있은 날부터 180일을 경과하면 이를 제기하지 못한다. 다만, 정당한 사유로 그 기간에 심사청구를 할 수 없었음을 증명하면 그 기간이 지난 후에도 심사 청구를 할 수 있다.

심사청구에 대한 결정에 불복하는 자는 그 결정통지를 받은 날부터 90일 이내에 대통령령으로 정하는 사항을 적은 재심사청구서에 따라 국민연금재심사위원회에 재심사를 청구할 수 있다.

(4) 시효

연금보험료, 환수금, 그 밖의 이 법에 따른 징수금을 징수하거나 환수할 권리는 3년간, 급여를 받거나 과오납금을 반환받을 수급권자 또는 가입자 등의 권리는 5년간 행사하지 아니하면 각각 소멸시효가 완성된다. 급여를 지급받을 권리는 그 급여 전액에 대하여 지급이 정지되어 있는 동안은 시효가 진행되지 아니한다.

연금보험료나 그 밖의 이 법에 따른 징수금 등의 납입 고지, 독촉과 급여의 지급 또는 과오납금 등의 반환청구는 소멸시효 중단의 효력을 가진다. 중단된 소멸시효는 납입 고지나 독촉에 따른 납입 기간이 지난 때부터 새로 진행된다. 급여의 지급이나 과오납금 등의 반환청구에 관한 기간을 계산할 때 그 서류의 송달에 들어간 일수는 그 기간에 산입하지 아니한다.

(5) 급여수급전용계좌

수급자는 대통령령으로 정하는 금액 이하의 급여를 본인 명의의 지정된 계좌(급여수급전용계좌)로 입금하도록 공단에 신청할 수 있으며, 이 경우 공단은 급여를 급여수급전용계좌로 입금하여야 한다.

공단은 정보통신장애나 그 밖에 불가피한 사유로 급여를 급여수급전용계좌로 이체할 수 없을 때에는 현금으로 지급하는 등 급여를 지급할 수 있다.

급여수급전용계좌가 개설된 금융기관은 급여만이 급여수급전용계좌에 입금되도록 하고, 이를 관리하여야 한다.

(6) 체납보험료의 분할납부

건강보험공단은 연금보험료를 2회 이상 체납한 지역가입자에 대하여 보건복지부령으로 정하는 바에 따라 분할납부 승인을 할 수 있다. 건강보험공단은 분할납부 승인을 받은 사람이 정당한 사유 없이 2회 이상 그 승인된 보험료를 납부하지 아니하면 분할납부의 승인을 취소한다.

2) 벌칙 등

(1) 벌칙

① 3년 이하의 징역이나 3천만원 이하의 벌금

거짓이나 기타 부정한 방법으로 급여를 받은 자는 3년 이하의 징역 또는 3천만원 이하의 벌금에 처한다.

② 1년 이하의 징역이나 1천만원 이하의 벌금

- 부담금의 전부 또는 일부를 사업장가입자에게 부담하게 하거나 임금에서 기여금을 공제할 대 기여금을 초과하는 금액을 사업장가입자의 임금에서 공제한 사용자
- 납부 기한가지 정당한 사유 없이 연금보험료를 내지 아니한 사용자
- 근로자가 가입자로 되는 것을 방해하거나 부담금의 증가를 기피할 목적으로 정당한 사유 없이 근로자의 승급 또는 임금 인상을 하지 아니하거나 해고나 그 밖의 불리한 대우를 한 사용자
- 업무를 수행하면서 알게 된 비밀을 누설한 자

(2) 과태료

① 50만원 이하의 과태료

- 가입과 관련하여 신고를 하지 아니하거나 거짓으로 신고한 사용자
- 공단 또는 공단의 직원이 서류나 그 밖의 자료 제출을 요구하거나 조사·질문을 할

대 이를 거부 · 기피 · 방해하거나 거짓으로 답변한 사용자

② 10만원 이하의 과태료

- 가입자격 취득 · 상실, 이름 또는 주소의 변경 및 소득에 관한 사항을 신고하지 아니하였거나 가입자자격 · 연금보험료 · 수급권의 발생과 변경 등에 관련된 사항을 신고 또는 통보하지 아니한 가입자 또는 가입자였던 자 및 수급권자의 사망을 1개월 이내에 신고하지 않은 신고의무자
- 공단으로부터 가입자 등에 대한 통지를 받은 사용자가 해당 사업장가입자 또는 그 자격을 상실한 자에게 통지하지 아니하거나, 통지할 수 없는 경우 그 뜻을 공단에 통지하지 아니한 경우
- 공단 또는 공단의 직원이 서류나 그 밖의 소득 · 재산 등에 관한 자료의 제출을 요구하거나 조사 · 질문할 때 이를 거부 · 기피 · 방해하거나 거짓으로 답변한 가입자, 가입자였던 자 또는 수급권자

제 2 절 국민건강보험법

1. 개요

1) 목적 및 기본원칙

(1) 목적

이 법은 국민의 질병 · 부상에 대한 예방 · 진단 · 치료 · 재활과 출산 · 사망 및 건강증진에 대하여 보험급여를 실시함으로써 국민보건 향상과 사회보장 증진에 이바지함을 목적으로 한다.

(2) 기본원칙

기본원칙으로는 포괄성, 형평성, 효율성, 투명성, 건전성 등을 들 수 있다.

첫째, 보험급여의 포괄성을 보장한다. 질병의 치료뿐만 아니라 예방·재활 및 건강증진에 대하여 적극적이고 포괄적인 급여를 제공함으로써 국민건강수준의 향상을 도모한다.

둘째, 보험료 부담의 형평성을 보장한다. 모든 국민에게 단일 부과기준을 적용함으로써 계층 간·지역 간 보험료 부담의 형평성을 제고한다.

셋째, 제도운영의 효율성과 투명성을 확보한다. 의료자원의 효율적 활용과 의료서비스의 질적 향상을 기한다. 넷째, 보험재정의 건전성을 확보한다. 재정운영시스템을 현행 '저부담 저급여' 구조에서 '적정부담, 적정급여' 구조로 전환하도록 한다.

2) 특징

① 국민건강보험은 정부가 공적인 기금운영으로 관리하는 사회보험제도이다. 이는 영국의 국민보건서비스(NHS) 방식이나 미국의 민간보험방식에 의한 의료보장제도와 구분된다.

② 국민건강보험은 본인의 의사에 따라 가입하는 임의보험이 아니라 법률에 의해 강제가입하는 보험이다.

③ 국민건강보험은 국민연금과 같이 장기보험이 아니라 회계연도가 1년인 단기보험에 속한다. 국민건강보험은 적용범위가 전국민인 보편적 사회보험이다.

④ 국민건강보험은 의료기관 이용실적에 비례하여 보험료를 부과하는 체계가 아니라 소득에 따라 보험료를 차등 부과하므로 소득 재분배적 기능을 가지는 사회보험이다.

⑤ 국민건강보험법은 법적으로 보험료 납부의무를 부과하므로 보험료 징수는 강제성을 띤다.

3) 용어의 정의

① **근로자:** 직업의 종류와 관계없이 근로의 대가로 보수를 받아 생활하는 사람(법인의 이사와 그 밖의 임원을 포함한다)으로서 공무원 및 교직원을 제외한 사람을 말한다.

② **사용자:** 근로자가 소속되어 있는 사업장의 사업주, 공무원이 소속되어 있는 기관의 장으로서 대통령령으로 정하는 사람, 교직원이 소속되어 있는 사립학교를 설립·운

영하는 자 중 어느 하나에 해당하는 자를 말한다.

③ **사업장:** 사업소나 사무소를 말한다.

④ **공무원:** 국가나 지방자치단체에서 상시 공무에 종사하는 사람을 말한다.

⑤ **교직원:** 사립학교나 사립학교의 경영기관에서 근무하는 교원과 직원을 말한다.

4) 연혁

① 의료보험법(1963. 12. 16. 제정)

1977년 1월 1일부터 전국민이 강제가입 했다. 1985년에는 종래의 1종 의료보험은 직장의료보험으로, 2종 의료보험은 지역의료보험 및 직종의료보험으로 명칭을 변경, 1987년에는 한방의료보험을 전국적으로 확대 실시하였다. 1988년에는 농어촌지역 의료보험을 실시하였고, 1988년 5인 이상 사업장근로자에 확대 적용하였다. 1989년 도시지역 의료보험을 실시하여, 전국민 의료보험을 달성하였다.

② 국민의료보험법(1997. 12. 31. 제정)

일시적 통합으로 인한 집단 간의 갈등을 최소화하면서 점진적으로 통합운영 방식의 의료보험제도를 도입하기 위해 제정하였다. 의료보험을 통합하기 위한 첫 단계로서 신설된 국민의료보험관리공단이 공무원및사립학교교직원의료보험관리공단과 지역의료보험조합 업무를 포괄하여 수행하도록 하였다. 국민의료보험관리공단을 신설하였다.

③ 국민건강보험법(1999. 2. 8. 제정, 2000. 1. 1. 시행)[5)]

국민건강보험법은 다보험자 방식으로 운영되고 있던 기존의 의료보험 관리체계를 단일보험자 통합 운영 · 조합방식에서 통합방식으로 변경하였으며, 국민건강보험공단이 출범하였다.

④ 2000. 12. 29. 일부개정

5인 미만 사업장 근로자들을 직장가입자로 편입하였다.

5) 국민건강보험법 입법 배경: 의료보험조합 간 보험료급여 차이로 인한 형평성, 지역의료보험의 만성적 재정적자, 포괄적 의료서비스에 대한 요구

⑤ 2002. 1. 19. 일부개정

2003년 7월 1일 지역과 직장의 재정을 통합하였다.

⑥ 2005. 7. 13. 일부개정

국내에 체류 재외국민의 가입을 인정하였다.

⑦ 2006. 12. 30. 일부개정

표준보수월액 및 부과표준소득의 등급구분을 폐지하고, 실제 보수 및 소득 등에 따라 보험료를 부과하였다. 65세 이상인 자, 장애인, 휴직자 등에 대한 보험료 일부를 경감하여 저소득층의 부담을 완화하였다. 건강보험 재정에 대하여 국고에서 당해연도 보험료 예상수입액의 100분의 14을 지원하도록 하고, 국민건강증진법에 따라 건강증진기금에서 지원받을 수 있는 근거를 마련하여, 국고에 의한 지원금은 가입자 및 피부양자에 대한 보험급여비용, 건강보험사업 운영비 및 취약계층 보험료 경감에 사용하도록 하고, 국민건강증진기금에 의한 지원금은 흡연으로 인한 질병에 대한 보험급여, 건강검진사업 및 65세 이상 노인의 보험급여에 사용하도록 하였다.

일정한 요건을 갖춘 실업자는 공단에 임의계속가입자로 신청하여 일정기간 동안 직장가입자의 자격을 유지할 수 있도록 하고, 그 가입자의 퇴직일이 속하는 날이 속하는 달의 직전 3개월간 보수의 평균액을 보수월액으로 하여 보험료를 산정하며, 그 일부를 경감할 수 있도록 하였다.

⑧ 2008. 3. 28. 일부개정

사업자 신고의무를 부과하여 사용자는 건강보험이 적용되는 사업장에 해당된 경우나 휴업·폐업하는 경우에는 그 사유 발생일부터 14일 이내에 보험자에게 신고하도록 하였다. 가입자의 의료서비스 이용 시 주민등록증·운전면허증 등 다른 신분증에 의하여 자격이 확인되는 경우 건강보험증을 제시하지 아니할 수 있도록 하였다.

⑨ 2009. 5. 21. 일부개정(2011. 1. 1. 시행)

사회보험료 징수업무를 국민건강보험공단으로 일원화하여 사회보험 징수업무 처리의 효율성을 높이고 잉여 인력을 활용하여 각 사회보험의 신규서비스를 강화할 수 있도록 하는 한편, 징수제도 변경에 따른 문제점을 사전에 파악하여 국민의 불편을 최소화하고 제도를 안정적으로 운영하기 위하여 이 법 시행 전에 6개월 이상의 기간 동안 징수위탁을 받은 업무를 시험 운영하도록 하였다.

⑩ 2011. 12. 31. 전부개정(2012. 9. 1. 시행)

건강보험제도의 안정적 운영을 위하여 당초 2011년 12월 말까지로 예정되었던 건강보험재정에 대한 정부지원을 2016년 12월 말까지 연장하였다. 직장가입자에 대하여 보수를 기준으로 산정하는 보수월액보험료 외에 다른 소득을 기준으로 산정하는 소득월액보험료를 징수하는 근거를 마련하였다. 납부능력이 있음에도 보험료를 체납하고 있는 자의 명단을 공개할 수 있도록 하고, 결손처분 후 재산이 발생한 경우 결손처분을 취소할 수 있도록 함으로써 보험료의 성실납부를 유도하였다. 권리구제의 신속성 및 효율성 제고를 위하여 정보통신망을 이용하여 이의신청할 수 있는 근거를 명확히 규정하였다.

⑪ 2013. 5. 22. 일부개정

요양급여비용 계약 체결 시기를 정부의 예산 편성 시기와 연계하여 건강보험재정에 대한 국고 지원 규모 산정의 정확성을 높이고, 임의계속가입 신청기한을 연장하여 실직한 사람의 보험료 부담을 완화하며, 보험료 체납 등 자료를 신용정보집중기관에 제공할 수 있는 근거를 마련하여 보험료 납부를 간접적으로 강제할 수 있도록 하는 한편, 요양기관을 개설할 수 없는 자가 명의를 대여하여 요양기관 개설 시 부당이득을 징수할 수 있는 근거를 마련하고, 건강보험증 부정사용 등을 통한 부정수급행위에 대한 처벌을 강화하며, 납부기한 연장제도에 대한 법적근거를 마련하는 등 현행 제도의 운영상 나타난 일부 미비점을 개선·보완하였다.

⑫ 2014. 1. 1. 일부개정

의약품 리베이트 제재 수단을 강화함으로써 리베이트 관행을 근절하고 공정한 거래질서를 확립하여 국민 의료비의 감소 및 국민건강의 보호에 이바지하고, 사립학교 직원을 제외한 교원에게만 국가가 보험료의 일부를 부담하도록 변경하여 각 제도의 형평성을 고려하고 국고 지원의 취지를 살리는 한편, 건강보험분쟁조정위원회 위원의 수를 늘리고, 위원회에 사무국을 신설하여 전담조직 및 전문인력을 확보함으로써 신속·공정한 분쟁조정을 통해 국민의 권익증진을 도모하였다.

⑬ 2014. 5. 20. **일부개정**

요양급여비용의 지급보류 조항, 보험급여로 지급되는 현금을 받는 수급자의 신청이 있는 경우에는 요양비등을 수급자 명의의 지정된 계좌로 입금하여야 한다는 조항, 보험료 등을 납부하는 지역가입자와 직장가입자는 납부를 신용카드, 직불카드 등으로 납부할 수 있다는 조항 등을 신설하였다.

⑭ 2016. 2. 3. **일부개정**

사업주가 체납한 직장가입자의 보험료를 법인인 사용자의 재산으로 체납보험료를 충당할 수 없을 경우에 무한책임사원·과점주주 등에게 제2차 납부의무를 부과하도록 하는 법적근거를 마련하고, 위반 시 업무정지 및 과징금 부과 등 행정적 제재가 이루어지는 의료행위·치료재료·약제의 건강보험 등재 절차에 관한 사항의 근거규정을 현행 보건복지부령에서 법률로 상향조정하였다.

국민건강보험 제도 운영에 대한 중장기 종합계획 및 연도별 시행계획의 수립·시행 등에 관한 사항을 법률에 규정하고, 건강보험심사평가원의 상임이사를 현행 3인에서 4인으로 증원하고 진료심사평가위원회의 상근 심사위원을 현행 50인 이내에서 90인 이내로 증원하였다.

연체금 계산방식을 월할계산에서 일할계산으로 전환하고, 공단의 보험료 징수 및 4대보험통합징수 업무를 외부기관에 위탁하는 것을 금지하며, 약제·치료재료의 제조업자 등이 보험자·가입자·피부양자에게 손실을 주는 것으로 인정되는 경우 국민건강보험공단이 손실상당액에 해당되는 금액을 징수할 수 있도록 하는 근거를 마련하는 등 현행 제도의 운영상 나타난 일부 미비점을 개선·보완하려하였다.

⑮ 2017. 4. 18. **일부개정 및 시행**

보건강보험료 부과체계상 불형평성 문제와 재원고갈문제 및 미성년자에 대한 건강보험료 부담문제를 해결하기 위하여 저소득 지역가입자에게 적용되던 평가소득을 폐지하는 등 현행 제도의 운영상 나타난 일부 미비점을 개선·보완하려하였다.

2. 적용대상자

1) 적용대상

국내에 거주하는 국민은 이 법에 따른 건강보험의 가입자 또는 피부양자가 된다. 다만, 다음 각 호의 어느 하나에 해당하는 사람은 제외한다.

- 의료급여법에 따라 의료급여를 받는 사람(수급권자)
- 독립유공자예우에 관한 법률 및 국가유공자 등 예우 및 지원에 관한 법률에 따라 의료보호를 받는 사람(유공자등 의료보호대상자). 다만, 유공자등 의료보호대상자 중 건강보험의 적용을 보험자에게 신청한 사람, 건강보험을 적용받고 있던 사람이 유공자등 의료보호대상자로 되었으나 건강보험의 적용배제신청을 보험자에게 하지 아니한 사람은 가입자 또는 피부양자가 된다.

피부양자는 직장가입자의 배우자, 직장가입자의 직계존속(배우자의 직계존속을 포함한다), 직장가입자의 직계비속(배우자의 직계비속을 포함한다)과 그 배우자, 직장가입자의 형제 · 자매 중 어느 하나에 해당하는 사람 중 직장가입자에게 주로 생계를 의존하는 사람으로서 보수나 소득이 없는 사람을 말한다.

2) 가입자의 종류

가입자는 직장가입자와 지역가입자로 구분한다.

(1) 직장가입자

모든 사업장의 근로자 및 사용자와 공무원 및 교직원은 직장가입자가 된다. 다만, 고용기간이 1개월 미만인 일용근로자, 현역병(지원에 의하지 아니하고 임용된 하사를 포함), 전환복무된 사람 및 무관후보생, 선거에 당선되어 취임하는 공무원으로서 매월 보수 또는 보수에 준하는 급료를 받지 아니하는 사람, 그 밖에 사업장의 특성, 고용 형태 및 사업의 종류 등을 고려하여 사업장의 근로자 및 사용자와 공무원 및 교직원 중 어느 하나에 해당하는 사람은 제외한다.

근로자 및 사용자는 절차에 따라 직장가입자가 되거나 탈퇴할 수 있다.

(2) 지역가입자

지역가입자는 직장가입자와 그 피부양자를 제외한 가입자를 말한다.

(3) 외국인 등에 대한 특례

정부는 외국 정부가 사용자인 사업장의 근로자의 건강보험에 관하여는 외국 정부와 한 합의에 따라 이를 따로 정할 수 있다. 국내에 체류하고 있는 재외국민 또는 외국인으로서 대통령령으로 정하는 사람은 "국내에 거주하는 국민"이라는 적용 대상의 규정에 불구하고 이 법의 적용을 받는 가입자 또는 피부양자가 된다.

직장가입자가 되는 재외국민 또는 외국인은 국내거소신고를 한 사람이거나 외국인등록을 한 사람 중에서 건강보험 적용 사업장의 근로자, 공무원 또는 교직원인 사람이다. 지역가입자가 되는 재외국민 또는 외국인은 직장가입자가 되는 재외국민 또는 외국인이 아니면서 국내에 3개월 이상 거주하였거나 유학·취업 등의 사유로 3개월 이상 거주할 것이 명확한 사람으로 국내거소신고를 한 사람이거나 외국인등록을 한 사람으로서 보건복지부령으로 정하는 체류자격을 갖추고 공단에 지역가입자 자격 취득을 신청한 사람이다.

3) 자격의 취득·변동 및 상실

(1) 자격의 취득 시기

가입자는 국내에 거주하게 된 날에 직장가입자 또는 지역가입자의 자격을 얻는다. 다만, 다음 중 어느 하나에 해당하는 사람은 그 해당되는 날에 각각 자격을 얻는다.

- 수급권자이었던 사람은 그 대상자에서 제외된 날
- 직장가입자의 피부양자이었던 사람은 그 자격을 잃은 날
- 유공자등 의료보호대상자이었던 사람은 그 대상자에서 제외된 날
- 보험자에게 건강보험의 적용을 신청한 유공자등 의료보호대상자는 그 신청한 날

자격을 얻은 경우 그 직장가입자의 사용자 및 지역가입자의 세대주는 그 명세를 보건복지

부령으로 정하는 바에 따라 자격을 취득한 날부터 14일 이내에 보험자에게 신고하여야 한다.

(2) 자격변동의 시기

가입자는 다음 중 어느 하나에 해당하게 된 날에 그 자격이 변동된다.

- 지역가입자가 적용대상사업장의 사용자로 되거나, 근로자·공무원 또는 교직원(근로자등)으로 사용된 날
- 직장가입자가 다른 적용대상사업장의 사용자로 되거나 근로자등으로 사용된 날
- 직장가입자인 근로자등이 그 사용관계가 끝난 날의 다음 날
- 적용대상사업장에 제7조제2호에 따른 사유가 발생한 날의 다음 날
- 지역가입자가 다른 세대로 전입한 날

자격이 변동된 경우 직장가입자의 사용자와 지역가입자의 세대주는 그 명세를 보건복지부령으로 정하는 바에 따라 자격이 변동된 날부터 14일 이내에 보험자에게 신고하여야 한다.

법무부장관 및 국방부장관은 직장가입자나 지역가입자가 현역병(지원에 의하지 아니하고 임용된 하사를 포함한다), 전환복무된 사람 및 무관후보생, 교도소, 그 밖에 이에 준하는 시설에 수용되어 있는 경우에 해당하면 보건복지부령으로 정하는 바에 따라 그 사유에 해당된 날부터 1개월 이내에 보험자에게 알려야 한다.

(3) 자격상실의 시기

가입자는 사망한 날의 다음 날, 국적을 잃은 날의 다음 날, 국내에 거주하지 아니하게 된 날의 다음 날, 직장가입자의 피부양자가 된 날, 수급권자가 된 날, 건강보험을 적용받고 있던 사람이 유공자등 의료보호대상자가 되어 건강보험의 적용배제신청을 한 날 중 어느 하나에 해당하게 된 날에 그 자격을 잃는다.

자격을 잃은 경우 직장가입자의 사용자와 지역가입자의 세대주는 그 명세를 보건복지부령으로 정하는 바에 따라 자격을 잃은 날부터 14일 이내에 보험자에게 신고하여야 한다.

3. 급여

1) 요양급여

(1) 요양급여

가입자와 피부양자의 질병, 부상, 출산 등에 대하여 진찰・검사, 약제・치료재료의 지급, 처치・수술 및 그 밖의 치료, 예방・재활, 입원, 간호, 이송의 요양급여를 실시한다. 보건복지부장관은 요양급여의 기준을 정할 때 업무나 일상생활에 지장이 없는 질환, 그 밖에 보건복지부령으로 정하는 사항은 요양급여의 대상에서 제외할 수 있다.

(1-1) 국민건강보험의 요양급여대상인 가정간호의 규정 취지 및 가정간호가 이루어지는 적합한 장소의 범위와 구 노인복지법의 양로시설, 노인요양시설, 노인요양공동생활가정의 입소자들에게 국민건강보험의 요양급여대상인 가정간호를 실시할 수 있는지 여부의 사례 (적극)(대법원 2014)

[1] 구 의료법(2010. 1. 18. 법률 제9932호로 개정되기 전의 것) 제33조 제1항 제4호, 구 의료법 시행규칙(2010. 3. 19. 보건복지부령 제1호로 개정되기 전의 것) 제24조, 구 국민건강보험 요양급여의 기준에 관한 규칙(2010. 3. 19. 보건복지부령 제1호로 개정되기 전의 것) 제5조 제1항 [별표 1] 제7호 등의 내용을 종합해 보면, 국민건강보험의 요양급여대상인 가정간호는 의료기관에서 입원진료를 받았거나 입원이 요구되는 환자 중 의료법이 규정한 '가정간호'가 필요하고 그 진료행위 정도로 환자의 건강을 보호하고 증진하는 데 충분하다는 의사나 한의사의 판단을 전제로, 해당 환자들에 대하여 입원진료 대신 가정간호를 실시함으로써 당사자의 불필요한 비용 부담이나 수고를 덜게 하고 의료자원의 효율적인 이용을 도모하기 위한 것임을 알 수 있다. 이러한 입법 취지를 고려하면, 국민건강보험의 요양급여대상으로서 가정간호가 이루어지는 적합한 장소에는 환자의 자택만 아니라 환자가 일상생활을 영위하여 실질적으로 그의 자택으로 볼 수 있는 곳도 포함된다.

[2] 구 노인복지법(2010. 1. 18. 법률 제9932호로 개정되기 전의 것, 이하 '구 노인복지법'이라 한다) 제32조 제1항 제1호, 제34조 제1항 제1호, 제2호, 구 노인복지법 시행규칙

> (2010. 2. 24. 보건복지가족부령 제161호로 개정되기 전의 것) 제17조 제1항 [별표 2], 제2항 [별표 3], 제22조 제1항 [별표 4], 제2항 [별표 5]의 취지에 비추어 보면, 구 노인복지법의 양로시설, 노인요양시설, 노인요양공동생활가정은 모두 노인들에게 식사와 주거 등 일상생활에 필요한 편의를 제공하는 곳이므로, 실질적으로 그들의 자택으로 볼 수 있는 장소라고 볼 수 있다. 또한 위 각 시설은 의료기관이 아닐 뿐만 아니라, 촉탁의사 등이 그곳에서 실시하는 의료행위는 의료법이 규정한 '가정간호' 의료행위에 미치지 못하므로 위 각 시설의 입소자들에 대하여 가정간호를 실시할 필요성도 있다. 따라서 위 각 시설의 입소자들에 대하여도 국민건강보험의 요양급여대상인 가정간호를 실시할 수 있다.

(2) 요양기관

요양급여(간호와 이송은 제외)는 의료기관, 약국, 한국희귀의약품센터, 보건소・보건의료원 및 보건지소, 농어촌 등 보건의료를 위한 특별조치법에 따라 설치된 보건진료소의 요양기관에서 실시한다. 이 경우 보건복지부장관은 공익이나 국가정책에 비추어 요양기관으로 적합하지 아니한 의료기관 등은 요양기관에서 제외할 수 있다.

보건복지부장관은 효율적인 요양급여를 위하여 필요하면 보건복지부령으로 정하는 바에 따라 시설・장비・인력 및 진료과목 등 보건복지부령으로 정하는 기준에 해당하는 요양기관을 전문요양기관으로 인정할 수 있다. 이 경우 해당 전문요양기관에 인정서를 발급하여야 한다.

보건복지부장관은 인정받은 요양기관이 인정기준에 미달하게 된 경우, 발급받은 인정서를 반납한 경우 중 어느 하나에 해당하는 경우에는 그 인정을 취소한다.

전문요양기관으로 인정된 요양기관 또는 상급종합병원에 대하여는 요양급여의 절차 및 요양급여비용을 다른 요양기관과 달리 할 수 있다. 요양기관은 정당한 이유 없이 요양급여를 거부하지 못한다.

(3) 비용의 일부부담

요양급여를 받는 자는 비용의 일부(본인일부부담금)를 본인이 부담한다.

(4) 요양급여비용의 산정

요양급여비용은 공단의 이사장과 의약계를 대표하는 사람들의 계약으로 정한다. 이 경우 계약기간은 1년으로 한다. 계약이 체결되면 그 계약은 공단과 각 요양기관 사이에 체결된 것으로 본다.

계약은 그 직전 계약기간 만료일이 속하는 연도의 5월 31일까지 체결하여야 하며, 그 기한까지 계약이 체결되지 아니하는 경우 보건복지부장관이 그 직전 계약기간 만료일이 속하는 연도의 6월 30일까지 심의위원회의 의결을 거쳐 요양급여비용을 정한다. 이 경우 보건복지부장관이 정하는 요양급여비용은 계약으로 정한 요양급여비용으로 본다.

요양급여비용이 정해지면 보건복지부장관은 그 요양급여비용의 명세를 지체 없이 고시하여야 한다. 공단의 이사장은 재정운영위원회의 심의·의결을 거쳐 계약을 체결하여야 한다. 사평가원은 공단의 이사장이 계약을 체결하기 위하여 필요한 자료를 요청하면 그 요청에 성실히 따라야 한다.

(5) 요양급여비용의 청구와 지급

요양기관은 공단에 요양급여비용의 지급을 청구할 수 있다. 이 경우 제2항에 따른 요양급여비용에 대한 심사청구는 공단에 대한 요양급여비용의 청구로 본다. 요양급여비용을 청구하려는 요양기관은 심사평가원에 요양급여비용의 심사청구를 하여야 하며, 심사청구를 받은 심사평가원은 이를 심사한 후 지체 없이 그 내용을 공단과 요양기관에 알려야 한다.

심사 내용을 통보받은 공단은 지체 없이 그 내용에 따라 요양급여비용을 요양기관에 지급한다. 이 경우 이미 낸 본인일부부담금이 제2항에 따라 통보된 금액보다 더 많으면 요양기관에 지급할 금액에서 더 많이 낸 금액을 공제하여 해당 가입자에게 지급하여야 한다.

공단은 가입자에게 지급하여야 하는 금액을 그 가입자가 내야 하는 보험료와 그 밖에 이 법에 따른 징수금(보험료등)과 상계할 수 있다.

공단은 심사평가원이 요양급여의 적정성을 평가하여 공단에 통보하면 그 평가 결과에 따라 요양급여비용을 가산하거나 감액 조정하여 지급한다.

요양기관은 심사청구를 다음의 단체가 대행하게 할 수 있다.

- 의사회 · 치과의사회 · 한의사회 · 조산사회 또는 신고한 각각의 지부 및 분회
- 의료기관 단체
- 약사회 또는 신고한 지부 및 분회

1-2) 의료법 등 다른 개별 행정 법률을 위반하여 요양급여를 제공하고 요양급여비용을 수령한 것이 구 국민건강보험법 제57조 제1항에서 부당이득징수의 대상으로 정한 '속임수나 그 밖의 부당한 방법으로 보험급여비용을 받은' 경우에 해당하는지 판단하는 방법(대법원,2020)

따라서 구 정신보건법령상 정신과의원의 입원실 수를 초과한 상태에서 요양급여가 제공되었다는 사정만으로는 해당 요양급여비용을 수령하는 행위가 '속임수나 그 밖의 부당한 방법에 의하여 요양급여비용을 받는 행위'에 해당된다고 볼 수 없다.

「국민건강보험 요양급여의 기준에 관한 규칙」이 요양급여의 일반원칙으로 '요양기관은 가입자 등의 요양급여에 필요한 적정한 인력 · 시설 및 장비를 유지하여야 한다'고 규정한 취지는 요양기관으로 하여금 가입자 또는 피부양자에게 적정한 요양급여를 제공하게 하려는 것이지, 구 정신보건법령상 정신과의원의 입원실 수를 제한 · 유지하기 위한 것이라고 볼 수는 없다. 또한 정신의료기관이 구 정신보건법령상 시설기준을 위반하였다 하더라도, 국민건강보험법에서 정한 요양급여의 기준에 미달하거나 그 기준을 초과하는 등의 다른 사정이 없는 한 구 정신보건법 규정에 따라 시정명령 등을 하는 외에 곧바로 해당 정신의료기관에 지급된 요양급여비용을 국민건강보험법상 부당이득징수의 대상으로 보아 제재하여야 할 정도의 공익상 필요성이 있다고 인정하기도 어렵다.

따라서 구 정신보건법령상 정신과의원의 입원실 수를 초과한 상태에서 요양급여가 제공되었다는 사정만으로는 해당 요양급여비용을 수령하는 행위가 '속임수나 그 밖의 부당한 방법에 의하여 요양급여비용을 받는 행위'에 해당된다고 볼 수 없다.

2) 요양비

공단은 가입자나 피부양자가 보건복지부령으로 정하는 긴급하거나 그 밖의 부득이한 사유로 요양기관과 비슷한 기능을 하는 기관으로서 보건복지부령으로 정하는 기관(제98조제1

항에 따라 업무 정지 기간 중인 요양기관을 포함한다)에서 질병·부상·출산 등에 대하여 요양을 받거나 요양기관이 아닌 장소에서 출산한 경우에는 그 요양급여에 상당하는 금액을 보건복지부령으로 정하는 바에 따라 가입자나 피부양자에게 요양비로 지급한다.

요양을 실시한 기관은 보건복지부장관이 정하는 요양비 명세서나 요양 명세를 적은 영수증을 요양을 받은 사람에게 내주어야 하며, 요양을 받은 사람은 그 명세서나 영수증을 공단에 제출하여야 한다.

3) 부가급여

공단은 이 법에서 정한 요양급여 외에 임신·출산 진료비, 장제비, 상병수당, 그 밖의 급여를 실시할 수 있다

4) 장애인에 대한 특례

공단은 등록한 장애인인 가입자 및 피부양자에게는 보장구에 대하여 보험급여를 할 수 있다.

5) 건강검진

공단은 가입자와 피부양자에 대하여 질병의 조기 발견과 그에 따른 요양급여를 하기 위하여 건강검진을 실시한다.

6) 급여의 제한 및 정지

(1) 급여의 제한

공단은 보험급여를 받을 수 있는 사람이 다음 중 어느 하나에 해당하면 보험급여를 하지 아니한다.

- 고의 또는 중대한 과실로 인한 범죄행위에 그 원인이 있거나 고의로 사고를 일으킨 경우

- 고의 또는 중대한 과실로 공단이나 요양기관의 요양에 관한 지시에 따르지 아니한 경우
- 고의 또는 중대한 과실로 문서와 그 밖의 물건의 제출을 거부하거나 질문 또는 진단을 기피한 경우
- 업무 또는 공무로 생긴 질병·부상·재해로 다른 법령에 따른 보험급여나 보상(報償) 또는 보상(補償)을 받게 되는 경우

공단은 보험급여를 받을 수 있는 사람이 다른 법령에 따라 국가나 지방자치단체로부터 보험급여에 상당하는 급여를 받거나 보험급여에 상당하는 비용을 지급받게 되는 경우에는 그 한도에서 보험급여를 하지 아니한다.

공단은 가입자가 소득월액보험료, 대단위의 보험료의 보험료를 체납한 경우 그 체납한 보험료를 완납할 때까지 그 가입자 및 피부양자에 대하여 보험급여를 실시하지 아니할 수 있다. 다만, 보험료의 체납기간에 관계없이 월별 보험료의 총체납횟수(이미 납부된 체납보험료는 총체납횟수에서 제외)가 대통령령으로 정하는 횟수 미만인 경우에는 그러하지 아니하다.

공단은 납부의무를 부담하는 사용자가 보수월액보험료를 체납한 경우에는 그 체납에 대하여 직장가입자 본인에게 귀책사유가 있는 경우에 한하여 규정을 적용한다. 이 경우 당해 직장가입자의 피부양자에게도 규정을 적용한다.

공단으로부터 분할납부 승인을 받고 그 승인된 보험료를 1회 이상 낸 경우에는 보험급여를 할 수 있다. 다만, 분할납부 승인을 받은 사람이 정당한 사유 없이 2회 이상 그 승인된 보험료를 내지 아니한 경우에는 그러하지 아니하다.

보험급여를 하지 아니하는 기간(급여제한기간)에 받은 보험급여는 다음 각 호의 어느 하나에 해당하는 경우에만 보험급여로 인정한다.

- 공단이 급여제한기간에 보험급여를 받은 사실이 있음을 가입자에게 통지한 날부터 2개월이 지난 날이 속한 달의 납부기한 이내에 체납된 보험료를 완납한 경우
- 공단이 급여제한기간에 보험급여를 받은 사실이 있음을 가입자에게 통지한 날부터 2개월이 지난 날이 속한 달의 납부기한 이내에 분할납부 승인을 받은 체납보험료를 1회 이상 낸 경우. 다만, 분할납부 승인을 받은 사람이 정당한 사유 없이 2회 이상 그

승인된 보험료를 내지 아니한 경우에는 그러하지 아니하다.

(2) 급여의 정지

보험급여를 받을 수 있는 사람이 국외에 여행 중인 경우, 국외에서 업무에 종사하고 있는 경우, 현역병(지원에 의하지 아니하고 임용된 하사를 포함), 전환복무된 사람 및 무관후보생, 교도소, 그 밖에 이에 준하는 시설에 수용되어 있는 경우 중 어느 하나에 해당하면 그 기간에는 보험급여를 하지 아니한다. 다만, 요양급여를 실시한다.

(3) 급여의 확인

공단은 보험급여를 할 때 필요하다고 인정되면 보험급여를 받는 사람에게 문서와 그 밖의 물건을 제출하도록 요구하거나 관계인을 시켜 질문 또는 진단하게 할 수 있다.

4. 보험료

1) 보험료 징수

공단은 건강보험사업에 드는 비용에 충당하기 위하여 보험료의 납부의무자로부터 보험료를 징수한다. 보험료는 가입자의 자격을 취득한 날이 속하는 달의 다음 달부터 가입자의 자격을 잃은 날의 전날이 속하는 달까지 징수한다. 다만, 가입자의 자격을 매월 1일에 취득한 경우에는 그 달부터 징수한다.

2) 직장가입자의 보험료

(1) 직장가입자 보험료 산정

- 직장가입자 건강보험료율: 6.12%(2016년)
- 보수월액보험료(월)= 보수월액 × 보험료율(6.12%)
- 소득월액보험료(월) = 소득월액 × 보험료율(6.12%) × 50/100

※ 소득월액 = 연간 "보수의 소득" ÷ 12

(단위: %)

구분	계	가입자부담	사용자부담	국가부담
근로자	6.12(100)	3.06(50)	3.06(50)	-
공무원	6.12(100)	3.06(50)	-	3.06(50)
사립학교교원	6.12(100)	3.06(50)	1.836(30)	1.224(20)

보수월액은 동일사업장에서 당해연도에 지급받은 보수총액을 근무월수로 나눈 금액을 의미한다. 보수월액보험료는 가입자의 보수월액에 보험료율을 곱하여 보험료를 산정한 후 경감률 등을 적용하여 가입자 단위로 부과한다. 보수월액에 포함된 보수를 제외한 소득(보수외소득)이 연 7,200만원을 초과하는 직장가입자에게 보수외소득을 12개월로 나눈 소득월액에 보험료율의 50%을 곱하여 소득월액보험료를 부과한다.

(2) 직장가입자의 보험료 부담

① 보수월액보험료[6)]

- 직장가입자가 근로자인 경우에는 근로자와 사업주가 각각 보험료액의 100분의 50씩 부담한다.
- 직장가입자가 공무원인 경우에는 공무원과 그 공무원이 소속되어 있는 국가 또는 지방자치단체가 각각 보험료의 100분의 50씩 부담한다.
- 직장가입자가 교직원(사립학교에 근무하는 교원은 제외)인 경우에는 교직원과 사용자가 각각 100분의 50씩 부담한다.
- 직장가입자가 교직원으로서 사립학교에 근무하는 교원이면 보험료액은 그 직장가입자가 100분의 50을, 교직원이 소속되어 있는 사립학교를 설립·운영하는 자가 100분의 30을, 국가가 100의 20을 각각 부담한다.
- 직장가입자가 교직원인 경우 교직원이 소속되어 있는 사립학교를 설립·운영하는 자가 부담액 전부를 부담할 수 없으면 그 부족액을 학교에 속하는 회계에서 부담하게 할 수 있다.

6) 보수월액과 소득월액: 보수월액은 월평균보수를 의미하며 연간 보수총액을 근무월수로 나눈 것이다. 소득월액은 보수 외의 소득을 기준으로 하는데, 이자소득, 배당소득, 사업소득, 근로소득, 연금소득, 기타소득을 평가하여 모두 더한 금액을 12로 나누어 산정한다.

② 소득월액보험료

직장가입자의 소득월액보험료는 직장가입자가 부담한다.

(3) 보험료의 납부의무

직장가입자의 보험료는 ① 보수월액보험료: 사용자. 이 경우 사업장의 사용자가 2명 이상인 때에는 그 사업장의 사용자는 해당 직장가입자의 보험료를 연대하여 납부 ② 소득월액보험료: 직장가입자로 구분하고, 이에 따라 그 각 호에서 정한 자가 납부한다.

지역가입자의 보험료는 그 가입자가 속한 세대의 지역가입자 전원이 연대하여 납부한다. 다만, 소득·생활수준·경제활동참가율 등을 고려하여 기준에 해당하는 미성년자는 납부의무를 부담하지 아니한다.

사용자는 보수월액보험료 중 직장가입자가 부담하여야 하는 그 달의 보험료액을 그 보수에서 공제하여 납부하여야 한다. 이 경우 직장가입자에게 공제액을 알려야 한다.

3) 지역가입자의 보험료

(1) 지역가입자 보험료 산정[7)]

지역가입자의 월별보험료액은 세대 단위로 산정한다.

- 지역가입자 부과점수당 금액(매년 변동): 179.6원(2016년)
- 지역가입자월보험료: 보험료부과점수×부과점수당 금액

(2) 보험료부과점수

지역가입자의 보험료 부과점수는 지역가입자의 소득·재산·생활수준·경제활동참가율 등을 고려하여 정한다.

(3) 지역가입자의 보험료 부담

지역가입자의 보험료는 그 가입자가 속한 세대의 지역가입자 전원이 연대하여 부담한다.

---

7) 보험료 산정공식: ① 지역가입자 월보험료=보험료 부과점수×부과점수당 금액
② 직장가입자 월보험료: 보수월액보험료=보수월액×보험료율 / 소득월액보험료=소득월액×보험료율×50/100

(4) 보험료의 납부의무

직장가입자의 보험료 중 보수월액보험료는 사용자가 납부하며, 사업장의 사용자가 2명 이상인 때에는 그 사업장의 사용자는 해당 직장가입자의 보험료를 연대하여 납부하며, 소득월액보험료는 직장가입자가 납부한다. 지역가입자의 보험료는 그 가입자가 속한 세대의 지역가입자 전원이 연대하여 납부한다. 다만 소득 및 재산이 없는 미성년자와 소득 및 재산 등을 고려하여 미성년자는 납부의무를 부담하지 아니한다. 사용자는 보수월액보험료 중 직장가입자가 부담하여야 하는 그 달의 보험료액을 그 보수에서 공제하여 납부하여야 한다. 이 경우 직장가입자에게 공제액을 알려야 한다.

4) 보험료의 면제 및 경감

(1) 직장가입자의 보험료 면제

공단은 직장가입자가 "국외에서 업무에 종사하고 있는 경우, 현역병·전환복무된 사람 및 무관후보생, 교도소·기타 이에 준하는 시설에 수용되어 있는 때"에는 그 가입자의 보험료를 면제한다. 다만, 직장가입자가 국외에서 업무에 종사하고 있는 경우에는 국내에 거주하는 피부양자가 없을 때에만 보험료를 면제한다.

(2) 지역가입자의 보험료 면제

지역가입자가 "국외에서 업무에 종사하고 있거나, 교도소 및 기타 이에 준하는 시설에 수용되어 있거나, 병역법의 규정에 의한 현역병(자원에 의하지 아니하고 임용된 하사를 포함), 전환복무된 사람 및 무관후보생"인 경우에는 그 가입자가 속한 세대의 보험료를 산정할 대 그 가입자의 보험료부과점수를 제외한다.

(3) 보험료의 경감

다음 각 호의 어느 하나에 해당하는 가입자 중 보건복지부령으로 정하는 가입자에 대하여는 그 가입자 또는 그 가입자가 속한 세대의 보험료의 일부를 경감할 수 있다.

- 섬·벽지(僻地)·농어촌 등 대통령령으로 정하는 지역에 거주하는 사람

- 65세 이상인 사람
- 등록한 장애인
- 국가유공자
- 휴직자
- 그 밖에 생활이 어렵거나 천재지변 등의 사유로 보험료를 경감할 필요가 있다고 보건복지부장관이 정하여 고시하는 사람

보험료 납부의무자가 보험료의 납입 고지를 전자문서로 받는 경우, 보험료를 자동 계좌이체의 방법으로 내는 경우 중 어느 하나에 해당하는 경우에는 보험료를 감액하는 등 재산상의 이익을 제공할 수 있다.

5. 국민건강보험공단 등 관련 기관

1) 국민건강보험공단

(1) 국민건강보험공단의 업무

- 가입자 및 피부양자의 자격 관리
- 보험료와 그 밖에 이 법에 따른 징수금의 부과·징수
- 보험급여의 관리
- 가입자 및 피부양자의 질병의 조기발견·예방 및 건강관리를 위하여 요양급여 실시 현황과 건강검진 결과 등을 활용하여 실시하는 예방사업으로서 대통령령으로 정하는 사업
- 보험급여 비용의 지급
- 자산의 관리·운영 및 증식사업
- 의료시설의 운영
- 건강보험에 관한 교육훈련 및 홍보
- 건강보험에 관한 조사연구 및 국제협력
- 이 법에서 공단의 업무로 정하고 있는 사항

• 국민연금법, 고용보험 및 산업재해보상보험의 보험료징수 등에 관한 법률, 임금채권 보장법 및 석면피해구제법에 따라 위탁받은 업무
• 그 밖에 이 법 또는 다른 법령에 따라 위탁받은 업무
• 그 밖에 건강보험과 관련하여 보건복지부장관이 필요하다고 인정한 업무

(2) 구성

① 임원

공단은 임원으로서 이사장 1명, 이사 14명 및 감사 1명을 둔다. 이 경우 이사장, 이사 중 5명 및 감사는 상임으로 한다.

이사장은 임원추천위원회가 복수로 추천한 사람 중에서 보건복지부장관의 제청으로 대통령이 임명하며 임기는 3년이다. 상임이사는 보건복지부령으로 정하는 추천 절차를 거쳐 이사장이 임명하며 임기는 2년이다. 감사는 임원추천위원회가 복수로 추천한 사람 중에서 기획재정부장관의 제청으로 대통령이 임명하며 임기는 2년이다. 비상임이사는 다음 각 호의 사람을 보건복지부장관이 임명하며 임기는 2년이고, 정관으로 정하는 바에 따라 실비변상을 받을 수 있다.

• 노동조합 · 사용자단체 · 시민단체 · 소비자단체 · 농어업인단체 및 노인단체가 추천하는 각 1명

② 재정운영위원회

요양급여비용의 계약 및 결손처분 등 보험재정에 관련된 사항을 심의 · 의결하기 위하여 공단에 재정운영위원회를 둔다. 재정운영위원회의 위원장은 위원 중에서 호선(互選)한다.

(3) 회계 및 예 · 결산 등

공단의 회계연도는 정부의 회계연도에 따른다. 공단은 직장가입자와 지역가입자의 재정을 통합하여 운영한다. 공단은 건강보험사업 및 징수위탁근거법의 위탁에 따른 국민연금사업 · 고용보험사업 · 산업재해보상보험사업 · 임금채권보장사업에 관한 회계를 공단의 다른 회계와 구분하여 각각 계리하여야 한다.

공단은 회계연도마다 예산안을 그 내용의 성질별로 구분 편성하여 보건복지부장관의 승

인을 받아야 한다. 예산을 변경할 때에도 또한 같다. 공단은 회계연도마다 결산보고서와 사업보고서를 작성하여 다음해 2월 말일까지 보건복지부장관에게 보고하여야 한다. 공단은 결산보고서와 사업보고서를 보건복지부장관에게 보고하였을 때에는 보건복지부령으로 정하는 바에 따라 그 내용을 공고하여야 한다.

2) 건강보험정책심의위원회

건강보험정책에 관한 요양급여의 기준, 요양급여비용에 관한 사항, 장가입자의 보험료율, 지역가입자의 보험료부과점수당 금액, 그 밖에 건강보험에 관한 주요 사항을 심의·의결하기 위하여 보건복지부장관 소속으로 건강보험정책심의위원회(심의위원회)를 둔다.

심의위원회는 위원장 1명과 부위원장 1명을 포함하여 25명의 위원으로 구성한다. 심의위원회의 위원장은 보건복지부차관이 되고, 부위원장은 위원 중에서 위원장이 지명하는 사람이 되며, 임기는 1년이다.

3) 건강보험심사평가원

요양급여 비용을 심사하고 요양급여의 적정성을 평가하기 위하여 건강보험심사평가원을 설립한다.

① 업무

- 요양급여비용의 심사
- 요양급여의 적정성 평가
- 심사기준 및 평가기준의 개발
- 업무와 관련된 조사연구 및 국제협력
- 다른 법률에 따라 지급되는 급여비용의 심사 또는 의료의 적정성 평가에 관하여 위탁받은 업무
- 건강보험과 관련하여 보건복지부장관이 필요하다고 인정한 업무
- 그 밖에 보험급여 비용의 심사와 보험급여의 적정성 평가와 관련하여 대통령령으로 정하는 업무

② 임원

심사평가원에 임원으로서 원장, 이사 15명 및 감사 1명을 둔다. 이 경우 원장, 이사 중 4명 및 감사는 상임으로 한다. 원장은 임원추천위원회가 복수로 추천한 사람 중에서 보건복지부장관의 제청으로 대통령이 임명한다. 원장의 임기는 3년, 이사(공무원인 이사는 제외)와 감사의 임기는 각각 2년으로 한다.

③ 진료심사평가위원회

심사평가원의 업무를 효율적으로 수행하기 위하여 심사평가원에 진료심사평가위원회(심사위원회)를 둔다. 심사위원회는 위원장을 포함하여 90명 이내의 상근 심사위원과 1천명 이내의 비상근 심사위원으로 구성하며, 진료과목별 분과위원회를 둘 수 있다.

6. 수급자의 권리보호 및 벌칙

1) 권리보호

(1) 수급권의 보호

보험급여를 받을 권리는 양도하거나 압류할 수 없다. 요양비등수급계좌에 입금된 요양비등은 압류할 수 없다.

(2) 이의신청

가입자 및 피부양자의 자격, 보험료등, 보험급여, 보험급여 비용에 관한 공단의 처분에 이의가 있는 자는 공단에 이의신청을 할 수 있다.

요양급여비용 및 요양급여의 적정성 평가 등에 관한 심사평가원의 처분에 이의가 있는 공단, 요양기관 또는 그 밖의 자는 심사평가원에 이의신청을 할 수 있다.

이의신청은 처분이 있음을 안 날부터 90일 이내에 문서(전자문서를 포함)로 하여야 하며 처분이 있은 날부터 180일을 지나면 제기하지 못한다. 다만, 정당한 사유로 그 기간에 이의신청을 할 수 없었음을 소명한 경우에는 그러하지 아니하다.

요양기관이 심사평가원의 확인에 대하여 이의신청을 하려면 같은 조 제2항에 따라 통보받은 날부터 30일 이내에 하여야 한다.

(3) 심판청구

이의신청에 대한 결정에 불복하는 자는 건강보험분쟁조정위원회에 심판청구를 할 수 있다. 심판청구를 심리의결하기 위해 보건복지부에 건강보험분쟁조정위원회를 둔다.

(4) 행정소송

공단 또는 심사평가원의 처분에 이의가 있는 자와 이의신청 또는 재심판청구에 대한 결정에 불복하는 자는 행정소송법에서 정하는 바에 따라 행정소송을 제기할 수 있다.

2) 시효

다음의 권리는 3년 동안 행사하지 아니하면 소멸시효가 완성된다.

- 보험료 · 연체금을 징수할 권리
- 보험료 · 연체금으로 과오납부한 금액을 환급받을 권리
- 보험급여를 받을 권리
- 보험급여 비용을 받을 권리
- 과다납부된 본인일부부담금을 돌려받을 권리
- 근로복지공단의 권리

휴직자등의 보수월액보험료를 징수할 권리의 소멸시효는 고지가 유예된 경우 휴직 등의 사유가 끝날 때까지 진행하지 아니한다. 소멸시효기간, 시효 중단 및 시효 정지에 관하여 이 법에서 정한 사항 외에는 민법의 규정을 따른다.

3) 업무정지

보건복지부장관은 요양기관이 속임수나 그 밖의 부당한 방법으로 보험자 · 가입자 및 피부양자에게 요양급여비용을 부담하게 한 경우, 명령에 위반하거나 거짓 보고를 하거나 거

짓 서류를 제출하거나, 소속 공무원의 검사 또는 질문을 거부·방해 또는 기피한 경우 중 어느 하나에 해당하면 그 요양기관에 대하여 1년의 범위에서 기간을 정하여 업무정지를 명할 수 있다.

업무정지 처분을 받은 자는 해당 업무 정지 기간 중에는 요양급여를 하지 못한다. 업무정지 처분의 효과는 그 처분이 확정된 요양기관을 양수한 자 또는 합병 후 존속하는 법인이나 합병으로 설립되는 법인에 승계되고, 업무정지 처분의 절차가 진행 중인 때에는 양수인 또는 합병 후 존속하는 법인이나 합병으로 설립되는 법인에 대하여 그 절차를 계속 진행할 수 있다. 다만, 양수인 또는 합병 후 존속하는 법인이나 합병으로 설립되는 법인이 그 처분 또는 위반사실을 알지 못하였음을 증명하는 경우에는 그러하지 아니하다.

업무정지 처분을 받았거나 업무정지 처분의 절차가 진행 중인 자는 행정처분을 받은 사실 또는 행정처분절차가 진행 중인 사실을 보건복지부령으로 정하는 바에 따라 양수인 또는 합병 후 존속하는 법인이나 합병으로 설립되는 법인에 지체 없이 알려야 한다.

4) 과징금

보건복지부장관은 요양기관이 업무정지 처분을 하여야 하는 경우로서 그 업무정지 처분이 해당 요양기관을 이용하는 사람에게 심한 불편을 주거나 보건복지부장관이 정하는 특별한 사유가 있다고 인정되면 업무정지 처분을 갈음하여 속임수나 그 밖의 부당한 방법으로 부담하게 한 금액의 5배 이하의 금액을 과징금으로 부과·징수할 수 있다. 이 경우 보건복지부장관은 12개월의 범위에서 분할 납부를 하게 할 수 있다.

보건복지부장관은 약제를 요양급여에서 적용 정지 또는 제외하는 경우 국민 건강에 심각한 위험을 초래할 것이 예상되는 등 특별한 사유가 있다고 인정되는 때에는 요양급여의 적용 정지 또는 제외에 갈음하여 해당 약제에 대한 요양급여비용 총액의 100분의 40을 넘지 아니하는 범위에서 과징금을 부과·징수할 수 있다. 이 경우 보건복지부장관은 12개월의 범위에서 분할 납부를 하게 할 수 있다.

해당 약제에 대한 요양급여비용 총액을 정할 때에는 그 약제의 과거 요양급여 실적 등을 고려하여 1년간의 요양급여 총액을 넘지 않는 범위에서 정하여야 한다.

과징금을 납부하여야 할 자가 납부기한까지 이를 내지 아니하면 국세 체납처분의 예에 따라 징수한다. 보건복지부장관은 과징금을 징수하기 위하여 필요하면 납세자의 인적사항, 사용 목적, 과징금 부과 사유 및 부과 기준의 사항을 적은 문서로 관할 세무관서의 장 또는 지방자치단체의 장에게 과세정보의 제공을 요청할 수 있다.

5) 벌칙

① 3년 이하의 징역 또는 3천만원 이하의 벌금

대행청구단체의 종사자로서 거짓, 그 밖에 부정한 방법으로 요양급여 비용을 청구한 자

② 1년 이하의 징역 또는 1천만원 이하의 벌금

- 대행청구단체가 아닌 자로서 하여금 대행하게 한 자
- 근로자가 직장가입자로 되는 것을 방해하거나 그가 부담하는 부담금의 증가를 기피할 목적으로 정당한 사유 없이 근로자의 승급 또는 임금인상을 하지 아니하거나 해고, 기타 불이익한 조치를 한 사용자
- 업무정지 처분을 받은 자는 당해 업무정지 기간 중에는 요양급여를 행하지 못한다는 규정을 위반한 요양기관의 개설자
- 공단심사평가원 및 대행 청구 단체에 종사하였던 자 또는 종사하고 있는 자는 그 업무상 알게 된 비밀을 누설하여서는 안 된다는 규정을 위반한 자
- 거짓이나 그 밖의 부정한 방법으로 보험급여를 받거나 타인으로 하여금 보험급여를 받게 한 자

③ 1천만원 이하의 벌금

요양기관이 요양약제의 지급 등 보험급여에 관한 보고 또는 서류제출, 질문, 관계서류 검사 등을 위반하여 보고 또는 서류제출을 하지 아니한 자나, 거짓으로 보고하거나 거짓 서류를 제출한 자 및 검사 또는 질문을 거부·방해 또는 기피하는 자이다.

④ 500만원 이하의 벌금

요양기관이 정당한 이유 없이 요양급여를 거부하거나 요양을 실시한 기관이 요양을 받

은 자에게 요양비 명세나 요양 명세를 적은 영수증을 내주지 아니한 자이다.

⑤ 양벌규정

법인의 대표자, 법인이나 개인의 대리인사용인 기타 종사자가 그 법인 또는 개인의 업무에 관하여 위의 벌칙에 해당하는 위반행위를 한 때에는 그 행위자를 벌하는 외에 그 법인 또는 개인에 대하여도 각 해당하는 규정에 따른 벌금형을 과한다.

제 3 절 고용보험법

1. 개요

1) 목적

고용보험의 시행을 통하여 실업의 예방, 고용의 촉진 및 근로자의 직업능력의 개발과 향상을 꾀하고, 국가의 직업지도와 직업소개 기능을 강화하며, 근로자가 실업한 경우에 생활에 필요한 급여를 실시하여 근로자의 생활안정과 구직 활동을 촉진함으로써 경제 · 사회 발전에 이바지하는 것을 목적으로 한다.

고용보험법 및 산업재해보상보험법에 따른 보험사업에 관한 사항은 고용노동부장관으로부터 위탁을 받아 근로복지공단이 수행한다. 다만 보험료 등의 고지 및 수납, 보험료 등의 체납관리와 같은 징수업무는 국민건강보험공단이 고용노동부장관으로부터 위탁을 받아 수행한다.

2) 특징

고용보험은 실직근로자에게 실업급여를 지급하는 전통적 의미의 실업보험사업 외에 산업구조조정의 촉진 및 실업예방, 고용촉진 등을 위한 고용안정사업, 근로자의 생애 직업능력개발을 위한 직업능력개발사업을 상호 연계하여 실시하는 사회보장제도이자, 노동시장 정책이다.

2-1) 실업급여 부정수급 관련 사기 및 고용보험법위반의 사례 (대구지방법원서부지원, 2014)

① 김민수(가명)에 대한 실업급여 부정수급의 점

김민수는 의료법인 성심의료재단 OO요양병원에 근무하다가 사직한 후 곧바로 OO한방병원에 취업하여 실업급여를 지급받을 수 있는 자격이 되지 않음에도 OO한방병원에 취업한 사실을 숨겨 피해자 고용노동부로부터 실업급여를 받기로 마음먹었다.

김민수는 OO한방병원에 취업하였음에도 급여 신고 및 4대 보험 가입을 고의로 누락하는 방법으로 2011. 8. 18.경 피해자 고용노동부에 실업 상태인 것처럼 허위로 실업급여를 신청하였다. 김민수는 이에 속은 피해자로부터 2011. 9. 1.경부터 2011. 12. 22.경까지 총 5회에 걸쳐 실업급여 합계 480만 원을 받았다. 이로써 김민수는 피해자를 기망하여 재물을 교부받고, 부정한 방법으로 실업급여를 받았다.

② 조희수(가명)에 대한 실업급여 부정수급의 점

김민수는 처제인 조희수과 공모하여, 사실은 조희수가 OO요양병원에 근무한 사실이 없음에도, 김민수가 병원의 수익을 가져가기 위해 조희수를 직원으로 허위 등재한 후 4대 보험에 가입하고 조희수의 명의로 수익을 지급받고 있었다.

그럼에도 김민수는 2012. 11. 1.경 피해자 고용노동부에 마치 위 조희수가 실제로 위 병원에 근무하다가 계약기간 만료로 퇴사하여 실직 상태인 것처럼 조희수 명의로 실업급여를 신청하였다. 김민수는 이에 속은 피해자로부터 2012. 11. 15.경부터 2013. 2. 5.경까지 총 4회에 걸쳐 합계 2,967,810원을 받았다.

이로써 김민수는 피해자를 기망하여 재물을 교부받고, 부정한 방법으로 실업급여를 받았다.

3) 용어의 정의

① **피보험자:** 다음에 해당하는 자를 말한다.

- 고용보험 및 산업재해보상보험의 보험료징수 등에 관한 법률(보험료징수법)에 따라 보험에 가입되거나 가입된 것으로 보는 근로자
- 보험료징수법에 따라 고용보험에 가입하거나 가입된 것으로 보는 자영업자(자영업자인 피보험자)

② **이직(離職):** 피보험자와 사업주 사이의 고용관계가 끝나게 되는 것을 말한다.

③ **실업:** 근로의 의사와 능력이 있음에도 불구하고 취업하지 못한 상태에 있는 것을 말한다.

④ **실업의 인정:** 직업안정기관의 장이 수급자격자가 실업한 상태에서 적극적으로 직업을 구하기 위하여 노력하고 있다고 인정하는 것을 말한다.

⑤ **보수:** 소득세법에 따른 근로소득에서 대통령령으로 정하는 금품을 뺀 금액을 말한다. 다만, 휴직이나 그 밖에 이와 비슷한 상태에 있는 기간 중에 사업주 외의 자로부터 지급받는 금품 중 고용노동부장관이 정하여 고시하는 금품은 보수로 본다.

⑥ **일용근로자:** 1개월 미만 동안 고용되는 자를 말한다.

4) 연혁

① 1993. 12. 27. **제정**(1995. 7. 1. 시행)

② 2005. 12. 7. **일부개정**(2006. 1. 1. 시행)

고용안정사업과 직업능력개발사업의 통합 운영하였다. 피보험자 또는 피보험자이었던 자로서 65세 이상인 자와 고용보험 피보험자 또는 피보험자이었던 자가 아닌 실업자를 고용안정·직업능력개발사업의 지원대상에 포함하였다(지원대상 확대).

고령자 등의 고용촉진의 지원에 대하여는 사업주에 고용된 근로자까지 지원범위를 확대하며, 지방자치단체 등의 고용안정·직업능력개발사업에 대하여 지원할 수 있는 근거를 마련하였다(고용안정·직업능력개발사업의 확대).

실업급여 수급자격자의 재취업 활동에 필요한 기간에 따라 실업 인정 주기를 1주 내지 4주의 범위 안에서 탄력적으로 운영하도록 하였다(실업인정제도 운영의 개선).

아울러 육아휴직급여의 신청기한을 육아휴직 종료 후 12개월로 연장하였고, 부정행위 신고자 포상제도 도입하였으며, 자영업자에 대한 고용보험 임의가입제도 도입하였다.

③ 2007. 5. 11. **전부개정**

구직급여의 수급자격 제한 규정을 법률에서 정하도록 하였다.

④ 2008. 3. 21. **일부개정**

공무원은 고용보험의 적용에서 제외하고 있으나, 별정직 및 계약직 공무원의 경우에는 신분보장이 거의 되지 않고 공무원연금의 혜택을 받는 경우도 거의 없어 이들의 실직 후 생활안정을 보장하고 구직활동을 지원하기 위해 본인의 의사에 따라 고용보험에 가입할 수 있도록 하였다.

⑤ 2008. 12. 31. **일부개정**

고용보험위원회 신설 및 고용보험사업 평가 근거를 마련하였고, 직업능력개발 훈련을 받는 저소득층에 대한 생계비 대부제도를 마련하였으며, 고용안정사업에 대한 부정수급 제재의 합리화를 꾀하였다.

⑥ 2011. 7. 21. **일부개정**

자영업자에 대한 사회안전망을 개선하기 위하여 자영업자도 고용보험의 실업급여 혜택을 받을 수 있도록 하고, 그 시행에 필요한 주요 사항을 정하는 한편, 일과 가정의 양립을 지원하기 위하여 육아를 이유로 근로시간을 단축한 근로자에게 소득 감소의 일부를 보전해주는 육아기근로시간 단축 급여 제도를 신설하며, 자활급여의 수급자를 고용보험의 보호를 받을 수 있도록 이 법의 적용대상에 포함하는 등 현행 제도의 운영상 나타난 일부 미비점을 개선·보완하였다.

⑦ 2013. 1. 23. **일부개정**

경영사정이 어려워진 사업주가 무급휴업 또는 무급휴직 등을 실시하는 경우에는 해당 근로자에게 필요한 지원을 할 수 있도록 하였다.

⑧ 2013. 3. 22. **일부개정**

실업급여 수급자의 금전적 부담을 최소화하기 위하여 실업급여로서 지급된 금품에 대해서는 공과금을 부과하지 못하도록 하였다.

⑨ 2013. 6. 4. **일부개정**

지금까지는 65세 이상인 자에 대하여 고용보험 주 실업급여의 적용을 획일적으로 제외하여 왔으나, 앞으로는 65세 이후에 새롭게 고용되거나 자영업을 개시한 자만 고용보험 중 실업급여 적용을 제외함으로써 고용보험에 가입되어 있던 피보험자가 65세 이후에 이직한 경우에도 실업급여를 지급하려하였다.

⑩ 2014. 1. 21. 일부개정

다태아 임산부는 2명 이상 동시 출산, 난산, 높은 조산율 등에 따라 산후 회복에 더 많은 시간이 필요하고 육아부담 또한 일반 임산부보다 큰 점을 고려하여 다태아 임산부의 출산전후 휴가를 현행 90일에서 120일로 확대하도록 근로기준법이 개정됨에 따라 이에 맞추어 다태아 임산부에 대한 출산전후휴가 급여 지급기간을 조정하였다.

⑪ 2015. 1. 20. 일부개정

직업안정기관의 장은 수급자격자의 신청이 있는 경우에는 실업급여를 수급자격자 명의의 지정된 계좌로 입금하여야 한다. 불가피한 사유로 실업급여를 실업급여수급계좌로 이체할 수 없을 때에는 현금 지급 등 실업급여를 지급할 수 있다는 규정과 지정된 실업급여수급계좌의 예금 중 대통령령으로 정하는 액수 이하의 금액에 관한 채권은 압류할 수 없는 규정 등을 신설하였다.

⑪ 2016. 12. 27. 일부개정(2017. 6. 28. 시행)

고령자·준고령자 대상 직업능력개발 훈련 실시하는 사업주에 대한 훈련비용 우대 지원(제27조)50세 이상의 고령자 및 준고령자도 직업능력개발훈련을 받을 필요성이 있으므로, 고령자 또는 준고령자를 대상으로 직업능력개발 훈련을 실시하는 사업주에게도 훈련비용을 우대 지원할 수 있도록 하였다. 또한 구직급여 지급 대상 조정(제113조의2제2항) 조항을 개정하여, 생계급여를 받지 못하는 수급권자에게 구직급여를 지급하려하였다.

2. 가입자

1) 가입자

(1) 적용 범위

고용보험법은 근로자를 사용하는 모든 사업 또는 사업장에 적용한다. 다만, 산업별 특성 및 규모 등을 고려하여 '대통령령으로 정하는 사업'에 대하여는 적용하지 아니하다.

(2) 보험가입 제외자

① 적용제외 사업장(제8조 및 시행령 제2조)

이 법은 근로자를 사용하는 모든 사업 또는 사업장(사업)에 적용한다. 다만, 산업별 특성 및 규모 등을 고려하여 대통령령으로 정하는 사업에 대하여는 적용하지 아니한다. 대통령령으로 정하는 사업이란 다음 중 어느 하나에 해당하는 사업을 말한다.

- 농업·임업 및 어업 중 법인이 아닌 자가 상시 4명 이하의 근로자를 사용하는 사업
- 총공사금액이 2천만원 미만인 공사
- 연면적이 100제곱미터 이하인 건축물의 건축 또는 연면적이 200제곱미터 이하인 건축물의 대수선에 관한 공사
- 가구 내 고용활동 및 달리 분류되지 아니한 자가소비 생산활동

② 적용제외 근로자(제10조 및 시행령 제3조)

다음 각 호의 어느 하나에 해당하는 자에게는 이 법을 적용하지 아니한다. 다만, 근로자 또는 자영업자에 대한 고용안정·직업능력개발 사업에 관하여는 그러하지 아니하다.

- 65세 이후에 고용되거나 자영업을 개시한 자
- 소정(所定)근로시간이 대통령령으로 정하는 시간 미만인 자
- 공무원법에 의한 공무원(다만, 별정직공무원, 임기제공무원의 경우는 본인의 의사에 따라 고용보험에 가입)
- 사립학교교직원 연금법의 적용을 받는 자
- 그 밖에 대통령령으로 정하는 자: 합법적으로 취업하지 못한 외국인 근로자, 별정우체국법에 의한 별정우체국 직원
- 1개월간 소정근로시간이 60시간 미만인 자(1주간의 소정근로시간이 15시간 미만인 자 포함). 다만, 생업을 목적으로 근로를 제공하는 자 중 3개월 이상 계속하여 근로를 제공하는 자와 1개월 미만의 기간 동안 고용되는 일용근로자는 제외

(3) 임의가입자(보험료징수법 제5조제2항)

적용제외사업(상기 적용제외 사업장에 해당하는 사업)의 사업주가 근로자의 과반수의 동의를 받아 공단의 승인을 받으면 그 사업의 사업주와 근로자는 고용보험에 가입할 수 있다.

2) 피보험자

(1) 피보험자격의 취득일

피보험자는 이 법이 적용되는 사업에 고용된 날에 피보험자격을 취득한다. 다만, 다음의 경우에는 각각 그 해당되는 날에 피보험자격을 취득한 것으로 본다. 자영업자인 피보험자는 보험료징수법에서 준용하는 보험관계가 성립한 날에 피보험자격을 취득한다.

① 적용 제외 근로자였던 자가 이 법의 적용을 받게 된 경우에는 그 적용을 받게 된 날

② 고용산재보험료징수법에 따른 보험관계 성립일 전에 고용된 근로자의 경우에는 그 보험관계가 성립한 날

(2) 피보험자격의 상실일

피보험자는 다음 중 어느 하나에 해당하는 날에 각각 그 피보험자격을 상실한다. 자영업자인 피보험자는

보험료징수법 준용하는 규정에 따라 보험관계가 소멸한 날에 피보험자격을 상실한다.

① 피보험자가 적용 제외 근로자에 해당하게 된 경우에는 그 적용 제외 대상자가 된 날

② 보험료징수법에 따라 보험관계가 소멸한 경우에는 그 보험관계가 소멸한 날

③ 피보험자가 이직한 경우에는 이직한 날의 다음 날

④ 피보험자가 사망한 경우에는 사망한 날의 다음 날

(3) 피보험자격에 관한 신고 등

사업주는 그 사업에 고용된 근로자의 피보험자격의 취득 및 상실 등에 관한 사항을 고용노동부장관에게 신고하여야 한다. 원수급인이 사업주로 된 경우에 그 사업에 종사하는 근로자 중 원수급인이 고용하는 근로자 외의 근로자에 대하여는 그 근로자를 고용하는 건

설업자, 주택건설사업자, 공사업자, 정보통신공사업자, 소방시설업자, 문화재수리업자의 하수급인이 신고를 하여야 한다. 이 경우 원수급인은 고용노동부령으로 정하는 바에 따라 하수급인에 관한 자료를 고용노동부장관에게 제출하여야 한다.

피보험자격에 관한 사항을 신고하지 아니하면 근로자가 신고할 수 있다. 고용노동부장관은 신고된 피보험자격의 취득 및 상실 등에 관한 사항을 고용노동부령으로 정하는 바에 따라 피보험자 및 원수급인 등 관계인에게 알려야 한다. 사업주, 원수급인 또는 하수급인은 같은 항의 신고를 고용노동부령으로 정하는 전자적 방법으로 할 수 있다. 고용노동부장관은 전자적 방법으로 신고를 하려는 사업주, 원수급인 또는 하수급인에게 고용노동부령으로 정하는 바에 따라 필요한 장비 등을 지원할 수 있다.

자영업자인 피보험자는 피보험자격의 취득 및 상실에 관한 신고를 하지 아니한다.

(4) 이직의 확인서

사업주는 피보험자격의 상실을 신고할 때 근로자가 이직으로 피보험자격을 상실한 경우에는 피보험 단위기간·이직 사유 및 이직 전에 지급한 임금·퇴직금 등의 명세를 증명하는 서류를 작성하여 고용노동부장관에게 제출하여야 한다. 다만, 수급자격의 인정신청을 원하지 아니하는 피보험자격 상실자(일용근로자는 제외)에 대하여는 그러하지 아니하다.

이직으로 피보험자격을 상실한 자는 실업급여의 수급자격의 인정신청을 위하여 종전의 사업주에게 이직확인서의 교부를 청구할 수 있다. 이 경우 청구를 받은 사업주는 이직확인서를 내주어야 한다.

(5) 피보험자격의 확인

피보험자 또는 피보험자였던 자는 언제든지 고용노동부장관에게 피보험자격의 취득 또는 상실에 관한 확인을 청구할 수 있다. 고용노동부장관은 청구에 따르거나 직권으로 피보험자격의 취득 또는 상실에 관하여 확인을 한다. 고용노동부장관은 확인 결과를 그 확인을 청구한 피보험자 및 사업주 등 관계인에게 알려야 한다.

(6) 피보험자격 이중 취득의 제한

근로자가 보험관계가 성립되어 있는 둘 이상의 사업에 동시에 고용되어 있는 경우에는 고용노동부령으로 정하는 바에 따라 그 중 한 사업의 근로자로서의 피보험자격을 취득한다.

3. 급여

1) 고용안정 · 직업능력개발사업

(1) 고용창출의 지원

고용노동부장관은 고용환경 개선, 근무형태 변경 등으로 고용의 기회를 확대한 사업주에게 필요한 지원을 할 수 있다.

(2) 고용조정의 지원

고용노동부장관은 경기의 변동, 산업구조의 변화 등에 따른 사업 규모의 축소, 사업의 폐업 또는 전환으로 고용조정이 불가피하게 된 사업주가 근로자에 대한 휴업, 휴직, 직업전환에 필요한 직업능력개발 훈련, 인력의 재배치 등을 실시하거나 그 밖에 근로자의 고용안정을 위한 조치를 하면 그 사업주에게 필요한 지원을 할 수 있다. 이 경우 휴업이나 휴직 등 고용안정을 위한 조치로 근로자의 임금이 대통령령으로 정하는 수준으로 감소할 때에는 그 근로자에게도 필요한 지원을 할 수 있다.

고용노동부장관은 고용조정으로 이직된 근로자를 고용하는 등 고용이 불안정하게 된 근로자의 고용안정을 위한 조치를 하는 사업주에게 필요한 지원을 할 수 있다. 고용노동부장관은 지원을 할 때에는 고용정책 기본법에 따른 업종에 해당하거나 지역에 있는 사업주 또는 근로자에게 우선적으로 지원할 수 있다.

(3) 지역 고용의 촉진

고용노동부장관은 고용기회가 뚜렷이 부족하거나 산업구조의 변화 등으로 고용사정이 급속하게 악화되고 있는 지역으로 사업을 이전하거나 그러한 지역에서 사업을 신설 또는 증설하여 그 지역의 실업 예방과 재취업 촉진에 기여한 사업주, 그 밖에 그 지역의 고용기회 확대에 필요한 조치를 한 사업주에게 필요한 지원을 할 수 있다.

(4) 고령자 등 고용촉진의 지원

고용노동부장관은 고령자 등 노동시장의 통상적인 조건에서는 취업이 특히 곤란한 자(고령자등)의 고용을 촉진하기 위하여 고령자등을 새로 고용하거나 이들의 고용안정에 필요한 조치를 하는 사업주 또는 사업주가 실시하는 고용안정 조치에 해당된 근로자에게 필요한 지원을 할 수 있다.

(5) 건설근로자 등의 고용안정 지원

고용노동부장관은 건설근로자 등 고용상태가 불안정한 근로자를 위하여 다음의 사업을 실시하는 사업주에게 필요한 지원을 할 수 있다. 고용노동부장관은 아래의 사업과 관련하여 사업주가 단독으로 고용안정 사업을 실시하기 어려운 경우로서 대통령령으로 정하는 경우에는 사업주 단체에 대하여도 지원을 할 수 있다

① 고용상태의 개선을 위한 사업
② 계속적인 고용기회의 부여 등 고용안정을 위한 사업
③ 그 밖에 대통령령으로 정하는 고용안정 사업

(6) 고용안정 및 취업 촉진

고용노동부장관은 피보험자등의 고용안정 및 취업을 촉진하기 위하여 다음의 사업을 직접 실시하거나 이를 실시하는 자에게 필요한 비용을 지원 또는 대부할 수 있다. 사업의 실시와 비용의 지원·대부에 필요한 사항은 대통령령으로 정한

① 고용관리 진단 등 고용개선 지원 사업
② 피보험자등의 창업을 촉진하기 위한 지원 사업
③ 그 밖에 피보험자등의 고용안정 및 취업을 촉진하기 위한 사업으로서 대통령령으로 정하는 사업

(7) 고용촉진 시설에 대한 지원

고용노동부장관은 피보험자등의 고용안정·고용촉진 및 사업주의 인력 확보를 지원하기 위하여 상담 시설, 어린이집, 그 밖에 대통령령으로 정하는 고용촉진 시설을 설치·운영하는 자에게 필요한 지원을 할 수 있다.

(8) 사업주에 대한 직업능력개발 훈련의 지원

고용노동부장관은 피보험자등의 직업능력을 개발·향상시키기 위하여 대통령령으로 정하는 직업능력개발 훈련을 실시하는 사업주에게 그 훈련에 필요한 비용을 지원할 수 있다. 고용노동부장관은 사업주가 직업능력개발 훈련을 실시하는 경우에 기간제근로자, 단시간근로자, 파견근로자, 일용근로자, 고령자 또는 준고령자, 그 밖에 대통령령으로 정하는 사람을 우대 지원할 수 있다.

(9) 피보험자 등에 대한 직업능력개발 지원

고용노동부장관은 피보험자등이 직업능력개발 훈련을 받거나 그 밖에 직업능력 개발·향상을 위하여 노력하는 경우에는 필요한 비용을 지원할 수 있다. 고용노동부장관은 필요하다고 인정하면 피보험자등의 취업을 촉진하기 위한 직업능력개발 훈련을 실시할 수 있다.

고용노동부장관은 대통령령으로 정하는 저소득 피보험자등이 직업능력개발 훈련을 받는 경우 생계비를 대부할 수 있다.

(10) 직업능력개발 훈련 시설에 대한 지원 등

고용노동부장관은 피보험자등의 직업능력 개발·향상을 위하여 필요하다고 인정하면 직업능력개발 훈련 시설의 설치 및 장비 구입에 필요한 비용의 대부, 그 밖에 고용노동부장관이 정하는 직업능력개발 훈련 시설의 설치 및 장비 구입·운영에 필요한 비용을 지원할 수 있다.

(11) 직업능력개발의 촉진

고용노동부장관은 피보험자등의 직업능력 개발·향상을 촉진하기 위하여 다음의 사업을 실시하거나 이를 실시하는 자에게 그 사업의 실시에 필요한 비용을 지원할 수 있다.

① 직업능력개발 사업에 대한 기술지원 및 평가 사업
② 자격검정 사업 및 숙련기술장려법에 따른 숙련기술 장려 사업
③ 그 밖에 대통령령으로 정하는 사업

고용노동부장관은 직업능력 개발·향상과 인력의 원활한 수급(需給)을 위하여 필요하다고 인정하면 고용노동부장관이 정하는 직종에 대한 직업능력개발 훈련 사업을 위탁하여 실시할 수 있다.

(12) 건설근로자 등의 직업능력개발 지원

고용노동부장관은 건설근로자 등 고용상태가 불안정한 근로자를 위하여 직업능력 개발·향상을 위한 사업으로 대통령령으로 정하는 사업을 실시하는 사업주에게 그 사업의 실시에 필요한 비용을 지원할 수 있다. 고용노동부장관은 사업주가 단독으로 직업능력개발 사업을 실시하기 어려운 경우로서 대통령령으로 정하는 경우에는 사업주 단체에 대하여도 지원할 수 있다.

(13) 고용정보의 제공 및 고용 지원 기반의 구축 등

고용노동부장관은 사업주 및 피보험자등에 대한 구인·구직·훈련 등 고용정보의 제공, 직업·훈련 상담 등 직업지도, 직업소개, 고용안정·직업능력개발에 관한 기반의 구축 및 그에 필요한 전문 인력의 배치 등의 사업을 할 수 있다. 고용노동부장관은 필요하다고 인정하면 업무의 일부를 민간직업상담원에게 수행하도록 할 수 있다.

(14) 지방자치단체 등에 대한 지원

고용노동부장관은 지방자치단체 또는 대통령령으로 정하는 비영리법인·단체가 그 지역에서 피보험자등의 고용안정·고용촉진 및 직업능력개발을 위한 사업을 실시하는 경우에는 필요한 지원을 할 수 있다.

2) 실업급여

(1) 실업급여의 종류

실업급여는 구직급여와 취업촉진 수당으로 구분한다. 취업촉진 수당의 종류는 조기(早期)재취업 수당, 직업능력개발 수당, 광역 구직활동비, 이주비가 있다.

(2) 구직급여

① 구직급여의 수급 요건

구직급여는 이직한 피보험자가 다음의 요건을 모두 갖춘 경우에 지급한다. 피보험자가 이직일 이전 18개월 동안에 질병·부상, 그 밖에 대통령령으로 정하는 사유로 계속하여 30일 이상 보수의 지급을 받을 수 없었던 경우에는 18개월에 그 사유로 보수를 지급 받을 수 없었던 일수를 가산한 기간을 기준기간(3년을 초과할 때에는 3년)으로 한다.

- 이직일 이전 18개월간(기준기간) 피보험 단위기간이 통산하여 180일 이상일 것
- 근로의 의사와 능력이 있음에도 불구하고 취업(영리를 목적으로 사업을 영위하는 경우를 포함)하지 못한 상태에 있을 것
- 이직사유가 수급자격의 제한 사유에 해당하지 아니할 것
- 재취업을 위한 노력을 적극적으로 할 것
- 수급자격 인정신청일 이전 1개월 동안의 근로일수가 10일 미만일 것(최종 이직 당시 일용근로자였던 자만 해당)
- 최종 이직일 이전 기준기간의 피보험 단위기간 180일 중 다른 사업에서 수급자격의 제한 사유에 해당하는 사유로 이직한 사실이 있는 경우에는 그 피보험 단위기간 중 90일 이상을 일용근로자로 근로하였을 것(최종 이직 당시 일용근로자였던 자만 해당)

② 피보험 단위기간

피보험 단위기간은 피보험기간 중 보수 지급의 기초가 된 날을 합하여 계산한다. 다만, 자영업자인 피보험자의 피보험 단위기간은 단서 및 피보험기간으로 한다.

피보험 단위기간을 계산할 때에는 최후로 피보험자격을 취득한 날 이전에 구직급여를 받은 사실이 있는 경우에는 그 구직급여와 관련된 피보험자격 상실일 이전의 피보험 단위

기간은 넣지 아니한다.

③ 실업의 신고

구직급여를 지급받으려는 자는 이직 후 지체 없이 직업안정기관에 출석하여 실업을 신고하여야 한다. 실업의 신고에는 구직 신청과 수급자격의 인정신청을 포함하여야 한다.

④ 수급자격의 인정

구직급여를 지급받으려는 자는 직업안정기관의 장으로부터 구직급여의 수급 요건을 갖추었다는 사실(수급자격)의 인정을 받아야 한다.

직업안정기관의 장은 수급자격의 인정신청을 받으면 그 신청인에 대한 수급자격의 인정 여부를 결정하고, 신청인에게 그 결과를 알려야 한다. 신청인이 다음의 요건을 모두 갖춘 경우에는 마지막에 이직한 사업을 기준으로 수급자격의 인정 여부를 결정한다. 다만, 마지막 이직 당시 일용근로자로서 피보험 단위기간이 1개월 미만인 자가 수급자격을 갖추지 못한 경우에는 일용근로자가 아닌 근로자로서 마지막으로 이직한 사업을 기준으로 결정한다. 또한 수급자격의 인정을 받은 자가 기간에 새로 수급자격의 인정을 받은 경우에는 새로 인정받은 수급자격을 기준으로 구직급여를 지급한다.

- 피보험자로서 마지막에 이직한 사업에 고용되기 전에 피보험자로서 이직한 사실이 있을 것
- 마지막 이직 이전의 이직과 관련하여 구직급여를 받은 사실이 없을 것

⑤ 실업의 인정

구직급여는 수급자격자가 실업한 상태에 있는 날 중에서 직업안정기관의 장으로부터 실업의 인정을 받은 날에 대하여 지급한다. 실업의 인정을 받으려는 수급자격자는 실업의 신고를 한 날부터 계산하기 시작하여 1주부터 4주의 범위에서 직업안정기관의 장이 지정한 날(실업인정일)에 출석하여 재취업을 위한 노력을 하였음을 신고하여야 하고, 직업안정기관의 장은 직전 실업인정일의 다음 날부터 그 실업인정일까지의 각각의 날에 대하여 실업의 인정을 한다. 다만, 다음에 해당하는 자에 대한 실업의 인정 방법은 고용노동부령으로 정하는 기준에 따른다.

- 직업능력개발 훈련 등을 받는 수급자격자
- 천재지변, 대량 실업의 발생 등 대통령령으로 정하는 사유가 발생한 경우의 수급자격자
- 그 밖에 대통령령으로 정하는 수급자격자

수급자격자가 다음 중 어느 하나에 해당하면 직업안정기관에 출석할 수 없었던 사유를 적은 증명서를 제출하여 실업의 인정을 받을 수 있다. 직업안정기관의 장은 실업을 인정할 때에는 수급자격자의 취업을 촉진하기 위하여 재취업 활동에 관한 계획의 수립 지원, 직업소개 등 대통령령으로 정하는 조치를 하여야 한다. 이 경우 수급자격자는 정당한 사유가 없으면 직업안정기관의 장의 조치에 따라야 한다.

- 질병이나 부상으로 직업안정기관에 출석할 수 없었던 경우로서 그 기간이 계속하여 7일 미만인 경우
- 직업안정기관의 직업소개에 따른 구인자와의 면접 등으로 직업안정기관에 출석할 수 없었던 경우
- 직업안정기관의 장이 지시한 직업능력개발 훈련 등을 받기 위하여 직업안정기관에 출석할 수 없었던 경우
- 천재지변이나 그 밖의 부득이한 사유로 직업안정기관에 출석할 수 없었던 경우

⑥ 급여의 기초가 되는 임금일액

구직급여의 산정 기초가 되는 임금일액(기초일액)은 수급자격의 인정과 관련된 마지막 이직 당시 근로기준법에 따라 산정된 평균임금으로 한다. 다만, 마지막 이직일 이전 3개월 이내에 피보험자격을 취득한 사실이 2회 이상인 경우에는 마지막 이직일 이전 3개월간(일용근로자의 경우에는 마지막 이직일 이전 4개월 중 최종 1개월을 제외한 기간)에 그 근로자에게 지급된 임금 총액을 그 산정의 기준이 되는 3개월의 총일수로 나눈 금액을 기초일액으로 한다.

산정된 금액이 그 근로자의 통상임금보다 적을 경우에는 그 통상임금액을 기초일액으로 한다. 다만, 마지막 사업에서 이직 당시 일용근로자였던 자의 경우에는 그러하지 아니하다.

기초일액을 산정하는 것이 곤란한 경우와 보험료를 보험료징수법 준보수(기준보수)를 기

준으로 낸 경우에는 기준보수를 기초일액으로 한다. 다만, 보험료를 기준보수로 낸 경우에도 산정한 기초일액이 기준보수보다 많은 경우에는 그러하지 아니하다.

산정된 기초일액이 그 수급자격자의 이직 전 1일 소정근로시간에 이직일 당시 적용되던 최저임금법에 따른 시간 단위에 해당하는 최저임금액을 곱한 금액(최저기초일액)보다 낮은 경우에는 최저기초일액을 기초일액으로 한다. 이 경우 이직 전 1일 소정근로시간은 고용노동부령으로 정하는 방법에 따라 산정한다.

산정된 기초일액이 보험의 취지 및 일반 근로자의 임금 수준 등을 고려하여 대통령령으로 정하는 금액을 초과하는 경우에는 대통령령으로 정하는 금액을 기초일액으로 한다.

⑦ 구직급여일액

구직급여일액은 그 수급자격자의 기초일액에 100분의 50을 곱한 금액, 그 수급자격자의 기초일액에 100분의 90을 곱한 금액으로(최저구직급여일액) 한다.

산정된 구직급여일액이 최저구직급여일액보다 낮은 경우에는 최저구직급여일액을 그 수급자격자의 구직급여일액으로 한다.

⑧ 수급기간 및 수급일수와 대기기간

구직급여는 이 법에 따로 규정이 있는 경우 외에는 그 구직급여의 수급자격과 관련된 이직일의 다음 날부터 계산하기 시작하여 12개월 내에 소정급여일수를 한도로 하여 지급한다. 12개월의 기간 중 임신·출산·육아, 그 밖에 대통령령으로 정하는 사유로 취업할 수 없는 자가 그 사실을 수급기간에 직업안정기관에 신고한 경우에는 12개월의 기간에 그 취업할 수 없는 기간을 가산한 기간(4년을 넘을 때에는 4년)에 소정급여일수를 한도로 하여 구직급여를 지급한다.

산업재해보상보험법에 따른 요양급여를 받는 경우, 질병 또는 부상으로 3개월 이상의 요양이 필요하여 이직하였고, 이직 기간 동안 취업활동이 곤란하였던 사실이 요양기간과 상병상태를 구체적으로 밝힌 주치의사의 소견과 요양을 위하여 이직하였다는 사업주의 의견을 통하여 확인된 경우 중 어느 하나에 해당하는 경우에는 해당 최초 요양일에 신고를 한 것으로 본다.

실업의 신고일부터 계산하기 시작하여 7일간은 대기기간으로 보아 구직급여를 지급하지 아니한다.

⑨ 실업인정대상기간 중의 근로 등의 신고

수급자격자는 실업의 인정을 받으려 하는 기간(실업인정대상기간) 중에 근로를 제공하거나 창업한 경우에는 그 사실을 직업안정기관의 장에게 신고하여야 한다. 직업안정기관의 장은 필요하다고 인정하면 수급자격자의 실업인정대상기간 중의 근로 제공 또는 창업 사실에 대하여 조사할 수 있다.

⑩ 소정급여일수 및 피보험기간

하나의 수급자격에 따라 구직급여를 지급받을 수 있는 날(소정급여일수)은 대기기간이 끝난 다음날부터 계산하기 시작하여 피보험기간과 연령에 따라 별표 1에서 정한 일수가 되는 날까지로 한다.

수급자격자가 소정급여일수 내에 임신·출산·육아, 그 밖에 대통령령으로 정하는 사유로 수급기간을 연장한 경우에는 그 기간만큼 구직급여를 유예하여 지급한다.

피보험기간은 그 수급자격과 관련된 이직 당시의 적용 사업에서 고용된 기간(제10조 각 호의 어느 하나에 해당하는 근로자로 고용된 기간은 제외)으로 한다. 다만, 자영업자인 피보험자의 경우에는 그 수급자격과 관련된 폐업 당시의 적용 사업에의 보험가입기간 중에서 실제로 납부한 고용보험료에 해당하는 기간으로 한다.

피보험기간을 계산할 때에 다음의 경우에는 해당 호에 따라 각각 피보험기간을 계산한다.

- 종전의 적용 사업에서 피보험자격을 상실한 사실이 있고 그 상실한 날부터 3년 이내에 현재 적용 사업에서 피보험자격을 취득한 경우 종전의 적용 사업에서의 피보험기간을 합산한다. 다만, 종전의 적용 사업의 피보험자격 상실로 인하여 구직급여를 지급받은 사실이 있는 경우에는 그 종전의 적용 사업에서의 피보험기간은 제외한다.
- 자영업자인 피보험자가 종전에 근로자로서 고용되었다가 피보험자격을 상실한 사실이 있고 그 상실한 날부터 3년 이내에 자영업자로서 피보험자격을 다시 취득한 경우 종전의 적용 사업에서의 피보험기간을 합산하지 아니하되, 본인이 종전의 피보험기간을 합산하여 줄 것을 원하는 때에 한정하여 합산한다. 다만, 종전의 적용 사업의 피보

험자격 상실로 인하여 구직급여를 지급받은 사실이 있는 경우에는 그 종전의 적용 사업에서의 피보험기간은 제외한다.

피보험자격 취득에 관하여 신고가 되어 있지 아니하였던 피보험자의 경우에는 하나의 피보험기간에 피보험자가 된 날이 다음 중 어느 하나에 해당하는 날부터 소급하여 3년이 되는 해의 1월 1일 전이면 제3항에도 불구하고 그 해당하는 날부터 소급하여 3년이 되는 날이 속하는 보험연도의 첫 날에 그 피보험자격을 취득한 것으로 보아 피보험기간을 계산한다. 다만, 사업주가 다음 각 호의 어느 하나에 해당하는 날부터 소급하여 3년이 되는 해의 1월 1일 전부터 해당 피보험자에 대한 고용보험료를 계속 납부한 사실이 증명된 경우에는 고용보험료를 납부한 기간으로 피보험기간을 계산한다.

- 피보험자격 취득신고를 한 날
- 피보험자격 취득이 확인된 날

⑪ 지급일 및 지급방법

구직급여는 실업의 인정을 받은 일수분을 지급한다. 직업안정기관의 장은 각 수급자격자에 대한 구직급여를 지급할 날짜를 정하여 당사자에게 알려야 한다.

⑫ 지급되지 아니한 구직급여

수급자격자가 사망한 경우 그 수급자격자에게 지급되어야 할 구직급여로서 아직 지급되지 아니한 것이 있는 경우에는 그 수급자격자의 배우자(사실상의 혼인 관계에 있는 자를 포함)·자녀·부모·손자녀·조부모 또는 형제자매로서 수급자격자와 생계를 같이하고 있던 자의 청구에 따라 그 미지급분을 지급한다.

수급자격자가 사망하여 실업의 인정을 받을 수 없었던 기간에 대하여는 지급되지 아니한 구직급여의 지급을 청구하는 자가 그 수급자격자에 대한 실업의 인정을 받아야 한다. 이 경우 수급자격자가 지급되지 아니한 구직급여를 청구하는 자가 직업안정기관의 장에게 신고하여야 한다.

지급되지 아니한 구직급여를 지급받을 수 있는 자의 순위는 같은 항에 열거된 순서로 한다. 이 경우 같은 순위자가 2명 이상이면 그 중 1명이 한 청구를 전원(全員)을 위하여 한 것으로 보며, 그 1명에게 한 지급은 전원에 대한 지급으로 본다.

⑬ 이직 사유에 따른 수급자격의 제한

피보험자가 중대한 귀책사유(歸責事由)로 해고된 피보험자로서, ① 형법 또는 직무와 관련된 법률을 위반하여 금고 이상의 형을 선고받은 경우, ② 사업에 막대한 지장을 초래하거나 재산상 손해를 끼친 경우로서 고용노동부령으로 정하는 기준에 해당하는 경우, ③ 정당한 사유 없이 근로계약 또는 취업규칙 등을 위반하여 장기간 무단결근한 경우 중 어느 하나에 해당하거나, 자기 사정으로 이직한 피보험자로서, ① 전직 또는 자영업을 하기 위하여 이직한 경우, ② 중대한 귀책사유가 있는 자가 해고되지 아니하고 사업주의 권고로 이직한 경우, ③ 그 밖에 고용노동부령으로 정하는 정당한 사유에 해당하지 아니하는 사유로 이직한 경우 중 어느 하나에 해당한다고 직업안정기관의 장이 인정하는 경우에는 수급자격이 없는 것으로 본다.

⑭ 훈련 거부 등에 따른 급여의 지급 제한

수급자격자가 직업안정기관의 장이 소개하는 직업에 취직하는 것을 거부하거나 직업안정기관의 장이 지시한 직업능력개발 훈련 등을 거부하면 구직급여의 지급을 정지한다. 다만, 다음 중 어느 하나에 해당하는 정당한 사유가 있는 경우에는 그러하지 아니하다.

- 소개된 직업 또는 직업능력개발 훈련 등을 받도록 지시된 직종이 수급자격자의 능력에 맞지 아니하는 경우
- 취직하거나 직업능력개발 훈련 등을 받기 위하여 주거의 이전이 필요하나 그 이전이 곤란한 경우
- 소개된 직업의 임금 수준이 같은 지역의 같은 종류의 업무 또는 같은 정도의 기능에 대한 통상의 임금 수준에 비하여 100분의 20 이상 낮은 경우 등 고용노동부장관이 정하는 기준에 해당하는 경우
- 그 밖에 정당한 사유가 있는 경우

  수급자격자가 정당한 사유 없이 고용노동부장관이 정하는 기준에 따라 직업안정기관의 장이 실시하는 재취업 촉진을 위한 직업 지도를 거부하면 구직급여의 지급을 정지한다. 정당한 사유의 유무(有無)에 대한 인정은 고용노동부장관이 정하는 기준에 따라 직업안정기관의 장이 행한다. 구직급여의 지급을 정지하는 기간은 1개월의 범위에서

고용노동부장관이 정하여 고시한다.

(3) 연장급여

구직급여를 지급받을 수 있는 자격을 가진 근로자가 직업안정기관의 장이 지시한 직업훈련을 받거나 실직근로자의 기능, 전문지식, 경험, 기타 노동시장의 상황 등으로 특별히 취직이 곤란하다고 인정하는 경우에 소정 급여일수에 추가로 구직급여를 지급하는 제도이다.

① 훈련연장급여

직업안정기관의 장은 수급자격자의 연령·경력 등을 고려할 때 재취업을 위하여 직업능력개발 훈련 등이 필요하면 그 수급자격자에게 직업능력개발 훈련 등을 받도록 지시할 수 있다.

직업안정기관의 장은 직업능력개발 훈련 등을 받도록 지시한 경우에는 수급자격자가 그 직업능력개발 훈련 등을 받는 기간 중 실업의 인정을 받은 날에 대하여는 소정급여일수를 초과하여 구직급여를 연장하여 지급할 수 있다. 이 경우 연장하여 지급하는 구직급여(훈련연장급여)의 지급 기간은 대통령령으로 정하는 기간을 한도로 한다.

② 개별연장급여

직업안정기관의 장은 취업이 특히 곤란하고 생활이 어려운 수급자격자로서 대통령령으로 정하는 자에게는 그가 실업의 인정을 받은 날에 대하여 소정급여일수를 초과하여 구직급여를 연장하여 지급할 수 있다. 연장하여 지급하는 구직급여(개별연장급여)는 60일의 범위에서 대통령령으로 정하는 기간 동안 지급한다.

③ 특별연장급여

고용노동부장관은 실업의 급증 등 대통령령으로 정하는 사유가 발생한 경우에는 60일의 범위에서 수급자격자가 실업의 인정을 받은 날에 대하여 소정급여일수를 초과하여 구직급여를 연장하여 지급할 수 있다. 다만, 이직 후의 생활안정을 위한 일정 기준 이상의 소득이 있는 수급자격자 등 고용노동부령으로 정하는 수급자격자에 대하여는 그러하지 아니하다.

(4) 취업촉진 수당

① 조기재취업 수당

조기재취업 수당은 수급자격자(외국인 근로자는 제외)가 안정된 직업에 재취직하거나 스스로 영리를 목적으로 하는 사업을 영위하는 경우로서 대통령령으로 정하는 기준에 해당하면 지급한다.

수급자격자가 안정된 직업에 재취업한 날 또는 스스로 영리를 목적으로 하는 사업을 시작한 날 이전의 대통령령으로 정하는 기간에 조기재취업 수당을 지급받은 사실이 있는 경우에는 조기재취업 수당을 지급하지 아니한다.

조기재취업 수당의 금액은 구직급여의 소정급여일수 중 미지급일수의 비율에 따라 대통령령으로 정하는 기준에 따라 산정한 금액으로 한다.

조기재취업 수당을 지급받은 자에 대하여 이 법의 규정을 적용할 때에는 그 조기재취업 수당의 금액을 구직급여일액으로 나눈 일수분에 해당하는 구직급여를 지급한 것으로 본다.

수급자격자를 조기에 재취업시켜 구직급여의 지급 기간이 단축되도록 한 자에게는 장려금을 지급할 수 있다.

② 직업능력개발 수당

직업능력개발 수당은 수급자격자가 직업안정기관의 장이 지시한 직업능력개발 훈련 등을 받는 경우에 그 직업능력개발 훈련 등을 받는 기간에 대하여 지급한다. 구직급여의 지급이 정지된 기간에 대하여는 직업능력개발 수당을 지급하지 아니한다.

이 경우 인력의 수급 상황을 고려하여 고용노동부장관이 특히 필요하다고 인정하여 고시하는 직종에 관한 직업능력개발 훈련 등에 대하여는 직업능력개발 수당의 금액을 다르게 정할 수 있다.

③ 광역구직활동비

광역 구직활동비는 수급자격자가 직업안정기관의 소개에 따라 광범위한 지역에 걸쳐 구직 활동을 하는 경우로서 대통령령으로 정하는 기준에 따라 직업안정기관의 장이 필요하다고 인정하면 지급할 수 있다. 광역 구직활동비의 금액은 구직 활동에 통상 드는 비용으로 하되, 그 금액의 산정은 고용노동부령으로 정하는 바에 따른다.

④ 이주비

이주비는 수급자격자가 취업하거나 직업안정기관의 장이 지시한 직업능력개발 훈련 등을 받기 위하여 그 주거를 이전하는 경우로서 대통령령으로 정하는 기준에 따라 직업안정기관의 장이 필요하다고 인정하면 지급할 수 있다. 이주비의 금액은 수급자격자 및 그 수급자격자에 의존하여 생계를 유지하는 동거 친족의 이주에 일반적으로 드는 비용으로 하되, 그 금액의 산정은 고용노동부령으로 정하는 바에 따라 따른다.

(5) 질병 등의 특례(상병급여)

수급자격자가 실업의 신고를 한 이후에 질병·부상 또는 출산으로 취업이 불가능하여 실업의 인정을 받지 못한 날에 대하여는 그 수급자격자의 청구에 의하여 구직급여일액에 해당하는 금액(상병급여)을 구직급여에 갈음하여 지급할 수 있다. 다만, 구직급여의 지급이 정지된 기간에 대하여는 상병급여를 지급하지 아니한다.

상병급여를 지급할 수 있는 일수는 그 수급자격자에 대한 구직급여 소정급여일수에서 그 수급자격에 의하여 구직급여가 지급된 일수를 뺀 일수를 한도로 한다. 이 경우 상병급여를 지급받은 자에 대하여 이 법의 규정(제61조 및 제62조는 제외)을 적용할 때에는 상병급여의 지급 일수에 상당하는 일수분의 구직급여가 지급된 것으로 본다.

상병급여는 그 취업할 수 없는 사유가 없어진 이후에 최초로 구직급여를 지급하는 날(구직급여를 지급하는 날이 없는 경우에는 직업안정기관의 장이 정하는 날)에 지급한다. 다만, 필요하다고 인정하면 고용노동부장관이 따로 정하는 바에 따라 지급할 수 있다.

수급자격자가 근로기준법에 따른 휴업보상, 산업재해보상보험법에 따른 휴업급여, 그 밖에 이에 해당하는 급여 또는 보상으로서 대통령령으로 정하는 보상 또는 급여를 지급받을 수 있는 경우에는 상병급여를 지급하지 아니한다.

3) 유아휴직급여

(1) 육아휴직급여

고용노동부장관은 남녀고용평등과 일·가정 양립 지원에 관한 법률에 따른 육아휴직을 30일(근로기준법에 따른 출산전후휴가기간과 중복되는 기간은 제외) 이상 부여받은 피보험자 중 다음의 요건을 모두 갖춘 피보험자에게 육아휴직 급여를 지급한다.

- 육아휴직을 시작한 날 이전에 피보험 단위기간이 통산하여 180일 이상일 것
- 같은 자녀에 대하여 피보험자인 배우자가 30일 이상의 육아휴직을 부여받지 아니하거나 육아기 근로시간 단축을 30일 이상 실시하지 아니하고 있을 것

육아휴직 급여를 지급받으려는 사람은 육아휴직을 시작한 날 이후 1개월부터 육아휴직이 끝난 날 이후 12개월 이내에 신청하여야 한다. 다만, 해당 기간에 대통령령으로 정하는 사유로 육아휴직 급여를 신청할 수 없었던 사람은 그 사유가 끝난 후 30일 이내에 신청하여야 한다.

(2) 육아휴직급여의 지급 제한 등

피보험자가 육아휴직 급여 기간 중에 그 사업에서 이직하거나 새로 취업한 경우에는 그 이직 또는 취업하였을 때부터 육아휴직 급여를 지급하지 아니한다. 피보험자가 사업주로부터 육아휴직을 이유로 금품을 지급받은 경우 급여를 감액하여 지급할 수 있다.

거짓이나 그 밖의 부정한 방법으로 육아휴직 급여를 받았거나 받으려 한 자에게는 그 급여를 받은 날 또는 받으려 한 날부터의 육아휴직 급여를 지급하지 아니한다. 다만, 그 급여와 관련된 육아휴직 이후에 새로 육아휴직 급여 요건을 갖춘 경우 그 새로운 요건에 따른 육아휴직 급여는 그러하지 아니하다.

(3) 육아기 근로시간 단축 급여

고용노동부장관은 육아기 근로시간 단축을 30일(근로기준법에 따른 출산전후휴가기간과 중복되는 기간은 제외) 이상 실시한 피보험자 중 다음의 요건을 모두 갖춘 피보험자에게 육아기 근로시간 단축 급여를 지급한다.

- 육아기 근로시간 단축을 시작한 날 이전에 피보험 단위기간이 통산하여 180일 이상일 것
- 같은 자녀에 대하여 피보험자인 배우자가 30일 이상의 육아휴직을 부여받지 아니하거나 육아기 근로시간 단축을 30일 이상 실시하지 아니하고 있을 것
- 육아기 근로시간 단축 급여를 지급받으려는 사람은 육아기 근로시간 단축을 시작한 날 이후 1개월부터 끝난 날 이후 12개월 이내에 신청하여야 한다. 다만, 해당 기간에 대통령령으로 정하는 사유로 육아기 근로시간 단축 급여를 신청할 수 없었던 사람은 그 사유가 끝난 후 30일 이내에 신청하여야 한다.

4) 출산전후휴가 급여

고용노동부장관은 남녀고용평등과 일·가정 양립 지원에 관한 법률에 따라 피보험자가 근로기준법에 따른 출산전후휴가 또는 유산·사산휴가를 받은 경우로서 다음의 요건을 모두 갖춘 경우에 출산전후휴가 급여 등(출산전후휴가 급여등)을 지급한다.

- 휴가가 끝난 날 이전에 피보험 단위기간이 통산하여 180일 이상일 것
- 휴가를 시작한 날[근로자의 수 등이 대통령령으로 정하는 기준에 해당하는 기업이 아닌 경우는 휴가 시작 후 60일(한 번에 둘 이상의 자녀를 임신한 경우에는 75일)이 지난 날로 본다] 이후 1개월부터 휴가가 끝난 날 이후 12개월 이내에 신청할 것. 다만, 그 기간에 대통령령으로 정하는 사유로 출산전후휴가 급여 등을 신청할 수 없었던 자는 그 사유가 끝난 후 30일 이내에 신청하여야 한다.

출산전후휴가 급여 등은 근로기준법에 따른 휴가 기간에 대하여 통상임금(휴가를 시작한 날을 기준으로 산정)에 해당하는 금액을 지급한다. 다만, 근로자의 수 등이 대통령령으로 정하는 기준에 해당하는 기업이 아닌 경우에는 휴가 기간 중 60일(한 번에 둘 이상의 자녀를 임신한 경우에는 75일)을 초과한 일수(30일을 한도로 하되, 한 번에 둘 이상의 자녀를 임신한 경우에는 45일을 한도로 한다)로 한정한다.

출산전후휴가 급여 등의 지급 금액은 그 상한액과 하한액을 정할 수 있다.

5) 자영업자인 피보험자에 대한 실업급여 적용의 특례

자영업자인 피보험자의 실업급여의 종류는 구직급여와 취업촉진수당이 있다. 단, 연장급여와 조기재취업 수당은 제외한다.

(1) 구직급여의 수급요건

구직급여는 폐업한 자영업자인 피보험자가 "폐업일 이전 24개월간 자영업자인 피보험자로서 갖춘 피보험 단위기간이 통산(通算)하여 1년 이상일 것, 근로의 의사와 능력이 있음에도 불구하고 취업을 하지 못한 상태에 있을 것, 폐업사유가 수급자격의 제한 사유에 해당하지 아니할 것, 재취업을 위한 노력을 적극적으로 할 것"의 요건을 모두 갖춘 경우에 지급한다.

(2) 기초일액

자영업자인 피보험자이었던 수급자격자에 대한 기초일액은 "수급자격과 관련된 피보험기간이 3년 이상인 경우는 마지막 폐업일 이전 3년의 피보험기간, 수급자격과 관련된 피보험기간이 3년 미만인 경우는 수급자격과 관련된 그 피보험기간" 동안 본인이 납부한 보험료의 산정기초가 되는 보험료징수법에 고시된 보수액을 전부 합산한 후에 그 기간의 총일수로 나눈 금액으로 한다.

자영업자가 피보험자이었던 수급자격자가 피보험기간을 합산하게 됨에 따라 소정급여일수가 추가로 늘어나는 경우에는 그 늘어난 일수분에 대한 기초일액은 산정된 기초일액으로 하되, 그 기초일액이 최저기초일액에 미치지 못하는 경우에는 최저기초일액, 대통령령으로 정하는 금액을 초과하는 경우에는 그 대통령령으로 정하는 금액에 해당하는 경우에는 각각 해당 호에 따른 금액으로 한다.

(3) 구직급여일액

자영업자인 피보험자로서 폐업한 수급자격자에 대한 구직급여일액은 그 수급자격자의 기초일액에 100분의 50을 곱한 금액으로 한다.

(4) 소정급여일수

자영업자인 피보험자로서 폐업한 수급자격자에 대한 소정급여일수는 대기기간이 끝난 다음 날부터 계산하기 시작하여 피보험기간에 따라 별표 2에서 정한 일수가 되는 날까지로 한다.

(5) 자영업자인 피보험자에 대한 실업급여의 지급제한

고용노동부장관은 보험료를 체납한 사람에게는 고용노동부령으로 정하는 바에 따른 실업급여를 지급하지 아니할 수 있다

4. 보험료 및 기금의 관리 · 운용

1) 보험료

이 법에 따른 보험사업에 드는 비용을 충당하기 위하여 징수하는 보험료와 그 밖의 징수금에 대하여는 보험료징수법으로 정하는 바에 따른다. 징수된 고용안정 · 직업능력개발사업의 보험료 및 실업급여의 보험료는 각각 그 사업에 드는 비용에 충당한다. 다만, 실업급여의 보험료는 육아휴직 급여 및 출산전후휴가 급여 등에 드는 비용에 충당할 수 있다.

자영업자인 피보험자로부터 보험료징수법 징수된 고용안정 · 직업능력개발 사업의 보험료 및 실업급여의 보험료는 각각 자영업자인 피보험자를 위한 그 사업에 드는 비용에 충당한다.

2) 고용보험기금

(1) 기금의 설치 및 조성

고용노동부장관은 보험사업에 필요한 재원에 충당하기 위하여 고용보험기금(기금)을 설치한다. 기금은 보험료와 이 법에 따른 징수금 · 적립금 · 기금운용 수익금과 그 밖의 수입으로 조성한다.

(2) 기금의 관리 · 운용

기금은 고용노동부장관이 관리 · 운용한다. 기금의 관리 · 운용에 관한 세부 사항은 국가

재정법의 규정에 따른다.

고용노동부장관은 "금융기관에의 예탁, 재정자금에의 예탁, 국가 · 지방자치단체 또는 금융기관에서 직접 발행하거나 채무이행을 보증하는 유가증권의 매입, 보험사업의 수행 또는 기금 증식을 위한 부동산의 취득 및 처분, 그 밖에 대통령령으로 정하는 기금 증식 방법"에 따라 기금을 관리 · 운용한다.

고용노동부장관은 기금을 관리 · 운용할 때에는 그 수익이 대통령령으로 정하는 수준 이상 되도록 하여야 한다.

(3) 기금의 용도

기금은 '고용안정 · 직업능력개발 사업에 필요한 경비, 실업급여의 지급, 육아휴직 급여 및 출산전후휴가 급여 등의 지급, 보험료의 반환, 일시 차입금의 상환금과 이자, 이 법과 보험료징수법에 따른 업무를 대행하거나 위탁받은 자에 대한 출연금, 그 밖에 이 법의 시행을 위하여 필요한 경비로서 대통령령으로 정하는 경비와 사업의 수행에 딸린 경비'에 사용하여야 한다.

3) 고용보험위원회

(1) 고용보험위원회의 역할

이 법 및 보험료징수법(보험에 관한 사항만 해당)의 시행에 관한 주요 사항을 심의하기 위하여 고용노동부에 고용보험위원회(위원회)를 둔다.

위원회는 "보험제도 및 보험사업의 개선에 관한 사항, 보험료징수법에 따른 보험료율[8]의 결정에 관한 사항, 보험사업의 평가에 관한 사항, 기금운용 계획의 수립 및 기금의 운용 결과에 관한 사항, 그 밖에 위원장이 보험제도 및 보험사업과 관련하여 위원회의 심의가 필요하다고 인정하는 사항을 심의한다.

8) 2016년 고용보험 보험료율: 실업급여(근로자 0965%, 사업주 0.65%), 고용안정 · 직업능력개발사업(150인 미만 사업: 사업주 0.25%, 150이상(우선지원대상기업): 사업주 0.45%, 150인 이상 1,000인 미만 기업: 사업주 0.65%, 1,000인 이상기업, 국가 지방자치단체: 0.85%)

(2) 고용보험위원회의 구성

위원회는 위원장 1명을 포함한 20명 이내의 위원으로 구성한다. 위원회의 위원장은 고용노동부차관이 되고, 위원은 "근로자를 대표하는 사람, 사용자를 대표하는 사람, 공익을 대표하는 사람, 정부를 대표하는 사람 중에서 각각 같은 수(數)로 고용노동부장관이 임명하거나 위촉하는 사람이 된다.

위원회는 심의 사항을 사전에 검토 · 조정하기 위하여 위원회에 전문위원회를 둘 수 있다.

5. 수급자의 권리보호 및 벌칙

1) 권리구제

(1) 심사 및 재심사

피보험자격의 취득 · 상실에 대한 확인, 실업급여 및 육아휴직 급여와 출산전후휴가 급여등에 관한 처분(원처분(原處分)등에 이의가 있는 자는 심사관에게 심사를 청구할 수 있고, 그 결정에 이의가 있는 자는 심사위원회에 재심사를 청구할 수 있다.

심사의 청구는 같은 항의 확인 또는 처분이 있음을 안 날부터 90일 이내에, 재심사의 청구는 심사청구에 대한 결정이 있음을 안 날부터 90일 이내에 각각 제기하여야 한다.

심사 및 재심사의 청구는 시효중단에 관하여 재판상의 청구로 본다.

(2) 고용보험심사관

심사를 행하게하기 위하여 고용보험심사관(심사관)을 둔다. 심사관은 심사청구를 받으면 30일 이내에 그 심사청구에 대한 결정을 하여야 한다. 다만, 부득이한 사정으로 그 기간에 결정할 수 없을 때에는 1차에 한하여 10일을 넘지 아니하는 범위에서 그 기간을 연장할 수 있다.

당사자는 심사관에게 심리 · 결정의 공정을 기대하기 어려운 사정이 있으면 그 심사관에 대한 기피신청을 고용노동부장관에게 할 수 있다.

심사청구인이 사망한 경우 그 심사청구인이 실업급여의 수급권자이면 유족이, 그 외의 자인 때에는 상속인 또는 심사청구의 대상인 원처분등에 관계되는 권리 또는 이익을 승계한 자가 각각 심사청구인의 지위를 승계한다.

(3) 고용보험심사위원회

재심사를 하게하기 위하여 고용노동부에 고용보험심사위원회(심사위원회)를 둔다. 심사위원회는 근로자를 대표하는 자 및 사용자를 대표하는 자 각 1명 이상을 포함한 15명 이내의 위원으로 구성한다. 위원 중 2명은 상임위원으로 한다.

피성년후견인·피한정후견인 또는 파산의 선고를 받고 복권되지 아니한 자, 금고 이상의 형을 선고받고 그 형의 집행이 종료되거나 집행을 받지 아니하기로 확정된 후 3년이 지나지 아니한 자 중 어느 하나에 해당하는 자는 위원에 임명될 수 없다.

위원은 형의 선고를 받았거나 심신 쇠약 또는 현저한 능력 부족으로 직무를 수행하기 곤란한 때 외에는 그 의사와 다르게 면직되지 아니한다. 상임위원은 정당에 가입하거나 정치에 관여하여서는 아니 된다. 심사위원회는 심사의 청구를 받으면 50일 이내에 재결(裁決)을 하여야 한다. 이 경우 재결기간의 연장에 관하여는 심사청구를 받으면 30일 이내에 그 심사청구에 대한 결정을 하여야 한다. 다만, 부득이한 사정으로 그 기간에 결정할 수 없을 때에는 1차에 한하여 10일을 넘지 아니하는 범위에서 그 기간을 연장할 수 있다.

2) 수급자의 권리보호

(1) 수급권의 보호

실업급여를 받을 권리는 양도 또는 압류하거나 담보로 제공할 수 없다. 지정된 실업급여 수급계좌의 예금 중 대통령령으로 정하는 액수 이하의 금액에 관한 채권은 압류할 수 없다.

(2) 불이익 처우금지

사업주는 근로자가 확인의 청구를 한 것을 이유로 그 근로자에게 해고나 그 밖의 불이익한 처우를 하여서는 아니 된다.

(3) 소멸시효

지원금·실업급여·육아휴직 급여 또는 출산전후휴가 급여 등을 지급받거나 그 반환을 받을 권리는 3년간 행사하지 아니하면 시효로 소멸한다. 다만, 보험료징수법 고용보험료를 면제받는 기간 중에 발생하는 사업주의 지원금을 지급받을 권리는 보험에 가입한 날이 속하는 그 보험연도의 직전 보험연도 첫날에 소멸한 것으로 본다.

3) 벌칙

근로자를 해고하거나 그 밖에 근로자에게 불이익한 처우를 한 사업주는 3년 이하의 징역 또는 3천만원 이하의 벌금에 처한다.

거짓이나 그 밖의 부정한 방법으로 실업급여·육아휴직 급여 및 출산전후휴가 급여 등을 받은 자는 1년 이하의 징역 또는 1천만원 이하의 벌금에 처한다.

제 4 절 산업재해보상보험법

1. 개요

1) 목적 및 의의

(1) 목적

산업재해보상보험사업을 시행하여 근로자의 업무상의 재해를 신속하고 공정하게 보상하며, 재해근로자의 재활 및 사회 복귀를 촉진하기 위하여 이에 필요한 보험시설을 설치·운영하고, 재해 예방과 그 밖에 근로자의 복지 증진을 위한 사업을 시행하여 근로자 보호에 이바지하는 것을 목적으로 한다.

산업재해보상보험사업은 고용노동부장관이 관장하고, 이 법에 따른 보험사업의 보험연도는 정부의 회계연도에 따른다.

(2) 의의

불의의 재해로 인한 사업주의 경제적 부담을 위험분산에 의해 산재보험 가입자들에게 분산시켜 부담을 경감시켜주는 데 의의가 있다. 산재보험은 보험료를 전액 사업주에게 부담하도록 하고 있다는 측면에서 다른 사회보험과 차이가 있다.

2) 특징

무과실 책임주의를 택하고 있다. 사용자의 고의 - 과실의 유무를 불문한다.

보험급여는 재해발생에 따른 손해 전체를 보상하는 것이 아니라 평균임금을 기초로 법령에 의한 정률보상방식에 따라 산정되므로 정형화되어 있다.

보험사업에 소요되는 비용인 보험료는 사업주가 전액을 부담한다.

민영보험이 아닌 사회보험으로서 임의가입 방식이 아닌 강제가입 방식을 택하고 있다.

다른 사회보험이 가입자 개인단위로 관리가 되는 것과는 달리 산업재해보상보험은 사업장 중심으로 관리가 이루어지고 있다.

자진신고 및 자진납부를 원칙으로 하고 있다.

산업안전보건법이 산업재해에 관해 사전예방적인 데 반하여 산업재해보상보험법은 대체로 사후대응 적이다.

3) 다른 법률과의 관계

(1) 근로기준법상 재해보상과의 관계

근로기준법에서는 재해보상의 책임자는 사용자이나 산업재해보상보험법상의 재해보상의 책임자는 보험자인 고용노동부장관이다. 근로기준법상 인정되지 않는 보험시설을 설치 · 운영하며 재해 예방사업 · 근로복지사업을 규정하고 있다.

보험급여는 양자가 유사하나 급여수준은 근로기준법상의 보상 수준보다 높은 편이다.

근로기준법 상의 재해보상은 일시금이 원칙이나 산업재해보상보험법상 보험급여는 일시금 이외에 연금이 있다. 또한 재해보상을 받게 될 자가 동일한 사유에 대해 산업재해보상법에 의한 보상을 받은 때에는 사용자는 그 한도 내에서 근로기준법상의 보상책임이 면제된다.

(2) 국민건강보험법상의 보험급여와의 관계

산업재해보상보험법상의 보험사고는 '업무상'의 것에 국한되는 데 반해, 국민건강보험법에 의한 보험사고는 '업무 외'의 것을 대상으로 한다. 산업재해보상보험법은 책임보험의 성격 상 원칙적으로 소요비용 전액을 사업주 부담으로 하는 데 반해, 국민건강보험에 있어서는 일부 또는 전액을 피보험자의 자기 부담으로 하고 있다.

(3) 국민연금법과의 관계

국민연금법상의 장애연금 또는 유족연금의 수급권자가 동일한 사유로 산업재해보상보험법에 따른 장해급여, 유족급여, 진폐보상연금 또는 진폐유족연금을 받을 수 있는 경우에는 장애연금액이나 유족연금액은 그 2분의 1에 해당하는 금액을 지급한다.

4) 용어의 정의

① **업무상의 재해:** 업무상의 사유에 따른 근로자의 부상 · 질병 · 장해 또는 사망을 말한다.

② **근로자·임금·평균임금·통상임금:** 각각 근로기준법에 따른 근로자 · 임금 · 평균임금 · 통상임금을 말한다. 다만, 근로기준법에 따라 임금 또는 평균임금을 결정하기 어렵다고 인정되면 고용노동부장관이 정하여 고시하는 금액을 해당 임금 또는 평균임금으로 한다.

③ **유족:** 사망한 자의 배우자(사실상 혼인 관계에 있는 자를 포함) · 자녀 · 부모 · 손자녀 · 조부모 또는 형제자매를 말한다.

④ **치유:** 부상 또는 질병이 완치되거나 치료의 효과를 더 이상 기대할 수 없고 그 증상이 고정된 상태에 이르게 된 것을 말한다.

⑤ **장해:** 부상 또는 질병이 치유되었으나 정신적 또는 육체적 훼손으로 인하여 노동능력이 상실되거나 감소된 상태를 말한다.

⑥ **폐질:** 업무상의 부상 또는 질병에 따른 정신적 또는 육체적 훼손으로 노동능력이 상실되거나 감소된 상태로서 그 부상 또는 질병이 치유되지 아니한 상태를 말한다.

⑦ **진폐:** 분진을 흡입하여 폐에 생기는 섬유증식성 변화를 주된 증상으로 하는 질병을 말한다.

5) 연혁

① 1963. 11. 5. 제정(1964. 1. 1. 시행)

우리나라 사회보험 법률들 중 최초로 제정, 시행되었다.

② 1994. 12. 22. 전부개정

노동부 산하 근로복지공사를 근로복지공단으로 개편하여 정부에서 직접 관리·운영하던 산업재해보상보험에 관한 일선업무를 근로복지공단에 위탁하였다.

③ 1999. 12. 31. 일부개정

산업재해보상보험의 보험급여의 최고·최저보상한도를 설정하는 등으로 급여 수준의 형평성을 제고하였고, 간병급여를 신설하였으며, 중·소기업사업주체 대한 적용을 확대하였다.

④ 2010. 1. 27. 일부개정

산업재해보상보험의 징수업무를 국민건강보험공단에 위탁하여 수행하도록 하였다.

⑤ 2012. 12. 18. 일부개정

성차별적 요소를 없애기 위하여 유족보상연금 수급자격자의 범위에서 남자배우자에 대한 연령제한을 삭제하고, 유족의 생활안정을 도모하기 위하여 자녀 또는 손자녀 등에 대한 유족보상연금 수급자격자 연령범위를 18세 미만에서 19세 미만까지로 연장하였다.

⑥ 2015. 1. 20. 일부개정

요양급여나 재요양을 받은 사람이 요양이 종결된 후 2년 이내에 요양급여를 받은 경우에는 공단은 그 요양급여 비용 중 국민건강보험공단이 부담한 금액을 지급할 수 있다는 국민건강보험 요양급여 비용의 정산 규정을 신설하였다.

⑦ 2016. 12. 27. 일부개정

산업재해보상보험급여를 신청할 시 신청을 이유로 근로자가 해고 등의 불이익을 당하지 않도록, 불이익 처우 금지와 벌칙 조항을 명시하였다.

6) 업무상 재해

(1) 업무상 재해의 인정기준

근로자가 다음 각 호의 어느 하나에 해당하는 사유로 부상 · 질병 또는 장해가 발생하거나 사망하면 업무상의 재해로 본다. 다만, 업무와 재해 사이에 상당인과관계(相當因果關係)가 없는 경우에는 그러하지 아니하다.

근로자의 고의 · 자해행위나 범죄행위 또는 그것이 원인이 되어 발생한 부상 · 질병 · 장해 또는 사망은 업무상의 재해로 보지 아니한다. 다만, 그 부상 · 질병 · 장해 또는 사망이 정상적인 인식능력 등이 뚜렷하게 저하된 상태에서 한 행위로 발생한 경우로서 "업무상의 사유로 발생한 정신질환으로 치료를 받았거나 받고 있는 사람이 정신적 이상 상태에서 자해행위를 한 경우, 업무상의 재해로 요양 중인 사람이 그 업무상의 재해로 인한 정신적 이상 상태에서 자해행위를 한 경우, 그 밖에 업무상의 사유로 인한 정신적 이상 상태에서 자해행위를 하였다는 것이 의학적으로 인정되는 경우" 업무상의 재해로 본다.

대통령령으로 정하는 사유가 있으면 업무상의 재해로 본다.

① 업무상 사고

가. 근로자가 근로계약에 따른 업무나 그에 따르는 행위를 하던 중 발생한 사고

나. 사업주가 제공한 시설물 등을 이용하던 중 그 시설물 등의 결함이나 관리소홀로 발생한 사고

다. 사업주가 제공한 교통수단이나 그에 준하는 교통수단을 이용하는 등 사업주의 지배관리 하에서 출퇴근 중 발생한 사고

라. 사업주가 주관하거나 사업주의 지시에 따라 참여한 행사나 행사준비 중에 발생한 사고

마. 휴게시간 중 사업주의 지배관리 하에 있다고 볼 수 있는 행위로 발생한 사고

바. 그 밖에 업무와 관련하여 발생한 사고

② 업무상 질병

가. 업무수행 과정에서 물리적 인자(因子), 화학물질, 분진, 병원체, 신체에 부담을 주는 업무 등 근로자의 건강에 장해를 일으킬 수 있는 요인을 취급하거나 그에 노출되어 발생한 질병

나. 업무상 부상이 원인이 되어 발생한 질병

다. 그 밖에 업무와 관련하여 발생한 질병

2. 수급권자와 보험가입자

1) 적용사업

(1) 당연적용 사업(원칙)

산업재해보상보험법은 근로자를 사용하는 모든 사업 또는 사업장에 적용한다(제6조). 즉, 당연적용을 원칙으로 한다.

(2) 적용제외 사업

위험률·규모 및 장소 등을 고려하여 대통령령으로 정하는 사업[9]은 제외한다.

9) 대통령령으로 정하는 적용제외 사업: ① 공무원연금법, 군인연금법, 선원법, 어선원 및 어선 재해보상보험법, 사립학교교직원연금법 등 타법에 따라 재해보상이 되는 사업, ② 주택법에 따른 주택건설사업자, 건설산업기본법에 따른 건설업자, 전기공사사업법에 따른 공사업자, 정보통신공사업법에 따른 정보통신공사업자, 소방시설공사업법에 따른 소방시설업자 또는 문화재보호법에 따른 문화재수리업자가 아닌 자가 시공하는 총 공사금액이 2천만원 미만인 공사, 연면적이 100제곱미터 이하인 건축물의 건축 또는 연면적이 200제곱미터 이하인 건축물의 대수선에 관한 공사. ③ 가구 내 고용활동, ④ 이사의 사업 외의 사업으로서 상시근로자 수가 1명 미만인 사업, ⑤ 농업, 임업(벌목업 제외), 어업 및 수렵업 중 법인이 아닌 자의 사업으로서 상시근로자 수가 5명 미만인 사업.

2) 보험가입자

(1) 당연가입자

근로자를 사용하는 모든 사업 또는 사업장의 사업주는 당연히 산업재해보상보험의 보험가입자가 된다(보험료징수법 제5조 제3항).

(2) 임의가입자

산업재해보상보험법의 보험가입자가 되지 아니하는 "대통령령으로 정하는 사업"이라도 공단의 승인을 얻어 산재보험에 가입할 수 있다(보험료징수법 제5조 제4항).

3) 특례가입자

(1) 국외사업

국외근무기간 중 발생한 근로자의 재해를 보상하기 위하여 우리나라가 당사국이된 사회보장에 관한 조약이나 협정으로 정하는 국가나 지역에서의 사업에 대하여는 고용노동부장관이 금융감독위원회와 협의하여 지정하는 자에게 이 법에 따른 보험사업을 자기의 재산으로 영위하게 할 수 있다.

(2) 해외파견자

보험가입자가 대한민국 밖의 지역(고용노동부령으로 정하는 지역은 제외)에서 하는 사업에 근로시키기 위하여 파견하는 자에 대하여 공단에 보험가입 신청을 하여 승인을 받으면 해외파견자를 그 가입자의 대한민국 영역 안의 사업에 사용하는 근로자로 본다.

(3) 현장실습생

이 법이 적용되는 사업에서 현장실습을 하고 있는 학생 및 직업훈련생(현장실습생) 중 고용노동부장관이 정하는 현장실습생은 이 법을 적용할 때는 그 사업에 사용되는 근로자로 본다.

(4) 중 · 소기업사업주에 대한 특례

대통령령으로 정하는 중 · 소기업사업주(근로자를 사용하지 아니하는 자를 포함)는 공단의 승인을 받아 자기 또는 유족을 보험급여를 받을 수 있는 자로 하여 보험에 가입할 수 있다. 이 경우 그 사업주는 이 법을 적용할 때 근로자로 본다.

(5) 특수형태근로종사자10)에 대한 특례

계약의 형식에 관계없이 근로자와 유사하게 노무를 제공함에도 근로기준법 등이 적용되지 아니하여 업무상의 재해로부터 보호할 필요가 있는 자로서 주로 하나의 사업에 그 운영에 필요한 노무를 상시적으로 제공하고 보수를 받아 생활하며, 노무를 제공함에 있어서 타인을 사용하지 아니하는 자 중 대통령령으로 정하는 직종에 종사하는 자(특수형태 근로종사자)의 노무를 제공받는 사업은 이 법의 적용을 받는 사업으로 본다.

(6) 국민기초생활보장법 수급자에 대한 특례

국민기초생활보장법에 따른 자활급여 수급자 중 고용노동부장관이 정하고 고시하는 사업에 종사하는 자는 이 법의 적용을 받는 근로자로 본다.

4) 보험료, 국고의 부담 및 지원

국가는 회계연도마다 예산의 범위에서 보험사업의 사무 집행에 드는 비용을 일반회계에서 부담하여야 한다. 국가는 회계연도마다 예산의 범위에서 보험사업에 드는 비용의 일부를 지원할 수 있다.

5) 보험관계

산업재해보상보험에서 보험관계란 보험에 가입한 사업주가 보험료를 납부하고 업무상 재해가 발생하면 보험을 관장하는 자가 재해를 입은 근로자에게 보험급여를 행하는 관계를 말한다. 보험의 당연가입자인 사업주가 운영하는 각각의 사업이 사업주가 동일인이며, 각각의 사업은 기간이 정해져 있는 사업이고, 사업의 종류공사 실적액 등이 대통령령으로 정하는 요건에 해당하는 경우에는 이 법의 적용에 있어서 그 사업의 전부를 하나의 사업

10) 특수형태근로종사자: 6개 직종(보험설계사, 콘트리트믹서트럭 자차기사, 학습지 교사, 골프장 캐디, 택배기사, 전속 퀵서비스기사)

으로 본다(보험료징수법 제8조).

3. 급여

1) 보험급여

(1) 보험급여의 종류 및 지급

보험급여의 종류로는 요양급여, 휴업급여, 장해급여, 간병급여, 유족급여, 상병보상연금, 장의비, 직업재활급여가 있다. 다만, 진폐에 따른 보험급여의 종류는 요양급여, 간병급여, 장의비, 직업재활급여, 진폐보상연금 및 진폐유족연금으로 한다.

보험급여는 보험급여를 받을 수 있는 자(수급권자)의 청구에 따라 지급한다.

(2) 보험급여 산정 기준

보험급여를 산정하는 경우 해당 근로자의 평균임금을 산정하여야 할 사유가 발생한 날부터 1년이 지난 이후에는 매년 전체 근로자의 임금 평균액의 증감률에 따라 평균임금을 증감하되, 그 근로자의 연령이 60세에 도달한 이후에는 소비자물가변동률에 따라 평균임금을 증감한다. 다만, 제6항에 따라 산정한 금액을 평균임금으로 보는 진폐에 걸린 근로자에 대한 보험급여는 제외한다.

2) 급여의 종류

(1) 요양급여

요양급여는 근로자가 업무상의 사유로 부상을 당하거나 질병에 걸린 경우에 그 근로자에게 지급한다. 요양급여는 산재보험 의료기관에서 요양을 하게 한다. 다만, 부득이한 경우에는 요양을 갈음하여 요양비를 지급할 수 있다. 부상 또는 질병이 3일 이내의 요양으로 치유될 수 있으면 요양급여를 지급하지 아니한다.

요양급여의 범위는 ① 진찰 및 검사, ② 약제 또는 진료재료와 의지 그 밖의 보조기의 지급, ③ 처치, 수술, 그 밖의 치료, ④ 재활치료, ⑤ 입원, ⑥ 간호 및 간병, ⑦ 이송, ⑧ 그 밖에 고용노동부령으로 정하는 사항이다.

업무상의 재해를 입은 근로자가 요양할 산재보험 의료기관이 상급종합병원인 경우에는 응급의료에 관한 법률에 따른 응급환자이거나 그 밖에 부득이한 사유가 있는 경우를 제외하고는 그 근로자가 상급종합병원에서 요양할 필요가 있다는 의학적 소견이 있어야 한다.

요양급여(진폐에 따른 요양급여는 제외)를 받으려는 자는 소속 사업장, 재해발생 경위, 그 재해에 대한 의학적 소견, 그 밖에 고용노동부령으로 정하는 사항을 적은 서류를 첨부하여 공단에 요양급여의 신청을 하여야 한다. 근로자를 진료한 산재보험 의료기관은 그 근로자의 재해가 업무상의 재해로 판단되면 그 근로자의 동의를 받아 요양급여의 신청을 대행할 수 있다.

(2) 휴업급여

휴업급여는 업무상 사유로 부상을 당하거나 질병에 걸린 근로자에게 요양으로 취업하지 못한 기간에 대하여 지급하되, 1일당 지급액은 평균임금의 100분의 70에 상당하는 금액으로 한다. 다만, 취업하지 못한 기간이 3일 이내이면 지급하지 아니한다.

요양 또는 재요양을 받고 있는 근로자가 그 요양기간 중 일정기간 또는 단시간 취업을 하는 경우에는 그 취업한 날 또는 취업한 시간에 해당하는 그 근로자의 평균임금에서 그 취업한 날 또는 취업한 시간에 대한 임금을 뺀 금액의 100분의 90에 상당하는 금액을 지급할 수 있다. 다만, 최저임금액을 1일당 휴업급여 지급액으로 하는 경우에는 최저임금액(감액하는 경우에는 그 감액한 금액)에서 취업한 날 또는 취업한 시간에 대한 임금을 뺀 금액을 지급할 수 있다.

단시간 취업하는 경우 취업하지 못한 시간(8시간에서 취업한 시간을 뺀 시간을 말한다)에 대하여는 산정한 1일당 휴업급여 지급액에 8시간에 대한 취업하지 못한 시간의 비율을 곱한 금액을 지급한다.

$$\text{휴업급여} = \frac{(365 \times 0.7) - \text{기존 장해보상연금 일수}}{365} \times \text{평균임금} \times \text{재요양 일수}$$

(3) 장해급여

장해급여는 근로자가 업무상의 사유로 부상을 당하거나 질병에 걸려 치유된 후 신체 등에 장해가 있는 경우에 그 근로자에게 지급한다. 장해등급에 따라 장해보상연금 또는 장해보상일시금으로 하되, 그 장해등급의 기준은 대통령령으로 정한다.

장해보상연금 또는 장해보상일시금은 수급권자의 선택에 따라 지급한다. 다만, 대통령령으로 정하는 노동력을 완전히 상실한 장해등급의 근로자에게는 장해보상연금을 지급하고, 장해급여 청구사유 발생 당시 대한민국 국민이 아닌 자로서 외국에서 거주하고 있는 근로자에게는 장해보상일시금을 지급한다. 장해보상연금은 수급권자가 신청하면 그 연금의 최초 1년분 또는 2년분(제3항 단서에 따른 근로자에게는 그 연금의 최초 1년분부터 4년분까지)의 2분의 1에 상당하는 금액을 미리 지급할 수 있다. 이 경우 미리 지급하는 금액에 대하여는 100분의 5의 비율 범위에서 이자를 공제할 수 있다.

장해보상연금 수급권자의 수급권이 소멸한 경우에 이미 지급한 연금액을 지급 당시의 각각의 평균임금으로 나눈 일수(日數)의 합계가 별표 2에 따른 장해보상일시금의 일수에 못 미치면 그 못 미치는 일수에 수급권 소멸 당시의 평균임금을 곱하여 산정한 금액을 유족 또는 그 근로자에게 일시금으로 지급한다.

장해보상연금 또는 진폐보상연금의 수급권자가 ① 사망한 경우, ② 대한민국 국민이었던 수급권자가 국적을 상실하고 외국에서 거주하고 있거나 외국에서 거주하기 위하여 출국하는 경우, ③ 대한민국 국민이 아닌 수급권자가 외국에서 거주하기 위하여 출국하는 경우, ④ 장해등급 또는 진폐장해등급이 변경되어 장해보상연금 또는 진폐보상연금의 지급 대상에서 제외되는 경우 중 어느 하나에 해당하면 그 수급권이 소멸한다.

(3-1) 사망한 형 명의의 수급계좌를 변경하여 5년간 장해연금을 부정 수령한 사례 (서울남부지방법원, 2014)

김윤호(가명) 장해연금 수급대상자인 피고인의 형 김수호(가명)가 2008년 8월 사망했음에도 불구하고, 김수호의 사망신고를 하지 않고 근로복지공단에서 김수호에게 지급하는 장해연금을 김윤호가 대신하여 수령하기로 마음먹었다. 그래서 김윤호는 김수호의 도장을 보관하고 있음을 이용하여 미리 개설하여 보관하고 있던 김수호명의의 농협계좌를 통해 근로복지공단에 장해연금 수급계좌 변경을 신청하였다.

김윤호는 근로복지공단을 기망하고, 이에 속은 피해자 근로복지공단으로부터 2010년 5월 김수호 명의의 위 농협계좌를 통하여 장해연금 933,470원을 지급받은 것을 비롯하여 2013년 11월까지 총 43회에 걸쳐 농협계좌와 김수호 명의의 신한은행계좌를 통하여 총 42,323,860원을 지급받아 편취함과 동시에 거짓 그 밖의 부정한 방법으로 산업재해보상보험 급여를 받았다.

재판부는 김윤호가 위와 같이 장해연금을 수령하기 위하여 김수호 명의의 거래은행 변경신청서를 위조·행사하는 등 그 죄질이 좋지 아니한 점, 이와 같은 보험급여 부정수령 범행은 종국적으로 보험재정의 악화를 가져오고 이로 인하여 다수의 선량한 보험가입자들의 부담을 가중시켜 사회전체의 경제적 손실을 가져온다는 점, 피고인의 이 사건 범행으로 인한 피해가 대부분 회복되지 아니한 것으로 보이는 점 등을 종합하여 김윤호에게 실형을 선고하였다.

(4) 간병급여

간병급여는 요양급여를 받은 자 중 치유 후 의학적으로 상시 또는 수시로 간병이 필요하여 실제로 간병을 받는 자에게 지급한다.

(5) 유족급여

유족급여는 근로자가 업무상의 사유로 사망한 경우에 유족에게 지급한다. 유족급여는 유족보상연금이나 유족보상일시금으로 하되, 유족보상일시금은 근로자가 사망할 당시 제유족보상연금을 받을 수 있는 자격이 있는 자가 없는 경우에 지급한다. 유족보상연금을 받을 수 있는 자격이 있는 자가 원하면 유족보상일시금의 100분의 50에 상당하는 금액을 일시금으로 지급하고 유족보상연금은 100분의 50을 감액하여 지급한다.

유족보상연금을 받던 자가 그 수급자격을 잃은 경우 다른 수급자격자가 없고 이미 지급한 연금액을 지급 당시의 각각의 평균임금으로 나누어 산정한 일수의 합계가 1,300일에 못 미치면 그 못 미치는 일수에 수급자격 상실 당시의 평균임금을 곱하여 산정한 금액을 수급자격 상실 당시의 유족에게 일시금으로 지급한다.

유족보상연금 수급자격자의 범위는 유족보상연금을 받을 수 있는 자격이 있는 자(유족보상연금 수급자격자)는 근로자가 사망할 당시 그 근로자와 생계를 같이 하고 있던 유족(그 근로자가 사망할 당시 대한민국 국민이 아닌 자로서 외국에서 거주하고 있던 유족은 제외) 중 배우자와 다음 각 호의 어느 하나에 해당하는 자로 한다.

① 부모 또는 조부모로서 각각 60세 이상인 자
② 자녀 또는 손자녀로서 각각 19세 미만인 자
③ 형제자매로서 19세 미만이거나 60세 이상인 자
④ 위 ①~③ 규정 중 어느 하나에 해당하지 아니하는 자녀·부모·손자녀·조부모 또는 형제자매로서 장애인 중 고용노동부령으로 정한 장애등급 이상에 해당하는 자

근로자가 사망할 당시 태아(胎兒)였던 자녀가 출생한 경우에는 출생한 때부터 장래에 향하여 근로자가 사망할 당시 그 근로자와 생계를 같이 하고 있던 유족으로 본다.

유족보상연금 수급자격자 중 유족보상연금을 받을 권리의 순위는 배우자·자녀·부모·손자녀·조부모 및 형제자매의 순서로 한다.

(6) 상병보상연금

요양급여를 받는 근로자가 요양을 시작한 지 2년이 지난 날 이후에 ① 그 부상이나 질병이 치유되지 아니한 상태일 것, ② 그 부상이나 질병에 따른 폐질(廢疾)의 정도가 대통령령으로 정하는 폐질등급 기준에 해당할 것, ③ 요양으로 인하여 취업하지 못하였을 것의 요건 모두에 해당하는 상태가 계속되면 휴업급여 대신 상병보상연금을 그 근로자에게 지급한다. 상병보상연금은 폐질등급에 따라 지급한다.

상병보상연금을 산정할 때 그 근로자의 평균임금이 최저임금액에 70분의 100을 곱한 금액보다 적을 때에는 최저임금액의 70분의 100에 해당하는 금액을 그 근로자의 평균임금으로 보아 산정한다. 산정한 상병보상연금액을 365로 나눈 1일당 상병보상연금 지급액이 1일당 휴업급여 지급액보다 적으면 1일당 상병보상연금 지급액으로 한다(저소득근로자의 상병보상연금).

상병보상연금을 받는 근로자가 61세가 되면 그 이후의 상병보상연금은 1일당 상병보상연금 지급기준에 따라 산정한 금액을 지급한다(고령자 상병보상연금).

(7) 장례비

장례비는 근로자가 업무상의 사유로 사망한 경우에 지급하되, 평균임금의 120일분에 상당하는 금액을 그 장제(葬祭)를 지낸 유족에게 지급한다. 다만, 장제를 지낼 유족이 없거나 그 밖에 부득이한 사유로 유족이 아닌 자가 장제를 지낸 경우에는 평균임금의 120일분에 상당하는 금액의 범위에서 실제 드는 비용을 그 장제를 지낸 자에게 지급한다.

장례비가 고용노동부장관이 고시하는 최고 금액을 초과하거나 최저 금액에 미달하면 그 최고 금액 또는 최저 금액을 각각 장례비로 한다.

(8) 직업재활급여 및 직업훈련수당

직업재활급여의 종류는 다음과 같다.

① 장해급여 또는 진폐보상연금을 받은 자나 장해급여를 받을 것이 명백한 자로서 대통령령으로 정하는 자(장해급여자) 중 취업을 위하여 직업훈련이 필요한 자(훈련대상자)에 대하여 실시하는 직업훈련에 드는 비용 및 직업훈련수당

② 업무상의 재해가 발생할 당시의 사업에 복귀한 장해급여자에 대하여 사업주가 고용을 유지하거나 직장적응훈련 또는 재활운동을 실시하는 경우에 각각 지급하는 직장복귀지원금, 직장적응훈련비 및 재활운동비

직업훈련수당은 직업훈련을 받는 훈련대상자에게 그 직업훈련으로 인하여 취업하지 못하는 기간에 대하여 지급하되, 1일당 지급액은 최저임금액에 상당하는 금액으로 한다. 다만, 휴업급여나 상병보상연금을 받는 훈련대상자에게는 직업훈련수당을 지급하지 아니한다.

직업훈련수당을 받는 자가 장해보상연금 또는 진폐보상연금을 받는 경우에는 1일당 장해보상연금액 또는 1일당 진폐보상연금액(진폐보상연금액을 365로 나눈 금액)과 1일당 직업훈련수당을 합한 금액이 그 근로자의 장해보상연금 또는 진폐보상연금 산정에 적용되는 평균임금의 100분의 70을 초과하면 그 초과하는 금액 중 직업훈련수당에 해당하는 금액은 지급하지 아니한다.

(9) 특별급여

① 장해특별급여

보험가입자의 고의 또는 과실로 발생한 업무상의 재해로 근로자가 대통령령으로 정하는 장해등급 또는 진폐장해등급에 해당하는 장해를 입은 경우에 수급권자가 민법에 따른 손해배상청구를 갈음하여 장해특별급여를 청구하면 장해급여 또는 진폐보상연금 외에 대통령령으로 정하는 장해특별급여를 지급할 수 있다. 다만, 근로자와 보험가입자 사이에 장해특별급여에 관하여 합의가 이루어진 경우에 한한다.

수급권자가 장해특별급여를 받으면 동일한 사유에 대하여 보험가입자에게 민법이나 그 밖의 법령에 따른 손해배상을 청구할 수 없다.

공단은 장해특별급여를 지급하면 그 급여액 모두를 보험가입자로부터 징수한다.

② 유족특별급여

보험가입자의 고의 또는 과실로 발생한 업무상의 재해로 근로자가 사망한 경우에 수급권자가 민법에 따른 손해배상청구를 갈음하여 유족특별급여를 청구하면 유족급여 또는 진폐유족연금 외에 대통령령으로 정하는 유족특별급여를 지급할 수 있다.

(10) 합병증 등 예방관리

공단은 업무상의 부상 또는 질병이 치유된 자 중에서 합병증 등 재요양 사유가 발생할 우려가 있는 자에게 산재보험 의료기관에서 그 예방에 필요한 조치를 받도록 할 수 있다.

3) 다른 보상 또는 배상과의 관계

수급권자가 이 법에 따라 보험급여를 받았거나 받을 수 있으면 보험가입자는 동일한 사유에 대하여 근로기준법에 따른 재해보상 책임이 면제된다. 수급권자가 동일한 사유에 대하여 이 법에 따른 보험급여를 받으면 보험가입자는 그 금액의 한도 안에서 민법이나 그 밖의 법령에 따른 손해배상의 책임이 면제된다. 이 경우 장해보상연금 또는 유족보상연금을 받고 있는 자는 장해보상일시금 또는 유족보상일시금을 받은 것으로 본다.

수급권자가 동일한 사유로 민법이나 그 밖의 법령에 따라 이 법의 보험급여에 상당한 금품을 받으면 공단은 그 받은 금품을 대통령령으로 정하는 방법에 따라 환산한 금액의 한도 안에서 이 법에 따른 보험급여를 지급하지 아니한다. 다만, 수급권자가 지급받은 것으로 보게 되는 장해보상일시금 또는 유족보상일시금에 해당하는 연금액에 대하여는 그러하지 아니하다.

요양급여를 받는 근로자가 요양을 시작한 후 3년이 지난 날 이후에 상병보상연금을 지급받고 있으면 근로기준법의 단서를 적용할 때 그 사용자는 그 3년이 지난 날 이후에는 일시보상을 지급한 것으로 본다.

4) 보험급여의 지급의 제한

공단은 근로자가 다음의 어느 하나에 해당되면 보험급여의 전부 또는 일부를 지급하지 아니할 수 있다. 공단은 보험급여를 지급하지 아니하기로 결정하면 지체 없이 이를 관계 보험가입자와 근로자에게 알려야 한다.

① 요양 중인 근로자가 정당한 사유 없이 요양에 관한 지시를 위반하여 부상·질병 또는 장해 상태를 악화시키거나 치유를 방해한 경우

② 장해보상연금 또는 진폐보상연금 수급권자가 장해등급 또는 진폐장해등급 재판정 전에 자해(自害) 등 고의로 장해 상태를 악화시킨 경우

5) 진폐에 따른 보험급여의 특례

근로자가 진폐에 걸릴 우려가 있는 작업으로서 암석, 금속이나 유리섬유 등을 취급하는 작업 등 고용노동부령으로 정하는 분진작업에 종사하여 진폐에 걸리면 업무상 질병으로 본다.

진폐보상연금은 업무상 질병인 진폐에 걸린 근로자(진폐근로자)에게 지급한다. 진폐보상연금은 평균임금을 기준으로 하여 산정하는 진폐장해등급별 진폐장해연금과 기초연금을 합산한 금액으로 한다. 이 경우 기초연금은 최저임금액의 100분의 60에 365를 곱하여 산정한 금액으로 한다. 진폐보상연금을 받던 사람이 그 진폐장해등급이 변경된 경우에는 변경된 날이 속한 달의 다음 달부터 기초연금과 변경된 진폐장해등급에 해당하는 진폐장해

연금을 합산한 금액을 지급한다.

진폐유족연금은 진폐근로자가 진폐로 사망한 경우에 유족에게 지급한다. 사망 당시 진폐근로자에게 지급하고 있거나 지급하기로 결정된 진폐보상연금과 같은 금액으로 한다. 이 경우 진폐유족연금은 산정한 유족보상연금을 초과할 수 없다.

진폐에 대한 진단을 받지 아니한 근로자가 업무상 질병인 진폐로 사망한 경우에 그 근로자에 대한 진폐유족연금은 기초연금과 진폐장해등급별로 산정한 진폐장해연금을 합산한 금액으로 한다. 진폐유족연금을 받을 수 있는 유족의 범위 및 순위, 자격 상실과 지급 정지 등에 관하여는 유족보상연금 수급자격자의 범위 및 유족보상연금 수급자격자의 자격격상실과 지급 정지 등을 준용한다. 이 경우 유족보상연금은 진폐유족연금으로 본다.

5-1) 장해위로금부지급 처분 취소의 사례 (대법원, 2017)

진폐로 구 산업재해보상보험법(2010. 5. 20. 법률 제10305호로 개정되기 전의 것)에 따라 장해등급 제3급 판정을 받고, 이에 해당하는 장해보상일시금을 모두 지급받은 원고가 2010. 5. 20. 법률 제10305호로 개정된 산업재해보상보험법의 시행 후에 장해상태 호전에 따라 장해등급 제11급 판정을 받았다고 하여 또다시 장해급여 대상이 되는 것은 아니므로, 구 '진폐의 예방과 진폐근로자의 보호 등에 관한 법률'(2010. 5. 20. 법률 제10304호로 개정되기 전의 것)에 따른 장해위로금 지급대상도 되지 아니한다고 판단하였다.

4. 근로복지사업 등

1) 근로복지사업

고용노동부장관은 근로자의 복지 증진을 위한 ① 업무상의 재해를 입은 근로자의 원활한 사회 복귀를 촉진하기 위한 요양이나 외과 후 처치에 관한 시설과 의료재활이나 직업재활에 관한 시설의 설치·운영, ② 장학사업 등 재해근로자와 그 유족의 복지 증진을 위한 사업, ③ 그 밖에 근로자의 복지 증진을 위한 시설의 설치·운영 사업을 한다.

고용노동부장관은 공단 또는 재해근로자의 복지 증진을 위하여 설립된 법인 중 고용노동부장관의 지정을 받은 법인(지정법인)에 사업을 하게 하거나 보험시설의 운영을 위탁할 수 있다.

지정법인의 지정 기준에 필요한 사항은 고용노동부령으로 정하며, 예산의 범위에서 지정법인의 사업에 필요한 비용의 일부를 보조할 수 있다.

2) 장해급여자의 고용촉진

고용노동부장관은 보험가입자에 대하여 장해급여 또는 진폐보상연금을 받은 자를 그 적성에 맞는 업무에 고용하도록 권고할 수 있다.

3) 근로복지공단

고용노동부장관의 위탁을 받아 제1조의 목적을 달성하기 위한 사업을 효율적으로 수행하기 위하여 근로복지공단(공단)을 설립한다. 공단은 다음의 사업을 수행한다. 공단은 의료기관, 연구기관 등을 설치·운영할 수 있다.

① 보험가입자와 수급권자에 관한 기록의 관리·유지
② 보험료징수법에 따른 보험료와 그 밖의 징수금의 징수
③ 보험급여의 결정과 지급
④ 보험급여 결정 등에 관한 심사 청구의 심리·결정
⑤ 산업재해보상보험 시설의 설치·운영
⑥ 업무상 재해를 입은 근로자 등의 진료·요양 및 재활
⑦ 재활보조기구의 연구개발·검정 및 보급
⑧ 보험급여 결정 및 지급을 위한 업무상 질병 관련 연구
⑨ 근로자 등의 건강을 유지·증진하기 위하여 필요한 건강진단 등 예방 사업
⑩ 근로자의 복지 증진을 위한 사업
⑪ 그 밖에 정부로부터 위탁받은 사업
⑫ 제5호·제5호의2부터 제5호의5까지·제6호 및 제7호에 따른 사업에 딸린 사업

사업의 수행에 필요한 자문을 하기 위하여 공단에 관계 전문가 등으로 구성되는 보험급

여자문위원회를 둘 수 있다. 보험급여자문위원회의 구성과 운영에 필요한 사항은 공단이 정한다. 정부는 예산의 범위에서 공단의 사업과 운영에 필요한 비용을 출연할 수 있다.

4) 산업재해보상보험및예방심의위원회

산업재해보상보험 및 예방에 관한 중요 사항을 심의하게하기 위하여 고용노동부에 산업재해보상보험및예방심의위원회(위원회)를 둔다. 위원회는 근로자를 대표하는 자, 사용자를 대표하는 자 및 공익을 대표하는 자로 구성하되, 그 수는 각각 같은 수로 한다. 위원회는 그 심의 사항을 검토하고, 위원회의 심의를 보조하게하기 위하여 위원회에 전문위원회를 둘 수 있다.

위원회의 기능으로는 요양급여의 범위나 비용 등 요양급여의 산정 기준에 관한 사항, 보험료징수법에 따른 산재보험료율[11]의 결정에 관한 사항, 산업재해보상보험및예방기금의 운용계획 수립에 관한 사항, 산업안전보건법에 따른 산업안전·보건 업무와 관련되는 주요 정책 및 산업재해 예방에 관한 중·장기 기본계획, 그 밖에 고용노동부장관이 산업재해보상보험 사업 및 산업안전·보건 업무에 관하여 심의에 부치는 사항을 심의한다.

5) 산업재해보상보험및예방기금

고용노동부장관은 보험사업, 산업재해 예방 사업에 필요한 재원을 확보하고, 보험급여에 충당하기 위하여 산업재해보상보험및예방기금(기금)을 설치한다. 기금은 보험료, 기금운용 수익금, 적립금, 기금의 결산상 잉여금, 정부 또는 정부 아닌 자의 출연금 및 기부금, 차입금, 그 밖의 수입금을 재원으로 하여 조성한다. 정부는 산업재해 예방 사업을 수행하기 위하여 회계연도마다 기금지출예산 총액의 100분의 3의 범위에서 제2항에 따른 정부의 출연금으로 세출예산에 계상(計上)하여야 한다.

11) 2016년 산재보험료율: 광업 7.1~34%, 제조업 0.7~4.4%, 전기가스상수도업 1.0%, 건설업 3.8%, 운수 창고 통신업 0.9~6.6%, 임업 8.9%, 어업 3~13%, 농업 2.7%, 기타의 산업 0.7%~3.2%, 금융 및 보험법 0.7%

5. 수급자의 권리보호 및 벌칙

1) 수급권의 권리보호

(1) 수급권의 보호

근로자의 보험급여를 받을 권리는 퇴직하여도 소멸되지 아니한다.

(2) 압류금지

보험급여를 받을 권리는 양도 또는 압류하거나 담보로 제공할 수 없다.

(3) 불이익 처우의 금지(제111조의2)

사업주는 근로자가 보험급여를 신청한 것을 이유로 근로자를 해고하거나 그 밖에 근로자에게 불이익한 처우를 하여서는 아니 된다. 〔본조신설 2016.12.27.〕

(4) 심사청구

① 보험급여에 관한 결정, ② 진료비에 관한 결정, ③ 약제비에 관한 결정, ④ 진료계획 변경 조치 등, ⑤ 보험급여의 일시지급에 관한 결정, ⑥ 부당이득의 징수에 관한 결정, ⑦ 수급권의 대위에 관한 결정 중 어느 하나에 해당하는 공단의 결정 등(보험급여 결정등)에 불복하는 자는 공단에 심사청구를 할 수 있다.

심사 청구는 그 보험급여 결정 등을 한 공단의 소속 기관을 거쳐 공단에 제기하여야 한다. 심사 청구는 보험급여 결정 등이 있음을 안 날부터 90일 이내에 하여야 한다. 심사 청구서를 받은 공단의 소속 기관은 5일 이내에 의견서를 첨부하여 공단에 보내야 한다. 보험급여 결정 등에 대하여는 행정심판법에 따른 행정심판을 제기할 수 없다.

공단은 심사 청구서를 받은 날부터 60일 이내에 심사위원회의 심의를 거쳐 심사 청구에 대한 결정을 하여야 한다. 다만, 부득이한 사유로 그 기간 이내에 결정을 할 수 없으면 1차에 한하여 20일을 넘지 아니하는 범위에서 그 기간을 연장할 수 있다.

심사 청구 기간이 지난 후에 제기된 심사 청구 등 대통령령으로 정하는 사유에 해당하는 경우에는 심사위원회의 심의를 거치지 아니할 수 있다. 결정기간을 연장할 때에는 최초의 결정기간이 끝나기 7일 전까지 심사 청구인 및 보험급여 결정 등을 한 공단의 소속 기관에 알려야 한다.

공단은 심사 청구의 심리를 위하여 필요하면 청구인의 신청 또는 직권으로 ① 청구인 또는 관계인을 지정 장소에 출석하게 하여 질문하거나 의견을 진술하게 하는 것, ② 청구인 또는 관계인에게 증거가 될 수 있는 문서나 그 밖의 물건을 제출하게 하는 것, ③ 전문적인 지식이나 경험을 가진 제3자에게 감정하게 하는 것, ④ 소속 직원에게 사건에 관계가 있는 사업장이나 그 밖의 장소에 출입하여 사업주·근로자, 그 밖의 관계인에게 질문하게 하거나, 문서나 그 밖의 물건을 검사하게 하는 것, ⑤ 심사 청구와 관계가 있는 근로자에게 공단이 지정하는 의사·치과의사 또는 한의사(의사등)의 진단을 받게 하는 것의 행위를 할 수 있다.

질문이나 검사를 하는 공단의 소속 직원은 그 권한을 표시하는 증표를 지니고 이를 관계인에게 내보여야 한다.

(5) 재심사청구

심사 청구에 대한 결정에 불복하는 자는 산업재해보상보험재심사위원회에 재심사 청구를 할 수 있다. 다만, 판정위원회의 심의를 거친 보험급여에 관한 결정에 불복하는 자는 심사 청구를 하지 아니하고 재심사 청구를 할 수 있다. 재심사 청구는 그 보험급여 결정등을 한 공단의 소속 기관을 거쳐 산업재해보상보험재심사위원회에 제기하여야 한다.

재심사 청구는 심사 청구에 대한 결정이 있음을 안 날부터 90일 이내에 제기하여야 한다. 다만, 제1항 단서에 따라 심사 청구를 거치지 아니하고 재심사 청구를 하는 경우에는 보험급여에 관한 결정이 있음을 안 날부터 90일 이내에 제기하여야 한다.

재심사 청구에 관하여는 제103조제4항을 준용한다. 이 경우 심사 청구서는 재심사 청구서로, 공단은 산업재해보상보험재심사위원회로 본다.

(6) 시효

보험급여를 받을 권리, 산재보험 의료기관의 권리, 약국의 권리, 보험가입자의 권리, 국민건강보험공단등의 권리는 3년간 행사하지 아니하면 시효로 말미암아 소멸한다. 다만, 장해급여, 유족급여, 장례비, 진폐보상연금 및 진폐유족연금을 받을 권리는 5년간 행사하지 아니하면 시효의 완성으로 소멸한다. 소멸시효에 관하여는 이 법에 규정된 것 외에는 민법에 따른다.

2) 벌칙 등

(1) 벌칙

① 3년 이하의 징역 또는 3천만원 이하의 벌금

산재보험 의료기관이나 약국의 종사자로서 거짓이나 그 밖의 부정한 방법으로 진료비나 약제비를 지급받은 자

② 2년 이하의 징역 또는 2천만원 이하의 벌금

거짓이나 그 밖의 부정한 방법으로 보험급여를 받은 자, 불이익 처우 금지를 위반하여 근로자를 해고하거나 그 밖에 근로자에게 불이익한 처우를 한 사업주

③ 2년 이하의 징역 또는 1천만원 이하의 벌금

직무상 알게 된 비밀을 누설한 자

(2) 과태료

① 200만원 이하의 과태료

근로복지공단 또는 이와 비슷한 명칭을 사용한 자, 공단이 아닌 자에게 진료비를 청구한 자

② 100만원 이하의 과태료

진료계획을 정당한 사유 없이 제출하지 아니하는 자, 질문에 답변하지 아니하거나 거짓된 답변을 하거나 검사를 거부·방해 또는 기피한 자, 보고를 하지 아니하거나 거짓된 보고를 한 자 또는 서류나 물건을 제출 명령에 따르지 아니한 자, 공단의 소속 직원의 질문에 답변을 거부하거나 조사를 거부·방해 또는 기피한 자 등

제 5 절 노인장기요양보험법

1. 개요

1) 목적

고령이나 노인성 질병 등의 사유로 일상생활을 혼자서 수행하기 어려운 노인등에게 제공하는 신체활동 또는 가사활동 지원 등의 장기요양급여에 관한 사항을 규정하여 노후의 건강증진 및 생활안정을 도모하고 그 가족의 부담을 덜어줌으로써 국민의 삶의 질을 향상하도록 함을 목적으로 한다.

2) 보험료의 징수 및 산정

(1) 보험료 징수

장기요양보험사업은 보건복지부장관이 관장이며, 보험자는 국민건강보험공단이다. 가입자는 국민건강보험가입자이다.

공단은 장기요양사업에 사용되는 비용에 충당하기 위하여 장기요양보험료를 징수한다. 장기요양보험료는 국민건강보험법에 따른 보험료(건강보험료)와 통합하여 징수하되, 이 경우 공단은 장기요양보험료와 건강보험료를 구분하여 고지하여야 한다. 공단은 통합 징수한 장기요양보험료와 건강보험료를 각각의 독립회계로 관리하여야 한다.

(2) 보험료 산정

장기요양보험료는 국민건강보험법에 따라 산정한 보험료액에서 경감 또는 면제되는 비용을 공제한 금액에 장기요양보험료율을 곱하여 산정한 금액으로 한다.

3) 관리운영기관

장기요양사업의 관리운영기관은 국민건강보험공단으로 한다. 공단은 다음 각 호의 업무를 관장한다.

① 장기요양보험가입자 및 그 피부양자와 의료급여수급권자의 자격관리
② 장기요양보험료의 부과 · 징수
③ 신청인에 대한 조사
④ 등급판정위원회의 운영 및 장기요양등급 판정
⑤ 장기요양인정서의 작성 및 표준장기요양이용계획서의 제공
⑥ 장기요양급여의 관리 및 평가
⑦ 수급자에 대한 정보제공 · 안내 · 상담 등 장기요양급여 관련 이용지원에 관한 사항
⑧ 재가 및 시설 급여비용의 심사 및 지급과 특별현금급여의 지급
⑨ 장기요양급여 제공내용 확인
⑩ 장기요양사업에 관한 조사 · 연구 및 홍보
⑪ 노인성질환예방사업
⑫ 이 법에 따른 부당이득금의 부과 · 징수 등
⑬ 장기요양급여의 제공기준을 개발하고 장기요양급여비용의 적정성을 검토하기 위한 장기요양기관의 설치 및 운영
⑭ 그 밖에 장기요양사업과 관련하여 보건복지부장관이 위탁한 업무

4) 용어의 정의

① **노인등:** 65세 이상의 노인 또는 65세 미만의 자로서 치매 · 뇌혈관성질환 등 대통령령으로 정하는 노인성 질병을 가진 자를 말한다.
② **장기요양급여:** 6개월 이상 동안 혼자서 일상생활을 수행하기 어렵다고 인정되는 자에게 신체활동 · 가사활동의 지원 또는 간병 등의 서비스나 이에 갈음하여 지급하는 현금 등을 말한다.
③ **장기요양사업:** 장기요양보험료, 국가 및 지방자치단체의 부담금 등을 재원으로 하여 노인등에게 장기요양급여를 제공하는 사업을 말한다.
④ **장기요양기관:** 지정을 받은 기관 또는 지정의제된 재가장기요양기관으로서 장기요양급여를 제공하는 기관을 말한다.

⑤ **장기요양요원:** 장기요양기관에 소속되어 노인 등의 신체활동 또는 가사활동 지원 등의 업무를 수행하는 자를 말한다.

5) 연혁

① 2007. 4. 27. 제정(2007. 10. 1. 시행)

고령이나 노인성 질병 등의 사유로 일상생활을 혼자서 수행하기 어려운 노인등에게 제공하는 신체활동 또는 가사활동 지원 등의 장기요양급여에 관한 사항을 규정하여 노후의 건강증진 및 생활안정을 도모하고 그 가족의 부담을 덜어줌으로써 국민의 삶의 질을 향상하도록 함을 목적으로 제정되었다.

② 2013. 8. 13. 일부개정(2014. 2. 14. 시행)

업무정지명령을 하여야 하는 경우로서 그 업무정지가 해당 장기요양기관을 이용하는 수급자에게 심한 불편을 줄 우려가 있는 등 보건복지부장관이 정하는 특별한 사유가 있다고 인정되는 경우에는 업무정지명령을 갈음하여 5천만원 이하의 과징금을 부과할 수 있다는 과징금 부과 조항을 신설하였다. 또한 장기요양기관이 거짓으로 재가·시설 급여비용을 청구하였다는 이유로 처분이 확정된 경우로서 위반사실, 처분내용, 장기요양기관의 명칭·주소, 장기요양기관의 장의 성명, 그 밖에 다른 장기요양기관과의 구별에 필요한 사항으로서 대통령령으로 정하는 사항을 공표할 수 있다는 조항 등을 신설하였다.

③ 2016. 12. 2. 일부개정(2017. 6. 3. 시행)

특별현금급여수급계좌의 예금에 관한 채권은 압류할 수 없도록 하는 등 법적 근거를 마련하여 노인과 그 가족의 생활안정을 도모하려하였다.

2. 수급자

1) 장기요양인정의 신청 및 조사

장기요양인정을 신청할 수 있는 자는 노인 등으로서 ① 장기요양보험가입자 또는 그 피부양자, ② 수급권자(의료급여수급권자) 중 어느 하나에 해당하는 자격을 갖추어야 한다.

장기요양인정을 신청하는 자(신청인)는 공단에 보건복지부령으로 정하는 바에 따라 장기요양인정신청서에 의사 또는 한의사가 발급하는 소견서(의사소견서)를 첨부하여 제출하여야 한다. 다만, 의사소견서는 공단이 등급판정위원회에 자료를 제출하기 전까지 제출할 수 있다.

거동이 현저하게 불편하거나 도서·벽지 지역에 거주하여 의료기관을 방문하기 어려운 자 등 대통령령으로 정하는 자는 의사소견서를 제출하지 아니할 수 있다.

공단은 신청서를 접수할 때 보건복지부령으로 정하는 바에 따라 소속 직원으로 하여금 ① 신청인의 심신상태, ② 신청인에게 필요한 장기요양급여의 종류 및 내용, ③ 그 밖에 장기요양에 관하여 필요한 사항으로서 보건복지부령으로 정하는 사항을 조사하게 하여야 한다. 다만, 지리적 사정 등으로 직접 조사하기 어려운 경우 또는 조사에 필요하다고 인정하는 경우 특별자치시·특별자치도·시·군·구에 대하여 조사를 의뢰하거나 공동으로 조사할 것을 요청할 수 있다.

조사를 하는 자는 조사일시, 장소 및 조사를 담당하는 자의 인적사항 등을 미리 신청인에게 통보하여야 한다. 공단 또는 조사를 의뢰받은 특별자치시·특별자치도·시·군·구는 조사를 완료한 때 조사결과서를 작성하여야 한다. 조사를 의뢰받은 특별자치시·특별자치도·시·군·구는 지체 없이 공단에 조사결과서를 송부하여야 한다.

2) 장기요양인정의 유효기간, 갱신, 변경 등

장기요양인정의 유효기간은 최소 1년 이상으로서 대통령령으로 정한다. 유효기간의 산정방법과 그 밖에 필요한 사항은 보건복지부령으로 정한다.

수급자는 장기요양인정의 유효기간이 만료된 후 장기요양급여를 계속하여 받고자 하는 경우 공단에 장기요양인정의 갱신을 신청하여야 한다. 장기요양인정의 갱신 신청은 유효기간이 만료되기 전 30일까지 이를 완료하여야 한다.

장기요양급여를 받고 있는 수급자는 장기요양등급, 장기요양급여의 종류 또는 내용을 변경하여 장기요양급여를 받고자 하는 경우 공단에 변경신청을 하여야 한다.

3) 등급 판정 등

공단은 조사가 완료된 때 조사결과서, 신청서, 의사소견서, 그 밖에 심의에 필요한 자료를 장기요양등급판정위원회(등급판정위원회)에 제출하여야 한다. 등급판정위원회는 신청인이 신청자격요건을 충족하고 6개월 이상 동안 혼자서 일상생활을 수행하기 어렵다고 인정하는 경우 심신상태 및 장기요양이 필요한 정도 등 대통령령으로 정하는 등급판정기준에 따라 장기요양급여를 받을 자로 판정한다. 등급판정위원회는 심의·판정을 하는 때 신청인과 그 가족, 의사소견서를 발급한 의사 등 관계인의 의견을 들을 수 있다.

3. 급여

1) 장기요양급여 제공의 기본원칙

장기요양급여 제공의 기본원칙은 노인 등의 심신상태·생활환경과 노인 등 및 그 가족의 욕구·선택을 종합적으로 고려하여 필요한 범위 안에서 이를 적정하게 제공하여야 한다. 노인 등이 가족과 함께 생활하면서 가정에서 장기요양을 받는 재가급여를 우선적으로 제공하여야 한다. 장기요양급여는 노인 등의 심신상태나 건강 등이 악화되지 아니하도록 의료서비스와 연계하여 이를 제공하여야 한다.

2) 국가·지방자치단체·보건복지부장관의 책무

(1) 국가 및 지방자치단체

국가 및 지방자치단체는 노인이 일상생활을 혼자서 수행할 수 있는 온전한 심신상태를 유지하는데 필요한 사업(노인성질환예방사업)을 실시하여야 한다. 국가는 노인성질환예방사업을 수행하는 지방자치단체 또는 국민건강보험공단(공단)에 대하여 이에 소요되는 비용을 지원할 수 있다.

국가 및 지방자치단체는 노인인구 및 지역특성 등을 고려하여 장기요양급여가 원활하게 제공될 수 있도록 충분한 수의 장기요양기관을 확충하고 장기요양기관의 설립을 지원하여야 한다. 국가 및 지방자치단체는 장기요양급여가 원활히 제공될 수 있도록 공단에 필요한 행정적 또는 재정적 지원을 할 수 있다. 또한 장기요양요원의 처우를 개선하고 복지를 증진하며 지위를 향상시키기 위하여 적극적으로 노력하여야 한다.

(2) 장기요양기본계획

보건복지부장관은 노인 등에 대한 장기요양급여를 원활하게 제공하기 위하여 5년 단위로 ① 연도별 장기요양급여 대상인원 및 재원조달 계획, ② 연도별 장기요양기관 및 장기요양전문인력 관리 방안, ③ 장기요양요원의 처우에 관한 사항, ④ 그 밖에 노인 등의 장기요양에 관한 사항으로서 대통령령으로 정하는 사항 다음 각 호의 사항이 포함된 장기요양기본계획을 수립 · 시행하여야 한다.

지방자치단체의 장은 장기요양기본계획에 따라 세부시행계획을 수립 · 시행하여야 한다.

3) 장기요양급여의 종류

(1) 재가급여

① **방문요양:** 장기요양요원이 수급자의 가정 등을 방문하여 신체활동 및 가사활동 등을 지원하는 장기요양급여

② **방문목욕:** 장기요양요원이 목욕설비를 갖춘 장비를 이용하여 수급자의 가정 등을 방문하여 목욕을 제공하는 장기요양급여

③ **방문간호:** 장기요양요원인 간호사 등이 의사, 한의사 또는 치과의사의 지시서(방문간호지시서)에 따라 수급자의 가정 등을 방문하여 간호, 진료의 보조, 요양에 관한 상담 또는 구강위생 등을 제공하는 장기요양급여

④ **주야간보호:** 수급자를 하루 중 일정한 시간 동안 장기요양기관에 보호하여 신체활동 지원 및 심신기능의 유지 · 향상을 위한 교육 · 훈련 등을 제공하는 장기요양급여

⑤ **단기보호:** 수급자를 보건복지부령으로 정하는 범위 안에서 일정 기간 동안 장기요양기관에 보호하여 신체활동 지원 및 심신기능의 유지 · 향상을 위한 교육 · 훈련 등을 제공하는 장기요양급여

⑥ **기타재가급여:** 수급자의 일상생활 · 신체활동 지원에 필요한 용구를 제공하거나 가정을 방문하여 재활에 관한 지원 등을 제공하는 장기요양급여로서 대통령령으로 정하는 것

(2) 시설급여

장기요양기관이 운영하는 노인의료복지시설 등에 장기간 동안 입소하여 신체활동 지원 및 심신기능의 유지 · 향상을 위한 교육 · 훈련 등을 제공하는 장기요양급여를 말한다.

(3) 특별현금급여

① 가족요양비: 가족장기요양급여
② 특례요양비: 특례장기요양급여
③ 요양병원간병비: 요양병원장기요양급여

4) 장기요양급여의 제공

수급자는 장기요양인정서 및 개인별장기요양이용계획서가 도달한 날부터 장기요양급여를 받을 수 있다. 수급자는 돌볼 가족이 없는 경우 등 대통령령으로 정하는 사유가 있는 경우 신청서를 제출한 날부터 장기요양인정서가 도달되는 날까지의 기간 중에도 장기요양급여를 받을 수 있다.

공단은 특별현금급여를 받는 수급자의 신청이 있는 경우에는 특별현금급여를 수급자 명의의 지정된 계좌로 입금하여야 한다. 다만, 정보통신장애나 불가피한 사유로 특별현금급여수급계좌로 이체할 수 없을 때에는 현금 지급 등 특별현금급여를 지급할 수 있다. 특별현금급여수급계좌가 개설된 금융기관은 특별현금급여만이 특별현금급여수급계좌에 입금되도록 관리하여야 한다.

장기요양급여는 월 한도액 범위 안에서 제공한다. 이 경우 월 한도액은 장기요양등급 및 장기요양급여의 종류 등을 고려하여 산정한다.

5) 장기요양급여의 제한

공단은 장기요양급여를 받고 있거나 받을 수 있는 자가 ① 거짓이나 그 밖의 부정한 방법으로 장기요양인정을 받은 경우, ② 고의로 사고를 발생하도록 하거나 본인의 위법행위에 기인하여 장기요양인정을 받은 경우 중 어느 하나에 해당하는 경우 장기요양급여를 중단하거나 제공하지 아니하게 하여야 한다.

공단은 장기요양급여를 받고 있는 자가 정당한 사유 없이 요구에 응하지 아니하거나 답변을 거절한 경우 장기요양급여의 전부 또는 일부를 제공하지 아니하게 할 수 있다.

6) 재가급여 및 시설급여 비용

(1) 재가 및 시설 급여비용의 청구 및 지급

장기요양기관은 수급자에게 재가급여 또는 시설급여를 제공한 경우 공단에 장기요양급여비용을 청구하여야 한다.

공단은 장기요양기관으로부터 재가 또는 시설 급여비용의 청구를 받은 경우 이를 심사하여 장기요양에 사용된 비용 중 공단부담금(재가 및 시설 급여비용 중 본인일부부담금을 공제한 금액)을 당해 장기요양기관에 지급하여야 한다.

공단은 장기요양기관의 장기요양급여평가 결과에 따라 장기요양급여비용을 가산 또는 감액 조정하여 지급할 수 있다.

(2) 재가 및 시설 급여비용의 산정

재가 및 시설 급여비용은 급여종류 및 장기요양등급 등에 따라 제45조에 따른 장기요양위원회의 심의를 거쳐 보건복지부장관이 정하여 고시한다.

보건복지부장관은 재가 및 시설 급여비용을 정할 때 국가 및 지방자치단체로부터 장기요양기관의 설립비용을 지원받았는지 여부 등을 고려할 수 있다.

7) 장기요양위원회

(1) 업무

장기요양보험료율, 가족요양비, 특례요양비 및 요양병원간병비의 지급기준, 재가 및 시설 급여비용, 사항을 심의하기 위하여 보건복지부장관 소속으로 장기요양위원회를 둔다.

(2) 구성

장기요양위원회는 위원장 1인, 부위원장 1인을 포함한 16인 이상 22인 이하의 위원으로 구성한다. 위원장이 아닌 위원은 다음의 자 중에서 보건복지부장관이 임명 또는 위촉한 자로 하고, 각 호에 해당하는 자를 각각 동수로 구성하여야 한다.

① 근로자단체, 사용자단체, 시민단체(비영리민간단체 지원법에 따른 비영리민간단체를), 노인단체, 농어업인단체 또는 자영자단체를 대표하는 자
② 장기요양기관 또는 의료계를 대표하는 자
③ 대통령령으로 정하는 관계 중앙행정기관의 고위공무원단 소속 공무원, 장기요양에 관한 학계 또는 연구계를 대표하는 자, 공단 이사장이 추천하는 자

위원장은 보건복지부차관이 되고, 부위원장은 위원 중에서 위원장이 지명하며, 장기요양위원회 위원의 임기는 3년으로 한다. 다만, 공무원인 위원의 임기는 재임기간으로 한다.

(3) 운영

장기요양위원회 회의는 구성원 과반수의 출석으로 개의하고 출석위원 과반수의 찬성으로 의결한다. 장기요양위원회의 효율적 운영을 위하여 분야별로 실무위원회를 둘 수 있다.

4. 장기요양기관

1) 장기요양기관의 종류

(1) 재가급여를 제공할 수 있는 장기요양기관: 노인복지법에 따른 재가노인복지시설로서 이 법에 따라 지정받은 장기요양기관, 이 법에 따라 설치한 재가장기요양기관

(2) 시설급여를 제공할 수 있는 장기요양기관: 노인복지법에 따른 노인요양시설로서 이 법에 따라 지정받은 장기요양기관, 노인복지법에 따른 노인요양공동생활가정으로서 이 법에 따라 지정받은 장기요양기관

2) 기관의 설치 및 지정

(1) 장기요양기관의 지정

장기요양기관을 설치·운영하고자 하는 자는 소재지를 관할 구역으로 하는 특별자치시장·특별자치도지사·시장·군수·구청장으로부터 지정을 받아야 한다. 장기요양기관으로 지정받고자 하는 자는 보건복지부령으로 정하는 장기요양에 필요한 시설 및 인력을 갖추어야 한다.

특별자치시장·특별자치도지사·시장·군수·구청장은 장기요양기관을 지정한 때 지체 없이 지정 명세를 공단에 통보하여야 한다.

(2) 재가장기요양기관의 설치

재가급여 중 어느 하나 이상에 해당하는 장기요양급여를 제공하고자 하는 자는 시설 및 인력을 갖추어 재가장기요양기관을 설치하고 특별자치시장·특별자치도지사·시장·군수·구청장에게 이를 신고하여야 한다. 신고를 받은 특별자치시장·특별자치도지사·시장·군수·구청장은 신고 명세를 공단에 통보하여야 한다.

설치의 신고를 한 재가장기요양기관은 장기요양기관으로 본다. 의료기관이 아닌 자가 설치·운영하는 재가장기요양기관은 방문간호를 제공하는 경우 방문간호의 관리책임자로서 간호사를 둔다.

(3) 장기요양기관 정보의 안내

장기요양기관은 수급자가 장기요양급여를 쉽게 선택하도록 하고 장기요양기관이 제공하는 급여의 질을 보장하기 위하여 장기요양기관별 급여의 내용, 시설·인력 등 현황자료 등을 공단이 운영하는 인터넷 홈페이지에 게시하여야 한다.

3) 장기요양기관 지정의 취소 등

(1) 지정의 취소

특별자치시장 · 특별자치도지사 · 시장 · 군수 · 구청장은 장기요양기관이 다음의 어느 하나에 해당하는 경우 그 지정을 취소하거나 6개월의 범위에서 업무정지를 명할 수 있다. 다만, 거짓이나 그 밖의 부정한 방법으로 지정을 받은 경우나 업무정지 기간 중에 장기요양급여를 제공한 경우에 해당하는 경우에는 지정을 취소하여야 한다.

① 거짓이나 그 밖의 부정한 방법으로 지정을 받은 경우
② 지정기준에 적합하지 아니한 경우
③ 장기요양급여를 거부한 경우
④ 본인일부부담금을 면제하거나 감경하는 행위를 한 경우
⑤ 수급자를 소개, 알선 또는 유인하는 행위 및 이를 조장하는 행위를 한 경우
⑥ 거짓이나 그 밖의 부정한 방법으로 재가 및 시설 급여비용을 청구한 경우
⑦ 자료제출 명령에 따르지 아니하거나 거짓으로 자료제출을 한 경우나 질문 또는 검사를 거부 · 방해 또는 기피하거나 거짓으로 답변한 경우
⑧ 장기요양기관의 종사자 등이 수급자의 신체에 폭행을 가하거나 상해를 입히는 행위, 수급자에게 성적 수치심을 주는 성폭행, 성희롱 등의 행위, 자신의 보호 · 감독을 받는 수급자를 유기하거나 의식주를 포함한 기본적 보호 및 치료를 소홀히 하는 방임행위 중 어느 하나에 해당하는 행위를 한 경우
⑨ 업무정지 기간 중에 장기요양급여를 제공한 경우

특별자치시장 · 특별자치도지사 · 시장 · 군수 · 구청장은 지정을 취소하거나 업무정지명령을 한 경우에는 지체 없이 그 내용을 공단에 통보하고, 보건복지부령으로 정하는 바에 따라 보건복지부장관에게 통보한다. 이 경우 시장 · 군수 · 구청장은 관할 특별시장 · 광역시장 또는 도지사를 거쳐 보건복지부장관에게 통보하여야 한다.

(2) 폐쇄명령

특별자치시장 · 특별자치도지사 · 시장 · 군수 · 구청장은 재가장기요양기관이 다음의 어

느 하나에 해당하는 경우 시설을 폐쇄할 것을 명하거나 6개월의 범위에서 업무정지를 명할 수 있다. 다만, 거짓이나 그 밖의 부정한 방법으로 신고한 경우와 업무정지 기간 중에 장기요양급여를 제공한 경우에 해당하는 경우 폐쇄명령을 하여야 한다.

① 거짓이나 그 밖의 부정한 방법으로 신고한 경우

② 갖추어야 하는 시설 및 인력을 갖추지 아니한 경우

③ 장기요양급여를 거부한 경우, 본인일부부담금을 면제하거나 감경하는 행위를 한 경우, 수급자를 소개, 알선 또는 유인하는 행위 및 이를 조장하는 행위를 한 경우, 자료제출 명령에 따르지 아니하거나 거짓으로 자료제출을 한 경우나 질문 또는 검사를 거부·방해 또는 기피하거나 거짓으로 답변한 경우, 장기요양기관의 종사자 들이 수급자의 신체에 폭행을 가하거나 상해를 입히는 행위, 수급자에게 성적 수치심을 주는 성폭행, 성희롱 등의 행위, 자신의 보호감독을 받은 수급자를 유기하거나 의식주를 포함한 기본적 보호 및 치료를 소홀히 하는 방임행위를 한 경우(지정 취소 요건과 동일하다)

④ 거짓이나 그 밖의 부정한 방법으로 재가급여비용을 청구한 경우

⑤ 업무정지 기간 중에 장기요양급여를 제공한 경우

특별자치시장·특별자치도지사·시장·군수·구청장은 재가장기요양기관에 대하여 폐쇄명령 또는 업무정지명령을 한 경우 지체 없이 그 내용을 공단에 통보하고, 보건복지부령으로 정하는 바에 따라 보건복지부장관에게 통보하며, 이 경우 특별자치시장·특별자치도지사·시장·군수·구청장은 관할 특별시장·광역시장 또는 도지사를 거쳐 보건복지부장관에게 통보하여야 한다. 폐쇄명령을 받은 재가장기요양기관은 장기요양기관의 지정이 취소된 것으로 본다.

특별자치시장·특별자치도지사·시장·군수·구청장은 장기요양기관이 지정취소 또는 업무정지 되거나 재가장기요양기관이 폐쇄 또는 업무정지 되는 경우에는 해당 장기요양기관을 이용하는 수급자를 다른 장기요양기관으로 옮기도록 하는 등 수급자의 권익을 보호하기 위하여 필요한 조치를 하여야 한다.

4) 장기요양기관의 의무

장기요양기관은 수급자로부터 장기요양급여신청을 받은 때 장기요양급여의 제공을 거부하여서는 아니 된다. 다만, 입소정원에 여유가 없는 경우 등 정당한 사유가 있는 경우는 그러하지 아니하다.

장기요양기관은 장기요양급여의 제공 기준·절차 및 방법 등에 따라 장기요양급여를 제공하여야 한다.

장기요양기관의 장은 장기요양급여를 제공한 수급자에게 장기요양급여비용에 대한 명세서를 교부하여야 하며, 장기요양급여 제공에 관한 자료를 기록·관리하여야 한다.

장기요양기관은 면제받거나 감경 받는 금액 외에 영리를 목적으로 수급자가 부담하는 재가 및 시설 급여비용(본인일부부담금)을 면제하거나 감경하는 행위를 하여서는 아니 된다. 누구든지 영리를 목적으로 금전, 물품, 노무, 향응, 그 밖의 이익을 제공하거나 제공할 것을 약속하는 방법으로 수급자를 장기요양기관에 소개, 알선 또는 유인하는 행위 및 이를 조장하는 행위를 하여서는 아니 된다.

5) 장기요양기관의 폐업 등 신고

장기요양기관의 장은 폐업하거나 휴업하고자 하는 경우 폐업이나 휴업 예정일 전 30일까지 특별자치시장·특별자치도지사·시장·군수·구청장에게 신고하여야 한다. 신고를 받은 특별자치시장·특별자치도지사·시장·군수·구청장은 지체 없이 신고 명세를 공단에 통보하여야 한다.

장기요양기관의 장은 장기요양기관을 폐업 또는 휴업하려는 경우 보건복지부령으로 정하는 바에 따라 해당 장기요양기관을 이용하는 수급자가 다른 장기요양기관을 이용할 수 있도록 조치계획을 수립하고 이행하는 등 수급자의 권익을 보호하기 위한 조치를 취하여야 한다.

특별자치시장·특별자치도지사·시장·군수·구청장은 폐업 또는 휴업 신고를 접수한 경우 장기요양기관의 장이 수급자의 권익을 보호하기 위한 조치를 취하였는지의 여부를 확인하고, 인근지역에 대체 장기요양기관이 없는 경우 등 장기요양급여에 중대한 차질이 우려되는 때에는 장기요양기관의 폐업 또는 휴업 철회를 권고하거나 그 밖의 다른 조치를 강구하여야 한다.

특별자치시장 · 특별자치도지사 · 시장 · 군수 · 구청장은 노인복지법에 따라 노인의료복지시설 등(장기요양기관이 운영하는 시설인 경우에 한한다)에 대하여 사업정지 또는 폐지 명령을 하는 경우 지체 없이 공단에 그 내용을 통보하여야 한다.

장기요양기관의 장은 폐업 또는 휴업 신고를 할 때 보건복지부령으로 정하는 바에 따라 장기요양급여 제공 자료를 공단으로 이관하여야 한다. 다만, 휴업 신고를 하는 장기요양기관의 장이 휴업 예정일 전까지 공단의 허가를 받은 경우에는 장기요양급여 제공 자료를 직접 보관할 수 있다.

6) 과징금 부과

특별자치시장 · 특별자치도지사 · 시장 · 군수 · 구청장은 지정취소나 폐쇄명령(거짓이나 그 밖의 부정한 방법으로 재가 및 시설 급여비용을 청구한 경우는 제외)에 해당하는 행위를 이유로 업무정지명령을 하여야 하는 경우로서 그 업무정지가 해당 장기요양기관을 이용하는 수급자에게 심한 불편을 줄 우려가 있는 등 보건복지부장관이 정하는 특별한 사유가 있다고 인정되는 경우에는 업무정지명령을 갈음하여 5천만원 이하의 과징금을 부과할 수 있다. 다만, 장기요양기관의 종사자 등이 수급자의 신체에 폭행을 가하거나 상해를 입히는 행위, 수급자에게 성적 수치심을 주는 성폭행, 성희롱 등의 행위, 자신의 보호감독을 받는 수급자를 유기하거나 의식주를 포함한 기본적 보호 및 치료를 소홀히 하는 방임행위를 한 경우에는 그러하지 아니하다.

특별자치시장 · 특별자치도지사 · 시장 · 군수 · 구청장은 거짓이나 그 밖의 부정한 방법으로 재가 및 시설 급여비용을 청구한 행위를 이유로 업무정지명령을 하여야 하는 경우로서 그 업무정지가 해당 장기요양기관을 이용하는 수급자에게 심한 불편을 줄 우려가 있는 등 보건복지부장관이 정하는 특별한 사유가 있다고 인정되는 경우에는 업무정지명령을 갈음하여 거짓이나 그 밖의 부정한 방법으로 청구한 금액의 5배 이하의 금액을 과징금으로 부과할 수 있다.

특별자치시장·특별자치도지사·시장·군수·구청장은 과징금을 내야 할 자가 납부기한까지 내지 아니한 경우에는 지방세 체납처분의 예에 따라 징수한다. 과징금의 부과와 징수에 관한 사항을 보건복지부령으로 정하는 바에 따라 기록·관리하여야 한다.

5. 수급자의 권리보호 및 벌칙

1) 수급자의 권리보호

(1) 이의신청

장기요양인정·장기요양등급·장기요양급여·부당이득·장기요양급여비용 또는 장기요양보험료 등에 관한 공단의 처분에 이의가 있는 자는 공단에 이의신청을 할 수 있다.

이의신청은 처분이 있은 날부터 90일 이내에 문서로 하여야 한다. 다만, 정당한 사유로 본문의 기간 이내에 이의신청을 할 수 없었음을 소명한 때는 그러하지 아니하다.

공단은 장기요양심사위원회를 구성하여 이의신청사건을 심의하게 하여야 한다.

(2) 심사청구

이의신청에 대한 결정에 불복하는 자는 결정처분을 받은 날부터 90일 이내에 장기요양심판위원회(심판위원회)에 심사청구를 할 수 있다. 심판위원회는 보건복지부장관 소속으로 두고, 위원장 1인을 포함한 20인 이내의 위원으로 구성한다.

(3) 행정소송

공단의 처분에 이의가 있는 자와 이의신청 또는 심사청구에 대한 결정에 불복하는 자는 행정소송법으로 정하는 바에 따라 행정소송을 제기할 수 있다.

(4) 비밀누설금지

특별자치시·특별자치도·시·군·구, 공단, 등급판정위원회 및 장기요양기관에 종사하고 있거나 종사한 자와 가족요양비·특례요양비 및 요양병원간병비와 관련된 급여를 제공한 자는 업무수행 중 알게 된 비밀을 누설하여서는 아니 된다.

(5) 수급권의 보호

장기요양급여를 받을 권리는 양도 또는 압류하거나 담보로 제공할 수 없다. 특별현금급여수급계좌의 예금에 관한 채권은 압류할 수 없다.

2) 벌칙 등

(1) 벌칙

- 지정받지 아니하고 장기요양기관을 설치·운영하거나 거짓이나 그 밖의 부정한 방법으로 지정받은 자, 재가장기요양기관의 설치와 관련한 조항을 위반하여 신고하지 아니하고 재가장기요양기관을 설치·운영하거나 거짓이나 그 밖의 부정한 방법으로 신고한 자, 본인일부부담금을 면제 또는 감경하는 행위를 한 자, 수급자를 소개, 알선 또는 유인하는 행위를 하거나 이를 조장한 자, 업무수행 중 알게 된 비밀을 누설한 자는 2년 이하의 징역 또는 2천만원 이하의 벌금에 처한다.
- 정당한 사유 없이 장기요양급여의 제공을 거부한 자, 거짓이나 그 밖의 부정한 방법으로 장기요양급여를 받거나 다른 사람으로 하여금 장기요양급여를 받게 한 자는 1년 이하의 징역 또는 1천만원 이하의 벌금에 처한다.

(2) 과태료

① 500만원 이하의 과태료

- 장기요양기관의 시설인력 중 중요한 사항을 변경하는 경우 신고하지 아니하거나 거짓이나 그 밖의 부정한 방법으로 신고한 자
- 장기요양기관에 관한 정보를 게시하지 아니하거나 거짓으로 게시한 자
- 수급자에게 장기요양급여비용에 대한 명세서를 교부하지 아니하거나 거짓으로 교부한 자
- 장기요양급여 제공 자료를 기록·관리하지 아니한 사람
- 폐업휴업 신고 또는 자료이관을 하지 아니하거나 거짓이나 그 밖의 부정한 방법으로 신고한 자

- 행정제재처분을 받았거니 그 절차가 진행 중인 사실을 양수인 등에게 지체 없이 알리지 아니한 자
- 거짓이나 그 밖의 부정한 방법으로 수급자에게 장기요양급여비용을 부담하게 한 자
- 보고 또는 자료 제출 요구·명령에 따르지 아니하거나 거짓으로 보고 또는 자료제출을 한 자나 질문 또는 검사를 거부·방해 또는 기피하거나 거짓으로 답변한 자

CHAPTER 07

사회서비스법

제 1 절 노인복지법

1. 개요

1) 목적

노인의 질환을 사전예방 또는 조기발견하고 질환상태에 따른 적절한 치료 · 요양으로 심신의 건강을 유지하고, 노후의 생활안정을 위하여 필요한 조치를 강구함으로써 노인의 보건복지증진에 기여함을 목적으로 한다.

2) 기본이념 및 책임

① **노후생활보장:** 노인은 후손의 양육과 국가 및 사회의 발전에 기여하여 온 자로서 존경받으며 건전하고 안정된 생활을 보장받는다.

② **사회참여의 기회보장:** 노인은 그 능력에 따라 적당한 일에 종사하고 사회적 활동에 참여할 기회를 보장 받는다.

③ **사회발전에 기여:** 노인은 노령에 따르는 심신의 변화를 자각하여 항상 심신의 건강을 유지하고 그 지식과 경험을 활용하여 사회의 발전에 기여하도록 노력하여야 한다.

④ **가족제도의 유지·발전:** 국가와 국민은 경로효친의 미풍양속에 따른 건전한 가족제도가 유지 · 발전되도록 노력하여야 한다.

⑤ **보건복지 증진의 책임:** 국가와 지방자치단체는 노인의 보건 및 복지증진의 책임이

있으며, 이를 위한 시책을 강구함에 있어 이 법의 기본이념이 구현되도록 노력하여야 한다.

3) 용어의 정의

① **부양의무자:** 배우자(사실상의 혼인관계에 있는 자를 포함)와 직계비속 및 그 배우자(사실상의 혼인관계에 있는 자를 포함)를 말한다.

② **보호자:** 부양의무자 또는 업무 · 고용 등의 관계로 사실상 노인을 보호하는 자를 말한다.

③ **치매:** 치매관리법에 따른 치매를 말한다(퇴행성 뇌질환 또는 뇌혈관계 질환 등으로 인하여 기억력, 언어능력, 지남력[1], 판단력 및 수행능력 등의 기능이 저하됨으로써 일상생활에서 지장을 초래하는 후천적인 다발성 장애).

④ **노인학대:** 노인에 대하여 신체적 · 정신적 · 정서적 · 성적 폭력 및 경제적 착취 또는 가혹행위를 하거나 유기 또는 방임을 하는 것을 말한다.

⑤ 노인학대관련범죄: 보호자에 의한 65세 이상 노인에 대한 노인학대로서 다음 각 목의 어느 하나에 해당되는 죄를 말한다.

가. 상해와 폭행의 죄 중 상해, 존속상해, 중상해, 존속중상해, 폭행, 존속폭행, 특수폭행, 상습범의 죄

나. 유기와 학대의 죄 중 유기, 존속유기, 학대, 존속학대의 죄

다. 체포와 감금의 죄 중 체포, 감금, 존속체포, 존속감금, 중체포, 중감금, 존속중체포, 존속중감금, 특수체포, 특수감금, 상습법, 미수범 및 체포감금 등의 치사상(상해에 이르게 한 때에만 해당)의 죄

라. 협박의 죄 중 협박, 존속협박, 특수협박, 상습범 및 미수범의 죄

마. 강간과 추행의 죄 중 강간, 유사강간, 강제추행, 준강간, 준강제추행, 미수범, 강간등 상해 치상, 강간등 살인 치사, 상습범의 죄

바. 명예에 관한 죄 중 명예훼손, 출판물등에 의한 명예훼손 및 모욕의 죄

---

1) 지남력: 시간적 · 공간적으로 자신이 놓인 상황을 판단하고, 그 상황과 관련된 주위를 바르게 인식하는 것

사. 주거침입의 죄 중 주거·신체 수색의 죄

아. 권리행사를 방해하는 죄 중 강요 및 미수범의 죄

자. 사기와 공갈의 죄 중 공갈 및 미수범의 죄

차. 손괴의 죄 중 재물손괴등의 죄

카. 노인의 신체에 상해를 입히는 행위, 노인의 신체에 폭행을 가하는 행위, 노인에게 성적 수치심을 주는 성폭행·성희롱 등의 행위, 자신의 보호·감독을 받는 노인을 유기하거나 의식주를 포함한 기본적 보호 및 치료를 소홀히 하는 방임행위, 노인에게 구걸을 하게 하거나 노인을 이용하여 구걸하는 행위, 폭언, 협박, 위협 등으로 노인의 정신건강에 해를 끼치는 정서적 학대행위

타. 가목부터 차목까지의 죄로서 다른 법률에 따라 가중처벌되는 죄

4) 노인실태조사 및 노인복지상담원

① **노인실태조사:** 보건복지부장관은 노인의 보건 및 복지에 관한 실태조사를 3년마다 실시하고 그 결과를 공표하여야 한다. 보건복지부장관은 실태조사를 위하여 관계 기관·법인·단체·시설의 장에게 필요한 자료의 제출 또는 의견의 진술을 요청할 수 있다. 이 경우 관계 기관·법인·단체·시설의 장은 정당한 사유가 없으면 그 요청에 따라야 한다.

② **노인의날등:** 노인에 대한 사회적 관심과 공경의식을 높이기 위하여 매년 10월 2일을 노인의 날로, 매년 10월을 경로의 달로 한다. 부모에 대한 효사상을 앙양하기 위하여 매년 5월 8일을 어버이날로 한다.

③ **노인복지상담원:** 노인의 복지를 담당하게하기 위하여 특별자치도와 시·군·구에 노인복지상담원을 둔다. 노인복지상담원은 사회복지사 3급 이상의 자격증 소지자 중에서 임용한다.

④ **노인전용 주거시설:** 국가 또는 지방자치단체는 노인의 주거에 적합한 기능 및 설비를 갖춘 주거용 시설의 공급을 조장하여야 하며, 그 주거용 시설의 공급자에 대하여 적절한 지원을 할 수 있다.

⑤ **노인복지명예지도원:** 복지실시기관은 양로시설, 노인공동생활가정, 노인복지주택, 노인요양시설 및 노인요양공동생활가정의 입소노인의 보호를 위하여 노인복지명예지도원을 둘 수 있다.

5) 연혁

① 1975. 6. 5. **제정 및 시행**

노인의 심신의 건강유지 및 생활안정을 위하여 필요한 조치를 강구함으로써 노인의 복지증진에 기여함을 목적으로 제정되었다.

② 1989. 12. 30. **전부개정 및 시행**

국가 또는 지방자치단체는 65세 이상의 자에 대하여 노령수당을 지급할 수 있다는 규정을 포함하였다.

③ 1997. 8. 22. **전부개정**(1998. 7. 1. 시행)

경로연금 지급 규정을 포함하였고, 노인의 날을 제정(매년 10월 2일)하였다.

④ 2007. 8. 3. **일부개정**(2008. 8. 4. 시행)

매년 9월 21일을 치매극복의 날로 정하고 치매상담센터를 시·군·구의 관할 보건소에 설치하도록 했다.

⑤ 2010. 1. 25. **일부개정**(2010. 4. 26. 시행)

경로연금 폐지하였고, 요양보호사의 결격사유 및 요양보호사 자격 취소 조항을 신설하였다.

⑥ 2011. 8. 4. **타법개정**(2012. 2. 25. 시행)

치매 관련 규정 삭제(치매관리법 별도 제정)

⑦ 2012. 10. 22. **일부개정**(2013. 4. 23. 시행)

노인학대 신고의무자 교육과정에 노인학대 예방 및 신고의무와 관련된 내용 포함하였다.

⑧ 2013. 6. 4. **일부개정**(2013. 12. 5. 시행)

노인일자리지원기관의 시설 및 인력에 관한 기준을 제시하였고, 노인복지시설의 종류 조항 개정하였다.

⑨ 2015. 1. 28. **일부개정**(2016. 6. 30. 시행)

노인학대의 예방과 방지, 노인학대의 위해성, 신고방법 등에 관한 홍보영상을 제작하여 방송편성책임자에게 배포하여야 한다는 홍보영상의 제작·배포·송출 조항을 신설하였다. 또한 사법경찰관리는 노인 사망 및 상해사건, 가정폭력 사건 등에 관한 직무를 행하는 경우 노인학대가 있었다고 의심할만한 사유가 있는 때에는 노인보호전문기관에 그 사실을 통보하여야 한다는 노인학대 등의 통보 조항, 노인학대행위자에 대한 상담·교육 등의 권고 조항을 신설하였다.

⑩ 2017. 3. 14. **일부개정**(2017. 9. 15. 시행)

노인학대행위자에게 노인학대관련 심리치료 등의 권고가 있는 경우 이를 성실히 이행하도록 하고, 학대피해노인 전용쉼터의 설치 및 업무 위탁에 필요한 비용 지원의 근거를 마련하여 노인학대를 예방하고 학대피해노인을 보호하려는 것이다.

2. 보건·복지조치와 노인복지시설

1) 보건 · 복지조치

(1) 노인사회참여 지원

국가 또는 지방자치단체는 노인의 사회참여 확대를 위하여 노인의 지역봉사 활동기회를 넓히고 노인에게 적합한 직종의 개발과 그 보급을 위한 시책을 강구하며 근로능력 있는 노인에게 일할 기회를 우선적으로 제공하도록 노력하여야 한다.

국가 또는 지방자치단체는 노인의 지역봉사 활동 및 취업의 활성화를 기하기 위하여 노인지역봉사기관, 노인취업알선기관 등 노인복지관계기관에 대하여 필요한 지원을 할 수 있다.

(2) 노인일자리전담기관의 설치 · 운영 등

노인의 능력과 적성에 맞는 일자리지원사업을 전문적 · 체계적으로 수행하기 위한 전담기관(노인일자리전담기관)은 다음의 기관으로 한다. 국가 또는 지방자치단체는 노인일자리전담기관을 설치 · 운영하거나 그 운영의 전부 또는 일부를 법인 · 단체 등에 위탁할 수 있다.

① **노인인력개발기관:** 노인일자리개발 · 보급사업, 조사사업, 교육 · 홍보 및 협력사업, 프로그램인증 · 평가사업 등을 지원하는 기관

② **노인일자리지원기관:** 지역사회 등에서 노인일자리의 개발 · 지원, 창업 · 육성 및 노인에 의한 재화의 생산 · 판매 등을 직접 담당하는 기관

③ **노인취업알선기관:** 노인에게 취업 상담 및 정보를 제공하거나 노인일자리를 알선하는 기관

(3) 지역봉사지도원 위촉 및 업무

국가 또는 지방자치단체는 사회적 신망과 경험이 있는 노인으로서 지역봉사를 희망하는 경우에는 이를 지역봉사지도원으로 위촉할 수 있다. 지역봉사지도원의 업무는 다음과 같다.

① 국가 또는 지방자치단체가 행하는 업무 중 민원인에 대한 상담 및 조언

② 도로의 교통정리, 주 · 정차단속의 보조, 자연보호 및 환경침해 행위단속의 보조와 청소년 선도

③ 충효사상, 전통의례 등 전통문화의 전수교육

④ 문화재의 보호 및 안내, 노인에 대한 교통안전 및 교통사고예방 교육

(4) 생업지원

국가 또는 지방자치단체 기타 공공단체가 설치 · 운영하는 공공시설 안에 식료품 · 사무용품 · 신문 등 일상생활용품의 판매를 위한 매점이나 자동판매기의 설치를 허가 또는 위탁할 때에는 65세 이상의 자의 신청이 있는 경우 이를 우선적으로 반영하여야 한다.

(5) 경로우대

국가 또는 지방자치단체는 65세 이상의 자에 대하여 대통령령이 정하는 바에 의하여 국가 또는 지방자치단체의 수송시설 및 고궁·능원·박물관·공원 등의 공공시설을 무료로 또는 그 이용요금을 할인하여 이용하게 할 수 있다.

국가 또는 지방자치단체는 노인의 일상생활에 관련된 사업을 경영하는 자에게 65세 이상의 자에 대하여 그 이용요금을 할인하여 주도록 권유할 수 있고, 노인에게 이용요금을 할인하여 주는 자에 대하여 적절한 지원을 할 수 있다.

(6) 건강진단 등

국가 또는 지방자치단체는 대통령령이 정하는 바에 의하여 65세 이상의 자에 대하여 건강진단과 보건교육을 실시할 수 있다. 이 경우 보건복지부령으로 정하는 바에 따라 성별 다빈도질환 등을 반영하여야 한다. 국가 또는 지방자치단체는 건강진단 결과 필요하다고 인정한 때에는 그 건강진단을 받은 자에 대하여 필요한 지도를 하여야 한다.

(7) 홀로 사는 노인에 대한 지원

국가 또는 지방자치단체는 홀로 사는 노인에 대하여 방문요양서비스 등의 서비스와 안전확인 등의 보호조치를 취하여야 한다.

(8) 상담·입소 등의 조치

보건복지부장관, 특별시장·광역시장·도지사·특별자치도지사(시·도지사), 시장·군수·구청장은 노인에 대한 복지를 도모하기 위하여 필요하다고 인정한 때에는 65세 이상의 자 또는 그를 보호하고 있는 자를 관계공무원 또는 노인복지상담원으로 하여금 상담·지도하게 하고, 65세 이상의 자로서 신체적·정신적·경제적 이유 또는 환경상의 이유로 거택에서 보호받기가 곤란한 자를 노인주거복지시설 또는 재가노인복지시설에 입소시키거나 입소를 위탁하며, 65세 이상의 자로서 신체 또는 정신상의 현저한 결함으로 인하여 항상 보호를 필요로 하고 경제적 이유로 거택에서 보호받기가 곤란한 자를 노인의료복지시설에 입소시키거나 입소를 위탁하는 조치를 하여야 한다.

(9) 노인재활요양사업

국가 또는 지방자치단체는 신체적·정신적으로 재활요양을 필요로 하는 노인을 위한 재활요양사업을 실시할 수 있다.

2) 노인복지시설의 설치·운영

노인복지시설의 종류

노인주거복지시설	양로시설	노인을 입소시켜 급식과 그 밖에 일상생활에 필요한 편의를 제공함을 목적으로 하는 시설
노인주거복지시설	노인공동생활가정	노인들에게 가정과 같은 주거여건과 급식, 그 밖에 일상생활에 필요한 편의를 제공함을 목적으로 하는 시설
노인주거복지시설	노인복지주택	노인에게 주거시설을 임대하여 주거의 편의·생활지도·상담 및 안전관리 등 일상생활에 필요한 편의를 제공함을 목적으로 하는 시설
노인의료복지시설	노인요양시설	치매·중풍 등 노인성질환 등으로 심신에 상당한 장애가 발생하여 도움을 필요로 하는 노인을 입소시켜 급식·요양과 그 밖에 일상생활에 필요한 편의를 제공함을 목적으로 하는 시설
노인의료복지시설	노인요양 공동생활가정	치매·중풍 등 노인성질환 등으로 심신에 상당한 장애가 발생하여 도움을 필요로 하는 노인에게 가정과 같은 주거여건과 급식·요양, 그 밖에 일상생활에 필요한 편의를 제공함을 목적으로 하는 시설
노인여가복지시설	노인복지관	노인의 교양·취미생활 및 사회참여활동 등에 대한 각종 정보와 서비스를 제공하고, 건강증진 및 질병예방과 소득보장·재가복지, 그 밖에 노인의 복지증진에 필요한 서비스를 제공함을 목적으로 하는 시설
노인여가복지시설	경로당	지역노인들이 자율적으로 친목도모·취미활동·공동작업장 운영 및 각종 정보교환과 기타 여가활동을 할 수 있도록 하는 장소를 제공함을 목적으로 하는 시설
노인여가복지시설	노인교실	노인들에 대하여 사회활동 참여욕구를 충족시키기 위하여 건전한 취미활동·노인건강유지·소득보장 기타 일상생활과 관련된 학습프로그램을 제공함을 목적으로 하는 시설
재가노인복지시설	방문요양서비스	가정에서 일상생활을 영위하고 있는 노인으로서 신체적·정신적 장애로 어려움을 겪고 있는 노인에게 필요한 각종 편의를 제공하여 지역사회 안에서 건전하고 안정된 노후를 영위하도록 하는 서비스

재가노인 복지시설	주 · 야간 보호서비스	부득이한 사유로 가족의 보호를 받을 수 없는 심신이 허약한 노인과 장애노인을 주간 또는 야간 동안 보호시설에 입소시켜 필요한 각종 편의를 제공하여 이들의 생활안정과 심신기능의 유지 · 향상을 도모하고, 그 가족의 신체적 · 정신적 부담을 덜어 주기 위한 서비스
	단기보호서비스	부득이한 사유로 가족의 보호를 받을 수 없어 일시적으로 보호가 필요한 심신이 허약한 노인과 장애노인을 보호시설에 단기간 입소시켜 보호함으로써 노인 및 노인가정의 복지증진을 도모하기 위한 서비스
	방문목욕서비스	목욕 장비를 갖추고 재가노인을 방문하여 목욕을 제공하는 서비스
노인보호전문기관		노인학대 예방
노인일자리지원기관		지역사회 등에서 노인일자리 개발 · 지원, 창업 · 육성 및 노인에 의한 재화의 생산 · 판매 등을 직접 담당하는 기관
학대피해노인 전용쉼터		노인학대로 인하여 피해를 입은 노인을 일정기간 보호하고 심신 치유 프로그램을 제공하기 위하여 학대피해노인 전용쉼터를 설치 · 운영

(1) 노인주거복지시설

국가 또는 지방자치단체는 노인주거복지시설을 설치할 수 있다. 노인주거복지시설을 설치하고자 하는 경우에는 특별자치도지사 · 시장 · 군수 · 구청장에게 신고하여야 한다.

노인복지주택에 입소자격 등: 60세 이상의 노인으로 한다. 다만, 입소자격자의 배우자, 입소자격자가 부양을 책임지고 있는 19세 미만의 자녀 · 손자녀와 함께 입소할 수 있다. 노인복지주택을 설치하거나 설치하려는 자는 노인복지주택을 입소자격자에게 임대하여야 한다. 노인복지주택을 임차한 자는 해당 노인주거시설을 입소자격자가 아닌 자에게 다시 임대할 수 없다.

(2) 노인의료복지시설

국가 또는 지방자치단체는 노인의료복지시설을 설치할 수 있다. 국가 또는 지방자치단체외의 자가 노인의료복지시설을 설치하고자 하는 경우에는 시장 · 군수 · 구청장에게 신고하여야 한다.

(2-1) 노인요양센터의 당사자능력이 문제된 사례 (대법원, 2018)

- 1. 민사소송에서의 당사자능력, 2. 노인요양원이나 노인요양센터에 당사자능력이 인정되는지 여부(원칙적 소극)

① 민사소송법 제51조는 '당사자능력은 이 법에 특별한 규정이 없으면 민법, 그 밖의 법률에 따른다.'고 정하고, 제52조는 '법인이 아닌 사단이나 재단은 대표자 또는 관리인이 있는 경우에는 그 사단이나 재단의 이름으로 당사자가 될 수 있다.'고 정하고 있다. 따라서 권리능력이 있는 자연인과 법인은 원칙적으로 민사소송의 주체가 될 수 있는 당사자능력이 있으나, 법인이 아닌 사단과 재단은 대표자 또는 관리인이 있는 경우에 한하여 당사자능력이 인정된다.

② 노인요양원이나 노인요양센터는 일반적으로 노인성질환 등으로 도움을 필요로 하는 노인을 위하여 급식 · 요양과 그 밖에 일상생활에 필요한 편의를 제공함을 목적으로 하는 시설, 즉 노인의료복지시설을 가리킨다. 이는 법인이 아님이 분명하고 대표자 있는 비법인 사단 또는 재단도 아니므로, 원칙적으로 민사소송에서 당사자능력이 인정되지 않는다.

→ 노인요양센터인 원고가 노인요양시설의 명칭에 불과한지, 비법인 사단이나 재단으로서의 실체를 갖추고 있는지를 심리하여 원고에게 민사소송에서 당사자능력이 있는지 여부를 먼저 판단하여야 하는데, 이를 간과하고 이 부분 소의 본안에 관하여 심리 · 판단한 원심판결을 파기하였다.

(3) 노인여가복지시설

국가 또는 지방자치단체는 노인여가복지시설을 설치할 수 있다. 국가 또는 지방자치단체외의 자가 노인여가복지시설을 설치하고자 하는 경우에는 시장 · 군수 · 구청장에게 신고하여야 한다.

국가 또는 지방자치단체는 경로당의 활성화를 위하여 지역별 · 기능별 특성을 갖춘 표준모델 및 프로그램을 개발 · 보급하여야 한다. 경로당에 대하여 예산의 범위에서 정부관리양곡 구입비의 전부 또는 일부를 보조할 수 있다. 예산의 범위에서 경로당의 냉난방 비용의 전부 또는 일부를 보조할 수 있다.

전기판매사업자, 전기통신사업자 및 도시가스사업자는 경로당에 대하여 각각 전기요금 · 전기통신요금 및 도시가스요금을 감면할 수 있다. 수도사업자는 경로당에 대하여 수도요금을 감면할 수 있다.

(4) 재가노인복지시설

국가 또는 지방자치단체는 재가노인복지시설을 설치할 수 있다. 국가 또는 지방자치단체외의 자가 재가노인복지시설을 설치하고자 하는 경우에는 시장 · 군수 · 구청장에게 신고하여야 한다.

(5) 노인보호전문기관

① 국가는 지역 간의 연계체계를 구축하고 노인학대를 예방하기 위하여 다음 각 호의 업무를 담당하는 중앙노인보호전문기관을 설치 · 운영하여야 한다.

- 노인인권보호 관련 정책제안
- 노인인권보호를 위한 연구 및 프로그램의 개발
- 노인학대 예방의 홍보, 교육자료의 제작 및 보급
- 노인보호전문사업 관련 실적 취합, 관리 및 대외자료 제공
- 지역노인보호전문기관의 관리 및 업무지원
- 지역노인보호전문기관 상담원의 심화교육
- 관련 기관 협력체계의 구축 및 교류
- 노인학대 분쟁사례 조정을 위한 중앙노인학대사례판정위원회 운영
- 그 밖에 노인의 보호를 위하여 대통령령으로 정하는 사항

② 학대받는 노인의 발견 · 보호 · 치료 등을 신속히 처리하고 노인학대를 예방하기 위하여 다음의 업무를 담당하는 지역노인보호전문기관을 특별시 · 광역시 · 도 · 특별자치도에 둔다.

- 노인학대 신고전화의 운영 및 사례접수
- 노인학대 의심사례에 대한 현장조사
- 피해노인 및 노인학대자에 대한 상담
- 피해노인에 대한 법률지원의 요청

- 피해노인가족 관련자와 관련 기관에 대한 상담
- 상담 및 서비스제공에 따른 기록과 보관
- 일반인을 대상으로 한 노인학대 예방교육
- 노인학대행위자를 대상으로 한 재발방지 교육
- 노인학대사례 판정을 위한 지역노인학대사례판정위원회 운영 및 자체사례회의 운영
- 그 밖에 노인의 보호를 위하여 보건복지부령으로 정하는 사항

③ 보건복지부장관 및 시·도지사는 노인학대예방사업을 목적으로 하는 비영리법인을 지정하여 중앙노인보호전문기관과 지역노인보호전문기관의 운영을 위탁할 수 있다.

(6) 노인일자리지원기관

① 노인의 능력과 적성에 맞는 일자리지원사업을 전문적·체계적으로 수행하기 위한 전담기관(노인일자리전담기관)은 다음의 기관으로 한다.

- 노인인력개발기관: 노인일자리개발·보급사업, 조사사업, 교육·홍보 및 협력사업, 프로그램인증·평가사업 등을 지원하는 기관
- 노인일자리지원기관: 지역사회 등에서 노인일자리의 개발·지원, 창업·육성 및 노인에 의한 재화의 생산·판매 등을 직접 담당하는 기관
- 노인취업알선기관: 노인에게 취업 상담 및 정보를 제공하거나 노인일자리를 알선하는 기관

② 국가 또는 지방자치단체는 노인일자리전담기관을 설치·운영하거나 그 운영의 전부 또는 일부를 법인·단체 등에 위탁할 수 있다.

(7) 학대피해노인 전용쉼터(제39조의19) 〔본조신설 2017.3.14.〕 〔시행일: 2017.9.15.〕

① 국가와 지방자치단체는 노인학대로 인하여 피해를 입은 노인을 일정기간 보호하고 심신 치유 프로그램을 제공하기 위하여 학대피해노인 전용쉼터(이하 "쉼터")를 설치·운영할 수 있다.

② 쉼터의 업무는 학대피해노인의 보호와 숙식제공 등의 쉼터생활 지원, 학대피해노인의 심리적 안정을 위한 전문심리상담 등 치유프로그램 제공, 학대피해노인에게 학대로

인한 신체적, 정신적 치료를 위한 기본적인 의료비 지원, 학대 재발 방지와 원가정 회복을 위하여 노인학대행위자 등에게 전문상담서비스 제공, 그 밖에 쉼터에 입소하거나 쉼터를 이용하는 학대피해노인을 위하여 보건복지부령으로 정하는 사항이다.

노인학대행위자에 대한 고소 및 고발 등 법률적 사항의 자문을 위한 대한변호사협회, 지방변호사회 또는 법률구조법에 따른 법률구조법인 등에 대한 협조 및 지원요청을 할 수 있다.

③ 쉼터 운영의 위탁과 위탁비용 지원에 관한 사항은 대통령령으로 정한다.

④ 쉼터의 설치기준·운영 및 인력에 관한 사항과 쉼터의 입소·이용 대상, 기간 및 절차 등에 관한 사항은 보건복지부령으로 정한다.

3) 요양보호사 및 요양보호사 교육기관

(1) 요양보호사

노인복지시설의 설치·운영자는 보건복지부령으로 정하는 바에 따라 노인 등의 신체활동 또는 가사활동 지원 등의 업무를 전문적으로 수행하는 요양보호사를 두어야 한다.

요양보호사가 되려는 사람은 요양보호사를 교육하는 기관(요양보호사교육기관)에서 교육과정을 마치고 시·도지사가 실시하는 요양보호사 자격시험에 합격하여야 하고 자격시험에 합격한 사람에게 요양보호사 자격증을 교부하여야 한다.

자격시험은 필기시험과 실기시험으로 구분하며, 자격시험 합격자는 필기시험과 실기시험에서 각각 만점의 60% 이상을 득점한 자로 한다.

(2) 요양보호사의 결격사유

요양보호사가 될 수 없는 사람은 정신질환자(다만, 전문의가 요양보호사로서 적합하다고 인정하는 사람은 그러하지 아니하다), 마약·대마 또는 향정신성의약품 중독자, 피성년후견인, 금고 이상의 형을 선고받고 그 형의 집행이 종료되지 아니하였거나 그 집행을 받지 아니하기로 확정되지 아니한 사람, 법원의 판결에 따라 자격이 정지 또는 상실된 사람, 양보호사의 자격이 취소된 날부터 1년이 경과되지 아니한 사람이다.

(3) 요양보호사 자격의 취소

시 · 도지사는 결격사유에 해당하게 된 경우, 노인에 대한 금지행위로 처벌을 받은 경우, 거짓이나 그 밖의 부정한 방법으로 자격증을 취득한 경우에는 자격을 취소하여야 한다. 그리고 영리를 목적으로 노인 등에게 불필요한 요양서비스를 알선 · 유인하거나 이를 조장한 경우, 자격증을 대여 · 양도 또는 위조 · 변조한 경우에는 자격을 취소할 수 있다.

(4) 요양보호사 교육기관의 지정 등

시 · 도지사는 요양보호사의 양성을 위하여 보건복지부령으로 정하는 지정기준에 적합한 시설을 요양보호사교육기관으로 지정 · 운영하여야 한다.

시 · 도지사는 거짓이나 그 밖의 부정한 방법으로 요양보호사교육기관으로 지정을 받은 경우 지정을 취소하여야 한다. 그리고 지정기준에 적합하지 아니하게 된 경우, 교육과정을 1년 이상 운영하지 아니하는 경우, 정당한 사유 없이 보고 또는 자료제출을 하지 아니하거나 거짓으로 한 경우 또는 조사 · 검사를 거부 · 방해하거나 기피한 경우에는 사업의 정지를 명하거나 그 지정을 취소할 수 있다.

4) 비용

국가 또는 지방자치단체는 노인일자리 전담기관의 설치 · 운영 또는 위탁에 소요되는 비용, 건강진단 등과 상담 · 입소 등의 조치에 소요되는 비용, 노인복지시설의 설치 · 운영에 소요되는 비용 등을 부담한다.

복지조치에 필요한 비용을 부담한 복지실시기관은 당해 노인 또는 그 부양의무자로부터 대통령령이 정하는 바에 의하여 그 부담한 비용의 전부 또는 일부를 수납하거나 청구할 수 있다. 부양의무가 없는 자가 복지조치에 준하는 보호를 행하는 경우 즉시 그 사실을 부양의무자 및 복지실시기관에 알려야 한다.

양로시설, 노인공동생활가정 및 노인복지주택, 노인요양시설 및 노인요양공동생활가정을 설치한 자는 그 시설에 입소하거나 그 시설을 이용하는 기초수급권자외의 자로부터 그에 소요되는 비용을 수납하고자 할 때에는 시장 · 군수 · 구청장에게 신고하여야 한다. 노인여가복지시설 또는 재가노인복지시설을 설치한 자 또는 편의를 제공하는 자가 그 시설을 이용하는 자로부터 그에 소요되는 비용을 수납하고자 할 때에는 미리 시장·군수·구청장에게 신고하여야 한다.

국가 또는 지방자치단체는 대통령령이 정하는 바에 의하여 노인복지시설의 설치운영에 필요한 비용을 보조할 수 있다. 노인복지시설에서 노인을 위하여 사용하는 건물·토지 등에 대하여는 조세감면규제법 등 관계법령이 정하는 바에 의하여 조세, 기타 공과금을 감면할 수 있다.

3. 노인학대 예방조치

1) 노인에 대한 금지행위

누구든지 다음에 해당하는 행위를 하여서는 아니 된다.

- 노인의 신체에 폭행을 가하거나 상해를 입히는 행위
- 노인에게 성적 수치심을 주는 성폭행·성희롱 등의 행위
- 자신의 보호·감독을 받는 노인을 유기하거나 의식주를 포함한 기본적 보호 및 치료를 소홀히 하는 방임행위
- 노인에게 구걸을 하게 하거나 노인을 이용하여 구걸하는 행위
- 노인을 위하여 증여 또는 급여된 금품을 그 목적 외의 용도에 사용하는 행위

2) 긴급전화의 설치

국가 및 지방자치단체는 노인학대를 예방하고 수시로 신고를 받을 수 있도록 긴급전화를 설치하여야 한다.

3) 노인학대 신고의무와 절차

관계 중앙행정기관의 장은 노인학대 신고의무자의 자격취득 교육과정이나 보수교육 과정에 노인학대 예방 및 신고의무와 관련된 교육 내용을 포함하도록 해야 한다.

(1) 노인학대 신고의무자

누구든지 노인학대를 알게 된 때에는 노인보호전문기관 또는 수사기관에 신고할 수 있다. 직무상 노인학대를 알게 된 때에는 즉시 노인보호전문기관 또는 수사기관에 신고하여야 한다.

- 의료기관에서 의료업을 행하는 의료인
- 노인복지시설의 장과 그 종사자 및 노인복지상담원
- 장애인복지시설에서 장애노인에 대한 상담 · 치료 · 훈련 또는 요양업무를 수행하는 사람
- 가정폭력 관련 상담소 및 가정폭력피해자 보호시설의 장과 그 종사자
- 사회복지전담공무원 및 사회복지관, 부랑인 및 노숙인보호를 위한 시설의 장과 그 종사자
- 장기요양기관 및 가장기요양기관의 장과 그 종사자
- 119구급대의 구급대원
- 건강가정지원센터의 장과 그 종사자

(2) 응급조치 의무 등

노인학대신고를 접수한 노인보호전문기관의 직원이나 사법경찰관리는 지체 없이 노인학대의 현장에 출동하여야 한다. 이 경우 노인보호전문기관의 장이나 수사기관의 장은 서로 동행하여 줄 것을 요청할 수 있고, 그 요청을 받은 때에는 정당한 사유가 없으면 소속 직원이나 사법경찰관리를 현장에 동행하도록 하여야 한다.

출동한 노인보호전문기관의 직원이나 사법경찰관리는 피해자를 보호하기 위하여 신고된 현장에 출입하여 관계인에 대하여 조사를 하거나 질문을 할 수 있다. 이 경우 노인보호전문기관의 직원은 피해노인의 보호를 위한 범위에서만 조사 또는 질문을 할 수 있다.

출입, 조사 또는 질문을 하는 노인보호전문기관의 직원이나 사법경찰관리는 그 권한을 표시하는 증표를 지니고 이를 관계인에게 보여주어야 한다. 조사 또는 질문을 하는 노인보호전문기관의 직원이나 사법경찰관리는 피해자 · 신고자 · 목격자 등이 자유롭게 진술할 수 있도록 노인학대행위자로부터 분리된 곳에서 조사하는 등 필요한 조치를 하여야 한다.

현장에 출동한 자는 학대받은 노인을 노인학대행위자로부터 분리하거나 치료가 필요하

다고 인정할 때에는 노인보호전문기관 또는 의료기관에 인도하여야 한다. 누구든지 정당한 사유 없이 노인학대 현장에 출동한 자에 대하여 현장조사를 거부하거나 업무를 방해하여서는 아니 된다

(3) 비밀누설의 금지

학대노인의 보호와 관련된 업무에 종사하였거나 종사하는 자는 그 직무상 알게 된 비밀을 누설하지 못한다.

4) 실종노인에 관한 신고의무

누구든지 정당한 사유 없이 사고 등의 사유로 인하여 보호자로부터 이탈된 노인(실종노인)을 경찰관서 또는 지방자치단체의 장에게 신고하지 아니하고 보호하여서는 아니 된다.

노인복지시설의 장 또는 그 종사자는 그 직무를 수행하면서 실종노인임을 알게 된 때에는 지체 없이 신상카드를 작성하여 지방자치단체의 장과 보건복지부장관이 실종노인에 관한 사업을 위탁한 법인이나 단체의 장에게 제출하여야 한다.

보건복지부장관은 실종노인의 발생 예방, 조속한 발견과 복귀를 위하여 실종노인과 관련된 조사 및 연구, 실종노인의 데이터베이스 구축·운영, 그 밖에 실종노인의 보호 및 지원에 필요한 사항 등의 전부 또는 일부를 위탁할 수 있다.

경찰청장은 실종노인의 조속한 발견과 복귀를 위하여 실종노인에 대한 신고체계의 구축 및 운영, 그 밖에 실종노인의 발견과 복귀를 위하여 필요한 사항 등을 시행해야 한다.

4. 심사청구 및 벌칙

1) 심사청구

노인 또는 그 부양의무자는 이 법에 의한 복지조치에 대하여 이의가 있을 때에는 당해 복지실시기관에 심사를 청구할 수 있다.

복지실시기관은 심사청구를 받은 때에는 30일 이내에 이를 심사·결정하여 청구인에게

통보하여야 한다. 복지실시관의 심사·결정에 이의가 있는 자는 그 통보를 받은 날부터 90일 이내에 행정심판을 제기할 수 있다.

2) 벌칙 등

(1) 벌칙

① 7년 이하의 징역 또는 2천만원 이하의 벌금

노인의 신체에 상해를 입히는 행위를 한 자

② 5년 이하의 징역 또는 1,500만원 이하의 벌금

노인의 신체에 폭행을 가하거나 노인에게 구걸을 하게 하거나 노인을 이용하여 구걸하는 행위를 한 자, 정당한 사유 없이 신고하지 않고 실종노인을 보호한 자

③ 3년 이하의 징역 또는 1천만원 이하의 벌금

노인을 위하여 증여 또는 급여된 금품을 그 목적 외의 용도에 사용하는 행위를 한 자, 경찰청장, 시·도지사 또는 시장·군수·구청장은 실종노인의 발견을 위하여 필요한 때에는 보호시설의 장 또는 그 종사자에게 필요한 보고 또는 자료제출을 명하거나 소속 공무원으로 하여금 보호시설에 출입하여 관계인 또는 노인에 대하여 필요한 조사 또는 질문을 하게 할 수 있는데, 위계 또는 위력을 행사하여 관계 공무원의 출입 또는 조사를 거부·방해한 자

④ 2년 이하의 징역 또는 위법하게 임대한 세대 수에 1천만원을 곱한 금액 이하의 벌금

입소자격자가 아닌 자에게 노인복지주택을 임대한 자

⑤ 2년 이하의 징역 또는 1천만원 이하의 벌금

신고를 하지 아니하고 양로시설, 노인공동생활가정, 노인복지주택, 노인요양시설 또는 노인요양공동생활가정을 설치하거나 운영한 자

⑥ 1년 이하의 징역 또는 1천만원 이하의 벌금

노인복지주택을 임차한 자가 해당 노인주거시설을 입소자격자가 아닌 자에게 임대한 자

⑦ 1년 이하의 징역 또는 300만원 이하의 벌금

각 해당 규정에 의한 신고를 하지 아니하고 양로시설·노인공동생활가정·노인복지주택·노인요양시설·노인요양공동생활가정·노인여가복지시설·재가노인복지시설을 설치하거나 운영한 자, 직무상 알게 된 비밀을 누설한 자, 지정을 받지 않고 요양보호사 교육기관을 설치하거나 운영한 자, 신고인의 신분 보호 및 신원 노출 금지 의무를 위반한 자

(2) 과태료

① 500만원 이하의 과태료

보고 또는 자료제출을 하지 아니하거나 거짓으로 보고하거나 거짓 자료를 제출한 자 또는 정당한 사유 없이 관계 공무원의 출입 또는 조사·질문을 거부·기피·방해하거나 거짓의 답변을 한 자

② 300만원 이하의 과태료

노인학대를 신고하지 아니한 사람

③ 200만원 이하의 과태료

현장조사를 거부하거나 업무를 방해한 자, 신상카드를 제출하지 아니한 자, 신고하지 아니하고 노인복지시설을 폐지 또는 휴지한 자

제 2 절 아동복지법

1. 개요

1) 목적

아동이 건강하게 출생하여 행복하고 안전하게 자랄 수 있도록 아동의 복지를 보장하는 것을 목적으로 한다.

2) 기본이념

아동은 자신 또는 부모의 성별, 연령, 종교, 사회적 신분, 재산, 장애유무, 출생지역, 인종 등에 따른 어떠한 종류의 차별도 받지 아니하고 자라나야 한다. 아동은 완전하고 조화로운 인격발달을 위하여 안정된 가정환경에서 행복하게 자라나야 한다. 아동에 관한 모든 활동에 있어서 아동의 이익이 최우선적으로 고려되어야 한다. 아동은 아동의 권리보장과 복지증진을 위하여 이 법에 따른 보호와 지원을 받을 권리를 가진다.

3) 책임 주체

① 국가와 지방자치단체

국가와 지방자치단체는 아동의 안전건강 및 복지 증진을 위하여 아동과 그 보호자 및 가정을 지원하기 위한 정책을 수립·시행하여야 하며, 보호대상아동 및 지원대상아동의 권익을 증진하기 위한 정책을 수립·시행하여야 한다.

국가와 지방자치단체는 아동이 태어난 가정에서 성장할 수 있도록 지원하고, 아동이 태어난 가정에서 성장할 수 없을 때에는 가정과 유사한 환경에서 성장할 수 있도록 조치하며, 아동을 가정에서 분리하여 보호할 경우에는 신속히 가정으로 복귀할 수 있도록 지원하여야 한다. 〈신설 2016.3.22.〉

국가와 지방자치단체는 장애아동의 권익을 보호하기 위하여 필요한 시책을 강구하여야 하며, 아동이 자신 또는 부모의 성별, 연령, 종교, 사회적 신분, 재산, 장애 유무, 출생지역 또는 인종 등에 따른 어떠한 종류의 차별도 받지 아니하도록 필요한 시책을 강구하여야 한다.

국가와 지방자치단체는 아동의 권리에 관한 협약에서 규정한 아동의 권리 및 복지 증진 등을 위하여 필요한 시책을 수립·시행하고, 이에 필요한 교육과 홍보를 하여야 하며, 아동의 보호자가 아동을 행복하고 안전하게 양육하기 위하여 필요한 교육을 지원하여야 한다.

② 아동의 보호자

아동을 가정 안에서 그의 성장 시기에 맞추어 건강하고 안전하게 양육하여야 한다.

③ 모든 국민

아동의 권익과 안전을 존중하여야 하며, 아동을 건강하게 양육하여야 한다.

4) 용어의 정의

① **아동:** 18세 미만인 사람을 말한다.

② **아동복지:** 아동이 행복한 삶을 누릴 수 있는 기본적인 여건을 조성하고 조화롭게 성장·발달할 수 있도록 하기 위한 경제적·사회적·정서적 지원을 말한다.

③ **보호자:** 친권자, 후견인, 아동을 보호·양육·교육하거나 그러한 의무가 있는 자 또는 업무·고용 등의 관계로 사실상 아동을 보호·감독하는 자를 말한다.

④ **보호대상아동:** 보호자가 없거나 보호자로부터 이탈된 아동 또는 보호자가 아동을 학대하는 경우 등 그 보호자가 아동을 양육하기에 적당하지 아니하거나 양육할 능력이 없는 경우의 아동을 말한다.

⑤ **지원대상아동:** 아동이 조화롭고 건강하게 성장하는 데에 필요한 기초적인 조건이 갖추어지지 아니하여 사회적·경제적·정서적 지원이 필요한 아동을 말한다.

⑥ **가정위탁:** 보호대상아동의 보호를 위하여 성범죄, 가정폭력, 아동학대, 정신질환 등의 전력이 없는 보건복지부령으로 정하는 기준에 적합한 가정에 보호대상아동을 일정 기간 위탁하는 것을 말한다.

⑦ **아동학대:** 보호자를 포함한 성인이 아동의 건강 또는 복지를 해치거나 정상적 발달을 저해할 수 있는 신체적·정신적·성적 폭력이나 가혹행위를 하는 것과 아동의 보호자가 아동을 유기하거나 방임하는 것을 말한다.

⑧ **아동학대관련범죄:** 아동학대범죄, 아동에 대한 형법 살인의 죄 중 제250조부터 제255조까지의 죄 중 어느 하나에 해당하는 죄를 말한다.

⑨ **피해아동:** 아동학대로 인하여 피해를 입은 아동을 말한다.

⑩ **아동복지시설:** 제50조에 따라 설치된 시설을 말한다. 국가 또는 지방자치단체는 아동복지시설을 설치할 수 있고, 국가 또는 지방자치단체 외의 자는 관할 시장·군수·구청장에게 신고하고 아동복지시설을 설치할 수 있다. 아동복지시설의 시설기준 및

설치 등에 필요한 사항은 보건복지부령으로 정한다.

⑪ **아동복지시설 종사자:** 아동복지시설에서 아동의 상담 · 지도 · 치료 · 양육, 그 밖에 아동의 복지에 관한 업무를 담당하는 사람을 말한다.

⑫ **어린이날:** 매년 5월 5일(어린이 주간: 매년 5월 1일부터 5월 7일까지)

⑬ **아동학대예방의 날:** 매년 11월 19일(아동학대예방주간: 아동학대예방의 날부터 1주일)

5) 아동정책기본계획 등

① 아동정책기본계획의 수립

보건복지부장관은 아동정책의 효율적인 추진을 위하여 5년마다 아동정책기본계획(기본계획)을 수립하여야 하며, 기본계획은 다음의 사항을 포함하여야 한다.

- 이전의 기본계획에 관한 분석 · 평가
- 아동정책에 관한 기본방향 및 추진목표
- 주요 추진과제 및 추진방법
- 재원조달방안
- 그 밖에 아동정책을 시행하기 위하여 특히 필요하다고 인정되는 사항

보건복지부장관은 기본계획을 수립할 때에는 미리 관계 중앙행정기관의 장과 협의하여야 한다. 기본계획은 아동정책조정위원회의 심의를 거쳐 확정한다. 이 경우 보건복지부장관은 확정된 기본계획을 관계 중앙행정기관의 장 및 특별시장 · 광역시장 · 도지사 · 특별자치도지사에게 알려야 한다.

② 아동종합실태조사

보건복지부장관은 5년마다 아동의 양육 및 생활환경, 언어 및 인지 발달, 정서적 · 신체적 건강, 아동안전, 아동학대 등 아동의 종합실태를 조사하여 그 결과를 공표하고, 이를 기본계획과 시행계획에 반영하여야 한다. 다만, 보건복지부장관은 필요한 경우 보건복지부령으로 정하는 바에 따라 분야별 실태조사를 할 수 있다. 위의 실태조사를 위하여 관계 기관 · 법인 · 단체 · 시설의 장에게 필요한 자료의 제출 또는 의견의 진술을 요청할 수 있으

며, 요청을 받은 자는 정당한 사유가 없으면 이에 협조하여야 한다.

③ 아동정책영향평가

국가와 지방자치단체는 아동 관련 정책이 아동복지에 미치는 영향을 분석·평가하고, 그 결과를 아동 관련 정책의 수립·시행에 반영하여야 한다. 〔본조신설 2016.3.22.〕

6) 연혁

① 1961. 12. 30. **아동복리법 제정**(1962. 1. 1. 시행)

② 1981. 4. 13. **아동복지법 제정·시행**

④ 2000. 1. 12. **전부개정**

아동학대 신고 의무화 규정을 포함하였다.

⑤ 2004. 1. 29. **일부개정**

종합적인 아동정책을 수립하고 관계부처의 의견을 조정하며, 그 정책의 이행을 감독하고 평가하기 위하여 국무총리소속하에 아동정책조정위원회를 둔다는 규정 신설, 아동학대 상습범에 대한 가중처벌 규정을 추가하였다.

⑥ 2008. 6. 13. **일부개정**

아동보호구역에 폐쇄회로 텔레비전 설치 규정을 신설하였고, 아동학대 예방과 방지를 위한 국가와 지방자치단체의 책임을 포함하였다.

⑦ 2011. 8. 4. **전부개정**

아동종합실태조사를 시행하여 그 결과를 바탕으로 아동정책기본계획을 수립·시행하고, 아동학대의 예방과 방지, 아동학대행위자의 계도를 위한 교육 등에 관한 홍보영상을 방송할 수 있도록 하며, 아동복지서비스의 안정적 추진을 위한 근거와 아동정책을 효과적으로 수행하기 위한 정책적 기반을 마련함으로써, 아동의 복지증진을 통해 아동이 건강하고 행복하게 자랄 수 있도록 하였다.

⑧ 2012. 10. 22. 일부개정

아동보호구역에 영상정보처리기기 설치를 의무화함으로써 아동이 안전하게 성장할 수 있는 환경을 조성하는 한편, 아동학대 신고의무자의 신고의무 위반 시 부과하는 과태료 상한을 현행 100만원에서 300만원으로 상향조정함으로써 학대아동에 대한 법적 보호와 구제의 실효성을 높이려하였다.

⑨ 2014. 1. 28. 일부개정

아동학대에 대한 강력한 대처 및 예방을 위하여 제정된 「아동학대범죄의 처벌 등에 관한 특례법」에 따라 관련 조문을 정비하고, 아동학대 관련 범죄전력자가 아동관련기관에 취업하는 것을 10년 동안 제한하는 등 아동학대의 예방 및 피해자 지원에 관한 내용을 정함으로써 아동들이 행복하고 안전하게 자라나게 하려하였다.

⑩ 2015. 3. 27. 일부개정

아동학대 사건이 발생한 경우 피해아동의 가족 구성원 파악을 통한 사후조치를 실효성 있게 하도록 아동보호전문기관의 장의 신분조회 등 조치의 범위에 가족관계등록부의 증명서를 포함하고, 아동학대를 1차적으로 발견할 수 있는 사람인 아동학대 신고의무자에 대한 신고의무 고지 및 교육을 강화하며, 아동에 대한 체벌 등의 금지를 명시하였다.

⑪ 2015. 12. 29. 일부개정

아동에 대해 감염병 예방 등 보건위생관리에 관한 교육을 실시하여 감염을 스스로 방지하고, 사전에 차단할 수 있도록 교육하는 법적근거를 마련하였다.

⑫ 2016. 3. 22. 일부개정

아동복지시설을 폐업·휴업하려는 경우 및 감독기관이 아동복지시설에 사업의 정지나 시설의 폐쇄를 명하는 경우 해당 아동복지시설 이용자를 다른 시설로 옮기도록 하는 등의 시설 이용자의 권익 보호 조치를 법률로 규정하였고, 원칙적으로 아동이 원가정에서 성장하도록 지원하는 등 아동보호서비스의 원칙을 명시하고 보호대상아동에 대한 사전 조사·상담 등 보호조치에 필요한 구체적인 내용을 정하여 보호대상아동에 대한 보호조치를 강화하고 아동의 복리를 증진하였다.

지방자치단체의 장에게만 보호대상아동의 귀가 조치 권한을 부여함으로써 보호대상아동 부모의 압력 행사로부터 아동복지시설의 장을 보호하는 한편 보호대상아동에게 안전하고 건강한 성장발달 환경을 제공하고, 피해아동의 보호자인 아동학대행위자의 협조를 의무화함으로써 아동보호전문기관이 피해아동의 가족 기능 회복을 위한 업무를 실효적으로 수행할 수 있도록 하며, 아동의 심리안정을 도모하고 2차 피해를 방지하기 위해 아동보호전문기관 내 진술녹화실을 설치하여 운영하고, 학대피해아동쉼터에 대한 법적 근거를 마련하며, 아동보호전문기관을 아동복지시설에 포함함으로써 여타 사회복지시설처럼 운영・회계에 대한 정부의 관리・감독을 강화하고, 실태조사에 대한 근거규정을 정비하였다.

2. 아동에 대한 지원서비스 및 시설

1) 아동 안전 및 건강지원

① 안전기준의 설정

국가는 아동복지시설과 아동용품에 대한 안전기준을 정하고 아동용품을 제작・설치・관리하는 자에게 이를 준수하도록 하여야 한다.

② 아동의 안전에 대한 교육

아동복지시설의 장, 어린이집의 원장, 유치원의 원장 및 학교의 장은 교육대상 아동의 연령을 고려하여 매년 성폭력 및 아동학대 예방, 실종・유괴의 예방과 방지, 감염병 및 약물의 오남용 예방 등 보건위생관리, 재난대비 안전, 교통안전 사항에 관한 교육계획을 수립하여 교육을 실시하여야 한다.

아동복지시설의 장, 어린이집의 원장은 교육계획 및 교육실시 결과를 관할 시장・군수・구청장에게 매년 1회 보고하여야 한다. 유치원의 원장 및 학교의 장은 제1항에 따른 교육계획 및 교육실시 결과를 관할 교육감에게 매년 1회 보고하여야 한다.

③ 아동보호구역에서의 영상정보처리기기 설치 등

국가와 지방자치단체는 유괴 등 범죄의 위험으로부터 아동을 보호하기 위하여 필요하다고 인정하는 경우에는 도시공원, 어린이집, 초등학교 및 특수학교, 유치원 중 어느 하나에 해당되는 시설의 주변구역을 아동보호구역으로 지정하여 범죄의 예방을 위한 순찰 및 아동지도 업무 등 필요한 조치를 할 수 있다.

국가와 지방자치단체는 지정된 아동보호구역에 영상정보처리기기를 설치하여야 한다. 이 법에서 정한 것 외에 영상정보처리기기의 설치 등에 관한 사항은 개인정보 보호법에 따른다.

④ 아동안전 보호인력의 배치 등

국가와 지방자치단체는 실종 및 유괴 등 아동에 대한 범죄의 예방을 위하여 순찰활동 및 아동지도 업무 등을 수행하는 아동안전 보호인력을 배치·활용할 수 있다. 순찰활동 및 아동지도 업무 등을 수행하는 아동안전 보호인력은 그 권한을 표시하는 증표를 지니고 이를 관계인에게 내보여야 한다.

국가와 지방자치단체는 아동안전 보호인력으로 배치하고자 하는 사람에 대하여 본인의 동의를 받아 범죄경력을 확인하여야 한다.

⑤ 아동긴급보호소 지정 및 운영

경찰청장은 유괴 등의 위험에 처한 아동을 보호하기 위하여 아동긴급보호소를 지정·운영할 수 있다. 경찰청장은 아동긴급보호소의 지정을 원하는 자에 대하여 본인의 동의를 받아 범죄경력을 확인하여야 한다.

⑥ 국가아동학대정보시스템

보건복지부장관은 아동학대 관련 정보를 공유하고 아동학대를 예방하기 위하여 국가아동학대정보시스템을 구축·운영하여야 하며, 피해아동, 그 가족 및 학대행위자에 관한 정보와 아동학대예방사업에 관한 정보를 국가아동학대정보시스템에 입력·관리하여야 한다. 이 경우 보건복지부장관은 관계 중앙행정기관의 장, 시·도지사, 시장·군수·구청장, 아동보호전문기관 등에 필요한 자료를 요청할 수 있으며, 중아아동보호전문기관에게 국가아동학대정보시스템 운영을 위탁할 수 있다.

⑦ 건강한 심신의 보존

아동의 보호자는 아동의 건강 유지와 향상을 위하여 최선의 주의와 노력을 하여야 한다.

국가와 지방자치단체는 아동의 건강 증진과 체력 향상을 위하여 신체적 건강 증진에 관한 사항, 자살 및 각종 중독의 예방 등 정신적 건강 증진에 관한 사항, 급식지원 등을 통한 결식예방 및 영양개선에 관한 사항, 비만 방지 등 체력 및 여가 증진에 관한 사항을 지원하여야 한다.

국가와 지방자치단체는 아동의 신체적 · 정신적 문제를 미리 발견하여 아동이 제때에 상담과 치료를 받을 수 있는 기반을 마련하여야 한다.

2) 취약계층 아동 통합서비스지원 및 자립지원 등

① 취약계층 아동에 대한 통합서비스지원

국가와 지방자치단체는 아동의 건강한 성장과 발달을 도모하기 위하여 대통령령으로 정하는 바에 따라 아동의 성장 및 복지 여건이 취약한 가정을 선정하여 그 가정의 지원대상 아동과 가족을 대상으로 보건, 복지, 보호, 교육, 치료 등을 종합적으로 지원하는 통합서비스를 실시한다.

보건복지부장관은 통합서비스지원사업의 운영지원에 관한 업무를 법인, 단체 등에 위탁할 수 있다.

② 자립지원

국가와 지방자치단체는 보호대상아동의 위탁보호 종료 또는 아동복지시설 퇴소 이후의 자립을 지원하기 위하여 '자립에 필요한 주거 · 생활 · 교육 · 취업 등의 지원, 자립에 필요한 자산의 형성 및 관리 지원, 자립에 관한 실태조사 및 연구, 사후관리체계 구축 및 운영, 그 밖에 자립지원에 필요하다고 대통령령으로 정하는 사항'에 해당하는 조치를 시행하여야 한다.

자립지원계획의 수립 등: 가정위탁지원센터의 장 및 아동복지시설의 장은 보호하고 있는 15세 이상의 아동을 대상으로 매년 개별 아동에 대한 자립지원계획을 수립하고, 그 계획을 수행하는 종사자를 대상으로 자립지원에 관한 교육을 실시하여야 한다.

자립지원전담기관의 설치·운영: 국가와 지방자치단체는 자립지원 관련 데이터베이스 구축 및 운영, 자립지원 프로그램의 개발 및 보급, 사례관리 등의 업무를 전담할 기관을 설치 · 운영하거나, 그 운영의 전부 또는 일부를 법인, 단체 등에 위탁할 수 있다.

아동자립지원추진협의회: 보건복지부장관은 지원대상아동의 자립지원 정책을 효율적으로 수행하기 위하여 관계 행정기관의 공무원으로 구성되는 아동자립지원추진협의회를 둘 수 있다.

③ 자산형성지원사업[2)]

보건복지부장관은 자산형성지원사업을 효율적으로 추진하기 위하여 자산형성지원사업 운영업무 및 금융자산관리업무를 하여야 한다.

자산형성지원사업의 운영업무는 다음과 같다.

- 자산형성지원사업 대상 아동의 관리
- 자산형성지원사업의 후원자 발굴 및 관리
- 자산형성지원사업에 관한 교육 및 홍보
- 자산형성지원사업에 관한 조사 · 연구 및 평가
- 그 밖에 자산형성지원사업과 관련하여 보건복지부령으로 정하는 사항

금융자산관리업무는 다음과 같다.

- 자산형성지원사업을 위한 금융상품의 개발 및 관리
- 자산형성지원사업을 위한 금융상품의 운영에 관한 사항

④ 자산형성지원사업 관련 업무의 위탁

보건복지부장관은 자산형성지원사업의 운영업무를 사회복지법인 등 대통령령으로 정하는 법인 또는 단체에 위탁할 수 있다. 보건복지부장관은 금융자산관리업무를 은행, 체신관

2) 자산형성지원사업은 저소득층이 지출을 줄여 저축할 경우 정부가 지원금을 제공해 자산 형성을 돕는 제도이다. 자산 형성 지원사업은 저소득층이 지출을 줄여 저축할 경우 정부가 지원금을 제공해 자산 형성을 돕는 제도이다. 이 제도를 이용하기 위해서는 근로 소득이 있어야 하고 소득 인정액이 최저 생계비의 120% 이하인 기초 생활 보장법 상의 수급자나 차상위계층이어야 한다. 국내에서는 2007년부터 시범 실시되었다. 대상자는 신청 후 월 10만원 이내에서 저축을 하면, 매칭 펀드로 정부와 민간에서 그 금액의 1 - 2배에 해당하는 금액을 3년 동안 지원한다. 이 지원자금은 주택 구입 · 임대, 본인 · 자녀의 고등 교육 · 기술 훈련, 사업의 창업 · 운영 자금 등 인적 · 물적 자산 형성으로 용도를 법으로 제한하고 있다. 이 제도는 자활의 의지가 있는 주민에게 정부와 민간이 지원함으로써 스스로 빈곤을 탈출할 수 있도록 돕는 제도라 할 수 있다.

서, 농업협동조합중앙회, 수산업협동조합중앙회 또는 중소기업은행에 위탁할 수 있다.

3) 아동보호서비스

① 보호조치

시·도지사 또는 시장·군수·구청장은 그 관할 구역에서 보호대상아동을 발견하거나 보호자의 의뢰를 받은 때에는 아동의 최상의 이익을 위하여 다음에 해당하는 보호조치를 하여야 한다.

- 전담공무원 또는 아동위원에게 보호대상아동 또는 그 보호자에 대한 상담·지도를 수행하게 하는 것
- 보호자 또는 대리양육을 원하는 연고자에 대하여 그 가정에서 아동을 보호·양육할 수 있도록 필요한 조치를 하는 것
- 아동의 보호를 희망하는 사람에게 가정위탁하는 것
- 보호대상아동을 그 보호조치에 적합한 아동복지시설에 입소시키는 것
- 약물 및 알코올 중독, 정서·행동·발달 장애, 성폭력·아동학대 피해 등으로 특수한 치료나 요양 등의 보호를 필요로 하는 아동을 전문치료기관 또는 요양소에 입원 또는 입소시키는 것
- 입양과 관련하여 필요한 조치를 하는 것

시·도지사 또는 시장·군수·구청장은 보호조치가 적합하지 아니한 보호대상아동에 대하여 보호조치를 할 수 있다. 이 경우 보호조치를 하기 전에 보호대상아동에 대한 상담, 건강검진, 심리검사 및 가정환경에 대한 조사를 실시하여야 한다.

시·도지사 또는 시장·군수·구청장은 보호조치를 하려는 경우 보호대상아동의 개별 보호·관리 계획을 세워 보호하여야 하며, 그 계획을 수립할 때 해당 보호대상아동의 보호자를 참여시킬 수 있다.

시·도지사 또는 시장·군수·구청장은 보호조치를 함에 있어서 해당 보호대상아동의 의사를 존중하여야 하며, 보호자가 있을 때에는 그 의견을 들어야 한다. 다만, 아동의 보호자가 아동학대행위자인 경우에는 그러하지 아니하다.

시 · 도지사 또는 시장 · 군수 · 구청장은 보호조치를 할 때까지 필요하면 아동일시보호시설에 보호대상아동을 입소시켜 보호하거나, 적합한 위탁가정 또는 적당하다고 인정하는 자에게 일시 위탁하여 보호하게 할 수 있다. 이 경우 보호기간 동안 보호대상아동에 대한 상담, 건강검진, 심리검사 및 가정환경에 대한 조사를 실시하고 그 결과를 보호조치 시에 고려하여야 한다.

시 · 도지사 또는 시장 · 군수 · 구청장은 그 관할 구역에서 약물 및 알코올 중독, 정서 · 행동 · 발달 장애 등의 문제를 일으킬 가능성이 있는 아동의 가정에 대하여 예방차원의 적절한 조치를 강구하여야 한다. 누구든지 보호조치와 관련하여 그 대상이 되는 아동복지시설의 종사자를 신체적 · 정신적으로 위협하는 행위를 하여서는 아니 된다.

시 · 도지사 또는 시장 · 군수 · 구청장은 아동의 가정위탁보호를 희망하는 사람에 대하여 범죄경력을 확인하여야 한다. 이 경우 본인의 동의를 받아 관계 기관의 장에게 범죄의 경력 조회를 요청하여야 한다.

가정위탁지원센터의 장은 위탁아동, 가정위탁보호를 희망하는 사람, 위탁아동의 부모 등의 신원확인 등의 조치를 시 · 도지사 또는 시장 · 군수 · 구청장에게 협조 요청할 수 있으며, 요청을 받은 시 · 도지사 또는 시장 · 군수 · 구청장은 정당한 사유가 없는 한 이에 응하여야 한다.

② 시설보호 아동에 대한 퇴소조치

보호조치 중인 보호대상아동의 연령이 18세에 달하였거나, 보호 목적이 달성되었다고 인정되면 해당 시 · 도지사, 시장 · 군수 · 구청장 또는 아동복지시설의 장은 그 보호 중인 아동의 보호조치를 종료하거나 해당 시설에서 퇴소시켜야 한다.

보호조치 중인 아동이 '대학 이하의 학교(대학원은 제외한다)에 재학 중인 경우, 아동양육시설 또는 직업능력개발훈련시설에서 직업 관련 교육 · 훈련을 받고 있는 경우, 그 밖에 각종 아동복지시설에서 해당 아동을 계속하여 보호 · 양육할 필요가 있다고 대통령령으로 정하는 경우' 중 어느 하나에 해당하면 시 · 도지사, 시장 · 군수 · 구청장 또는 아동복지시설의 장은 해당 아동의 보호기간을 연장할 수 있다.

③ 친권상실의 선고와 후견인 선임 청구

시·도지사, 시장·군수·구청장 또는 검사는 아동의 친권자가 그 친권을 남용하거나 현저한 비행이나 아동학대, 그 밖에 친권을 행사할 수 없는 중대한 사유가 있는 것을 발견한 경우 아동의 복지를 위하여 필요하다고 인정할 때에는 법원에 친권행사의 제한 또는 친권상실의 선고를 청구하여야 한다.

아동복지전담기관의 장, 아동복지시설의 장 및 학교의 장은 위의 사유에 해당하는 경우 시·도지사, 시장·군수·구청장 또는 검사에게 법원에 친권행사의 제한 또는 친권상실의 선고를 청구하도록 요청할 수 있고, 친권행사의 제한 또는 친권상실의 선고 청구를 할 경우 해당 아동의 의견을 존중하여야 한다. 또한 친권행사의 제한 또는 친권상실의 선고 청구를 요청받은 경우에는 요청받은 날부터 30일 내에 청구 여부를 결정한 후 해당 요청기관에 청구 또는 미청구 요지 및 이유를 서면으로 알려야 한다.

처리결과를 통보받은 아동복지전담기관의 장, 아동복지시설의 장 및 학교의 장은 그 처리결과에 대하여 이의가 있을 경우 통보받은 날부터 30일 내에 직접 법원에 친권행사의 제한 또는 친권상실의 선고를 청구할 수 있다.

4) 아동복지시설

국가 또는 지방자치단체는 아동복지시설을 설치할 수 있다. 국가 또는 지방자치단체 외의 자는 관할 시장·군수·구청장에게 신고하고 아동복지시설을 설치할 수 있다(제50조).

(1) 아동복지시설의 종류

① **아동양육시설:** 보호대상아동을 입소시켜 보호, 양육 및 취업훈련, 자립지원 서비스 등을 제공하는 것을 목적으로 하는 시설

② **아동일시보호시설:** 보호대상아동을 일시보호하고 아동에 대한 향후의 양육대책수립 및 보호조치를 행하는 것을 목적으로 하는 시설

③ **아동보호치료시설:** 아동에게 보호 및 치료 서비스를 제공하는 다음의 시설

- 불량행위를 하거나 불량행위를 할 우려가 있는 아동으로서 보호자가 없거나 친권자나 후견인이 입소를 신청한 아동 또는 가정법원, 지방법원소년부지원에서 보호위탁

된 19세 미만인 사람을 입소시켜 치료와 선도를 통하여 건전한 사회인으로 육성하는 것을 목적으로 하는 시설
- 정서적 · 행동적 장애로 인하여 어려움을 겪고 있는 아동 또는 학대로 인하여 부모로부터 일시 격리되어 치료받을 필요가 있는 아동을 보호 · 치료하는 시설

④ **공동생활가정:** 보호대상아동에게 가정과 같은 주거여건과 보호, 양육, 자립지원 서비스를 제공하는 것을 목적으로 하는 시설

⑤ **자립지원시설:** 아동복지시설에서 퇴소한 사람에게 취업준비기간 또는 취업 후 일정기간 동안 보호함으로써 자립을 지원하는 것을 목적으로 하는 시설

⑥ **아동상담소:** 아동과 그 가족의 문제에 관한 상담, 치료, 예방 및 연구 등을 목적으로 하는 시설

⑦ **아동전용시설:** 어린이공원, 어린이놀이터, 아동회관, 체육 · 연극 · 영화 · 과학실험전시 시설, 아동휴게숙박시설, 야영장 등 아동에게 건전한 놀이 · 오락, 그 밖의 각종 편의를 제공하여 심신의 건강유지와 복지증진에 필요한 서비스를 제공하는 것을 목적으로 하는 시설

⑧ **지역아동센터:** 지역사회 아동의 보호 · 교육, 건전한 놀이와 오락의 제공, 보호자와 지역사회의 연계 등 아동의 건전육성을 위하여 종합적인 아동복지서비스를 제공하는 시설.

⑨ **아동보호전문기관**

⑩ **가정위탁지원센터**

아동복지시설은 통합하여 설치할 수 있으며, 각 시설 고유의 목적 사업을 해치지 아니하고 각 시설별 설치기준 및 운영기준을 충족하는 경우의 다음의 사업을 추가로 실시할 수 있다.

① **아동가정지원사업:** 지역사회아동의 건전한 발달을 위하여 아동, 가정, 지역주민에게 상담, 조언 및 정보를 제공하여 주는 사업

② **아동주간보호사업:** 부득이한 사유로 가정에서 낮 동안 보호를 받을 수 없는 아동을 대상으로 개별적인 보호와 교육을 통하여 아동의 건전한 성장을 도모하는 사업

③ **아동전문상담사업:** 학교부적응아동 등을 대상으로 올바른 인격형성을 위한 상담, 치료 및 학교폭력예방을 실시하는 사업

④ **학대아동보호사업:** 학대아동의 발견, 보호, 치료 및 아동학대의 예방 등을 전문적으로 실시하는 사업

⑤ **공동생활가정사업:** 보호대상아동에게 가정과 같은 주거여건과 보호를 제공하는 것을 목적으로 하는 사업

⑥ **방과 후 아동지도사업:** 저소득층 아동을 대상으로 방과 후 개별적인 보호와 교육을 통하여 건전한 인격형성을 목적으로 하는 사업

(2) 아동전용시설의 설치

국가와 지방자치단체는 아동이 항상 이용할 수 있는 아동전용시설을 설치하도록 노력하여야 한다. 아동이 이용할 수 있는 문화·오락 시설, 교통시설, 그 밖의 서비스시설 등을 설치·운영하는 자는 아동의 이용편의를 고려한 편익설비를 갖추고 아동에 대한 입장료와 이용료 등을 감면할 수 있다.

3. 아동학대 예방조치

1) 아동에 대한 금지행위

- 아동을 매매하는 행위
- 아동에게 음란한 행위를 시키거나 이를 매개하는 행위 또는 아동에게 성적 수치심을 주는 성희롱 등의 성적 학대행위
- 아동의 신체에 손상을 주거나 신체의 건강 및 발달을 해치는 신체적 학대행위
- 아동의 정신건강 및 발달에 해를 끼치는 정서적 학대행위
- 자신의 보호·감독을 받는 아동을 유기하거나 의식주를 포함한 기본적 보호·양육·치료 및 교육을 소홀히 하는 방임행위
- 장애를 가진 아동을 공중에 관람시키는 행위
- 아동에게 구걸을 시키거나 아동을 이용하여 구걸하는 행위

- 공중의 오락 또는 흥행을 목적으로 아동의 건강 또는 안전에 유해한 곡예를 시키는 행위 또는 이를 위하여 아동을 제3자에게 인도하는 행위
- 정당한 권한을 가진 알선기관 외의 자가 아동의 양육을 알선하고 금품을 취득하거나 금품을 요구 또는 약속하는 행위
- 아동을 위하여 증여 또는 급여된 금품을 그 목적 외의 용도로 사용하는 행위

1-1) 아동학대범죄의처벌등에관한특례법 위반의 사례 (아동복지시설종사자등의아동학대)

① 수원시 소재 00어린이집(0세부터 2세까지의 원생 약 19명, 보육교사 3명 근무) 원장인 피고인이 2011년 4월 초 어린이집에 맡겨진 1세의 피해자가 울어 달랬으나 듣지 않는다는 이유로 앉아 있던 피해자의 머리를 발로 걷어차 폭행하였다. 또한 2011년 10월 중순경까지 어린이집에 맡겨진 0세부터 2세까지의 영유아 12명을 수차례폭행하여 학대한 아동복지법위반죄를 저질렀다.

피해영유아들의 연령, 학대행위의 내용, 범행 횟수에 비추어 죄질이 무거운 점, 유사범행의 재발을 막아야 할 사회적 요구가 큰 점 등을 고려하여 비록 일부 영유아 부모들이 피고인의 처벌을 원하지 않고 있고 피고인에게 전과가 없음에도 불구하고, 피고인에게 징역 8월의 실형을 선고하였다 (수원지방법원(2011).

② 어린이집 교사인 피고인 한은지(가명)가 아동인 피해자들의 입을 주먹으로 때리거나 귀를 잡아당기거나 머리를 주먹이나 손바닥으로 때리는 등 아동의 신체에 손상을 주는 학대행위를 하였다.

피고인 한은지와 어린이집 원장인 피고인 정경미(가명)가 아동복지법 및 아동학대범죄의 처벌 등에 관한 특례법 위반으로 기소되었다. 피고인 한은지의 체벌에 대하여 피해자들이 느낀 체벌의 강도와 두려움을 고려할 때 피고인 정경미의 각 행위는 아동복지법상 '아동의 신체에 손상을 주거나 신체의 건강 및 발달을 해치는 신체적 학대행위'에 해당하였다. 한편 피고인 정경미은 직접 아동학대 예방 온라인 교육을 수료하고 어린이집 교사들에게도 아동학대 관련 교육을 수료하도록 지도한 점, 매주 어린이집 교사들과 회의하면서 아동에 대한 교육을 직접 지도하고 어린이집 교육사정을 검토·관리한 점, 평소 어린이집 복도를 돌아다니며 아동들의 교육상황을 관찰하였고 학부모

들과 정기적으로 소통하였으며, 교사들에게 업무일지, 교육일지를 쓰게 하여 이를 보며 교육상황을 점검한 점 등 제반 사정을 종합할 때 어린이집 원장으로서 그 업무에 관하여 상당한 주의와 감독을 게을리하였다고 단정하기 어렵다는 이유로 피고인 한은지에게 유죄, 피고인 정경미에게 무죄를 선고하였다(춘천지방법원, 2017).

(1-2) 음란물 범행의 사례 (대법원, 2018)

아동 · 청소년이용음란물은 아동 · 청소년 또는 아동 · 청소년으로 명백하게 인식될 수 있는 사람이나 표현물이 등장하여 제4호의 어느 하나에 해당하는 행위를 하거나 그 밖의 성적 행위를 하는 내용을 표현하는 것으로서 필름 · 비디오물 · 게임물 또는 컴퓨터나 그 밖의 통신매체를 통한 화상 · 영상 등의 형태로 된 것을 말한다.

청소년성보호법의 입법목적은 아동 · 청소년을 대상으로 성적 행위를 한 자를 엄중하게 처벌함으로써 성적 학대나 착취로부터 아동 · 청소년을 보호하고 아동 · 청소년이 책임 있고 건강한 사회구성원으로 성장할 수 있도록 하려는 데 있다. 아동 · 청소년이용 음란물은 그 직접 피해자인 아동 · 청소년에게는 치유하기 어려운 정신적 상처를 안겨줄 뿐만 아니라, 이를 시청하는 사람들에게까지 성에 대한 왜곡된 인식과 비정상적 가치관을 조장한다. 따라서 아동 · 청소년을 이용한 음란물 '제작'을 원천적으로 봉쇄하여 아동 · 청소년을 성적 대상으로 보는 데서 비롯되는 잠재적 성범죄로부터 아동 · 청소년을 보호할 필요가 있다. 특히 인터넷 등 정보통신매체의 발달로 음란물이 일단 제작되면 제작 후 제작자의 의도와 관계없이 언제라도 무분별하고 무차별적으로 유통에 제공될 가능성이 있다. 이러한 점에 아동 · 청소년을 이용한 음란물 제작을 처벌하는 이유가 있다. 그러므로 아동 · 청소년의 동의가 있다거나 개인적인 소지 · 보관을 1차적 목적으로 제작하더라도 청소년성보호법 제1조 제1항의 '아동 · 청소년이용음란물의 제작에 해당한다고 보아야 한다.

카카오톡 메신저로 아동 · 청소년에게 지시하여 스스로 자기의 신체를 대상으로 한 음란물을 촬영하도록 한 사안에서, 아동 · 청소년이 음란물의 촬영을 마쳐 자신의 휴대전화에 재생이 가능한 형태로 저장이 된 때에 아동 · 청소년이용음란물 제작 범행은 기수에 이르렀다고 보았다. 따라서 재판부는 피고인의 핸드폰에 따로 음란동영상이 저장되지 않아 범행의 기수에 이르지 않았다고 주장하는 피고인의 상고를 기각하였다.

2) 아동학대의 예방 및 방지

(1) 아동학대의 예방과 방지 의무

국가와 지방자치단체는 아동학대의 예방과 방지를 위하여 다음의 조치를 취하여야 한다.

- 아동학대의 예방과 방지를 위한 각종 정책의 수립 및 시행
- 아동학대의 예방과 방지를 위한 연구 · 교육 · 홍보 및 아동학대 실태조사
- 아동학대에 관한 신고체제의 구축 · 운영
- 피해아동의 보호와 치료 및 피해아동의 가정에 대한 지원
- 그 밖에 대통령령으로 정하는 아동학대의 예방과 방지를 위한 사항

1-3) 2014. 1. 28. 개정된 아동복지법상 처벌대상인 '신체적 학대행위'에 해당하는지 판단하는 기준

어린이집 장애전담교사인 피고인이, 발달장애 증세를 앓고 있는 장애아동 갑(5살)이 놀이도구를 제대로 정리하지 않고 바닥에 드러누웠다는 이유로 갑의 팔을 세게 잡는 등 신체적 학대행위를 하였다는 데에 대하여, 피고인이 합리적 범위 안에서 가장 적절하다고 생각하는 지도방법을 택하였고 이는 계속적인 훈육의 일환으로 볼 수 있다는 이유로 신체적 학대행위를 부정한 원심의 판단이 정당하다고 한 사례(대법원, 2020)

어린이집 장애전담교사인 피고인이, 발달장애 증세를 앓고 있는 장애아동 갑(5살)이 놀이도구를 제대로 정리하지 않고 바닥에 드러누웠다는 이유로 갑의 팔을 세게 잡는 등 신체적 학대행위를 하였다는 아동복지법위반의 주위적 공소사실로 기소된 사안에서, 피고인은 장애아동 복지지원법령에 따라 장애영유아를 위한 어린이집 특수교사로서 발달장애 등을 갖고 있는 갑을 포함하여 장애아동 3명의 지도를 전담해 왔고, 한 달 반 정도 시행착오를 거치면서 갑의 행동을 교정하기 위하여 반복적으로 말로 지시하거나 무관심한 척하거나 일부만을 수행하도록 하고 나머지를 교사가 해주는 식으로 여러 가지 교육적 지도를 시도해 온 점, 당시에도 갑이 놀이 후 정리하기를 거부하고 드러눕는 등 고집을 부리는 문제 상황이 발생하여 훈육 목적으로 일시적으로 보다 단호한 지도방법으로서 갑의 팔을 잡는 등의 행동을 하게 된 것으로 일련의 교육과정의 일환으로 볼 여지가 많으며, 또한 피고인의 위 행위 전후를 포함한 일련의 행위가 갑의 지도에 관한 내용으로 일관되어 있고, 그 일련의 행위 중

에 갑을 손으로 때린다거나 발로 차는 등 적극적인 가해의사가 추인될 만한 행동은 없는 점, 이후 갑은 피고인의 지도에 잘 따르고, 피고인은 수업시간에 갑 옆에 앉아 갑의 팔을 주물러 주고 머리를 쓰다듬는 등의 행위로 갑을 정상적으로 지도한 점을 종합하면, 피고인이 합리적 범위 안에서 가장 적절하다고 생각하는 지도방법을 택하였고 이는 계속적인 훈육의 일환으로 볼 수 있다는 이유로 신체적 학대행위를 부정한 원심의 판단이 정당하다고 한 사례.

(2) 아동보호전문기관의 설치 및 업무

① 아동보호전문기관의 설치

국가는 아동학대예방사업을 활성화하고 지역 간 연계체계를 구축하기 위하여 중앙아동보호전문기관을 둔다. 지방자치단체는 학대받은 아동의 발견, 보호, 치료에 대한 신속처리 및 아동학대예방을 담당하는 지역아동보호전문기관을 시 · 도 및 시 · 군 · 구에 1개소 이상 두어야 한다. 다만, 시 · 도지사는 관할 구역의 아동 수 및 지리적 요건을 고려하여 조례로 정하는 바에 따라 둘 이상의 시 · 군 · 구를 통합하여 하나의 지역아동보호전문기관을 설치 · 운영할 수 있다.

지역아동보호전문기관을 통합하여 설치 · 운영하는 경우 시 · 도지사는 지역아동보호전문기관의 설치 · 운영에 필요한 비용을 관할 구역의 아동의 수 등을 고려하여 시장 · 군수 · 구청장에게 공동으로 부담하게 할 수 있다.

보건복지부장관, 시 · 도지사 및 시장 · 군수 · 구청장은 아동학대예방사업을 목적으로 하는 비영리법인을 지정하여 중앙아동보호전문기관 및 지역아동보호전문기관의 운영을 위탁할 수 있다.

② 아동보호전문기관의 업무

중앙아동보호전문기관은 다음의 업무를 수행한다.

- 지역아동보호전문기관에 대한 지원
- 아동학대예방사업과 관련된 연구 및 자료 발간
- 효율적인 아동학대예방사업을 위한 연계체제 구축
- 아동학대예방사업을 위한 프로그램 개발 및 평가

- 상담원 직무교육, 아동학대예방 관련 교육 및 홍보
- 아동보호전문기관 전산시스템 구축 및 운영
- 위탁받은 아동학대정보시스템의 운영
- 그 밖에 대통령령으로 정하는 아동학대예방사업과 관련된 업무

지역아동보호전문기관은 다음의 업무를 수행한다.

- 아동학대 신고접수, 현장조사 및 응급보호
- 피해아동, 피해아동의 가족 및 아동학대행위자를 위한 상담 · 치료 및 교육
- 아동학대예방 교육 및 홍보
- 피해아동 가정의 사후관리
- 아동학대사례전문위원회 설치 · 운영 및 자체사례회의 운영
- 그 밖에 대통령령으로 정하는 아동학대예방사업과 관련된 업무

(3) 아동학대 신고의무자에 대한 교육

관계 중앙행정기관의 장은 아동학대범죄의 처벌 등에 관한 특례법의 어느 하나에 해당하는 사람(아동학대 신고의무자)의 자격 취득 과정이나 보수교육 과정에 아동학대 예방 및 신고의무와 관련된 교육 내용을 포함하도록 하여야 한다.

관계 중앙행정기관의 장 및 시 · 도지사는 아동학대 신고의무자에게 본인이 아동학대 신고의무자라는 사실을 고지할 수 있고, 아동학대 예방 및 신고의무와 관련한 교육(신고의무 교육)을 실시할 수 있다.

아동학대 신고의무자가 소속된 어린이집, 유치원, 학교, 그 밖에 대통령령으로 정하는 기관의 장은 소속 아동학대 신고의무자에게 신고의무 교육을 실시하고, 그 결과를 관계 중앙행정기관의 장에게 제출하여야 한다.

(4) 아동학대 등의 통보

사법경찰관리는 아동 사망 및 상해사건, 가정폭력 사건 등에 관한 직무를 행하는 경우 아동학대가 있었다고 의심할 만한 사유가 있는 때에는 아동보호전문기관에 그 사실을 통보하여야 한다.

사법경찰관 또는 보호관찰관은 임시조치의 청구를 신청하였을 때에는 아동보호전문기관에 그 사실을 통보하여야 한다. 통보를 받은 아동보호전문기관은 피해아동 보호조치 등 필요한 조치를 하여야 한다.

(5) 피해아동 응급조치에 대한 거부금지

사법경찰관리 또는 아동보호전문기관의 직원이 피해아동을 인도하는 경우에는 아동학대 관련 보호시설이나 의료기관은 정당한 사유 없이 이를 거부하여서는 아니 된다.

(6) 사후관리

아동보호전문기관의 장은 아동학대가 종료된 이후에도 가정방문, 전화상담 등을 통하여 아동학대의 재발 여부를 확인하여야 한다. 아동보호전문기관의 장은 아동학대가 종료된 이후에도 아동학대의 재발 방지 등을 위하여 필요하다고 인정하는 경우 피해아동 및 보호자를 포함한 피해아동의 가족에게 필요한 지원을 제공할 수 있다.

(7) 아동학대정보시스템

아동학대 관련 정보를 공유하고 아동학대를 예방하기 위하여 아동학대정보시스템을 구축·운영하여야 한다. 보건복지부장관은 피해아동, 그 가족 및 학대행위자에 관한 정보와 아동학대예방사업에 관한 정보를 아동학대정보시스템에 입력·관리하여야 한다. 이 경우 보건복지부장관은 관계 중앙행정기관의 장, 시·도지사, 시장·군수·구청장, 아동보호전문기관 등에 필요한 자료를 요청할 수 있다.

보건복지부장관은 중앙아동보호전문기관에게 아동학대정보시스템 운영을 위탁할 수 있다.

(8) 피해아동 및 그 가족 등에 대한 지원

아동보호전문기관의 장은 아동의 안전 확보와 재학대 방지, 건전한 가정기능의 유지 등을 위하여 피해아동 및 보호자를 포함한 피해아동의 가족에게 상담, 교육 및 의료적·심리적 치료 등의 필요한 지원을 제공하여야 한다. 아동보호전문기관의 장은 위의 지원을 위하여 관계 기관에 협조를 요청할 수 있다.

보호자를 포함한 피해아동의 가족은 아동보호전문기관이 제공하는 지원에 성실하게 참여하여야 한다. 아동보호전문기관의 장은 여부의 결정 및 지원의 제공 등 모든 과정에서 피해아동의 이익을 최우선으로 고려하여야 한다.

국가와 지방자치단체는 학교에 재학 중인 피해아동 및 피해아동의 가족이 주소지 외의 지역에서 취학(입학 · 재입학 · 전학 · 편입학을 포함)할 필요가 있을 때에는 그 취학이 원활하게 이루어 질 수 있도록 지원하여야 한다.

(9) 아동학대행위자에 대한 상담 · 교육 등의 권고

아동보호전문기관의 장은 아동학대행위자에 대하여 상담 · 교육 및 심리적 치료 등 필요한 지원을 받을 것을 권고할 수 있다.

(10) 아동관련기관의 취업제한 등

아동학대관련범죄로 형 또는 치료감호를 선고받아 확정된 사람(아동학대관련범죄전력자)은 그 확정된 때부터 형 또는 치료감호의 전부 또는 일부의 집행이 종료(종료된 것으로 보는 경우를 포함)되거나 집행을 받지 아니하기로 확정된 후 10년까지의 기간 동안 다음 각 호에 해당하는 시설 또는 기관(아동관련기관)을 운영하거나 아동관련기관에 취업 또는 사실상 노무를 제공할 수 없다.

- 취약계층 아동 통합서비스 수행기관, 아동보호전문기관, 가정위탁지원센터 및 아동복지시설
- 긴급전화센터, 가정폭력 관련 상담소 및 가정폭력피해자 보호시설
- 건강가정지원센터
- 다문화가족지원센터
- 성매매피해자등을 위한 지원시설 및 성매매피해상담소
- 성폭력피해상담소 및 폭력피해자보호시설 및 성폭력피해자통합지원센터
- 어린이집
- 유치원

- 의료기관(의료인에 한정한다)
- 장애인복지시설
- 정신보건시설, 정신질환자사회복귀시설, 정신요양시설 및 정신보건센터
- 공동주택의 관리사무소(경비업무 종사자에 한정)
- 청소년시설, 청소년단체
- 청소년활동시설
- 청소년상담복지센터, 이주배경청소년지원센터 및 청소년쉼터, 청소년자립지원관, 청소년치료재활센터
- 청소년 보호 · 재활센터
- 체육시설 중 아동의 이용이 제한되지 아니하는 체육시설로서 문화체육관광부장관이 지정하는 체육시설
- 학교
- 학원 및 교습소 중 아동의 이용이 제한되지 아니하는 학원과 교습소로서 교육부장관이 지정하는 학원 · 교습소
- 한부모가족복지시설

위의 아동관련기관의 설치 또는 설립인가 · 신고를 관할하는 지방자치단체의 장, 교육감 또는 교육장은 아동관련기관을 운영하려는 자에 대하여 본인의 동의를 받아 관계 기관의 장에게 아동학대관련범죄 전력 조회를 요청하여야 한다. 아동관련기관의 장은 그 기관에 취업 중이거나 사실상 노무를 제공 중인 사람 또는 취업하려 하거나 사실상 노무를 제공하려는 사람에 대하여 아동학대관련범죄 전력을 확인하여야 한다. 이 경우 본인의 동의를 받아 관계 기관의 장에게 아동학대관련범죄 전력 조회를 요청하여야 한다. 아동학대관련범죄 전력 조회를 요청받은 관계 기관의 장은 정당한 사유가 없으면 이에 따라야 한다.

(11) 아동학대관련범죄전력자 취업의 점검 · 확인

보건복지부장관 또는 관계 중앙행정기관의 장은 아동학대관련범죄전력자가 교육부장과, 문화체육관광부장관, 보건복지부장관, 여성가족부장관, 국토교통부장관은 아동관련기

관에 취업 또는 사실상 노무를 제공하고 있는지를 직접 또는 관계 기관 조회 등의 방법으로 점검·확인하여야 한다.

보건복지부장관 또는 관계 중앙행정기관의 장은 점검·확인을 위하여 필요한 경우에는 아동관련기관의 장 또는 그 감독기관에 관련 자료의 제출을 요구할 수 있으며, 점검·확인 결과를 대통령령으로 정하는 바에 따라 인터넷 홈페이지 등을 이용하여 공개하여야 한다.

(12) 취업자의 해임요구

각 호의 중앙행정기관의 장은 아동학대관련범죄로 형 또는 치료감호를 선고받아 확정된 사람이 취업하거나 사실상 노무를 제공하는 사람에 대하여 아동관련기관의 장에게 그의 해임을 요구하여야 한다. 중앙행정기관의 장은 아동관련기관의 장에게 아동학대관련범죄로 형 또는 치료감호를 선고받아 확정된 사람이 운영 중인 아동관련기관의 폐쇄를 요구하여야 한다.

중앙행정기관의 장은 아동관련기관의 장이 폐쇄요구를 정당한 사유 없이 거부하거나 1개월 이내에 요구사항을 이행하지 아니하는 경우에는 해당 아동관련기관을 폐쇄하거나 그 등록·허가 등을 취소하거나 관계 행정기관의 장에게 이를 요구할 수 있다.

4. 아동 관련 행정기관 등

1) 아동정책조정위원회

아동의 권리증진과 건강한 출생 및 성장을 위하여 종합적인 아동정책을 수립하고 관계부처의 의견을 조정하며 그 정책의 이행을 감독하고 평가하기 위하여 국무총리 소속으로 아동정책조정위원회(위원회)를 둔다.

위원회는 '기본계획의 수립에 관한 사항, 아동의 권익 및 복지 증진을 위한 기본방향에 관한 사항, 아동정책의 개선과 예산지원에 관한 사항, 아동 관련 국제조약의 이행 및 평가·조정에 관한 사항, 아동정책에 관한 관련 부처 간 협조에 관한 사항, 그 밖에 위원장이 부의하는 사항을 심의·조정한다.

위원회는 위원장을 포함한 25명 이내의 위원으로 구성하되, 위원장은 국무총리가 되고,

위원은 기획재정부장관 · 교육부장관 · 법무부장관 · 행정자치부장관 · 문화체육관광부장관 · 산업통상자원부장관 · 보건복지부장관 · 고용노동부장관 · 여성가족부장관과 아동관련 단체의 장이나 아동에 대한 학식과 경험이 풍부한 사람 중 위원장이 위촉하는 15명 이내의 사람이 된다.

위원회는 국제조약의 이행확인을 위하여 필요한 업무를 관계 전문기관 또는 단체에게 위탁할 수 있다. 필요하다고 인정하는 때에는 관계 행정기관에 대하여 그 소속 직원의 출석 · 설명과 자료의 제출을 요구할 수 있다.

2) 아동복지심의위원회

시 · 도지사, 시장 · 군수 · 구청장은 '시행계획 수립 및 시행에 관한 사항, 보호조치에 관한 사항, 퇴소조치에 관한 사항, 친권행사의 제한이나 친권상실 선고 청구에 관한 사항, 아동의 후견인의 선임이나 변경 청구에 관한 사항, 지원대상아동의 선정과 그 지원에 관한 사항, 그 밖에 아동의 보호 및 지원서비스를 위하여 시 · 도지사 또는 시장 · 군수 · 구청장이 필요하다고 인정하는 사항'을 심의하기 위하여 그 소속으로 아동복지심의위원회를 각각 둔다.

3) 아동복지전담공무원

아동복지에 관한 업무를 담당하기 위하여 특별시 · 광역시 · 도 · 특별자치도(시 · 도) 및 시 · 군 · 구에 각각 아동복지전담공무원(전담공무원)을 둘 수 있다.

전담공무원은 사회복지사의 자격을 가진 사람으로 하고 그 임용 등에 필요한 사항은 해당 시 · 도 및 시 · 군 · 구의 조례로 정한다. 전담공무원은 아동에 대한 상담 및 보호조치, 가정환경에 대한 조사, 아동복지시설에 대한 지도 · 감독, 아동범죄 예방을 위한 현장확인 및 지도 · 감독 등 지역 단위에서 아동의 복지증진을 위한 업무를 수행한다.

전담공무원의 업무를 지원하기 위하여 보건복지부령으로 정하는 바에 따라 민간전문인력을 둘 수 있다

관계 행정기관, 아동복지전담기관, 아동복지시설 및 아동복지단체(아동의 권리를 보장하고

복지증진을 목적으로 설립된 기관 및 단체)를 설치·운영하는 자는 전담공무원 또는 민간전문인력이 협조를 요청하는 경우 정당한 사유가 없는 한 이에 따라야 한다.

4) 아동위원

시·군·구에 아동위원을 둔다. 아동위원은 그 관할 구역의 아동에 대하여 항상 그 생활상태 및 가정환경을 상세히 파악하고 아동복지에 필요한 원조와 지도를 행하며 전담공무원 및 관계 행정기관과 협력하여야 한다. 아동위원은 그 업무의 원활한 수행을 위하여 적절한 교육을 받을 수 있다. 아동위원은 명예직으로 하되, 아동위원에 대하여는 수당을 지급할 수 있다. 그 밖에 아동위원에 관한 사항은 해당 시·군·구의 조례로 정한다.

5) 가정위탁지원센터

① 가정위탁지원센터의 설치

국가는 가정위탁사업을 활성화하고 지역 간 연계체계를 구축하기 위하여 중앙가정위탁지원센터를 둔다. 지방자치단체는 보호대상아동에 대한 가정위탁사업을 활성화하기 위하여 시·도 및 시·군·구에 지역가정위탁지원센터를 둔다. 다만, 시·도지사는 조례로 정하는 바에 따라 둘 이상의 시·군·구를 통합하여 하나의 지역가정위탁지원센터를 설치·운영할 수 있다. 지역가정위탁지원센터를 통합하여 설치·운영하는 경우 시·도지사는 지역가정위탁지원센터의 설치·운영에 필요한 비용을 관할 구역의 아동의 수 등을 고려하여 시장·군수·구청장에게 공동으로 부담하게 할 수 있다.

보건복지부장관, 시·도지사 및 시장·군수·구청장은 가정위탁지원을 목적으로 하는 비영리법인을 지정하여 중앙가정위탁지원센터 및 지역가정위탁지원센터의 운영을 위탁할 수 있다.

② 중앙가정위탁지원센터의 업무

- 지역가정위탁지원센터에 대한 지원
- 효과적인 가정위탁사업을 위한 연계체계 구축
- 가정위탁사업과 관련된 연구 및 자료발간

- 가정위탁사업을 위한 프로그램의 개발 및 평가
- 상담원에 대한 교육 등 가정위탁에 관한 교육 및 홍보
- 가정위탁사업을 위한 정보기반 구축 및 정보제공
- 그 밖에 대통령령으로 정하는 가정위탁사업과 관련된 업무

③ 지역가정위탁지원센터의 업무

- 가정위탁사업의 홍보 및 가정위탁을 하고자 하는 가정의 발굴
- 가정위탁을 하고자 하는 가정에 대한 조사 및 가정위탁 대상 아동에 대한 상담
- 가정위탁을 하고자 하는 사람과 위탁가정 부모에 대한 교육
- 위탁가정의 사례관리
- 친부모 가정으로의 복귀 지원
- 가정위탁 아동의 자립계획 및 사례 관리
- 관할 구역 내 가정위탁 관련 정보 제공
- 그 밖에 대통령령으로 정하는 가정위탁과 관련된 업무

5. 수급자의 권리보호 및 벌칙

1) 압류금지

이 법에 따라 지급된 금품과 이를 받을 권리는 압류하지 못한다.

2) 벌칙 등

(1) 벌칙

다음의 각 행위를 위반한 자는 구분에 따라 처벌하고, 상습적으로 죄를 범한 자는 그 죄에 정한 형의 1/2까지 가중한다.

① 10년 이하의 징역

아동을 매매하는 행위(아동 · 청소년의 성을 사는 행위 또는 아동 · 청소년이용음란물을 제작하

는 행위의 대상이 될 것을 알면서 아동·청소년을 매매 또는 국외에 이송하거나 국외에 거주하는 아동·청소년을 국내에 이송하는 행위는 제외)

② 10년 이하의 징역 또는 5천만원 이하의 벌금

이동에게 음란한 행위를 시키거나 이를 매개하는 행위 또는 아동에게 성적 수치심을 주는 성희롱 등의 성적 학대행위

③ 5년 이하의 징역 또는 3천만원 이하의 벌금

- 아동의 신체에 손상을 주거나 신체의 건강 및 발달을 해치는 신체적 학대행위
- 아동의 정신건강 및 발달에 해를 끼치는 정서적 학대행위
- 자신의 보호·감독을 받는 아동을 유기하거나 의식주를 포함한 기본적 보호·양육·치료 및 교육을 소홀히 하는 방임행위
- 장애를 가진 아동을 공중에 관람시키는 행위
- 아동에게 구걸을 시키거나 아동을 이용하여 구걸하는 행위

④ 3년 이하의 징역 또는 2천만원 이하의 벌금

- 정당한 권한을 가진 알선기관 외의 자가 아동의 양육을 알선하고 금품을 취득하거나 금품을 요구 또는 약속하는 행위
- 아동을 위하여 증여 또는 급여된 금품을 그 목적 외의 용도로 사용하는 행위

⑤ 1년 이하의 징역 또는 5백만원 이하의 벌금

- 공중의 오락 또는 흥행을 목적으로 아동의 건강 또는 안전에 유해한 곡예를 시키는 행위 또는 이를 위하여 아동을 제3자에게 인도하는 행위
- 신고를 하지 아니하고 아동복지시설을 설치한 자
- 관계 공무원이나 전담공무원의 조사를 거부·방해 또는 기피하거나 질문에 대하여 답변을 거부·기피 또는 거짓답변을 하거나, 아동에게 답변을 거부·기피 또는 거짓답변을 하게 하거나 그 답변을 방해한 자
- 거짓으로 서류를 작성하여 아동복지시설전문인력의 자격을 인정받은 자
- 사업의 정지, 위탁의 취소 또는 시설의 폐쇄명령을 받고도 그 시설을 운영하거나 사업

을 한 자

- 비밀누설 금지의 규정을 위반한 자

(2) 과태료

① 1천만원 이하의 과태료

피해아동의 인수를 거부한 아동학대 관련 보호시설의 장이나, 아동학대관련 범죄전력자 해임요구를 정상한 사유 없이 거부하거나 1개월 이내에 이행하지 아니한 아동관련기관의 장

② 500만원 이하의 과태료

아동관련기관의 장이 직원 채용 시 아동학대관련범죄 전력을 확인하지 아니하는 경우

③ 300만원 이하의 과태료

- 아동에 대한 교육 규정을 위반하여 교육을 실시하지 아니한 자
- 휴업폐업 등에 관한 신고 규정을 위반하여 아동복지시설의 휴업폐업 또는 운영재개 신고를 하지 아니한 자
- 유사명칭의 사용금지 규정을 위반하여 아동복지전담기관 또는 아동복지시설이라는 명칭을 사용한 자

제 3 절 장애인복지법

1. 개요

1) 목적

장애인의 인간다운 삶과 권리보장을 위한 국가와 지방자치단체 등의 책임을 명백히 하고, 장애발생 예방과 장애인의 의료・교육・직업재활・생활환경개선 등에 관한 사업을 정

하여 장애인복지대책을 종합적으로 추진하며, 장애인의 자립생활·보호 및 수당지급 등에 관하여 필요한 사항을 정하여 장애인의 생활안정에 기여하는 등 장애인의 복지와 사회활동 참여증진을 통하여 사회통합에 이바지함을 목적으로 한다.

2) 기본이념 및 장애인의 권리

장애인복지의 기본이념은 장애인의 완전한 사회 참여와 평등을 통하여 사회통합을 이루는 데에 있다.

장애인은 인간으로서 존엄과 가치를 존중받으며, 그에 걸맞은 대우를 받는다. 장애인은 국가·사회의 구성원으로서 정치·경제·사회·문화, 그 밖의 모든 분야의 활동에 참여할 권리를 가진다. 장애인은 장애인 관련 정책결정과정에 우선적으로 참여할 권리가 있다.

3) 국가와 지방자치단체 및 국민의 책임

국가와 지방자치단체는 장애 발생을 예방하고, 장애의 조기 발견에 대한 국민의 관심을 높이며, 장애인의 자립을 지원하고, 보호가 필요한 장애인을 보호하여 장애인의 복지를 향상시킬 책임을 진다.

국가와 지방자치단체는 여성 장애인의 권익을 보호하기 위하여 정책을 강구하여야 하며, 장애인복지정책을 장애인과 그 보호자에게 적극적으로 홍보하여야 하며, 국민이 장애인을 올바르게 이해하도록 하는 데에 필요한 인식개선 교육, 공익광고 및 홍보사업 등 정책을 강구하여야 한다.

모든 국민은 장애 발생의 예방과 장애의 조기 발견을 위하여 노력하여야 하며, 장애인의 인격을 존중하고 사회통합의 이념에 기초하여 장애인의 복지향상에 협력하여야 한다.

4) 장애인정책종합계획 및 장애인정책조정위원회

(1) 장애인정책종합계획

보건복지부장관은 장애인의 권익과 복지증진을 위하여 관계 중앙행정기관의 장과 협의하여 5년마다 장애인정책종합계획(종합계획)을 수립·시행하여야 한다.

종합계획에는 장애인의 복지에 관한 사항, 장애인의 교육문화에 관한 사항, 장애인의 경제활동에 관한 사항, 장애인의 사회참여에 관한 사항, 그 밖에 장애인의 권익과 복지증진을 위하여 필요한 사항이 포함되어야 한다.

관계 중앙행정기관의 장은 장애인의 권익과 복지증진을 위하여 관련 업무에 대한 사업계획을 매년 수립·시행하여야 하고, 그 사업계획과 전년도의 사업계획 추진실적을 매년 보건복지부장관에게 제출하여야 한다. 보건복지부장관은 제출된 사업계획과 추진실적을 종합하여 종합계획을 수립하되, 장애인정책조정위원회의 심의를 미리 거쳐야 한다. 종합계획을 변경하는 경우에도 또한 같다.

보건복지부장관은 종합계획의 추진성과를 매년 평가하고, 그 결과를 종합계획에 반영할 필요가 있는 경우에는 종합계획을 변경하거나 다음 종합계획을 수립할 때에 반영하여야 한다.

(2) 장애인정책조정위원회

장애인 종합정책을 수립하고 관계 부처 간의 의견을 조정하며 그 정책의 이행을 감독·평가하기 위하여 국무총리 소속하에 장애인정책조정위원회(위원회)를 두며, 이 위원회의 심의·조정 사항은 다음과 같다.

- 장애인복지정책의 기본방향에 관한 사항
- 장애인복지 향상을 위한 제도개선과 예산지원에 관한 사항
- 중요한 특수교육정책의 조정에 관한 사항
- 장애인 고용촉진정책의 중요한 조정에 관한 사항
- 장애인 이동보장 정책조정에 관한 사항
- 장애인정책 추진과 관련한 재원조달에 관한 사항
- 장애인복지에 관한 관련 부처의 협조에 관한 사항
- 그 밖에 장애인복지와 관련하여 대통령령으로 정하는 사항

위원회는 필요하다고 인정되면 관계 행정기관에 그 직원의 출석·설명과 자료 제출을 요구할 수 있다. 위원회는 출석·설명과 자료 제출 사항을 미리 검토하고 관계 기관 사이

의 협조 사항을 정리하기 위하여 위원회에 장애인정책조정실무위원회를 둔다.

5) 장애인의 정의

① **장애인:** 신체적 · 정신적 장애로 오랫동안 일상생활이나 사회생활에서 상당한 제약을 받는 자를 말한다.
장애인은 신체적 장애(주요 외부 신체 기능의 장애, 내부기관의 장애 등), 정신적 장애(발달 장애 또는 정신 질환으로 발생하는 장애) 중 어느 하나에 해당하는 장애가 있는 자로서 장애의 종류 및 기준에 해당하는 자를 말한다.

② **장애인학대:** 장애인에 대하여 신체적 · 정신적 · 정서적 · 언어적 · 성적 폭력이나 가혹 행위, 경제적 착취, 유기 또는 방임을 하는 것을 말한다.

6) 장애인의 종류 및 기준(총15종, 별표1)

① **지체장애인:** 한 팔, 한 다리 또는 몸통의 기능에 영속적인 장애가 있는 사람, 한 손의 엄지손가락을 지골(指骨 : 손가락 뼈) 관절 이상의 부위에서 잃은 사람 또는 한 손의 둘째 손가락을 포함한 두 개 이상의 손가락을 모두 제1지골 관절 이상의 부위에서 잃은 사람, 한 다리를 리스프랑(Lisfranc : 발등뼈와 발목을 이어주는) 관절 이상의 부위에서 잃은 사람, 두 발의 발가락을 모두 잃은 사람, 한 손의 엄지손가락 기능을 잃은 사람 또는 한 손의 둘째 손가락을 포함한 손가락 두 개 이상의 기능을 잃은 사람, 왜소증으로 키가 심하게 작거나 척추에 현저한 변형 또는 기형이 있는 사람, 지체에 위 각 목의 어느 하나에 해당하는 장애정도 이상의 장애가 있다고 인정되는 사람

② **뇌병변장애인:** 뇌성마비, 외상성 뇌손상, 뇌졸중 등 뇌의 기질적 병변으로 인하여 발생한 신체적 장애로 보행이나 일상생활의 동작 등에 상당한 제약을 받는 사람

③ **시각장애인:** 나쁜 눈의 시력(만국식시력표에 따라 측정된 교정시력을 말한다. 이하 같다)이 0.02 이하인 사람, 좋은 눈의 시력이 0.2 이하인 사람, 두 눈의 시야가 각각 주시점에서 10도 이하로 남은 사람, 두 눈의 시야 2분의 1 이상을 잃은 사람

④ **청각장애인:** 두 귀의 청력 손실이 각각 60데시벨(dB) 이상인 사람, 한 귀의 청력 손실

이 80데시벨 이상, 다른 귀의 청력 손실이 40데시벨 이상인 사람, 두 귀에 들리는 보통 말소리의 명료도가 50퍼센트 이하인 사람, 평형 기능에 상당한 장애가 있는 사람

⑤ **언어장애인:** 음성 기능이나 언어 기능에 영속적으로 상당한 장애가 있는 사람

⑥ **지적장애인:** 정신 발육이 항구적으로 지체되어 지적 능력의 발달이 불충분하거나 불완전하고 자신의 일을 처리하는 것과 사회생활에 적응하는 것이 상당히 곤란한 사람

⑦ **자폐성장애인:** 소아기 자폐증, 비전형적 자폐증에 따른 언어 · 신체표현 · 자기조절 · 사회적응 기능 및 능력의 장애로 인하여 일상생활이나 사회생활에 상당한 제약을 받아 다른 사람의 도움이 필요한 사람

⑧ **정신장애인:** 지속적인 정신분열병, 분열형 정동장애(여러 현실 상황에서 부적절한 정서 반응을 보이는 장애), 양극성 정동장애 및 반복성 우울장애에 따른 감정조절 · 행동 · 사고 기능 및 능력의 장애로 인하여 일상생활이나 사회생활에 상당한 제약을 받아 다른 사람의 도움이 필요한 사람

⑨ **신장장애인:** 신장의 기능부전으로 인하여 혈액투석이나 복막투석을 지속적으로 받아야 하거나 신장기능의 영속적인 장애로 인하여 일상생활에 상당한 제약을 받는 사람

⑩ **심장장애인:** 심장의 기능부전으로 인한 호흡곤란 등의 장애로 일상생활에 상당한 제약을 받는 사람

⑪ **호흡기장애인:** 폐나 기관지 등 호흡기관의 만성적 기능부전으로 인한 호흡기능의 장애로 일상생활에 상당한 제약을 받는 사람

⑫ **간장애인:** 간의 만성적 기능부전과 그에 따른 합병증 등으로 인한 간기능의 장애로 일상생활에 상당한 제약을 받는 사람

⑬ **안면장애인:** 안면 부위의 변형이나 기형으로 사회생활에 상당한 제약을 받는 사람

⑭ **장루·요루장애인:** 배변기능이나 배뇨기능의 장애로 인하여 장루 또는 요루를 시술하여 일상생활에 상당한 제약을 받는 사람

⑮ **뇌전증장애인:** 뇌전증에 의한 뇌신경세포의 장애로 인하여 일상생활이나 사회생활에 상당한 제약을 받아 다른 사람의 도움이 필요한 사람

(6-1) 장애인복지법에 기초한 장애인등록신청서 반려처분(장애인등록거부처분)을 취소한 사례(서울고등법원, 2016)

① 박현수의 틱 장애(투렛증후군) 발병

(가) 박현수(가명)는 초등학교 저학년 때 음성 틱 증상이 처음 나타난 후 2003. 10. 무렵부터 그 증상이 악화되어 음성 틱(vocal tic)과 운동 틱(motor tic)이 함께 나타났고, 2005. 4. 21. 삼성서울병원에서 음성 틱과 운동 틱이 함께 나타나는 투렛증후군(Tourette's Disorder)으로 진단받았다.

(나) 박현수는 2003. 10. 무렵부터 개인병원에서 약물치료를 받았으나 증상이 호전되지 않아 2004. 5. 무렵부터 삼성서울병원에 입원치료를 받았고, 서울대학교병원, 연세대학교 의과대학 세브란스병원에서 약물치료 등을 받았으나, 지속적인 치료에도 불구하고 운동 틱과 음성 틱 증상이 매우 심각하여 학업수행과 대인관계에 큰 어려움을 겪고 있다.

② 박현수의 장애인등록신청과 피고의 장애인등록신청서 반려

(가) 박현수는 2014. 10. 14. 옥천면장에게 장애인등록을 신청함에 있어 장애인복지법의 위임을 받아 행정기관이 제정한 시행령 제2조 제1항 [별표 1]에서 장애인의 종류 및 기준을 설정하면서 틱 장애에 관하여는 아무런 규정을 두지 않아 장애진단서를 발급받을 수 없었다. 이에 박현수는 옥천면장에게 장애인등록에 관한 민원을 제기하였고, 옥천면장은 2014. 10. 14. 장애진단서가 첨부되지 않았다는 이유로 박현수의 민원신청서를 반려하였다.

(나) 양평군수는 2015. 6. 3. 구 장애인복지법 시행규칙(2015. 8. 3. 보건복지부령 제343호로 개정되기 전의 것) 제3조 제2항에 따라 양평정신건강의학과 의원에 박현수의 장애 정도에 관한 심사를 의뢰하여 의사로부터 박현수의 장애는 정신장애의 일종인 틱 장애(투렛증후군)에 해당하나, 박현수가 가진 틱 장애는 시행령 제2조에 정해진 장애인등록의 대상이나 유형에 해당하지 않아 장애인등록 대상자에 해당하는지를 심사하는 데 필요한 장애진단서를 발급할 수 없다고 회신을 받았다.

(다) 박현수는 2015. 7. 22. 양평군수에게 장애인등록을 신청하면서 위와 같은 사유로 장애인진단서를 발급받을 수 없어 부득이 장애진단서를 첨부하지 못하였으나, 실제로 박현수가 틱 장애로 말미암아 오랫동안 일상생활이나 사회생활에서 상당한 제약을

받고 있어 장애인등록대상자에 해당한다는 사유로 장애인복지법 제32조에 기초한 장애인등록을 신청하였다.

(라) 그러나 양평군수는 2015. 7. 28.자로 박현수가 장애인등록을 신청함에 있어 틱 장애(투렛증후군)에 관한 장애진단서를 제출하지 않았다는 이유로 박현수의 장애인등록 신청서를 반려하였다.

재판부는 박현수와 같은 틱 장애에 관해서 아무런 규정을 두지 아니한 행정입법의 부작위로 인하여 장애인복지법 제2조를 해석하여 적용한 결과 장애인복지법령에 따른 장애인으로 등록을 받을 수 없게 된 박현수는 합리적인 이유 없이 장애인으로서 불합리한 차별을 받고 있다고 인정되므로 이는 헌법의 평등규정에 위반되어 위법하다고 보았다. 따라서

박현수에 대한 장애인복지법에 기초한 장애인등록신청서 반려처분을 취소하였다.

7) 연혁

① 1981. 6. 5. 심신장애자복지법 제정 및 시행하였다.

② 1989. 12. 30. **전부개정(1989. 12. 30. 시행)**: 장애인복지법으로 법명 변경하였다.

③ 2003. 5. 1. **일부개정**: 시행령 개정으로 장애인 인정범위를 15종으로 확대하였다.

④ 2007. 4. 11. **일부개정**: 개정으로 여성장애인 자립생활지원제도, 장애인의 정보접근성 제고대책, 중증장애인의 자립생활 지원제도 마련하였다.

⑤ 2010. 5. 27. **일부개정**: 장애 등급 사정이 적정한지를 확인하기 위하여 국민연금공단에 장애 정도에 관한 심사를 의뢰 규정 신설하였다.

⑥ 2012. 1. 26. **일부개정**: 재외동포 및 외국인의 장애인 등록 규정 신설, 자녀교육비 및 장애수당 등의 지급 신청에 관한 규정, 금융정보 등의 제공, 장애인 대상 성범죄의 신고 규정을 마련하였다.

⑦ 2013. 7. 30. **일부개정**: 장애인복지시설이나 장애인복지단체에서 생산한 물품의 인증 취소 규정 신설하였다.

⑧ 2015. 12. 29. **일부개정**: 장애인에 대한 인식개선을 위한 교육을 실시 규정, 장애등급이 변동·상실된 장애인 등에 대한 장애등급의 변동·상실에 따른 지원의 변화에

대한 정보와 재활 및 자립에 필요한 각종 정보 제공 규정, 자격시험 및 채용시험 등에 있어서 장애인 응시자가 비장애인 응시자와 동등한 조건에서 시험을 치를 수 있도록 편의 제공 규정 등을 마련하였다.

⑨ 2016. 5. 29. **일부개정**: 수급자가 신청하는 경우에는 이 법에 따라 장애인에게 지급되는 금전이 입금되는 수급자 명의의 지정된 계좌로 금전을 입금하도록 하고, 해당 수급계좌의 예금에 관한 채권은 압류할 수 없도록 규정함으로써 압류 방지의 실효성을 확보하고 장애인의 생계 보호를 강화하였다.

⑩ 2017. 2. 8. **일부개정**: 장애인 등록 제도의 체계적 관리를 위하여 장애인이 장애인 등록 기준에 맞지 아니하게 된 경우 등에는 장애인 등록을 취소하도록 하고, 장애수당의 적정성을 도모하기 위하여 장애수당 신청인의 장애 정도에 대하여 심사할 수 있도록 하며, 장애인학대로 피해를 입은 장애인의 임시보호 및 사회복귀 지원을 위하여 피해장애인 쉼터의 설치·운영 근거를 마련하였다. 또한, 민법상 성년후견제 도입에 따른 결격사유의 용어를 정비하고, 법정형을 징역 1년당 벌금형 1천만원의 기준으로 정비하는 등 현행 제도의 운영상 나타난 일부 미비점을 개선·보완하였다.

2. 장애인의 등록

1) 장애인 등록

장애인, 그 법정대리인 또는 대통령령이 정하는 보호자는 장애 상태와 그 밖에 보건복지부령이 정하는 사항을 특별자치시장·특별자치도지사·시장·군수·구청장에게 등록하여야 하며, 특별자치시장·특별자치도지사·시장·군수·구청은 등록을 신청한 장애인이 기준에 맞으면 장애인등록증(등록증)을 내주어야 한다.

특별자치시장·특별자치도지사·시장·군수·구청장은 등록증을 받은 장애인의 장애 상태의 변화에 따른 장애 등급 조정을 위하여 장애 진단을 받게 하는 등 장애인이나 법정대리인 등에게 필요한 조치를 할 수 있다.

장애인의 장애 인정과 등급 사정에 관한 업무를 담당하게하기 위하여 보건복지부에 장애판정위원회를 둘 수 있다.

등록증은 양도하거나 대여하지 못하며, 등록증과 비슷한 명칭이나 표시를 사용하여서는 아니 된다.

특별자치시장 · 특별자치도지사 · 시장 · 군수 · 구청장은 장애인 등록 및 장애 상태의 변화에 따른 장애 등급을 조정함에 있어 장애인의 장애 인정과 장애 등급 사정이 적정한지를 확인하기 위하여 필요한 경우 대통령령으로 정하는 공공기관에 장애 정도에 관한 정밀심사를 의뢰할 수 있다.

장애 정도에 관한 정밀심사를 의뢰받은 공공기관은 필요한 경우 심사를 받으려는 본인이나 법정대리인 또는 대통령령으로 정하는 보호자로부터 동의를 받아 의료기관에 그 사람의 해당 진료에 관한 사항의 열람 또는 사본 교부를 요청할 수 있다. 이 경우 요청을 받은 의료기관은 특별한 사유가 없으면 요청에 따라야 하며, 국가 및 지방자치단체는 예산의 범위에서 공공기관에 제공되는 자료에 대한 사용료, 수수료 등을 지원할 수 있다.

2) 재외동포 및 외국인의 장애인 등록

재외동포 및 외국인 중 국내거소신고를 한 사람, 외국민으로 주민등록을 한 사람, 외국인등록을 한 사람으로서 체류자격 중 대한민국에 영주할 수 있는 체류자격을 가진 사람, 결혼이민자 중 어느 하나에 해당하는 사람은 장애인 등록을 할 수 있다.

국가와 지방자치단체는 등록한 장애인에 대하여는 예산 등을 고려하여 장애인복지사업의 지원을 제한할 수 있다.

3) 장애인 등록 취소 등

특별자치시장 · 특별자치도지사 · 시장 · 군수 · 구청장은 등록증을 받은 사람이 사망한 경우, 장애인의 정의의 기준에 맞지 아니하게 된 경우, 정당한 사유 없이 보건복지부령으로 정하는 기간 장애 진단 명령 등 필요한 조치를 따르지 아니한 경우, 장애인 등록 취소를 신청한 경우 중 어느 하나에 해당하는 경우에는 장애인 등록을 취소하여야 한다.

특별자치시장 · 특별자치도지사 · 시장 · 군수 · 구청장은 장애인 등록이 취소된 경우, 중

복발급 및 양도·대여 등 부정한 방법으로 등록증을 취득한 경우 중 어느 하나에 해당하는 경우 등록증을 받은 사람과 법정대리인등 및 부정한 방법으로 등록증을 취득한 사람 등에게 등록증의 반환을 명하여야 한다. 등록증 반환 명령을 단은 사람은 정당한 사유가 없으면 이에 따라야 한다. 〔본조신설 2017.2.8〕

3. 기본정책의 강구 및 시설 등

1) 기본정책의 강구

(1) 장애발생 예방

국가와 지방자치단체는 장애의 발생 원인과 예방에 관한 조사 연구를 촉진하여야 하며, 모자보건사업의 강화, 장애의 원인이 되는 질병의 조기 발견과 조기 치료, 그 밖에 필요한 정책을 강구하여야 한다. 또한 교통사고·산업재해·약물중독 및 환경오염 등에 의한 장애발생을 예방하기 위하여 필요한 조치를 강구하여야 한다.

(2) 의료와 재활치료

국가와 지방자치단체는 장애인이 생활기능을 익히거나 되찾을 수 있도록 필요한 기능치료와 심리치료 등 재활의료를 제공하고 장애인의 장애를 보완할 수 있는 장애인보조기구를 제공하는 등 필요한 정책을 강구하여야 한다.

(3) 사회적응 훈련

국가와 지방자치단체는 장애인이 재활치료를 마치고 일상생활이나 사회생활을 원활히 할 수 있도록 사회적응 훈련을 실시하여야 한다.

(4) 교육

국가와 지방자치단체는 사회통합의 이념에 따라 장애인이 연령·능력·장애의 종류 및 정도에 따라 충분히 교육받을 수 있도록 교육 내용과 방법을 개선하는 등 필요한 정책을 강구하여야 한다. 국가와 지방자치단체는 또한 장애인의 교육에 관한 조사·연구를 촉진하여야 하며, 장애인에게 전문 진로교육을 실시하는 제도를 강구하여야 한다.

각급 학교의 장은 교육을 필요로 하는 장애인이 그 학교에 입학하려는 경우 장애를 이유로 입학 지원을 거부하거나 입학시험 합격자의 입학을 거부하는 등의 불리한 조치를 하여서는 아니 된다. 모든 교육기관은 교육 대상인 장애인의 입학과 수학 등에 편리하도록 장애의 종류와 정도에 맞추어 시설을 정비하거나 그 밖에 필요한 조치를 강구하여야 한다.

(5) 직업

국가와 지방자치단체는 장애인이 적성과 능력에 맞는 직업에 종사할 수 있도록 직업 지도, 직업능력 평가, 직업 적응훈련, 직업훈련, 취업 알선, 고용 및 취업 후 지도 등 필요한 정책을 강구하여야 한다. 또한 국가와 지방자치단체는 장애인 직업재활훈련이 원활히 이루어질 수 있도록 장애인에게 적합한 직종과 재활사업에 관한 조사·연구를 촉진하여야 한다.

(6) 정보에의 접근

국가와 지방자치단체는 장애인이 정보에 원활하게 접근하고 자신의 의사를 표시할 수 있도록 전기통신·방송시설 등을 개선하기 위하여 노력하여야 한다.

국가와 지방자치단체는 방송국의 장 등 민간 사업자에게 뉴스와 국가적 주요 사항의 중계 등 대통령령으로 정하는 방송 프로그램에 청각장애인을 위한 수화 또는 폐쇄자막과 시각장애인을 위한 화면해설 또는 자막해설 등을 방영하도록 요청하여야 한다.

국가와 지방자치단체는 국가적인 행사, 그 밖의 교육·집회 등 대통령령으로 정하는 행사를 개최하는 경우에는 청각장애인을 위한 수화통역 및 시각장애인을 위한 점자 또는 점자·음성변환용 코드가 삽입된 자료 등을 제공하여야 하며 민간이 주최하는 행사의 경우에는 수화통역과 점자 또는 점자·음성변환용 코드가 삽입된 자료 등을 제공하도록 요청할 수 있다. 요청을 받은 방송국의 장 등 민간 사업자와 민간 행사 주최자는 정당한 사유가 없으면 그 요청에 따라야 한다.

국가와 지방자치단체는 시각장애인이 정보에 쉽게 접근할 수 있도록 점자도서와 음성도서 등을 보급하기 위하여 노력하여야 하며, 장애인의 특성을 고려하여 정보통신망 및 정보통신기기의 접근·이용에 필요한 지원 및 도구의 개발·보급 등 필요한 시책을 강구하여야 한다.

(7) 편의시설

국가와 지방자치단체는 장애인이 공공시설과 교통수단 등을 안전하고 편리하게 이용할 수 있도록 편의시설의 설치와 운영에 필요한 정책을 강구하여야 한다. 또한 국가와 지방자치단체는 공공시설 등 이용편의를 위하여 수화통역・안내보조 등 인적서비스 제공에 관하여 필요한 시책을 강구하여야 한다.

(7-1) 장애인의 버스 승차를 거부한 버스 회사의 손해배상책임을 인정한 사례 (수원지방법원, 2016)

김현중(가명)은 만 25세의 대학교 재학생이고, 뇌병변 1급의 장애인으로서 전동휠체어를 이용하고 있으며, 00주식회사가 운영하는 버스에 승차하려다가 거부를 당하였다. 버스 기사는 아래의 표와 같이 휠체어 승강설비 고장, 휠체어 승강설비 사용법 부지, 무정차 통과 등을 이유로 장애인인 김현중을 버스에 승차시키지 않거나, 휠체어 승강설비를 이용하지 못한 채 승차하였다. 해당 버스 회사인 피고는 교통약자의 이동편의 증진법 제11조와 장애인차별금지 및 권리구제 등에 관한 법률 제19조 제1항, 제2항, 제4항을 각 위반하였다. 이는 장애인 차별금지법 제4조 제1항 제3호가 정한 '정당한 사유 없이 장애인에 대하여 정당한 편의제공을 거부하는 경우'로서 차별행위에 해당한다. 따라서 원고인 장애인에게 위자료를 지급할 의무가 있다고 인정하였다.

(7-2) 자동차 진입억제용 말뚝의 설치 하자로 인한 시각장애인 손해배상 사례 (대구고등법원, 2018)

자동차 진입억제용인 이 사건의 말뚝(자동차 진입억제용 말뚝)은 그 전면에 시각장애인을 위한 점형블록이 설치되어 있지 않아 시각장애인으로 교통약자인 박승수(가명)가 이 사건 말뚝의 설치 사실을 인지하기 어려워 안전하고 편리하게 이 사건 사고 현장의 인도를 통행할 수 없게 되어 있었다. 이 사건의 말뚝은 밝은 색의 반사도료 등을 사용하여 설치되지 않아 박승수를 인도하던 사람도 그 설치 사실을 쉽게 식별하기 어려웠을 것으로 보였다. 또한 이 사건의 말뚝은 대리석으로 만들어져 박승수가 부딪혔을 때 그 충격이 상당하였을 것으로 보이고, 말뚝의 높이가 80센티미터에 미달하고 그 지름도 20센티미터를 초과하고 있어 박승수가 말뚝을 충돌할 당시 쉽게 넘어지면서 지면에 강하게 부딪혔을 것으로 보였다(박승수는 이 사건 사고로 12주간의 치료를 요하는 중상을 입었다). 그럼에도 강한구(가명, 원고)는 이 사건 말뚝을 설치 관리하면서 교통약자법과 그 시행규칙의 관련 규정을 위반하여 그 영조물의 위험성에 비례한 방호조치의무를 다하지 않은 점 등을 고려하면, 이 사건 말뚝을 설치 관리하는 강한구의 이 사건 사고 발생에 관한 책임이 가볍다고 할 수 없으므로 손해배상을 판결하였다.

순번	일시, 장소	유형	피고	증거
1	2016. 4. 10. 21:25경 평택역 앞	고장으로 승차거부	②②, ③③, ④④	갑1
2	2016. 5. 1. 20:45경 평택역 앞	사용법 부지로 승차거부	④④	갑2
3	2016. 5. 1. 21:00경 평택역 앞	고장으로 이용하지 못하고 승차	②②	갑3
4	2016. 5. 2. 평택역 앞	고장으로 승차거부	③③, ④④	갑4
5	2016. 5. 4. 18:20경 우성청설아파트 앞	고장으로 승차거부	④④	갑5
6	2016. 5. 22. 09:05경 평택역 앞	무정차 통과로 승차거부	③③, ④④	갑6
7	2016. 10. 7. 17:35경 평택지원 앞	이유 없이 승차거부	③③	갑9
8	2016. 10. 28. 09:00경 평택대학교 앞	고장으로 승차거부	④④	갑10
9	2016. 11. 1. 18:00경 평택대학교 앞	고장으로 승차거부	③③, ④④	갑12-1

(8) 안전대책 강구

국가와 지방자치단체는 추락사고 등 장애로 인하여 일어날 수 있는 안전사고와 비상재해 등에 대비하여 시각·청각 장애인과 이동이 불편한 장애인을 위하여 피난용 통로를 확보하고, 점자 · 음성 · 문자 안내판을 설치하며, 긴급 통보체계를 마련하는 등 장애인의 특성을 배려한 안전대책 등 필요한 조치를 강구하여야 한다.

(9) 사회적 인식개선

국가와 지방자치단체는 학생, 공무원, 근로자, 그 밖의 일반국민 등을 대상으로 장애인에 대한 인식개선을 위한 교육 및 공익광고 등 홍보사업을 실시하여야 한다.

국가기관 및 지방자치단체의 장, 어린이집, 각급 학교의 장, 그 밖에 대통령령으로 정하는 교육기관 및 공공단체의 장은 소속 직원 · 학생을 대상으로 장애인에 대한 인식개선을 위한 교육을 실시하고, 그 결과를 보건복지부장관에게 제출하여야 한다.

국가는 학교에서 사용하는 교과용도서에 장애인에 대한 인식개선을 위한 내용이 포함되도록 하여야 한다.

(10) 복지 연구 등의 진흥

국가와 지방자치단체는 장애인복지의 종합적이고 체계적인 조사 · 연구 · 평가 및 장애인 체육활동 등 장애인정책개발 등을 위하여 필요한 정책을 강구하여야 한다. 장애인 관련 조사 · 연구 수행 및 정책개발 · 복지진흥 · 재활체육진흥 등을 위하여 재단법인 한국장애인개발원(개발원)을 설립한다. 개발원의 사업과 활동은 정관으로 정한다.

국가와 지방자치단체는 개발원 운영에 필요한 비용을 보조할 수 있으며, 조세를 감면하고 개발원에 기부된 재산에는 소득계산의 특례를 적용한다.

(11) 경제적 부담의 경감

국가와 지방자치단체, 공공기관, 지방공사 또는 지방공단은 장애인과 장애인을 부양하는 자의 경제적 부담을 줄이고 장애인의 자립을 촉진하기 위하여 세제상의 조치, 공공시설 이용료 감면, 그 밖에 필요한 정책을 강구하여야 하며, 장애인과 비장애인을 보호하기 위하여 동행하는 자의 운임 등을 감면하는 정책을 강구하여야 한다.

(12) 선거권 행사를 위한 편의 제공

국가와 지방자치단체는 장애인이 선거권을 행사하는 데에 불편함이 없도록 편의시설 ·

설비를 설치하고, 선거권 행사에 관하여 홍보하며, 선거용 보조기구를 개발·보급하는 등 필요한 조치를 강구하여야 한다.

(13) 주택 보급

국가와 지방자치단체는 공공주택등 주택을 건설할 경우에는 장애인에게 장애 정도를 고려하여 우선 분양 또는 임대할 수 있도록 노력하여야 한다. 주택의 구입자금·임차자금 또는 개·보수비용의 지원 등 장애인의 일상생활에 적합한 주택의 보급·개선에 필요한 시책을 강구하여야 한다.

(14) 문화 환경 정비

국가와 지방자치단체는 장애인의 문화생활과 체육활동을 늘리기 위하여 관련 시설 및 설비, 그 밖의 환경을 정비하고 문화생활과 체육활동 등을 지원하도록 노력하여야 한다.

(14-1) 영화상영업자가 시청각장애인에게 자막과 화면해설파이을 제공한지 않은 사례 (서울중앙지방법원, 2016)

원고 한재민(가명)은 시각장애 1급 장애인, 오선호(가명)는 시각장애 3급 장애인, 장승종(가명)은 청각장애 2급 장애인, 최기순(가명)은 청각·언어장애 1급 장애인이다. 장애인인 이들은 헌법, 장애인의 권리에 관한 협약, 문화기본법, 장애인차별금지법에 따라 장애인이 아닌 사람과 동등하게 영화를 향유하고, 영화관람에서 차별받지 않을 권리가 있다. 그런데 문화·예술업자인 피고들은 영화를 상영하면서 원고들에게 화면해설, 자막, FM 보청기기 등을 제공하지 않았고, 영화 관련 정보를 제공하면서 원고들에게 그 신체적 여건과 관계없이 접근성이 보장되는 웹사이트나 영화상영관에서의 한국수어 통역, 점자자료 등을 제공하지 않았다.

장애인차별금지법 제20조 제1항은 법인은 장애인이 전자정보와 비전자정보를 이용하고 그에 접근함에 있어서 장애를 이유로 제4조 제1항 제1호 및 제2호에서 금지된 차별행위를 하여서는 아니 된다고 규정하고, 제24조 제1항은 문화·예술사업자는 장애인이 문화·예술활동에 참여함에 있어서 제4조 제1항 제1호, 제2호, 제4호에서 정한 행위를 하여서는 아니 된다고 규정하고 있다. 위 각 조항에서 금지하는 차별행위 중 이 사건과 관련된 차별행위는 같은 법 제4조 제1항 제2호에서 규정한 간접차별이다. 간접차별은 "장애인에 대하여 형식상으로는 제한 · 배제 · 분리 · 거부 등에 의하여 불리하게 대하지 아니하지만 정당한 사유 없이 장애를 고려하지 아니하는 기준을 적용함으로써 장애인에게 불리한 결과를 초래하는 경우"를 의미한다. 다음과 같은 사정들을 종합하여 보면, 문화 · 예술사업자인 피고들은 장애인인 원고들에게 영화관람에 필요한 화면해설, 자막을, 영화 관련 정보를 얻는 데 필요한 점자자료, 한국수어 통역등을 제공하지 아니하고 장애인 아닌 사람과 동등한 기준을 적용하여 영화를 상영하고, 영화 관련 정보를 제공하였으므로, 이는 피고들이 장애인인 원고들에게 형식상으로는 불리하게 대하지 아니하지만 정당한 사유 없이 장애를 고려하지 아니하는 기준을 적용하여 장애인 아닌 사람과 실질적으로 동등하지 않은 수준의 영화관람서비스 및 영화 관련 정보를 제공한 것이라고 봄이 타당하다. 따라서 이는 장애인차별금지법 제4조 제1항 제2호에서 금지하는 간접차별에 해당한다.

따라서 ① 화면해설 또는 자막 파일을 제공하는 영화에 관하여 시각장애인인 원고 한재민, 오선호에게 화면해설을, 청각장애인인 원고 장승종에게 자막, FM 보청기기를, 청각 · 언어장애인인 원고 최기순에게 자막을 제공할 것, ② 원고들이 영화 및 영화관에 관한 정보에 접근할 수 있도록, 웹사이트를 통하여 원고들에게 화면해설 또는 자막을 제공하는 영화와 영화 관련 정보(상영관, 상영시간) 및 그 밖에 장애인에게 제공할 수 있는 편의의 내용을 제공하고, 영화상영관에서 시각장애인인 원고 한재민, 오선호에게 점자자료 또는 큰 활자로 확대된 문서를, 청각장애인인 원고 장승종, 청각 · 언어장애인인 최기순에게 한국수어 통역 또는 문자에 의한 정보를 제공하라고 판결하였다.

2) 상담서비스

(1) 장애인복지상담원

장애인 복지 향상을 위한 상담 및 지원 업무를 맡기기 위하여 시 · 군 · 구에 장애인복지상담원을 둔다. 장애인복지상담원은 그 업무를 할 때 개인의 인격을 존중하고, 업무상 알게 된 개인의 신상에 관한 비밀을 누설하여서는 아니 된다.

상담원의 직무는 다음과 같다.

- 장애인과 그 가족 또는 관계인에 대한 상담 및 지도
- 장애인에 대한 진단 · 진료, 보건 등에 관한 지도와 관계 전문기관에 대한 진단 · 치

료 또는 보건지도 등의 의뢰

- 장애인복지시설에 대한 장애인의 입소 · 통원 또는 그 이용의 알선
- 장애인에 대한 장애인보조기구의 지급과 사용 · 수리 등에 관한 지도
- 장애인에 대한 직업훈련 · 취업알선과 관계 전문기관에 대한 직업훈련 · 취업알선의 의뢰
- 장애인을 위한 지역사회자원의 개발 · 조직 · 활용 및 알선
- 장애인복지시설이나 장애인에 관한 조사 및 지도
- 그 밖에 장애인의 복지증진에 관한 사항

(2) 재활상담 등의 조치

보건복지부장관, 특별시장 · 광역시장 · 특별자치시장 · 도지사 · 특별자치도지사 또는 시장 · 군수 · 구청장(장애인복지실시기관)은 장애인에 대한 검진 및 재활상담을 하고, 필요하다고 인정되면 다음의 조치를 하여야 한다.

- 국 · 공립병원, 보건소, 보건지소, 그 밖의 의료기관에 의뢰하여 의료와 보건지도를 받게 하는 것
- 국가 또는 지방자치단체가 설치한 장애인복지시설에서 주거편의 · 상담 · 치료 · 훈련 등의 필요한 서비스를 받도록 하는 것
- 설치된 장애인복지시설에 위탁하여 그 시설에서 주거편의 · 상담 · 치료 · 훈련 등의 필요한 서비스를 받도록 하는 것
- 공공직업능력개발훈련시설이나 사업장 내 직업훈련시설에서 하는 직업훈련 또는 취업알선을 필요로 하는 자를 관련 시설이나 직업안정업무기관에 소개하는 것

장애인복지실시기관은 위의 재활 상담을 하는 데에 필요하다고 인정되면 장애인복지상담원을 해당 장애인의 가정 또는 장애인이 주거편의 · 상담 · 치료 · 훈련 등의 서비스를 받는 시설이나 의료기관을 방문하여 상담하게 하거나 필요한 지도를 하게 할 수 있다.

3) 사회경제적 재활

(1) 의료비 지급

장애인복지실시기관은 의료비를 부담하기 어렵다고 인정되는 장애인에게 장애 정도와 경제적 능력 등을 고려하여 장애 정도에 따라 의료에 소요되는 비용을 지급할 수 있다.

(2) 산후조리도우미 지원

국가 및 지방자치단체는 임산부인 여성장애인과 신생아의 건강관리를 위하여 경제적 부담능력 등을 감안하여 여성장애인의 가정을 방문하여 산전·산후 조리를 돕는 도우미를 지원할 수 있다. 국가 및 지방자치단체는 산후조리도우미 지원사업에 대하여 보건복지부령이 정하는 바에 따라 정기적으로 모니터링(산후조리도우미 지원사업의 실효성 등을 확보하기 위한 정기적인 점검활동)을 실시하여야 한다.

(3) 자녀교육비 지급

장애인복지실시기관은 경제적 부담능력 등을 고려하여 장애인이 부양하는 자녀 또는 장애인인 자녀의 교육비를 지급할 수 있다.

(4) 자금 대여

국가와 지방자치단체는 장애인이 사업을 시작하거나 필요한 지식과 기능을 익히는 것 등을 지원하기 위하여 자금을 대여할 수 있다.

- 생업자금 및 생업이나 출퇴근을 위한 자동차 구입비
- 취업에 필요한 지도 및 기술훈련비
- 기능회복 훈련에 필요한 장애인보조기구 구입비
- 사무보조기기 구입비
- 기타 보건복지부장관이 장애인 재활에 필요하다고 인정하는 비용

(5) 생업 지원

국가와 지방자치단체, 그 밖의 공공단체는 소관 공공시설 안에 식료품·사무용품·신문

등 일상생활용품을 판매하는 매점이나 자동판매기의 설치를 허가하거나 위탁할 때에는 장애인이 신청하면 우선적으로 반영하도록 노력하여야 한다.

시장·군수 또는 구청장은 장애인이 담배소매인으로 지정받기 위하여 신청하면 그 장애인을 우선적으로 지정하도록 노력하여야 한다.

장애인이 우편법령에 따라 국내 우표류 판매업 계약 신청을 하면 우편관서는 그 장애인이 우선적으로 계약할 수 있도록 노력하여야 한다.

허가·위탁 또는 지정 등을 받은 자는 특별한 사유가 없으면 직접 그 사업을 하여야 한다.

설치 허가권자는 매점·자동판매기 설치를 허가하기 위하여 설치 장소와 판매할 물건의 종류 등을 조사하고 그 결과를 장애인에게 알리는 조치를 강구하여야 한다.

(6) 자립훈련비 지급

장애인복지실시기관은 장애인복지시설에서 주거편의·상담·치료·훈련 등을 받도록 하거나 위탁한 장애인에 대하여 그 시설에서 훈련을 효과적으로 받는 데 필요하다고 인정되면 자립훈련비를 지급할 수 있으며, 특별한 사정이 있으면 훈련비 지급을 대신하여 물건을 지급할 수 있다

(7) 생산품 구매

국가, 지방자치단체 및 그 밖의 공공단체는 장애인복지시설과 장애인복지단체에서 생산한 물품의 우선 구매에 필요한 조치를 마련하여야 한다.

(8) 생산품 인증 및 취소

보건복지부장관은 장애인복지시설, 장애인복지단체에서 생산한 물품의 판매촉진·품질향상 및 소비자와 구매자 보호를 위하여 인증제도를 실시할 수 있다.

보건복지부장관은 인증을 받은 물품이 거짓이나 그 밖의 부정한 방법으로 인증을 받은 경우, 세부적인 기준에 맞지 아니하게 된 경우 중 어느 하나에 해당하면 그 인증을 취소할 수 있다.

보건복지부장관은 인증을 취소하려면 그 사유를 적은 문서(전자문서 포함)로 미리 그 사실을 통보하여야 한다. 통보를 받은 자는 10일 이내에 소명자료를 제출할 수 있다. 보건복지부장관은 제출받은 소명자료를 검토한 후 인증을 취소할 것인지를 결정하여야 한다.

(9) 고용 촉진

국가와 지방자치단체는 직접 경영하는 사업에 능력과 적성이 맞는 장애인을 고용하도록 노력하여야 하며, 장애인에게 적합한 사업을 경영하는 자에게 장애인의 능력과 적성에 따라 장애인을 고용하도록 권유할 수 있다.

(10) 공공시설의 우선 이용

국가와 지방자치단체, 그 밖의 공공단체는 장애인의 자립을 지원하는 데에 필요하다고 인정되면 그 공공시설의 일부를 장애인이 우선 이용하게 할 수 있다.

(11) 국유 · 공유 재산의 우선매각이나 유상 · 무상대여

국가와 지방자치단체는 이 법에 따른 장애인복지시설을 설치하거나 장애인복지단체가 장애인복지사업과 관련한 시설을 설치하는 데에 필요할 경우 국유재산 또는 공유재산을 우선 매각할 수 있고 유상 또는 무상으로 대부하거나 사용 · 수익하게 할 수 있다.

국가와 지방자치단체는 국가나 지방자치단체로부터 토지와 시설을 매수 · 임차하거나 대부받은 자가 그 매수 · 임차 또는 대부한 날부터 2년 이내에 장애인복지시설을 설치하지 아니하거나 장애인복지단체의 장애인복지사업 관련 시설을 설치하지 아니할 때에는 토지와 시설을 환수하거나 임차계약을 취소할 수 있다.

(12) 장애수당

국가와 지방자치단체는 장애인의 장애 정도와 경제적 수준을 고려하여 장애로 인한 추가적 비용을 보전(補塡)하게하기 위하여 장애수당을 지급할 수 있다. 다만, 생계급여 또는 의료급여를 받는 장애인에게는 장애수당을 반드시 지급하여야 한다. 중증장애인에게는 장애수당을 지급하지 아니한다.

(13) 장애아동수당과 보호수당의 지급

① 장애아동수당

국가와 지방자치단체는 장애아동에게 보호자의 경제적 생활수준 및 장애아동의 장애 정도를 고려하여 장애로 인한 추가적 비용을 보전(補塡)하게하기 위하여 장애아동수당을 지급할 수 있다.

② 보호수당

국가와 지방자치단체는 장애인을 보호하는 보호자에게 그의 경제적 수준과 장애인의 장애 정도를 고려하여 장애로 인한 추가적 비용을 보전하게하기 위하여 보호수당을 지급할 수 있다.

③ 자녀교육비 및 장애수당 등의 지급신청

자녀교육비, 장애수당, 장애아동수당 및 보호수당(장애수당등)을 지급받으려는 사람은 특별자치시장 · 특별자치도지사 · 시장 · 군수 · 구청장에게 자녀교육비 및 장애수당등의 지급을 신청할 수 있다. 신청을 할 때에 신청인과 그 가구원은 '금융자산 및 금융거래의 내용에 대한 자료 또는 정보 중 예금의 평균잔액과 그 밖에 대통령령으로 정하는 자료 또는 정보(금융정보), 신용정보 중 채무액과 그 밖에 대통령령으로 정하는 자료 또는 정보(신용정보), 보험에 가입하여 납부한 보험료와 그 밖에 대통령령으로 정하는 자료 또는 정보(보험정보)'의 제공에 동의한다는 서면을 제출하여야 한다.

④ 자녀교육비 및 장애수당 등의 환수

특별자치시장 · 특별자치도지사 · 시장 · 군수 · 구청장은 자녀교육비 및 장애수당등을 받은 사람이 '거짓이나 그 밖의 부정한 방법으로 자녀교육비 및 장애수당등을 받은 경우, 자녀교육비 및 장애수당등을 받은 후 그 자녀교육비 및 장애수당등을 받게 된 사유가 소급하여 소멸된 경우, 잘못 지급된 경우' 중 어느 하나에 해당하면 그가 받은 자녀교육비 및 장애수당등의 전부 또는 일부를 환수하여야 한다.

특별자치시장 · 특별자치도지사 · 시장 · 군수 · 구청장은 자녀교육비 및 장애수당등을 받은 사람이 위의 사유에 해당하여 일정한 기간을 정하여 반환요청을 하였으나 그 기간 내에 반환하지 아니하면 국세 또는 지방세 체납처분의 예에 따라 징수할 수 있다.

특별자치시장·특별자치도지사·시장·군수·구청장은 자녀교육비 및 장애수당등을 징수할 때 반환하여야 할 사람이 행방불명되거나 재산이 없거나 그 밖에 사유가 있어 환수가 불가능하다고 인정할 때에는 결손처분할 수 있다.

(14) 장애인이 사용하는 자동차 등에 대한 지원 등

국가와 지방자치단체, 그 밖의 공공단체는 장애인이 이동수단인 자동차 등을 편리하게 사용할 수 있도록 하고 경제적 부담을 줄여 주기 위하여 조세감면 등 필요한 지원정책을 강구하여야 한다.

시장·군수·구청장은 장애인이 이용하는 자동차 등을 지원하는 데에 편리하도록 장애인이 사용하는 자동차 등임을 알아 볼 수 있는 표지(장애인사용자동차등표지)를 발급하여야 한다. 장애인사용자동차등표지를 대여하거나 보건복지부령이 정하는 자 외의 자에게 양도하는 등 부당한 방법으로 사용하여서는 아니 되며, 이와 비슷한 표지·명칭 등을 사용하여서는 아니 된다.

(15) 장애인 보조견의 훈련·보급 지원 등

국가와 지방자치단체는 장애인의 복지 향상을 위하여 장애인을 보조할 장애인 보조견의 훈련·보급을 지원하는 방안을 강구하여야 한다.

보건복지부장관은 장애인 보조견에 대하여 장애인 보조견표지를 발급할 수 있다.

누구든지 보조견표지를 붙인 장애인 보조견을 동반한 장애인이 대중교통수단을 이용하거나 공공장소, 숙박시설 및 식품접객업소 등 여러 사람이 다니거나 모이는 곳에 출입하려는 때에는 정당한 사유 없이 거부하여서는 아니 된다. 지정된 전문훈련기관에 종사하는 장애인 보조견 훈련자 또는 장애인 보조견 훈련 관련 자원봉사자가 보조견표지를 붙인 장애인 보조견을 동반한 경우에도 또한 같다.

보건복지부장관은 장애인보조견의 훈련·보급을 위하여 전문훈련기관을 지정할 수 있다.

4) 자립생활의 지원

(1) 중증장애인자립생활지원센터

국가와 지방자치단체는 중증장애인의 자립생활을 실현하기 위하여 중증장애인자립생활지원센터를 통하여 필요한 각종 지원서비스를 제공하고, 중증장애인자립생활지원센터에 예산의 범위에서 운영비 또는 사업비의 일부를 지원할 수 있다.

(2) 활동지원급여의 지원

국가와 지방자치단체는 중증장애인이 일상생활 또는 사회생활을 원활히 할 수 있도록 활동지원급여를 지원할 수 있다. 국가 및 지방자치단체는 임신 등으로 인하여 이동이 불편한 여성장애인에게 임신 및 출산과 관련한 진료 등을 위하여 경제적 부담능력 등을 감안하여 활동보조인의 파견 등 활동보조서비스를 지원할 수 있다.

(3) 장애동료 간 상담

국가와 지방자치단체는 장애인이 장애를 극복하는 데 도움이 되도록 장애동료 간 상호대화나 상담의 기회를 제공하도록 노력하여야 한다.

5) 장애인복지시설

(1) 장애인복지시설의 이용

국가와 지방자치단체는 장애인이 장애인복지시설의 이용을 통하여 기능회복과 사회적 향상을 도모할 수 있도록 필요한 정책을 강구하여야 한다. 장애인복지시설을 이용하는 장애인의 인권을 보호하기 위하여 필요한 정책을 마련하고 관련 프로그램을 실시할 수 있는 기반을 조성하여야 한다.

장애인복지실시기관은 장애인복지시설에 대한 장애인의 선택권을 최대한 보장하여야 하며, 장애인의 선택권을 보장하기 위하여 장애인복지시설을 이용하려는 장애인에게 시설의 선택에 필요한 정보를 충분히 제공하여야 한다.

장애인복지시설의 선택에 필요한 정보 제공과 서비스 제공 시에는 장애인의 성별 · 연령 및 장애의 유형과 정도를 고려하여야 한다.

(2) 장애인복지시설의 종류

① **장애인 거주시설:** 거주공간을 활용하여 일반가정에서 생활하기 어려운 장애인에게 일정 기간 동안 거주·요양·지원 등의 서비스를 제공하는 동시에 지역사회생활을 지원하는 시설

② **장애인 지역사회재활시설:** 장애인을 전문적으로 상담·치료·훈련하거나 장애인의 일상생활, 여가활동 및 사회참여활동 등을 지원하는 시설

③ **장애인 직업재활시설:** 일반 작업환경에서는 일하기 어려운 장애인이 특별히 준비된 작업환경에서 직업훈련을 받거나 직업 생활을 할 수 있도록 하는 시설

④ **장애인 의료재활시설:** 장애인을 입원 또는 통원하게 하여 상담, 진단·판정, 치료 등 의료재활서비스를 제공하는 시설

⑤ **기타 대통령령이 정하는 시설**

(3) 장애인복지시설의 설치

국가와 지방자치단체는 장애인복지시설을 설치할 수 있다. 국가와 지방자치단체 외의 자가 장애인복지시설을 설치·운영하려면 해당 시설 소재지 관할 시장·군수·구청장에게 신고하여야 하며, 신고한 사항 중 보건복지부령으로 정하는 중요한 사항을 변경할 때에도 신고하여야 한다. 다만, 폐쇄 명령을 받고 1년이 지나지 아니한 자는 시설의 설치·운영 신고를 할 수 없다.

장애인 거주시설의 정원은 30명을 초과할 수 없다. 다만, 특수한 서비스를 위하여 일정 규모 이상이 필요한 시설 등 대통령령으로 정하는 경우에는 그러하지 아니하다.

의료재활시설의 설치는 의료법에 따른다.

(4) 피해장애인 쉼터

특별시장·광역시장·특별자치시장·도지사·특별자치도지사는 피해장애인의 임시 보호 및 사회복귀 지원을 위하여 장애인 쉼터를 설치·운영할 수 있으며, 장애인 쉼터의 설

치운영 등에 필요한 사항은 보건복지부령으로 정한다. 〔본조신설 2017.2.8.〕

6) 다른 법률과의 관계

장애인 중 정신건강증진 및 정신질환자 복지서비스 지원에 관한 법률과 국가유공자 등 예우 및 지원에 관한 법률 등 대통령령으로 정하는 다른 법률을 적용 받는 장애인에 대하여는 이 법의 적용을 제한할 수 있다.

7) 비용부담

의료비의 지급, 자녀교육비의 지급, 자립훈련비의 지급, 장애수당, 장애아동수당 및 보호수당, 활동지원급여, 장애인보조기구의 구입 또는 수리, 장애인보조기구업체의 지원·육성의 조치와 장애인복지시설의 설치·운영에 드는 비용은 예산의 범위 안에서 대통령령으로 정하는 바에 따라 장애인복지실시기관이 부담하게 할 수 있다.

국가와 지방자치단체는 장애인이 장애인복지시설을 이용하는 데 드는 비용의 전부 또는 일부를 부담할 수 있으며, 시설 이용자의 자산과 소득을 고려하여 본인부담금을 부과할 수 있다.

8) 장애인 대상 성범죄

(1) 장애인 대상 성범죄의 신고의무

누구든지 장애인 대상 성범죄를 알게 된 때에는 수사기관에 신고할 수 있다. 다음 중 어느 하나에 해당하는 사람은 그 직무상 장애인 대상 성범죄를 알게 된 경우에는 지체 없이 장애인권익옹호기관 또는 수사기관에 신고하여야 한다.

- 사회복지 전담공무원 및 사회복지시설의 장과 그 종사자
- 활동지원인력 및 활동지원기관의 장과 그 종사자
- 의료인 및 의료기관의 장
- 의료기사
- 응급구조사

- 구급대의 대원
- 정신보건센터의 장과 그 종사자
- 어린이집의 원장 등 보육교직원
- 유아교육법에 따른 교직원 강사 등
- 초 · 중등교육법에 따른 교직원, 전문상담교사 등 및 산학겸임교사 등
- 학원의 운영자 · 강사 · 직원 및 교습소의 교습자 · 직원
- 성폭력피해상담소의 장과 그 종사자 및 성폭력피해자보호시설의 장과 그 종사자
- 성매매방지 및 피해자보호 등에 관한 법률에 따른 지원시설의 장과 그 종사자 및 성매매피해상담소의 장과 그 종사자
- 가정폭력 관련 상담소의 장과 그 종사자 및 가정폭력피해자 보호시설의 장과 그 종사자
- 건강가정지원센터의 장과 그 종사자
- 다문화가족지원센터의 장과 그 종사자
- 가정위탁지원센터의 장과 그 종사자
- 한부모가족복지시설의 장과 그 종사자
- 청소년시설의 장과 그 종사자 및 청소년단체의 장과 그 종사자
- 청소년 보호 · 재활센터의 장과 그 종사자
- 노인장기요양보험법의 장기요양요원

신고인의 신분은 보호되어야 하며, 그 의사에 반하여 신원이 노출되어서는 아니 된다.

보건복지부장관은 신고의무자에게 장애인 대상 성범죄의 신고 절차와 방법 등을 안내하여야 한다. 국가와 지방자치단체는 장애인 대상 성범죄를 예방하고 수시로 신고를 받을 수 있도록 필요한 조치를 하여야 한다.

소관 중앙행정기관의 장은 위의 직무상 장애인 대상 성범죄를 알게 된 경우 지체 없이 장애인권익옹호기관 또는 수사기관에 신고하여야 하는 사람 중 어느 하나에 해당하는 사람의 자격 취득 과정이나 보수교육 과정에 장애인 대상 성범죄 예방 및 신고의무에 관한 교육 내용을 포함하도록 하여야 한다.

(2) 성범죄자의 취업제한

성범죄로 형 또는 치료감호를 선고받아 확정된 사람은 그 형 또는 치료감호의 전부 또는 일부의 집행을 종료하거나 집행이 유예·면제된 날부터 10년 동안 장애인복지시설을 운영하거나 장애인복지시설에 취업 또는 사실상 노무를 제공할 수 없다.

시장·군수·구청장은 장애인복지시설을 운영하려는 자에 대하여 본인의 동의를 받아 관계 기관의 장에게 성범죄의 경력 조회를 요청하여야 한다.

장애인복지시설 운영자는 그 시설에 취업 중이거나 사실상 노무를 제공 중인 사람 또는 취업하려 하거나 사실상 노무를 제공하려는 사람에 대하여 성범죄의 경력을 확인하여야 한다. 이 경우 본인의 동의를 받아 관계 기관의 장에게 성범죄의 경력 조회를 요청하여야 한다.

시장·군수·구청장은 성범죄로 유죄판결이 확정된 사람이 장애인복지시설에 취업하였는지를 직접 또는 관계 기관 조회 등의 방법으로 확인·점검할 수 있다. 이 경우 시장·군수·구청장은 성범죄로 형 또는 치료감호를 선고받아 확정된 사람은 장애인복지시설에 취업하거나 사실상 노무를 제공하는 사람이 있으면 장애인복지시설 운영자에게 그의 해임을 요구할 수 있다.

성범죄의 경력 조회를 요청받은 관계 기관의 장은 정당한 사유가 없는 한 이에 따라야 한다.

9) 장애인 학대

(1) 정의

장애인에 대하여 신체적·정신적·정서적·언어적·성적 폭력이나 가혹행위, 경제적 착취, 유기 또는 방임을 하는 것을 말한다.

(1-1) 어린이집 보육교사가 장애아동을 폭행한 사례 (창원지방법원, 2016)

김선경(가명)은 2013년 2월 말경부터 00시에 있는 장애아동 전문 국공립 어린이집인 'B어린이집'의 보육교사로서 개나리반 담임교사로 근무하던 사람이다. 누구든지 장애인의 신체에 폭행을 가하는 행위를 하여서는 아니 된다.

김선경은 지적장애 3급의 장애인인 피해아동(4세)이 낮잠 시간에 누운 상태에서 잠을 자지 않고 습관적으로 입술을 깨무는 행동을 한다는 이유로, 엄지손가락과 검지손가락을 둥글게 말아 피해 아동의 입술을 1회 튕기고, 손바닥으로 피해자의 엉덩이를 1회 때리는 등 폭행을 하였다.

재판부는 피고인이 초범으로서 자신의 잘못을 깊이 뉘우치고 반성하고 있는 점, 이 사건 범행에 이르게 된 동기와 경위에 다소 참작할 만한 사정이 있는 점을 유리한 정상으로, 장애아동 보육교사인 피고인이 의사표현조차 제대로 할 수 없는 피해자들을 상대로 저지른 것으로서 그 죄질이 상당히 무거운 점, 피고인이 현재까지도 피해자들(또는 그 가족들)과 원만히 합의하지 못한 점을 불리한 정상으로 보아 피고인에게 징역 4월에 집행유예 2년을 선고하였다.

(1-2) 염전주인들이 정신장애인을 착취한 사례 (서울중앙지방법원, 2018)

염전주인(염주)들이 정신장애인이거나 정신장애인으로 의심되는 사람들을 임금을 지급하지 않은 채 매우 좋지 않은 주거나 위생상태에서 염전 근로자(염부)로 일하게 하였다. 이에 염부들은 염주한테서 받았던 피해와 관련하여 국가배상책임을 구하였다. 재판부는 소속 공무원의 부작위로 인한 대한민국의 위자료 지급책임, 군(郡) 사회복지 담당 공무원의 부작위로 인한 군(郡)의 위자료 지급책임을 인정하였다.

(2) 장애인학대 신고의무와 절차

누구든지 장애인학대를 알게 된 때에는 수사기관에 신고할 수 있다. 직무상 장애인학대 및 장애인 대상 성범죄를 알게 된 경우에는 지체 없이 장애인권익옹호기관 또는 수사기관에 신고하여야 한다. 신고인의 신분은 보호되어야 하며, 그 의사에 반하여 신원이 노출되어서는 아니 된다.

보건복지부장관은 신고의무자에게 장애인학대의 신고 절차와 방법 등을 안내하여야 한다. 국가와 지방자치단체는 장애인학대를 예방하고 수시로 신고를 받을 수 있도록 필요한 조치를 하여야 한다.

소관 중앙행정기관의 장은 직무상 장애인학대를 알게 된 경우 지체 없이 장애인권익옹호기관 또는 수사기관에 신고해야 되는 사람의 자격 취득 과정이나 보수교육 과정에 장애인학대 예방 및 신고의무에 관한 교육 내용을 포함하도록 하여야 한다.

(3) 응급조치의무 등

장애인학대 신고를 접수한 사법경찰관리는 지체 없이 장애인학대현장에 출동하여야 한다. 장애인학대현장에 출동한 자는 학대받은 장애인을 학대행위자로부터 분리하거나 치료가 필요하다고 인정할 때에는 의료기관에 인도하여야 한다. 장애인학대행위자 등 장애인학대와 관련되어 있는 자는 장애인학대현장에 출동한 자에 대하여 현장조사를 거부하거나 업무를 방해하여서는 아니 된다.

(4) 보조인의 선임 등

학대받은 장애인의 법정대리인, 직계친족, 형제자매 또는 변호사는 장애인학대사건의 심리에 있어서 보조인이 될 수 있다. 다만, 변호사가 아닌 경우에는 법원의 허가를 받아야 한다. 법원은 학대받은 장애인을 증인으로 신문하는 경우 본인 또는 검사의 신청이 있는 때에는 본인과 신뢰관계에 있는 사람의 동석을 허가할 수 있다. 수사기관이 학대받은 장애인을 조사하는 경우에도 위의 절차를 준용한다.

(5) 금지행위

누구든지 다음 중 어느 하나에 해당하는 행위를 하여서는 아니 된다.

- 장애인에게 성적 수치심을 주는 성희롱·성폭력 등의 행위
- 장애인의 신체에 폭행을 가하거나 상해를 입히는 행위 또한 장애인을 폭행, 협박, 감금, 그 밖에 정신상 또는 신체상의 자유를 부당하게 구속하는 수단으로써 장애인의 자유의사에 어긋나는 노동을 강요하는 행위
- 자신의 보호·감독을 받는 장애인을 유기하거나 의식주를 포함한 기본적 보호 및 치료를 소홀히 하는 방임행위

- 장애인에게 구걸을 하게 하거나 장애인을 이용하여 구걸하는 행위
- 장애인을 체포 또는 감금하는 행위
- 장애인의 정신건강 및 발달에 해를 끼치는 정서적 학대행위
- 장애인을 위하여 증여 또는 급여된 금품을 그 목적 외의 용도에 사용하는 행위
- 공중의 오락 또는 흥행을 목적으로 장애인의 건강 또는 안전에 유해한 곡예를 시키는 행위

10) 장애인 거주시설 운영자의 의무

시설 운영자는 시설 이용자의 인권을 보호하고, 인권이 침해된 경우에는 즉각적인 회복 조치를 취하여야 하며, 시설 이용자의 거주, 요양, 생활지원, 지역사회생활 지원 등을 위하여 필요한 서비스를 제공하여야 한다. 또한 시설 운영자는 시설이용자의 사생활 및 자기결정권의 보장을 위하여 노력하여야 하고, 시설 이용자의 인권을 보호하기 위하여 장애인 거주시설에 시설 이용 장애인 인권지킴이단을 두어야 하며, 인권지킴이단의 구성·운영에 관한 구체적인 사항은 보건복지부령으로 정한다.

11) 감독

장애인복지실시기관은 장애인복지시설을 설치·운영하는 자의 소관업무 및 시설이용자의 인권실태 등을 지도·감독하며, 필요한 경우 그 시설에 관한 보고 또는 관련 서류 제출을 명하거나 소속 공무원에게 그 시설의 운영상황·장부, 그 밖의 서류를 조사·검사하거나 질문하게 할 수 있다. 관계 공무원이 그 직무를 할 때에는 권한을 표시하는 증표 및 조사기간, 조사범위, 조사담당자, 관계 법령 등 보건복지부령으로 정하는 사항이 기재된 서류를 관계인에게 내보여야 한다.

12) 시설의 개선, 사업의 정지, 폐쇄 등

장애인복지실시기관은 장애인복지시설이 다음 중 어느 하나에 해당하는 때에는 그 시설의 개선, 사업의 정지, 시설의 장의 교체를 명하거나 해당 시설의 폐쇄를 명할 수 있다.

- 시설기준에 미치지 못한 때
- 정당한 사유 없이 보고를 하지 아니하거나 거짓으로 보고한 때 또는 조사·검사 및 질문을 거부·방해하거나 기피한 때
- 사회복지법인이나 비영리법인이 설치·운영하는 시설인 경우 그 사회복지법인이나 비영리법인의 설립 허가가 취소된 때
- 시설의 회계 부정이나 시설이용자에 대한 인권침해 등 불법행위, 그 밖의 부당행위 등이 발견된 때
- 설치 목적을 이루었거나 그 밖의 사유로 계속하여 운영할 필요가 없다고 인정되는 때
- 이 법 또는 이 법에 따른 명령이나 처분을 위반한 경우

또한 장애인복지시실시기관은 장애인 거주시설이 서비스 최저기준을 유지하지 못할 때에는 그 시설의 개선, 사업의 정지, 시설의 장의 교체를 명하거나 해당 시설의 폐쇄를 명할 수 있다. 위의 처분 기준은 위반행위의 유형 및 그 사유와 위반의 정도 등을 고려하여 보건복지부령으로 정한다.

13) 단체의 보호·육성

국가와 지방자치단체는 장애인의 복지를 향상하고 자립을 돕기 위하여 장애인복지단체를 보호·육성하도록 노력하여야 하며, 예산의 범위 안에서 단체의 사업·활동 또는 운영이나 그 시설에 필요한 경비의 전부 또는 일부를 보조할 수 있다.

14) 장애인보조기구

장애인보조기구란 장애인이 장애의 예방·보완과 기능 향상을 위하여 사용하는 의지·보조기 및 그 밖에 보건복지부장관이 정하는 보장구와 일상생활의 편의 증진을 위하여 사용하는 생활용품을 말한다. 보건복지부장관은 장애인보조기구의 품질향상 등을 위하여 장애인보조기구의 품목·기준 및 규격을 정하여 고시할 수 있다.

15) 장애인복지전문인력

국가와 지방자치단체 그 밖의 공공단체는 의지·보조기 기사, 언어재활사, 수화통역사, 점역·교정사 등 장애인복지전문인력, 그 밖에 장애인복지에 관한 업무에 종사하는 자를 양성·훈련하는 데에 노력해야 한다. 국가와 지방자치단체는 장애인복지전문인력의 양성 업무를 관계 전문기관 등에 위탁할 수 있으며, 장애인복지전문인력의 양성에 소요되는 비용을 예산의 범위 안에서 보조할 수 있다.

4. 수급자의 권리보호 및 벌칙

1) 권리보호

① **압류금지:** 이 법에 의하여 장애인에게 지급되는 금품은 압류하지 못한다.

② **심사청구:** 장애인이나 법정대리인 등은 복지조치에 이의가 있으면 해당 장애인복지실시기관에 심사를 청구할 수 있다. 장애인복지실시기관은 심사청구를 받은 때에는 1개월 이내에 심사·결정하여 청구인에게 통보하여야 한다. 심사·결정에 이의가 있는 자는 행정심판법에 따라 행정심판을 제기할 수 있다.

2) 벌칙 등

(1) 벌칙

① 10년 이하의 징역 또는 1억원 이하의 벌금

장애인에게 성적 수치심을 주는 성희롱·성폭력 등의 행위

② 7년 이하의 징역 또는 7천만원 이하의 벌금

장애인의 신체에 상해를 입히는 행위, 장애인을 폭행, 협박, 감금, 그 밖에 정신상 또는 신체상의 자유를 부당하게 구속하는 수단으로써 장애인의 자유의사에 어긋나는 노동을 강요하는 행위

③ 5년 이하의 징역 또는 5천만원 이하의 벌금

금융정보등을 이 법에서 정한 목적 외의 다른 용도로 사용하거나 다른 사람 또는 기관에 제공 또는 누설한 사람, 장애인의 신체에 폭행을 가한 사람, 자신의 보호·감독을 받는 장애인을 유기하거나 의식주를 포함한 기본적 보호 및 치료를 소홀히 하는 방임행위, 장애인에게 구걸을 하게 하거나 장애인을 이용하여 구걸하는 행위, 장애인을 체포 또는 감금하는 행위, 장애인의 정신건강 및 발달에 해를 끼치는 정서적 학대행위

④ 3년 이하의 징역 또는 3천만원 이하의 벌금

장애인을 위하여 증여 또는 급여된 금품을 그 목적 외의 용도에 사용하는 행위

⑤ 1년 이하의 징역이나 1천만원 이하의 벌금

공중의 오락 또는 흥행을 목적으로 장애인의 건강 또는 안전에 유해한 곡예를 시키는 행위 및 다음에 해당하는 행위

- 장애인을 이용하여 부당한 영리행위를 한 자
- 등록증을 양도 또는 대여하거나 양도 또는 대여를 받은 자 및 유사한 명칭 또는 표시를 사용한 자
- 업무상 알게 된 개인의 신상에 관한 비밀을 누설한 자
- 거짓이나 그 밖의 부정한 방법으로 생산품 인증을 받은 자
- 인증을 받지 않은 생산품에 인증의 표시를 붙이거나 사용한 자
- 신고 또는 변경신고를 하지 아니하고 장애인복지시설을 설치·운영한 자
- 시설 이용자의 권익 보호조치를 위반한 시설 운영자
- 정당한 사유 없이 보고를 하지 아니하거나 거짓의 보고를 한 자, 자료를 제출하지 아니하거나 거짓 자료를 제출한 자, 조사·검사·질문을 거부방해 또는 기피한 자
- 명령 등을 받고 이행하지 아니한 자
- 의지·보조기 기사를 두지 아니하고 의지·보조기제조업을 한 자
- 폐쇄 명령을 받은 후 6개월이 지나지 아니하였음에도 불구하고 같은 장소에서 같은 제조업을 한 자
- 제조업소 폐쇄 명령을 받고도 영업을 한 자

④ 500만원 이하의 벌금

- 장애인의 입학 지원을 거부하거나 입학시험 합격자의 입학을 거부하는 등 불리한 조치를 한 자
- 타인에게 의지·보조기 기사자격을 대여한 자

(2) 과태료

① 1천만원 이하의 과태료

장애인복지시설의 운영자가 성범죄로 유죄판결이 확정된 사람이 취업에 따른 해임요구를 정당한 사유 없이 거부하거나 1개월 이내에 이행하지 아니하는 경우

② 500만원 이하의 과태료

장애인복지시설의 운영자가 해당 장애인복지시설에 취업 중이거나 사실상 노무를 제공 중인 사람 또는 취업하려 하거나 사실상 노무를 제공하려는 사람에 대하여 성범죄 경력을 확인하지 아니한 경우

③ 300만원 이하의 과태료

- 정당한 사유 없이 등록증 반환 명령을 거부한 자
- 장애인 사용 자동차 등 표지를 대여하거나 보건복지부령으로 정하는 자 외의 자에게 양도한 자 또는 부당하게 사용하거나 이와 비슷한 표지·명칭 등을 사용한 자
- 보조견표지를 붙인 장애인 보조견을 동반한 장애인 등의 출입을 정당한 사유 없이 거부한 자
- 직무상 장애인학대 및 장애인 대상 성범죄의 발생사실을 알고도 장애인권익옹호기관 또는 수사기관에 신고하지 아니한 사람
- 현장조사를 거부·기피하거나 업무를 방해한 자
- 시설 운영 개시 의무를 위반한 자
- 시설의 운영 중단·재운영·시설폐지 등의 신고의무를 위반한 자
- 의지·보조기 제조업소의 개설 또는 변경 사실을 통보하지 아니한 자
- 의사의 처방에 의하지 아니하고 의지·보조기를 제조하거나 개조한 의지·보조기 제조업자

제 4 절 한부모가족지원법

1. 개요

1) 목적 등

(1) 목적

한부모가족이 안정적인 가족기능을 유지하고 자립할 수 있도록 지원함으로써 한부모가족의 생활 안정과 복지 증진에 이바지함을 목적으로 한다.

(2) 국가 등의 책임

국가와 지방자치단체는 한부모가족의 복지를 증진할 책임을 지고, 한부모가족의 권익을 지원하기 위하여 노력하여야 한다. 국가와 지방자치단체는 한부모가족에 대한 사회적 편견과 차별을 예방하고, 사회구성원이 한부모가족을 이해하고 존중할 수 있도록 교육 및 홍보 등 필요한 조치를 할 수 있다. 교육부장관과 특별시·광역시·특별자치시·도·특별자치도의 교육감은 유치원 및 학교에서 한부모가족에 대한 이해를 돕는 교육을 실시하기 위한 시책을 수립·시행하여야 한다. 국가와 지방자치단체는 청소년 한부모가족의 자립을 위하여 노력하여야 하며, 아울러 모든 국민은 한부모가족의 복지 증진에 협력하여야 한다.

(3) 한부모가족의 권리와 책임

한부모가족의 모 또는 부는 임신과 출산 및 양육을 사유로 합리적인 이유 없이 교육·고용 등에서 차별을 받지 아니한다. 한부모가족의 모 또는 부와 아동은 그가 가지고 있는 자산과 노동능력 등을 최대한으로 활용하여 자립과 생활 향상을 위하여 노력하여야 한다.

(4) 한부모가족의 날

한부모가족 지원에 대한 국민의 이해와 관심을 제고하기 위해서 매년 5월 10일을 한부모가족의 날로 한다.

(5) 한부모가족 정책에 관한 기본계획의 수립

① 여성가족부장관은 한부모가족 지원을 위한 정책수립에 활용하기 위하여 한부모가족 정책에 관한 기본계획을 5년마다 수립하여야 한다.

② 기본계획에는 다음 각 호의 사항이 포함되어야 한다.

1. 한부모가족 지원 정책의 기본방향
2. 한부모가족 지원을 위한 분야별 발전시책과 평가에 관한 사항
3. 한부모가족 지원을 위한 제도 개선에 관한 사항
4. 한부모가족 구성원의 경제 · 사회 · 문화 등 각 분야에서의 활동 증진에 관한 사항
5. 한부모가족 지원을 위한 재원 확보 및 배분에 관한 사항
6. 그 밖에 한부모가족 지원을 위하여 필요한 사항실태조사를 실시하고 그 결과를 공표하여야 한다. 실태조사를 위하여 관계 공공기관 또는 관련 법인·단체에 대하여 필요한 자료의 제출 등 협조를 요청할 수 있으며, 요청받은 관계 공공기관 또는 관련 법인·단체는 특별한 사유가 없으면 이에 협조하여야 한다.

(6) 한부모가족 지원업무 관련 공무원의 교육

국가와 지방자치단체는 한부모가족 지원 관련 업무에 종사하는 공무원의 한부모가족에 대한 이해 증진과 전문성 향상을 위하여 교육을 실시할 수 있다.

2) 용어의 정의

① **모 또는 부:** 배우자와 사별 또는 이혼하거나 배우자로부터 유기된 자, 정신이나 신체의 장애로 장기간 노동능력을 상실한 배우자를 가진 자, 교정시설 · 치료감호시설에 입소한 배우자 또는 병역복무 중인 배우자를 가진 사람, 미혼자(사실혼 관계에 있는 자는 제외한다), 앞에 규정된 자에 준하는 자로서 여성가족부령으로 정하는 자 중 어느 하나에 해당하는 자로서 아동인 자녀를 양육하는 자를 말한다.

② **청소년 한부모:** 24세 이하의 모 또는 부를 말한다.

③ **한부모가족:** 모자가족 또는 부자가족을 말한다.

④ **모자가족:** 모가 세대주(세대주가 아니더라도 세대원을 사실상 부양하는 자를 포함)인 가족을 말한다.

⑤ **부자가족:** 부가 세대주(세대주가 아니더라도 세대원을 사실상 부양하는 자를 포함)인 가족을 말한다.

⑥ **아동:** 18세 미만(취학 중인 경우에는 22세 미만을 말하되, 병역법에 따른 병역의무를 이행하고 취학 중인 경우에는 병역의무를 이행한 기간을 가산한 연령 미만을 말한다)의 자를 말한다.

⑦ **지원기관:** 이 법에 따른 지원을 행하는 국가나 지방자치단체를 말한다.

⑧ **한부모가족복지단체:** 한부모가족의 복지 증진을 목적으로 설립된 기관이나 단체를 말한다.

3) 수급권자

(1) 지원대상자

수급권자는 이 법에 따른 지원대상자이며(이 법에서 정하는 모 또는 부, 한부모가족, 모자가족, 부자가족, 아동 등이 해당), 지원대상자의 범위는 지원대상자 중 아동의 연령을 초과하는 자녀가 있는 한부모가족의 경우 그 자녀를 제외한 나머지 가족구성원을 지원대상자로 한다.

(2) 지원대상자의 범위에 대한 특례

① 미혼모에 대한 특례

출산 후 해당 아동을 양육하지 아니하는 미혼모는 미혼모자가족복지시설을 이용할 때에는 지원대상자가 된다.

② 외국인에 대한 특례

국내에 체류하고 있는 외국인 중 대한민국 국민과 혼인하여 대한민국 국적의 아동을 양육하고 있는 사람으로서 외국인 등록을 마친 자는 지원대상자가 된다.

③ 조손가정에 대한 특례

다음의 내용 중 어느 하나에 해당하는 아동과 그 아동을 양육하는 조부 또는 조모는 지원대상자가 된다.

- 부모가 사망하거나 생사가 분명하지 아니한 아동
- 부모가 정신 또는 신체의 장애·질병으로 장기간 노동능력을 상실한 아동
- 부모의 장기복역 등으로 부양을 받을 수 없는 아동
- 부모가 이혼하거나 유기하여 부양을 받을 수 없는 아동
- 이상에 해당되는 자에 준하는 자로서 여성가족부령으로 정하는 아동

4) 연혁

① 1989. 4. 1. **모자복지법 제정**

② 2002. 12. 18. **모부자복지법으로 법명 변경**

③ 2007. 10. 17. **한부모가족지원법으로 법명 변경**

④ 2010. 5. 17. **일부개정**: 한부모가족복지시설이 정당한 사유 없이 한부모가족의 입소보호 수탁을 거부한 경우 종전에는 100만원 이하의 벌금에 처하던 것을 300만원 이하의 과태료로 전환하여 법 위반에 대한 처벌의 합리성을 높이는 한편, 양벌 규정에 대한 헌법재판소의 위헌 결정(헌재 2007. 11. 29. 2005헌가10) 취지에 맞게 관련 규정을 정비하였다.

⑤ 2013. 3. 22. **일부개정**: 국가와 지방자치단체로 하여금 한부모가족에 대한 사회적 편견과 차별을 예방하고, 사회구성원이 한부모가족을 이해하고 존중할 수 있도록 교육 및 홍보 등 필요한 조치를 하도록 함으로써 한부모가족의 권익을 증진하고 한부모가족에 대한 사회의 관심과 이해를 높이려하였다.

⑥ 2014. 4. 12. **일부개정**: 실제 설치·운영되지 않고 존치 필요성이 낮은 한부모가족복지상담소에 대한 규정을 정비하고, 한부모가족복지시설의 종류가 지나치게 세분화되어 있고 하나의 복지시설이 하나의 지원기능만을 수행하고 있어 그 보호대상자의 수요에 적절하게 부응하지 못하는 문제점이 있으므로 유사한 기능을 수행하고 있는 한

부모가족복지시설을 그 지원대상을 기준으로 재분류하여 한 종류의 복지시설에서 여러 가지 지원을 함께 제공할 수 있도록 함으로써 한부모가족의 생활 안정과 복지 증진에 이바지 하였다.

⑦ 2016. 3. 2. **일부개정**: 한부모가족복지시설의 장은 한부모가족복지시설을 폐지하거나 그 시설의 운영을 일시적으로 중단하는 경우에는 해당 시설 입소자의 권익을 보호하기 위한 조치를 취하도록 하고, 지방자치단체의 장은 한부모가족복지시설의 폐지 또는 휴지의 신고를 받은 경우 한부모가족복지시설의 장이 입소자의 권익 보호 조치를 취하였는지 여부를 확인하도록 하며, 한부모가족복지시설이 사업의 정지 또는 폐지나 시설의 폐쇄 명령을 받은 경우에는 지방자치단체의 장이 해당 시설 입소자의 권익을 보호하기 위하여 필요한 조치를 하도록 함으로써 한부모가족복지시설 입소자의 권익을 보호하였다.

⑧ 2016. 12. 20. **일부개정**: 한부모가족에 대한 사회적 편견과 차별을 예방하기 위하여 교육부장관 등은 각급 학교에서 한부모가족 관련 교육을 실시하도록 하고, 국가와 지방자치단체는 한부모가족 지원 관련 업무에 종사하는 공무원에게 한부모가족에 대한 이해 증진과 전문성 향상을 위한 교육을 실시할 수 있도록 하는 한편, 아동·청소년 보육·교육을 실시함에 있어서 한부모가족 구성원인 아동·청소년을 차별하여서는 아니 된다는 원칙을 명시하였다.

2. 한부모가족복지시설 및 서비스

1) 한부모가족복지시설

(1) 시설의 종류

① **모자가족복지시설:** 모자가족에게 다음 중 어느 하나 이상의 편의를 제공하는 시설

- 기본생활지원: 생계가 어려운 모자가족에게 일정 기간 동안 주거와 생계를 지원
- 공동생활지원: 독립적인 생활이 어려운 모자가족에게 일정 기간 동안 공동생활을 통하여 자립을 준비할 수 있도록 주거 등을 지원

- 자립생활지원: 자립욕구가 강한 모자가족에게 일정 기간 동안 주거를 지원

② **부자가족복지시설:** 부자가족에게 다음 중 어느 하나 이상의 편의를 제공하는 시설

- 기본생활지원: 생계가 어려운 부자가족에게 일정 기간 동안 주거와 생계를 지원
- 공동생활지원: 독립적인 생활이 어려운 부자가족에게 일정 기간 동안 공동생활을 통하여 자립을 준비할 수 있도록 주거 등을 지원
- 자립생활지원: 자립욕구가 강한 부자가족에게 일정 기간 동안 주거를 지원

③ **미혼모자가족복지시설:** 미혼모자가족과 출산 미혼모 등에게 다음 중 어느 하나 이상의 편의를 제공하는 시설

- 기본생활지원: 미혼 여성의 임신·출산 시 안전 분만 및 심신의 건강 회복과 출산 후의 아동의 양육 지원을 위하여 일정 기간 동안 주거와 생계를 지원
- 공동생활지원: 출산 후 해당 아동을 양육하지 아니하는 미혼모 또는 미혼모와 그 출산 아동으로 구성된 미혼모자가족에게 일정 기간 동안 공동생활을 통하여 자립을 준비할 수 있도록 주거 등을 지원

④ **일시지원복지시설:** 배우자(사실혼 관계에 있는 사람을 포함한다)가 있으나 배우자의 물리적·정신적 학대로 아동의 건전한 양육이나 모의 건강에 지장을 초래할 우려가 있을 경우 일시적 또는 일정 기간 동안 모와 아동 또는 모에게 주거와 생계를 지원하는 시설

⑤ **한부모가족복지상담소:** 한부모가족에 대한 위기·자립 상담 또는 문제해결 지원 등을 목적으로 하는 시설

2) 한부모가족복지서비스의 내용과 실시

(1) 지원대상자의 조사 등

특별자치시장·특별자치도지사·시장·군수·구청장은 매년 1회 이상 관할구역 지원대상자의 가족상황, 생활실태 등을 조사하여야 한다. 특별자치시장·특별자치도지사·시장·군수·구청장은 조사 결과를 대장으로 작성·비치하여야 한다. 다만, 정보시스템을 활용할 때에는 전자적으로 작성하여 관리할 수 있다

(2) 복지급여의 신청

지원대상자 또는 그 친족이나 그 밖의 이해관계인은 복지 급여를 관할 특별자치시장·특별자치도지사·시장·군수·구청장에게 신청할 수 있다. 복지 급여 신청을 할 때에는 다음 각 호에 따른 자료 또는 정보의 제공에 대한 지원대상자의 동의 서면을 제출하여야 한다.

- 금융자산 및 금융거래의 내용에 대한 자료 또는 정보 중 예금의 평균잔액과 그 밖에 대통령령으로 정하는 자료 또는 정보(금융정보)
- 신용정보 중 채무액과 그 밖에 대통령령으로 정하는 자료 또는 정보(신용정보)
- 보험에 가입하여 납부한 보험료와 그 밖에 대통령령으로 정하는 자료 또는 정보(보험정보)

(3) 복지급여의 내용

국가나 지방자치단체는 복지 급여의 신청이 있으면 생계비, 아동교육지원비, 아동양육비, 그 밖에 대통령령으로 정하는 비용의 복지 급여를 실시하여야 한다. 다만, 이 법에 따른 지원대상자가 국민기초생활 보장법 등 다른 법령에 따라 지원을 받고 있는 경우에는 그 범위에서 이 법에 따른 급여를 하지 아니한다.

아동양육비를 지급할 때에 미혼모나 미혼부가 5세 이하의 아동을 양육하거나 청소년 한부모가 아동을 양육하면 예산의 범위에서 추가적인 복지 급여를 실시하여야 한다. 이 경우 모 또는 부의 직계존속이 5세 이하의 아동을 양육하는 경우에도 또한 같다.

국가나 지방자치단체는 이 법에 따른 지원대상자의 신청이 있는 경우에는 예산의 범위에서 직업훈련비와 훈련기간 중 생계비를 추가적으로 지급할 수 있다.

(4) 복지급여 사유의 확인

여성가족부장관 또는 특별자치시장·특별자치도지사·시장·군수·구청장은 복지 급여를 신청한 지원대상자 또는 복지 급여를 받고 있는 지원대상자에 대하여 급여 사유의 발생·변경 또는 상실을 확인하기 위하여 필요한 소득·재산 등에 관한 자료의 제출을 요구할 수 있으며, 소속 공무원으로 하여금 지원대상자의 주거 등에 출입하여 생활환경 및 소득자료 등을 조사하게 하거나 지원대상자의 고용주 등 관계인에게 필요한 질문을 하게 할 수 있다.

여성가족부장관 또는 특별자치시장 · 특별자치도지사 · 시장 · 군수 · 구청장은 확인을 위하여 필요한 국세 · 지방세, 토지 · 건물, 건강보험 · 고용보험 · 국민연금, 출국 · 입국, 교정시설 · 치료감호시설의 입소 · 출소, 병무, 주민등록 · 가족관계등록 등에 관한 자료의 제공을 관계 기관의 장에게 요청할 수 있다. 이 경우 자료의 제공을 요청받은 관계 기관의 장은 정당한 사유가 없으면 이에 응하여야 한다.

출입 · 조사 · 질문을 하는 공무원은 그 권한을 표시하는 증표를 지니고 이를 관계인에게 보여주어야 한다.

업무에 종사하거나 종사하였던 사람은 업무를 수행하면서 받은 자료와 그 밖에 알게 된 사실을 이 법에서 정한 목적과 다르게 사용하거나 누설하여서는 아니 된다.

(5) 복지급여의 거절 · 변경

여성가족부장관 또는 특별자치시장 · 특별자치도지사 · 시장 · 군수 · 구청장은 복지 급여를 신청한 지원대상자가 자료의 제출을 거부하거나 조사 · 질문을 거부 · 방해 또는 기피하는 경우에는 복지 급여의 지급을 거절할 수 있다.

여성가족부장관 또는 특별자치시장 · 특별자치도지사 · 시장 · 군수 · 구청장은 복지 급여를 받고 있는 지원대상자에 대하여 지원대상자가 자료의 제출을 거부하거나 조사 · 질문을 거부 · 방해 또는 기피하는 경우: 복지 급여 지급의 정지, 지원대상자의 복지 급여 사유가 변경되거나 상실된 경우: 복지 급여의 변경 또는 지급 중지에 따른 조치를 할 수 있다.

(6) 복지자금의 대여

국가나 지방자치단체는 한부모가족의 생활안정과 자립을 촉진하기 위하여 사업에 필요한 자금, 아동교육비, 의료비, 주택자금, 그 밖에 대통령령으로 정하는 한부모가족의 복지를 위하여 필요한 자금 중 어느 하나의 자금을 대여할 수 있다.

(7) 고용 등

① 고용의 촉진

국가 또는 지방자치단체는 한부모가족의 모 또는 부와 아동의 직업능력을 개발하기 위하여 능력 및 적성 등을 고려한 직업능력개발훈련을 실시하여야 한다.

국가 또는 지방자치단체는 한부모가족의 모 또는 부와 아동의 고용을 촉진하기 위하여 적합한 직업을 알선하고 각종 사업장에 모 또는 부와 아동이 우선 고용되도록 노력하여야 한다.

② 고용지원 연계

국가 및 지방자치단체는 한부모가족의 모 또는 부와 아동의 취업기회를 확대하기 위하여 한부모가족 관련 시설 및 기관과 직업안정기관간 효율적인 연계를 도모하여야 한다.

고용노동부장관은 한부모가족의 모 또는 부와 아동을 위한 취업지원사업 등이 효율적으로 추진될 수 있도록 여성가족부장관과 긴밀히 협조하여야 한다.

③ 공공시설에 매점 및 시설 설치

국가나 지방자치단체가 운영하는 공공시설의 장은 그 공공시설에 각종 매점 및 시설의 설치를 허가하는 경우 이를 한부모가족 또는 한부모가족복지단체에 우선적으로 허가할 수 있다.

④ 시설 우선이용

국가나 지방자치단체는 한부모가족의 아동이 공공의 아동 편의시설과 그 밖의 공공시설을 우선적으로 이용할 수 있도록 노력하여야 한다.

(8) 가족지원

① 가족지원 서비스

국가나 지방자치단체는 한부모가족에게 다음의 가족지원서비스를 제공하도록 노력하여야 한다.

- 아동의 양육 및 교육 서비스

- 장애인, 노인, 만성질환자 등의 부양 서비스
- 취사, 청소, 세탁 등 가사 서비스
- 교육·상담 등 가족 관계 증진 서비스
- 인지청구 및 자녀양육비 청구 등을 위한 법률상담, 소송대리 등 법률구조서비스
- 그 밖에 대통령령으로 정하는 한부모가족에 대한 가족지원서비스

② 청소년 한부모에 대한 교육 지원

국가나 지방자치단체는 청소년 한부모가 학업을 할 수 있도록 청소년 한부모의 선택에 따라 다음의 어느 하나에 해당하는 지원을 할 수 있다.

- 학교에서의 학적 유지를 위한 지원 및 교육비 지원 또는 검정고시 지원
- 학력인정 평생교육시설에 대한 교육비 지원
- 교육 지원
- 그 밖에 청소년 한부모의 교육 지원을 위하여 여성가족부령으로 정하는 사항

교육 지원을 위하여 특별시·광역시·특별자치시·도·특별자치도의 교육감은 한부모가족복지시설에 순회교육 실시를 위한 지원을 할 수 있다.

여성가족부장관은 청소년 한부모가 학업을 계속할 수 있도록 교육부장관에게 협조를 요청하여야 한다.

③ 자녀양육비 이행지원

여성가족부장관은 자녀양육비 산정을 위한 자녀양육비 가이드라인을 마련하여 법원이 이혼 판결 시 적극 활용할 수 있도록 노력하여야 한다.

④ 청소년 한부모의 자립지원

국가나 지방자치단체는 청소년 한부모가 주거마련 등 자립에 필요한 자산을 형성할 수 있도록 재정적인 지원을 할 수 있다. 지원으로 형성된 자산은 청소년 한부모가 이 법에 따른 지원대상자에 해당하는지 여부를 조사·확인할 때 이를 포함하지 아니한다.

⑤ 아동 · 청소년 보육 · 교육

국가와 지방자치단체는 아동 · 청소년 보육 · 교육을 실시함에 있어서 한부모가족 구성원인 아동 · 청소년을 차별하여서는 아니 된다.

⑥ 국민주택의 분양 및 임대

국가나 지방자치단체는 국민주택을 분양하거나 임대할 때에는 한부모가족에게 일정 비율이 우선 분양될 수 있도록 노력하여야 한다.

3. 수급자의 권리보호 및 벌칙

1) 권리보호

① 양도 · 담보 및 압류금지

이 법에 따라 지급된 복지급여와 이를 받을 권리는 다른 사람에게 양도하거나 담보로 제공할 수 없으며, 다른 사람은 이를 압류할 수 없다.

지정된 복지급여수급계좌[3)]의 예금에 관한 채권은 압류할 수 없다.

② 심사청구

지원대상자 또는 그 친족이나 그 밖의 이해관계인은 이 법에 따른 복지 급여 등에 대하여 이의가 있으면 그 결정을 통지받은 날부터 90일 이내에 서면으로 해당 복지실시기관에 심사를 청구할 수 있다. 복지실시기관은 심사 청구를 받으면 30일 이내에 이를 심사 · 결정하여 청구인에게 통보하여야 한다.

---

3) 국가나 지방자치단체는 복지 급여를 받는 지원대상자의 신청이 있는 경우에는 복지 급여를 지원대상자 명의의 지정된 계좌(복지급여수급계좌)로 입금하여야 한다. 다만, 정보통신장애나 그 밖에 대통령령으로 정하는 불가피한 사유로 복지급여수급계좌로 이체할 수 없을 때에는 현금 지급 등 대통령령으로 정하는 바에 따라 복지 급여를 지급할 수 있다. 복지급여수급계좌의 해당 금융기관은 이 법에 따른 복지 급여만이 복지급여수급계좌에 입금되도록 관리하여야 한다.

2) 벌칙 등

(1) 벌칙

① 5년 이하의 징역 또는 5천만원 이하의 벌금

복지급여를 신청한 자의 금융정보 등을 사용 또는 누설한 자

② 3년 이하의 징역 또는 3천만원 이하의 벌금

복지급여를 신청한 자의 자료 등을 사용 또는 누설한 자

③ 1년 이하의 징역 또는 1천만원 이하의 벌금

- 신고를 하지 아니하고 한부모가족복지시설을 설치한 자
- 시설의 폐쇄, 사업의 정지 또는 폐지의 명령을 받고 사업을 계속한 자

④ 1년 이하의 징역, 1천만원 이하의 벌금, 구류 또는 과료

거짓이나 그 밖의 부정한 방법으로 복지급여를 받거나 타인으로 하여금 복지급여를 받게 한 자

(2) 과태료

① 300만원 이하의 과태료

- 제22조(수탁의무 - 한부모가족복지시설을 설치·운영하는 자는 시·도지사 또는 시장·군수·구청장으로부터 한부모가족복지시설의 이용을 위탁받은 때에는 정당한 사유 없이 이를 거부하지 못한다)의 규정을 위반한 자
- 한부모가족복지시설을 설치·운영하는 자가 정당한 이유 없이 시설의 운영 상황을 보고하지 아니하거나 거짓으로 한 자 또는 조사검사를 거부하거나 기피한 경우

제 5 절 영유아보육법

1. 개요

1) 목적

영유아의 심신을 보호하고 건전하게 교육하여 건강한 사회 구성원으로 육성함과 아울러 보호자의 경제적·사회적 활동이 원활하게 이루어지도록 함으로써 영유아 및 가정의 복지 증진에 이바지함을 목적으로 한다.

2) 보육이념

보육은 영유아의 이익을 최우선적으로 고려하여 제공되어야 한다.

보육은 영유아가 안전하고 쾌적한 환경에서 건강하게 성장할 수 있도록 하여야 한다.

영유아는 자신이나 보호자의 성, 연령, 종교, 사회적 신분, 재산, 장애, 인종 및 출생지역 등에 따른 어떠한 종류의 차별도 받지 아니하고 보육되어야 한다.

3) 책임

모든 국민은 영유아를 건전하게 보육할 책임을 진다. 국가와 지방자치단체는 보호자와 더불어 영유아를 건전하게 보육할 책임을 지며, 이에 필요한 재원을 안정적으로 확보하도록 노력하여야 한다. 특별자치도지사·시장·군수·구청장은 영유아의 보육을 위한 적절한 어린이집을 확보하여야 한다. 국가와 지방자치단체는 보육교직원의 양성 및 근로여건 개선을 위하여 노력하여야 한다.

4) 용어의 정의

① **영유아:** 6세 미만의 취학 전 아동을 말한다.

② **보육:** 영유아를 건강하고 안전하게 보호·양육하고 영유아의 발달 특성에 맞는 교육을 제공하는 어린이집 및 가정양육 지원에 관한 사회복지서비스를 말한다.

③ **어린이집:** 보호자의 위탁을 받아 영유아를 보육하는 기관을 말한다.

④ **보호자:** 친권자 · 후견인, 그 밖의 자로서 영유아를 사실상 보호하고 있는 자를 말한다.

⑤ **보육교직원:** 어린이집 영유아의 보육, 건강관리 및 보호자와의 상담, 그 밖에 어린이집의 관리 · 운영 등의 업무를 담당하는 자로서 어린이집의 원장 및 보육교사와 그 밖의 직원을 말한다.

5) 연혁

① 1991. 1. 14. **영유아보육법 제정 및 시행되었다.**

② 2004. 3. 11. **타법개정 및 시행:** 영유아보육업무가 여성가족부로 이관되었다.

③ 2008. 2. 29. **타법개정 및 시행**: 영유아보육업무가 보건복지가족부로 이관되었다.

④ 2008. 12. 19. **일부개정**: 보육시설 미이용 아동에 대한 양육수당제도 도입, 보육 바우처 도입 근거 마련, 취약 보육대상에 다문화 아동 포함하였다.

⑤ 2010. : 정부조직이 일부 개편되면서 여성가족부로 가족업무가 이관되었지만, 영유아보육법은 보건복지부 소관 업무로 남았다.

⑥ 2011. 6. 7. **일부개정**: 보육시설을 어린이집으로 변경하였다.

⑦ 2013. 1. 23. **일부개정:** 보육비용 지원액의 환수 조항 신설하였다.

⑧ 2014. 5. 28. **일부개정**: 관계 기관 간 업무협조(관계 기관에 범죄경력자료 등에 대한 조회요청), 벌금형을 분리 선고하였다.

⑨ 2015. 12. 29. **일부개정**: 어린이집에 대한 휴원명령(천재지변이나 감염병 발생 등 긴급한 사유로 정상적인 보육이 어렵다고 인정하는 경우)을 법률로 명확히 규정하였다. 또한, 어린이집에서도 발병할 수 있는 감염병에 대한 우려를 덜고 안정성을 강화하는 한편, 영유아에게도 정확한 보건관리교육 등을 실시하기 위하여 어린이집 원장과 보육교사에 대해 보건관리교육 등의 보수교육이 평소에 이루어지도록 하였다.

⑨ 2016. 2. 3. **일부개정**: 부모협동어린이집은 보호자들이 조합을 결성하고 있으나, 부모와 보육교직원 간의 유대감을 높이고 보육교직원의 보육책임성을 보다 강화하기 위해서 보호자와 보육교직원이 함께 조합을 결성하는 경우도 인정할 필요성이 있어

보호자와 보육교직원이 함께 참여하여 조합을 결성하는 경우로 다원화하였다. 한편, 제1형 당뇨를 가진 영유아를 보육의 우선 제공 대상에 포함시키고, 어린이집에 종사하는 간호사가 영유아의 투약행위를 도와줄 수 있도록 하여 질병이 있는 영유아에 대한 보육서비스의 질을 제고하고 영유아의 건강관리 및 안전관리 개선에 기여하였다.

⑪ 2017. 3. 14. **일부개정**: 현재 부모교육이 충분히 이루어지지 못하고 있어 영유아의 보호자에게 영유아의 성장·양육방법, 보호자의 역할, 영유아의 인권 등에 대한 교육을 실시하고, 국가나 지방자치단체의 장이 사업주로서 설치하는 직장어린이집에는 공무원뿐만 아니라 다양한 형태의 근로자가 종사하고 있는 점을 고려하여 관련 규정을 개정하는 한편, 산업단지에 우선적으로 국공립어린이집을 설치하도록 하는 등 현행 제도의 운영상 나타난 일부 미비점을 개선·보완하였다.

2. 어린이집

1) 어린이집의 종류

① **국공립어린이집**: 국가나 지방자치단체가 설치·운영하는 어린이집

② **사회복지법인어린이집**: 사회복지법인이 설치·운영하는 어린이집

③ **법인·단체등어린이집**: 각종 법인(사회복지법인을 제외한 비영리법인)이나 단체 등이 설치·운영하는 어린이집으로서 대통령령으로 정하는 어린이집

④ **직장어린이집**: 사업주가 사업장의 근로자를 위하여 설치·운영하는 어린이집(국가나 지방자치단체의 장이 소속 공무원을 위하여 설치·운영하는 어린이집을 포함)

⑤ **가정어린이집**: 개인이 가정이나 그에 준하는 곳에 설치·운영하는 어린이집

⑥ **협동어린이집**: 보호자 또는 보호자와 보육교직원이 조합(영리를 목적으로 하지 아니하는 조합에 한정)을 결성하여 설치·운영하는 어린이집

⑦ **민간어린이집**: 제1호부터 제6호까지의 규정에 해당하지 아니하는 어린이집

2) 어린이집의 설치 및 시설기준

(1) 어린이집의 설치

① 어린이집

어린이집을 설치·운영하려는 자는 보건복지부령으로 정하는 설치기준을 갖추어야 한다. 다만, 놀이터, 비상재해대비시설 및 폐쇄회로 텔레비전의 설치와 관련된 사항은 각각 제15조의2부터 제15조의4까지에 따른다.

국·공립어린이집 외의 어린이집을 설치운영하려는 자는 특별자치도지사·시장·군수·구청장의 인가를 받아야 한다. 인가받은 사항 중 중요사항을 변경하려는 경우에도 또한 같다. 설치인가를 받은 자는 어린이집 방문자들이 볼 수 있는 곳에 어린이집 인가증을 게시해야 한다.

② 직장어린이집

상시 여성근로자 300명 이상 또는 상시근로자 500명 이상을 고용하고 있는 사업장의 사업주는 직장어린이집을 설치하여야 한다. 다만, 사업장의 사업주가 직장어린이집을 단독으로 설치할 수 없을 때에는 사업주 공동으로 직장어린이집을 설치운영하거나, 지역의 어린이집과 위탁계약을 맺어 근로자 자녀의 보육을 지원(위탁보육)하여야 한다.

사업장의 사업주가 위탁보육을 하는 경우에는 사업장 내 보육대상이 되는 근로자 자녀 중에서 위탁보육을 받는 근로자 자녀가 100분의 30 이상이 되도록 하여야 한다.

보건복지부장관 및 교육부장관, 고용노동부장관, 시·도지사는 직장어린이집 설치 등 의무이행에 관한 실태조사를 매년 실시하여야 한다. 이 경우, 교육부장관, 고용노동부장관, 시·도지사는 실태조사를 완료한 후 그 결과를 보건복지부장관에게 통보하여야 한다.

보건복지부장관은 실태조사 결과 직장어린이집 설치 등의 의무를 이행하지 아니한 사업장 및 실태조사에 불응한 사업장(미이행 사업장)의 명단을 공표할 수 있다.

(2) 결격사유

다음 중 어느 하나에 해당하는 자는 어린이집을 설치·운영할 수 없다.

- 미성년자·피성년후견인 또는 피한정후견인

- 정신질환자
- 마약류에 중독된 자
- 파산선고를 받고 복권되지 아니한 자
- 금고 이상의 실형을 선고받고 그 집행이 종료(집행이 종료된 것으로 보는 경우를 포함)되거나 집행이 면제된 날부터 5년(아동학대관련범죄를 저지른 경우에는 20년)이 경과되지 아니한 자
- 금고 이상의 형의 집행유예를 선고받고 그 유예기간 중에 있는 사람. 다만, 아동학대관련범죄로 금고 이상의 형의 집행유예를 선고받은 경우에는 그 집행유예가 확정된 날부터 20년이 지나지 아니한 사람
- 어린이집의 폐쇄명령을 받고 5년이 경과되지 아니한 자
- 300만원 이상의 벌금형이 확정된 날부터 2년이 지나지 아니한 사람 또는 아동학대관련범죄로 벌금형이 확정된 날부터 10년이 지나지 아니한 사람
- 교육명령을 이행하지 아니한 자

(3) 보육교직원

① 보육교직원의 배치

어린이집에는 보육교직원을 두어야 한다. 어린이집에는 보육교사의 업무 부담을 경감할 수 있도록 보조교사 등을 둔다. 휴가 또는 보수교육 등으로 보육교사의 업무에 공백이 생기는 경우에는 이를 대체할 수 있는 대체교사를 배치한다.

② 보육교직원의 직무

어린이집의 원장은 어린이집을 총괄하고 보육교사와 그 밖의 직원을 지도·감독하며 영유아를 보육한다. 보육교사는 영유아를 보육하고 어린이집의 원장이 불가피한 사유로 직무를 수행할 수 없을 때에는 그 직무를 대행한다.

③ 보육교직원의 책무

보육교직원은 영유아를 보육함에 있어 영유아에게 신체적 고통이나 고성·폭언 등의 정신적 고통을 가하여서는 아니 된다. 보육교직원은 업무를 수행함에 있어 영유아의 생명·

안전보호 및 위험방지를 위하여 주의의무를 다하여야 한다.

(3-1) 아동복지법 위반 사례 (의정부지방법원, 2015)

박정희(가명, 증인)는 '2015. 1. 7. 13:50경 자신의 아이를 데리러 가기 위해 '○○ 어린이집'에 방문하였다. 자신이 그 옆 쓰레기장에 쓰레기를 버리고 이동하는데 아이의 울음소리가 크게 들렸다. 겉에서 보기에 큰방은 불이 켜져 있었고 출입구 쪽에 있는 방 2개는 불이 꺼져 있었다. 자신이 들어갔더니 전체 소등된 상태였다. (어린이집) 문을 열었는데 선생님(피고인)이 아이의 발목을 잡고서 "원장실로 들어가서 울고 나와"라고 하고 들어갔고, 자신은 너무 놀라서 말을 못하고 있다가 선생님이 문을 닫으려고 하기에 "이러시면 안되죠"라고 이야기했다', '깜깜한 방안이라서 아이가 질려있는 상태였고 울음소리에서 공포가 느껴져서 신고를 하게 된 것이다'는 취지로 진술 및 증언을 하였다.

김은희(가명, 증인)는 법정에서 '피해아동은 이 사건 이후 퇴행성이 와서 대소변도 못 가릴 정도로 많이 힘들어 했다, 지금은 심리치료와 여러 가지 치료를 병행하고 있고, 그때만큼은 아니지만 한 달에 한두 번 정도는 아무 일이 없는데도 "엄마 잘못했어요, 무서워요, 나쁜 사람 신고할 거예요"라는 이야기를 한다'는 취지로 증언하였다. 수사기관 및 원심법원에 위 증언에 부합하는 내용의 의사 G 작성의 소견서, 진료비 납입 확인서, 의사 H 작성의 진단서 등을 제출하였다. 이에 비추어 보면, 피해아동은 이 사건 범행으로 인하여 상당한 정신적 충격을 받았고, 그로 인하여 정신건강과 그 정상적인 발달이 저해되었다고 보았다.

재판부는 아동의 정신건강 및 발달을 해치는 정서적 학대행위를 한 어린이집 보육교사 피고인 이은강(가명)에게 벌금 500만 원을 선고하고, 어린이집 원장 피고인 박미순(가명)에 대하여는 주의·감독업무 해태를 이유로 벌금 100만 원을 선고하였다.

④ 결격사유

다음 중 어느 하나에 해당하는 자는 어린이집에 근무할 수 없다.

- 어린이집 설치·운영 결격사유 중 어느 하나에 해당하는 자
- 어린이집 원장의 자격정지나 보육교사의 자격정지 규정에 따라 자격정지 중인 자
- 어린이집의 원장 또는 보육교사의 자격취소에 따라 자격이 취소된 후 자격 재교부 기한이 경과하지 아니한 자

⑤ 보수교육

보건복지부장관은 어린이집 원장의 자질 향상을 위한 보수교육(補修教育)을 실시하여야 한다. 이 경우 보수교육은 집합교육을 원칙으로 한다. 또한 보건복지부장관은 보육교사의 자질 향상을 위한 보수교육(補修教育)을 실시하여야 한다. 이 경우 보수교육은 집합교육을 원칙으로 한다.

(4) 어린이집운영위원회

어린이집의 원장은 어린이집 운영의 자율성과 투명성을 높이고 지역사회와의 연계를 강화하여 지역 실정과 특성에 맞는 보육을 실시하기 위하여 어린이집에 어린이집운영위원회를 설치·운영할 수 있다. 다만, 취약보육(脆弱保育)을 우선적으로 실시하여야 하는 어린이집과 대통령령으로 정하는 어린이집은 어린이집운영위원회를 설치·운영하여야 한다.

어린이집운영위원회는 그 어린이집의 원장, 보육교사 대표, 학부모 대표 및 지역사회 인사(직장어린이집의 경우에는 그 직장의 어린이집 업무 담당자로 한다)로 구성한다. 이 경우 학부모 대표가 2분의 1 이상이 되도록 구성하여야 한다.

어린이집의 원장은 어린이집운영위원회의 위원 정수를 5명 이상 10명 이내의 범위에서 어린이집의 규모 등을 고려하여 정할 수 있다.

어린이집운영위원회는 연간 4회 이상 개최하여야 하며, 다음의 사항을 심의한다.

- 어린이집 운영 규정의 제정이나 개정에 관한 사항
- 어린이집 예산 및 결산의 보고에 관한 사항
- 영유아의 건강·영양 및 안전에 관한 사항
- 아동학대 예방에 관한 사항
- 보육 시간, 보육과정의 운영 방법 등 어린이집의 운영에 관한 사항
- 보육교직원의 근무환경 개선에 관한 사항
- 영유아의 보육환경 개선에 관한 사항
- 어린이집과 지역사회의 협력에 관한 사항
- 보육료 외의 필요경비를 받는 경우 범위에서 그 수납액 결정에 관한 사항
- 그 밖에 어린이집 운영에 대한 제안 및 건의사항

(5) 부모모니터링단

시 · 도지사 또는 시장 · 군수 · 구청장은 어린이집 보육환경을 모니터링하고 개선을 위한 컨설팅을 하기 위하여 부모, 보육 · 보건 전문가로 점검단(부모모니터링단)을 구성 · 운영할 수 있다.

부모모니터링단은 어린이집 급식, 위생, 건강 및 안전관리 등 운영상황 모니터링, 어린이집 보육환경 개선을 위한 컨설팅, 그 밖에 보육 관련 사항으로서 보건복지부령으로 정하는 사항의 직무를 수행한다.

부모모니터링단은 10명 이내로 구성하며 시 · 도지사 또는 시장 · 군수 · 구청장이 위촉한다. 시 · 도지사 및 시장 · 군수 · 구청장은 부모모니터링단으로 위촉된 사람에게 직무 수행에 필요한 교육을 실시할 수 있다. 국가와 지방자치단체는 부모모니터링단의 구성 · 운영 및 교육 등에 필요한 비용의 전부 또는 일부를 예산의 범위에서 지원할 수 있다.

부모모니터링단은 직무를 수행하기 위하여 어린이집에 출입할 수 있으며, 이 경우 미리 시 · 도지사 또는 시장 · 군수 · 구청장의 승인을 받아야 한다. 부모모니터링단이 승인을 받아 어린이집에 출입하는 경우에는 승인서와 신분을 표시하는 증표를 어린이집의 원장 등 관계자에게 내보여야 한다.

부모모니터링단은 공무원이 어린이집 운영 상황을 조사하기 위하여 어린이집에 출입하는 경우에는 공무원과 함께 어린이집에 출입할 수 있다. 이 경우 시 · 도지사 또는 시장 · 군수 · 구청장의 승인을 생략할 수 있다

(6) 일시보육서비스

국가 또는 지방자치단체는 무상보육 및 무상교육 지원을 받지 아니하는 영유아에 대하여 필요한 경우 일시보육 서비스를 지원할 수 있다.

특별자치시장 · 특별자치도지사 · 시장 · 군수 · 구청장은 육아종합지원센터, 어린이집, 그 밖에 일시보육 서비스의 제공이 가능한 시설로서 보건복지부령으로 정하는 시설 중 어느 하나에 해당하는 시설을 일시보육 서비스를 제공하는 기관(일시보육서비스지정기관)으로 지정할 수 있다.

보건복지부장관, 시 · 도지사 또는 시장 · 군수 · 구청장은 일시보육서비스지정기관에 예

산의 범위에서 일시보육 서비스의 제공에 필요한 비용을 보조할 수 있다.

시장 · 군수 · 구청장은 일시보육서비스지정기관이 다음의 어느 하나에 해당하는 경우에는 지정을 취소할 수 있다.

- 일시보육서비스지정기관이 지급받은 보조금 및 비용을 목적 외의 용도에 사용하였을 경우
- 일시보육서비스지정기관이 거짓이나 그 밖의 부정한 방법으로 보조금 및 비용을 지급받았을 경우
- 그 밖에 대통령령으로 정하는 사유가 있는 경우

일시보육서비스지정기관의 안전사고 예방 및 사고에 따른 영유아 생명 · 신체 등의 피해보상에 관하여는 제31조의2를 준용한다. 이 경우 어린이집은 일시보육서비스지정기관으로, 어린이집의 원장은 일시보육서비스지정기관의 장으로 본다.

(7) 어린이집연합회

보육사업의 원활한 추진과 어린이집의 균형적인 발전, 어린이집 간의 정보 교류 및 상호 협조 증진을 위하여 어린이집연합회를 설립할 수 있다

3) 어린이집의 운영

어린이집을 설치 · 운영하려는 자는 보건복지부령으로 정하는 설치기준과 운영기준을 갖추어야 한다. 다만, 국가 또는 지방자치단체는 국 · 공립어린이집을 법인단체 또는 개인에게 위탁하여 운영할 수 있다. 이 경우 최초 위탁은 공개경재의 방법에 의한다.

(1) 어린이집의 이용 대상

어린이집의 이용대상은 보육이 필요한 영유아를 원칙으로 한다. 다만, 필요한 경우 어린이집의 원장은 만 12세까지 연장하여 보육할 수 있다.

(2) 보육의 우선 제공

국가나 지방자치단체, 사회복지법인, 그 밖의 비영리법인이 설치한 어린이집과 대통령

령으로 정하는 어린이집의 원장은 다음 각 호의 어느 하나에 해당하는 자가 우선적으로 어린이집을 이용할 수 있도록 하여야 한다. 다만, 고용촉진시설의 설치 · 운영을 위탁받은 공공단체 또는 비영리법인이 설치 · 운영하는 어린이집의 원장은 근로자의 자녀가 우선적으로 어린이집을 이용하게 할 수 있다. 사업주는 사업장 근로자의 자녀가 우선적으로 직장어린이집을 이용할 수 있도록 하여야 한다.

- 국민기초생활 보장법에 따른 수급자
- 한부모가족지원법에 따른 보호대상자의 자녀
- 국민기초생활 보장법에 따른 차상위계층의 자녀
- 장애인복지법에 따른 장애인 중 보건복지부령으로 정하는 장애등급 이상에 해당하는 자의 자녀
- 다문화가족지원법에 따른 다문화가족의 자녀
- 국가유공자 중 전몰군경, 상이자로서 보건복지령으로 정하는 자, 순직자의 자녀
- 당뇨를 가진 경우로서 의학적 조치가 용이하고 일상생활이 가능하여 보육이 지장이 없는 영유아
- 그 밖에 소득수준 및 보육수요 등을 고려하여 보건복지부령으로 정하는 자의 자녀

(3) 보육과정

보육과정은 영유아의 신체 · 정서 · 언어 · 사회성 및 인지적 발달을 도모할 수 있는 내용을 포함하여야 한다. 보건복지부장관은 표준보육과정을 개발 · 보급하여야 하며 필요하면 그 내용을 검토하여 수정 · 보완하여야 한다. 어린이집의 원장은 표준보육과정에 따라 영유아를 보육하도록 노력하여야 한다.

어린이집의 원장은 보호자의 동의를 받아 일정 연령 이상의 영유아에게 보건복지부령으로 정하는 특정한 시간대에 한정하여 보육과정 외에 어린이집 내외에서 이루어지는 특별활동프로그램(특별활동)을 실시할 수 있다. 이 경우 어린이집의 원장은 특별활동에 참여하지 아니하는 영유아를 위하여 특별활동을 대체할 수 있는 프로그램을 함께 마련하여야 한다.

(4) 어린이집 생활기록

어린이집의 원장은 영유아 생활지도 및 초등학교 교육과의 연계 지도에 활용할 수 있도록 영유아의 발달상황 등을 종합적으로 관찰 · 평가하여 기준에 따라 생활기록부를 작성 · 관리하여야 한다.

(5) 어린이집 평가제

보건복지부장관은 보육서비스의 질적 수준을 향상시키기 위하여 어린이집 설치 · 운영자의 신청에 따라 어린이집의 보육환경, 보육과정 운영 및 보육인력의 전문성 등을 평가하여 해당 어린이집에 대한 평가인증을 실시할 수 있다. 보건복지부장관은 평가인증을 받으려는 어린이집 설치 · 운영자에게 평가인증에 필요한 비용을 받을 수 있다. 평가인증에 관한 업무를 위탁받은 공공 또는 민간 기관 · 단체는 납부 받은 수수료를 보건복지부장관의 승인을 받아 평가인증에 필요한 경비에 직접 충당할 수 있다.

보건복지부장관은 평가인증의 결과에 따라 보육사업 실시에 필요한 지원을 할 수 있으며, 어린이집 평가인증의 결과를 보건복지부령으로 정하는 바에 따라 공표할 수 있다.

보건복지부장관은 평가인증을 받은 어린이집의 설치 · 운영자가 다음 중 어느 하나에 해당하는 경우에는 그 평가인증을 취소할 수 있다. 다만, 거짓이나 그 밖의 부정한 방법으로 평가인증을 받은 경우에는 그 인증을 취소하여야 한다.

- 거짓이나 그 밖의 부정한 방법으로 평가인증을 받은 경우
- 어린이집의 설치 · 운영자가 이 법을 위반하여 금고 이상의 형을 선고받고 그 형이 확정된 경우
- 보조금의 반환명령을 받았거나, 행정처분을 받은 경우(시정명령을 받은 경우는 제외)
- 그 밖에 평가인증을 유지하기 어렵다고 인정되는 경우로서 보건복지부령으로 정하는 경우

(6) 건강 · 영양 및 안전

① 건강관리 및 응급조치

어린이집의 원장은 영유아와 보육교직원에 대하여 정기적으로 건강진단을 실시하고, 영

유아의 건강진단 실시여부를 어린이집 생활기록부에 기록하여 관리하는 등 건강관리를 하여야 한다. 다만, 보호자가 별도로 건강검진을 실시하고 그 검진결과 통보서를 제출한 영유아에 대해서는 건강진단을 생략할 수 있다. 어린이집 원장은 영유아에게 질병·사고 또는 재해 등으로 인하여 위급 상태가 발생한 경우 즉시 응급의료기관에 이송하여야 한다.

② 어린이집 안전공제사업 등

어린이집 상호 간의 협동조직을 통하여 어린이집의 안전사고를 예방하고 어린이집 안전사고로 인하여 생명·신체 또는 재산상의 피해를 입은 영유아 및 보육교직원 등에 대한 보상을 하기 위하여 보건복지부장관의 허가를 받아 어린이집 안전공제사업(공제사업)을 할 수 있다. 공제사업을 위하여 설립되는 어린이집 안전공제회(공제회)는 법인으로 하며, 주된 사무소의 소재지에 설립등기를 함으로써 성립한다.

어린이집의 원장은 공제회의 가입자가 된다. 공제회에 가입한 어린이집의 원장은 공제사업의 수행에 필요한 출자금과 다음의 공제료 등을 공제회에 납부하여야 한다.

- 영유아의 생명·신체에 대한 피해를 보상하기 위한 공제료
- 보육교직원 등의 생명·신체에 대한 피해를 보상하기 위한 공제료
- 어린이집의 재산상의 피해를 보상하기 위한 공제료

③ 예방접종 여부의 확인

어린이집의 원장은 영유아에 대하여 최초로 보육을 실시한 날부터 30일 이내에 특별자치도지사·시장·군수·구청장 또는 영유아의 보호자로부터 특별자치도지사·시장·군수·구청장 또는 예방접종을 한 자가 발급한 예방접종증명서 또는 그 밖에 이에 준하는 증명자료를 제출받아 영유아의 예방접종에 관한 사실을 확인할 수 있다.

어린이집의 원장은 확인 결과 예방접종을 받지 아니한 영유아에게는 필요한 예방접종을 받도록 보호자를 지도할 수 있으며, 필요한 경우 관할 보건소장에게 예방접종 지원 등의 협조를 요청할 수 있으며, 영유아의 예방접종 여부 확인 및 관리를 위하여 어린이집 생활기록에 예방접종 여부 및 내역에 관한 사항을 기록하여 관리하여야 한다.

④ 치료 및 예방조치

어린이집의 원장은 건강진단 결과 질병에 감염되었거나 감염될 우려가 있는 영유아에 대하여 그 보호자와 협의하여 질병의 치료와 예방에 필요한 조치를 하여야 한다. 어린이집의 원장은 위의 조치를 위하여 필요하면 보건소 및 보건지소, 의료기관에 협조를 구할 수 있다.

어린이집의 원장은 건강진단의 결과나 그 밖에 의사의 진단 결과 감염병에 감염 또는 감염된 것으로 의심되거나 감염될 우려가 있는 영유아, 어린이집 거주자 및 보육교직원을 보건복지부령으로 정하는 바에 따라 어린이집으로부터 격리시키는 등 필요한 조치를 할 수 있으며, 협조를 요청받은 보건소·보건지소 및 의료기관의 장은 적절한 조치를 취하여야 한다.

어린이집의 원장은 간호사(간호조무사를 포함)로 하여금 영유아가 의사의 처방, 지시에 따라 투약행위를 할 때 이를 보조하게 할 수 있다. 이 경우 어린이집의 원장은 보호자의 동의를 받아야 한다.

⑤ 급식 관리

어린이집의 원장은 영유아에게 보건복지부령으로 정하는 바에 따라 균형 있고 위생적이며 안전한 급식을 하여야 한다.

⑥ 어린이집 차량안전관리

어린이집의 원장은 영유아의 통학을 위하여 차량을 운영하는 경우 미리 어린이통학버스로 관할 경찰서장에게 신고하여야 한다.

4) 취약보육

(1) 취약보육의 우선 실시

국가나 지방자치단체, 사회복지법인, 그 밖의 비영리법인이 설치한 어린이집과 대통령령으로 정하는 어린이집의 원장은 영아·장애아·다문화가족의 아동 등에 대한 보육(취약보육)을 우선적으로 실시하여야 한다. 보건복지부장관, 시·도지사 및 시장·군수·구청장은 취약보육을 활성화하는 데에 필요한 각종 시책을 수립·시행하여야 한다.

(2) 취약보육의 종류(시행규칙 제28조)

- **영아 보육:** 만 3세 미만의 영아를 대상으로 보육서비스를 제공하는 것
- **장애아 보육:** 장애인으로 등록된 영유아 등에게 보육서비스를 제공하는 것
- **다문화아동 보육:** 다문화가족의 영유아 등에게 보육서비스를 제공하는 것
- **야간연장형 보육:** 기준 보육시간 외에 야간을 연장하여 보육서비스를 제공하는 것

5) 비용

(1) 무상보육

국가와 지방자치단체는 영유아에 대한 보육을 무상으로 하되, 그 내용 및 범위는 대통령령으로 정한다. 국가와 지방자치단체는 장애아 및 다문화가족의 자녀의 무상보육에 대하여는 그 대상의 여건과 특성을 고려하여 지원할 수 있다. 무상보육 실시에 드는 비용은 국가나 지방자치단체가 부담하거나 보조하여야 한다.

보건복지부장관은 어린이집 표준보육비용 등을 조사하고 그 결과를 바탕으로 예산의 범위에서 관계 행정기관의 장과 협의하여 국가 및 지방자치단체가 부담하는 비용을 정할 수 있다.

국가와 지방자치단체는 자녀가 2명 이상인 경우에 대하여 추가적으로 지원할 수 있다. 국가와 지방자치단체는 무상보육을 받으려는 영유아와 장애아 및 다문화가족의 자녀를 보육하기 위하여 필요한 어린이집을 설치·운영하여야 한다.

(2) 양육수당

국가와 지방자치단체는 어린이집이나 유치원을 이용하지 아니하는 영유아에 대하여 영유아의 연령과 보호자의 경제적 수준을 고려하여 양육에 필요한 비용을 지원할 수 있다. 영유아가 일시보육 서비스를 이용하는 경우에도 그 영유아에 대하여는 양육에 필요한 비용을 지원할 수 있다.

국가와 지방자치단체는 양육에 필요한 비용을 지원받는 영유아가 90일 이상 지속하여 해외에 체류하는 경우에는 그 기간 동안 양육에 필요한 비용의 지원을 정지한다. 보건복지부장관 및 지방자치단체의 장은 양육수당의 지급을 정지하는 경우 서면으로 그 이유를 분명하게 밝혀 영유아의 보호자에게 통지하여야 한다.

(3) 보육서비스 이용권

국가와 지방자치단체는 비용 지원을 위하여 보육서비스 이용권을 영유아의 보호자에게 지급할 수 있다.

(4) 비용 지원의 신청

영유아의 보호자는 비용의 지원을 신청할 수 있다.

(5) 비용의 보조 등

국가나 지방자치단체는 어린이집의 설치, 보육교사(대체교사를 포함)의 인건비, 초과보육에 드는 비용 등 운영 경비 또는 지방육아종합지원센터의 설치·운영, 보육교직원의 복지 증진, 취약보육의 실시 등 보육사업에 드는 비용, CCTV 설치비의 전부 또는 일부를 보조한다.

(6) 사업주의 비용부담 제

어린이집을 설치한 사업주는 그 어린이집의 운영과 보육에 필요한 비용의 전부 또는 일부를 부담하여야 한다.

(7) 보육료 등의 수납

어린이집을 설치·운영하는 자는 그 어린이집의 소재지를 관할하는 시·도지사가 정하는 범위에서 그 어린이집을 이용하는 자로부터 보육료와 그 밖의 필요경비 등을 받을 수 있다. 다만, 시·도지사는 필요시 어린이집 유형과 지역적 여건을 고려하여 그 기준을 다르게 정할 수 있다.

(8) 세제 지원

사업주가 직장어린이집을 설치 · 운영하는 데에 드는 비용과 보호자가 영유아의 보육을 위하여 지출한 보육료와 그 밖에 보육에 드는 비용에 관하여는 조세를 감면한다. 직장어린이집을 제외한 어린이집의 운영비에 대하여도 조세를 감면한다.

(9) 비용 및 보조금의 반환명령

국가나 지방자치단체는 어린이집의 설치 · 운영자, 육아종합지원센터의 장, 보수교육 위탁실시자 등이 다음 중 어느 하나에 해당하는 경우에는 이미 교부한 비용과 보조금의 전부 또는 일부의 반환을 명할 수 있다.

- 어린이집 운영이 정지 · 폐쇄 또는 취소된 경우
- 사업 목적 외의 용도에 보조금을 사용한 경우
- 거짓이나 그 밖의 부정한 방법으로 보조금을 교부받은 경우
- 착오 또는 경미한 과실로 보조금을 교부받은 경우로서 보건복지부령이 정하는 사유에 해당하는 경우

(10) 보육비용 지원액의 환수

국가 또는 지방자치단체는 보호자가 거짓이나 그 밖의 부정한 방법으로 비용을 지원받은 경우에는 그 비용의 전부 또는 일부를 환수할 수 있다. 환수하는 경우에 비용을 반환할 자가 기한 내에 반환하지 아니한 때에는 국세 또는 지방세 체납처분의 예에 따라 징수한다.

6) 지도 및 감독

(1) 지도와 명령

보건복지부장관, 시 · 도지사 및 시장 · 군수 · 구청장은 보육사업의 원활한 수행을 위하여 어린이집 설치 · 운영자 및 보육교직원에 대하여 필요한 지도와 명령을 할 수 있다.

(2) 보고와 검사

보건복지부장관, 시·도지사 또는 시장·군수·구청장은 어린이집을 설치·운영하는 자로 하여금 그 어린이집에 관하여 필요한 보고를 하게 하거나 관계 공무원으로 하여금 그 어린이집의 운영 상황을 조사하게 하거나 장부와 그 밖의 서류를 검사하게 할 수 있다. 관계 공무원이 그 직무를 수행할 때에는 그 권한을 표시하는 증표를 지니고 이를 관계인에게 내보여야 한다.

(3) 어린이집의 폐지·휴지 및 재개 등의 신고

인가된 어린이집을 폐지하거나 일정기간 운영을 중단하거나 운영을 재개하려는 자는 보건복지부령으로 정하는 바에 따라 미리 특별자치도지사·시장·군수·구청장에게 신고하여야 한다. 어린이집의 원장은 어린이집이 폐지되거나 일정기간 운영이 중단되는 경우에는 보건복지부령으로 정하는 바에 따라 그 어린이집에서 보육 중인 영유아가 다른 어린이집으로 옮길 수 있도록 하는 등 영유아의 권익을 보호하기 위한 조치를 취하여야 한다.

(4) 어린이집에 대한 휴원명령

보건복지부장관, 시·도지사 또는 시장·군수·구청장은 천재지변이나 감염병 발생 등 긴급한 사유로 정상적인 보육이 어렵다고 인정하는 경우 어린이집의 원장에게 휴원을 명할 수 있다. 명령을 받은 어린이집의 원장은 지체 없이 어린이집을 휴원 하여야 하며, 휴원 시 보호자가 영유아를 가정에서 양육할 수 없는 경우 등 긴급보육수요에 대비하여 긴급보육 계획을 가정통신문 등을 통하여 보호자에게 미리 안내하는 등 어린이집 운영에 필요한 조치를 하여야 한다.

(5) 어린이집의 폐쇄 등

보건복지부장관, 시·도지사 및 시장·군수·구청장은 어린이집을 설치·운영하는 자(설치·운영자)가 다음 중 어느 하나에 해당하면 1년 이내의 어린이집 운영정지를 명하거나 어린이집의 폐쇄를 명할 수 있다. 이 경우 보육교직원 등 설치·운영자의 관리·감독 하에 있는 자가 제4호에 해당하는 행위를 한 경우에는 설치·운영자가 한 행위로 본다(설치·운영자가 그 행위를 방지하기 위하여 상당한 주의와 감독을 게을리 하지 아니한 경우에는 그러하지 아니하다).

- 거짓이나 그 밖의 부정한 방법으로 보조금을 교부받거나 보조금을 유용(流用)한 경우
- 비용 또는 보조금의 반환명령을 받고 반환하지 아니한 경우
- 시정 또는 변경 명령을 위반한 경우
- 아동학대 행위를 한 경우
- 어린이통학버스(도로교통법에 따른 신고를 하지 아니한 경우를 포함)에 보육교직원을 함께 태우지 아니한 채 어린이통학버스 운행 중 발생한 교통사고로 영유아가 사망하거나 신체에 보건복지부령으로 정하는 중상해를 입은 경우

특별자치시장·특별자치도지사·시장·군수·구청장은 설치·운영자 또는 보육교직원이 아동학대 행위를 한 것으로 의심되는 경우 즉시 보고를 받거나 조사·검사를 실시하여야 한다.

특별자치시장·특별자치도지사·시장·군수·구청장은 보고나 조사·검사를 실시한 후 지체 없이 아동보호전문기관 등 관계 기관과 협의하여 행정처분 여부를 결정하여야 한다.

특별자치시장·특별자치도지사·시장·군수·구청장은 어린이집이 운영정지 또는 폐쇄되는 경우에는 어린이집에 보육 중인 영유아를 다른 어린이집으로 옮기도록 하는 등 영유아의 권익을 보호하기 위하여 필요한 조치를 하여야 한다.

(6) 행정제재처분효과의 승계

어린이집을 설치·운영하는 자가 그 어린이집을 양도하거나 사망한 때 또는 법인의 합병이 있는 때에는 종전의 어린이집을 설치·운영한 자에게 행한 행정제재처분의 효과는 그 행정처분일부터 1년간 그 양수인·상속인 또는 합병 후 신설되거나 존속하는 법인에 승계되며, 행정제재처분의 절차가 진행 중인 경우에는 양수인·상속인 또는 합병 후 신설되거나 존속하는 법인에 대하여 행정제재처분의 절차를 속행할 수 있다. 다만, 양수인·상속인 또는 합병 후 신설되거나 존속하는 법인이 양수 또는 합병할 때 그 처분 또는 위반사실을 알지 못하였음을 증명하는 경우에는 그러하지 아니하다.

양수인 · 상속인 또는 합병 후 신설되거나 존속하는 법인이 어린이집을 양수 · 상속 또는 합병할 때에는 종전의 어린이집을 설치 · 운영한 자가 행정처분의 절차가 진행 중인지 행정제재 처분을 받은 이력이 있는지 여부를 확인하여야 하며, 보건복지부장관, 시 · 도지사 및 시장 · 군수 · 구청장은 양수인 · 상속인 또는 합병 후 신설되거나 존속하는 법인이 그 확인을 요청하는 경우 이를 보건복지부령으로 정하는 바에 따라 확인하는 서류를 발부할 수 있다.

(7) 어린이집 원장의 자격정지

보건복지부장관은 어린이집의 원장이 다음 중 어느 하나에 해당하면 1년(아동학대 행위에 해당하게 된 경우에는 2년) 이내의 범위에서 보건복지부령으로 정하는 바에 따라 그 자격을 정지시킬 수 있다.

- 어린이집의 원장이 업무 수행 중 고의나 중대한 과실로 영유아에게 손해를 입힌 경우로서 '영유아의 생명을 해치거나 신체 또는 정신에 중대한 손해를 입힌 경우, 운영기준을 위반하여 손해를 입힌 경우, 보건복지부령으로 정한 급식기준을 위반하여 손해를 입힌 경우, 밖에 손해를 입힌 경우' 중 어느 하나에 해당하는 경우
- 해당 업무 수행에 필요한 자격이 없는 자를 채용하여 보육교사 · 간호사 또는 영양사 등의 업무를 수행하게 한 경우
- 보수교육을 연속하여 3회 이상 받지 아니한 경우
- 거짓이나 그 밖의 부정한 방법으로 보조금을 교부받거나 보조금을 유용한 경우
- 공익신고를 한 보육교직원에게 불이익조치를 한 경우

(8) 보육교사의 자격정지

보건복지부장관은 보육교사가 다음 중 어느 하나에 해당하면 1년(아동학대 행위로 보육교사가 업무 수행 중 그 자격과 관련하여 고의나 중대한 과실로 손해를 입힌 경우에 해당하게 된 경우에는 2년) 이내의 범위에서 보건복지부령으로 정하는 바에 따라 그 자격을 정지시킬 수 있다.

- 보육교사가 업무 수행 중 그 자격과 관련하여 고의나 중대한 과실로 손해를 입힌 경우

• 보수교육을 연속하여 3회 이상 받지 아니한 경우

(9) 어린이집의 원장 또는 보육교사의 자격취소

보건복지부장관은 어린이집의 원장 또는 보육교사가 다음 중 어느 하나에 해당하면 그 자격을 취소할 수 있다.

- 거짓이나 그 밖의 부정한 방법으로 자격증을 취득한 경우
- 자격 취득자가 업무 수행 중 그 자격과 관련하여 고의나 중대한 과실로 손해를 입히고 금고 이상의 형을 선고받은 경우
- 아동학대관련범죄로 처벌을 받은 경우
- 명의대여 금지 등의 의무를 위반한 경우
- 자격정지처분기간 종료 후 3년 이내에 자격정지처분에 해당하는 행위를 한 경우
- 자격정지처분을 받고도 자격정지처분기간 이내에 자격증을 사용하여 자격 관련 업무를 수행한 경우
- 자격정지처분을 3회 이상 받은 경우
- 금고 이상의 형을 선고받은 경우

(10) 어린이집 정보의 공시 등

어린이집의 원장은 어린이집이 보유·관리하는 다음의 정보를 매년 1회 이상 공시하여야 한다. 이 경우 어린이집의 원장은 공시한 정보(정보공시)를 특별자치시장·특별자치도지사·시장·군수·구청장에게 제출하여야 하고 보건복지부장관은 정보공시와 관련된 자료의 제출을 요구할 수 있다.

- 어린이집의 시설, 설치·운영자, 보육교직원 등 기본현황
- 어린이집 보육과정에 관한 사항
- 수납하는 보육료와 그 밖의 필요경비에 관한 사항
- 어린이집 예산·결산 등 회계에 관한 사항
- 영유아의 건강·영양 및 안전관리에 관한 사항
- 그 밖에 보육여건 및 어린이집 운영에 관한 사항으로서 대통령령으로 정하는 사항

보건복지부장관은 공시에 필요한 양식을 마련·보급하고 정보공시를 수집 및 관리할 수 있다. 이 경우 보건복지부장관은 보육정책 수립, 학술연구 진흥, 통계 작성 등에 활용하기 위하여 정보공시를 연계·가공할 수 있다. 보건복지부장관, 시·도지사 또는 시장·군수·구청장은 어린이집의 원장이 해당 정보를 공시하지 아니하거나 게을리 할 경우 이에 대한 시정을 권고하여야 한다.

어린이집의 원장은 어린이집을 홍보하거나 표시 또는 광고를 할 때에는 공시된 정보와 다르게 알려서는 아니 된다.

보건복지부장관, 시·도지사 또는 시장·군수·구청장은 위반 여부를 확인할 필요가 있는 경우에는 해당 어린이집의 원장에게 관련 자료의 제출을 요청할 수 있다. 이 경우 요청을 받은 어린이집의 원장은 정당한 사유가 없는 한 관련 자료를 보건복지부장관, 시·도지사 또는 시장·군수·구청장에게 제출하여야 한다.

3. 관련 행정기관 및 벌칙

1) 관련 행정기관

(1) 보육정책조정위원회

보육정책에 관한 관계 부처 간의 의견을 조정하기 위하여 국무총리 소속으로 보육정책조정위원회를 둔다. 보육정책조정위원회는 보육정책의 기본 방향에 관한 사항, 보육 관련 제도개선과 예산지원에 관한 사항, 보육에 관한 관계 부처 간 협조 사항, 그 밖에 위원장이 회의에 부치는 사항을 심의·조정한다.

보육정책조정위원회는 위원장을 포함한 12명 이내의 위원으로 구성하되, 위원장은 국무조정실장이 된다.

(2) 보육정책위원회

보육에 관한 각종 정책·사업·보육지도 및 어린이집 평가인증사항 등을 심의하기 위하여 보건복지부에 중앙보육정책위원회를, 특별시·광역시·도·특별자치도(시·도) 및 시 · 군 · 구에 지방보육정책위원회를 둔다. 다만, 지방보육정책위원회는 그 기능을 담당하기에 적합한 다른 위원회가 있고 그 위원회의 위원이 자격을 갖춘 경우에는 시 · 도 또는 시 · 군 · 구의 조례로 정하는 바에 따라 그 위원회가 지방보육정책위원회의 기능을 대신할 수 있다.

중앙보육정책위원회와 지방보육정책위원회의 위원은 보육전문가, 어린이집의 원장 및 보육교사 대표, 보호자 대표 또는 공익을 대표하는 자, 관계 공무원 등으로 구성한다.

(3) 육아종합지원센터

영유아에게 일시보육 서비스를 제공하거나 보육에 관한 정보의 수집 · 제공 및 상담을 위하여 보건복지부장관은 중앙육아종합지원센터를, 특별시장 · 광역시장 · 특별자치시장 · 도지사 · 특별자치도지사 및 시장 · 군수 · 구청장은 지방육아종합지원센터를 설치 · 운영하여야 한다. 이 경우 필요하다고 인정하는 경우에는 영아 · 장애아 보육 등에 관한 육아종합지원센터를 별도로 설치 · 운영할 수 있다.

중앙육아종합지원센터와 지방육아종합지원센터에는 육아종합지원센터의 장과 보육에 관한 정보를 제공하는 보육전문요원 및 보육교직원의 정서적 · 심리적 상담 등의 업무를 하는 상담전문요원 등을 둔다.

(4) 보육개발원

보건복지부장관은 보육에 관한 연구와 정보 제공, 프로그램 및 교재 개발, 평가척도 개발 및 보육교직원 연수 등의 업무를 위하여 보육개발원을 설치하거나 그 업무를 관련 연구기관 등에 위탁할 수 있다.

2) 기타

(1) 경력의 인정

어린이집에 근무하는 자 중 유치원교원의 자격을 가진 자에 대하여는 어린이집에서의 근무경력을 교육경력으로 인정한다. 유치원(방과 후 과정 수업과정을 운영하고 있는 유치원)에 근무하는 자 중 보육교사의 자격을 가진 자에 대하여는 유치원에서의 근무경력을 이 법에 따른 보육경력으로 인정한다.

(2) 보고와 검사

보건복지부장관, 시 · 도지사 또는 시장 · 군수 · 구청장은 어린이집을 설치 · 운영하는 자로 하여금 그 어린이집에 관하여 필요한 보고를 하게 하거나 관계 공무원으로 하여금 그 어린이집의 운영 상황을 조사하게 하거나 장부와 그 밖의 서류를 검사하게 할 수 있다. 관계 공무원이 그 직무를 수행할 때에는 그 권한을 표시하는 증표를 지니고 이를 관계인에게 내보여야 한다.

(3) 보육 실태 조사

보건복지부장관은 보육 실태 조사를 3년마다 하여야 한다.

(4) 보호자 교육(제9조의2) 〔본조신설 2017.3.14.〕 〔시행일: 2017.9.15.〕

국가와 지방자치단체는 영유아의 보호자에게 영유아의 성장 · 양육방법, 보호자의 역할, 영유아의 인권 등에 대한 교육을 실시할 수 있다. 보건복지부장관 또는 지방자치단체의 장은 예산의 범위에서 교육에 필요한 비용을 보조할 수 있다. 교육의 내용, 실시 방법 등에 필요한 사항은 보건복지부령으로 정한다.

3) 벌칙 등

(1) 벌칙

① 5년 이하의 징역 또는 5천만원 이하의 벌금

업무에 종사하거나 종사하였던 자는 업무를 수행하면서 취득한 금융정보등을 이 법으로 정한 목적 외의 다른 용도로 사용하거나 다른 사람 또는 기관에 제공하거나 누설한 자

② 3년 이하의 징역 또는 3천만원 이하의 벌금

거짓이나 그 밖의 부정한 방법으로 보조금을 교부받거나 보조금을 유용한 자

③ 1년 이하의 징역 또는 1천만원 이하의 벌금

- 설치인가를 받지 아니하고 어린이집의 명칭을 사용하거나 사실상 어린이집의 형태로 운영한 자
- 거짓이나 그 밖의 부정한 방법으로 어린이집의 설치인가 또는 변경인가를 받은 자
- 자기의 성명이나 어린이집의 명칭을 사용하여 어린이집의 원장 또는 보육교사의 업무를 수행하게 하거나 자격증을 대여한 자 및 그 상대방
- 거짓이나 그 밖의 부정한 방법으로 비용을 지원받거나 타인으로 하여금 지원을 받게 한 자
- 보육서비스 이용권을 부정사용한 자
- 거짓이나 그 밖의 부정한 방법으로 보육료 등을 수납한 어린이집의 설치·운영자
- 어린이집 운영정지명령 또는 어린이집의 폐쇄명령을 위반하여 사업을 계속한 자

(2) 양벌규정

법인의 대표자, 개인의 대리인, 사용인, 그 밖의 종업원이 그 법인 또는 개인의 업무에 관하여 위의 벌칙 내용의 위반행위를 하면 그 행위자를 벌할 뿐만 아니라 그 법인에도 해당 조문의 벌금형을 과한다.

(3) 과태료

① 500만원 이하

신고를 하지 아니하고 어린이집을 폐지하거나 일정기간 운영을 중단하거나 운영을 재개한 자

② 300만원 이하

- 취약보육을 우선적으로 실시하지 아니한 자
- 보육의 우선 제공 대상자에 해당하는 자를 우선적으로 보육하지 아니한 자
- 건강진단 또는 응급조치 등을 이행하지 아니한 자

제 6절 정신건강증진 및 정신질환자 복지서비스 지원에 관한 법률

1. 개요

1) 목적

정신질환의 예방·치료, 정신질환자의 재활·복지·권리보장과 정신건강 친화적인 환경 조성에 필요한 사항을 규정함으로써 국민의 정신건강증진 및 정신질환자의 인간다운 삶을 영위하는 데 이바지함을 목적으로 한다.

2) 기본이념

① 모든 국민은 정신질환으로부터 보호받을 권리를 가진다.

② 모든 정신질환자는 인간으로서의 존엄과 가치를 보장받고, 최적의 치료를 받을 권리를 가진다.

③ 모든 정신질환자는 정신질환이 있다는 이유로 부당한 차별대우를 받지 아니한다.

④ 미성년자인 정신질환자는 특별히 치료, 보호 및 교육을 받을 권리를 가진다.

⑤ 정신질환자에 대해서는 입원 또는 입소(이하 "입원등"이라 한다)가 최소화되도록 지역 사회 중심의 치료가 우선적으로 고려되어야 하며, 정신건강증진시설에 자신의 의지에 따른 입원 또는 입소(이하 "자의입원등"이라 한다)가 권장되어야 한다.

⑥ 정신건강증진시설에 입원등을 하고 있는 모든 사람은 가능한 한 자유로운 환경을 누릴 권리와 다른 사람들과 자유로이 의견교환을 할 수 있는 권리를 가진다.

⑦ 정신질환자는 원칙적으로 자신의 신체와 재산에 관한 사항에 대하여 스스로 판단하고 결정할 권리를 가진다. 특히 주거지, 의료행위에 대한 동의나 거부, 타인과의 교류, 복지서비스의 이용 여부와 복지서비스 종류의 선택 등을 스스로 결정할 수 있도록 자기결정권을 존중받는다.

⑧ 정신질환자는 자신에게 법률적·사실적 영향을 미치는 사안에 대하여 스스로 이해하여 자신의 자유로운 의사를 표현할 수 있도록 필요한 도움을 받을 권리를 가진다.

⑨ 정신질환자는 자신과 관련된 정책의 결정과정에 참여할 권리를 가진다.

3) 국가와 지방자치단체의 책무

국가와 지방자치단체는 국민의 정신건강을 증진시키고, 정신질환을 예방·치료하며, 정신질환자의 재활 및 장애극복과 사회적응 촉진을 위한 연구·조사와 지도·상담 등 필요한 조치를 하여야 하며, 정신질환의 예방·치료와 정신질환자의 재활을 위하여 정신건강복지센터와 정신건강증진시설, 사회복지시설, 학교 및 사업장 등을 연계하는 정신건강서비스 전달체계를 확립하여야 한다.

국가와 지방자치단체는 정신질환자등과 그 가족에 대한 권익향상, 인권보호 및 지원 서비스 등에 관한 종합적인 시책을 수립하고 그 추진을 위하여 노력하여야 하며, 정신질환자등과 그 가족에 대한 모든 차별 및 편견을 해소하고 차별받은 정신질환자등과 그 가족의 권리를 구제할 책임이 있으며, 정신질환자등과 그 가족에 대한 차별 및 편견을 해소하기 위하여 적극적인 조치를 하여야 한다.

4) 국민의 의무

모든 국민은 정신건강증진을 위하여 국가와 지방자치단체가 실시하는 조사 및 정신건강증진사업등에 협력하여야 한다.

5) 정신건강증진시설의 장의 의무

정신건강증진시설의 장은 정신질환자등이 입원등을 하거나 사회적응을 위한 훈련을 받으려고 하는 때에는 지체 없이 정신질환자등과 그 보호의무자에게 이 법 및 다른 법률에 따른 권리 및 권리행사 방법을 알리고, 그 권리행사에 필요한 각종 서류를 정신건강증진시설에 갖추어 두어야 하며, 정신질환자등의 치료, 보호 및 재활과정에서 정신질환자등의 의견을 존중하여야 한다. 또한 입원등 또는 거주 중인 정신질환자등이 인간으로서의 존엄과 가치를 보장받으며 자유롭게 생활할 수 있도록 노력하여야 한다.

6) 용어의 정의

① **정신질환자**: 망상, 환각, 사고나 기분의 장애 등으로 인하여 독립적으로 일상생활을 영위하는 데 중대한 제약이 있는 사람을 말한다.

② **정신건강증진사업**: 신건강 관련 교육·상담, 정신질환의 예방·치료, 정신질환자의 재활, 정신건강에 영향을 미치는 사회복지·교육·주거·근로 환경의 개선 등을 통하여 국민의 정신건강을 증진시키는 사업을 말한다.

③ **정신건강복지센터**: 정신건강증진시설, 사회복지시설, 학교 및 사업장과 연계체계를 구축하여 지역사회에서의 정신건강증진사업 및 정신질환자 복지서비스 지원사업을 하는 국가 또는 지방자치단체가 설치·운영하는 기관 또는 국가 또는 지방자치단체로부터 위탁받아 정신건강증진사업등을 수행하는 기관 또는 단체를 말한다.

④ **정신건강증진시설**: 정신의료기관, 정신요양시설 및 정신재활시설을 말한다.

⑤ **정신의료기관**: 주로 정신질환자를 치료할 목적으로 설치된 정신병원, 병원급 의료기관에 설치된 정신건강의학과로서 기준에 적합한 기관을 말한다.

⑥ **정신요양시설**: 정신질환자를 입소시켜 요양 서비스를 제공하는 시설을 말한다.

⑦ **정신재활시설**: 정신질환자 또는 정신건강상 문제가 있는 사람 중 대통령령으로 정하는 사람(이하 "정신질환자등"이라 한다)의 사회적응을 위한 각종 훈련과 생활지도를 하는 시설을 말한다.

7) 연혁

① 1995. 12. 30. **정신보건법 제정, 시행** 1996.12. 31.

② 2016. 5. 29. **전부개정. 시행** 2017. 5. 30. 정신건강증진 및 정신질환자 복지서비스 지원에 관한 법률로 정신보건법을 전부개정하였다. 정신질환자의 범위를 중증정신질환자로 축소 정의하고, 전 국민 대상의 정신건강증진의 장을 신설하며, 비자의 입원·퇴원 제도를 개선하고, 정신질환자에 대한 복지서비스 제공을 추가하는 등 현행 법률상 미흡한 점을 개선·보완하였다.

2. 정신건강증진 정책의 추진 등

1) 국가계획의 수립 등

보건복지부장관은 관계 행정기관의 장과 협의하여 5년마다 정신건강증진 및 정신질환자 복지서비스 지원에 관한 국가의 기본계획(이하 "국가계획"이라 한다)을 수립하여야 한다. 특별시장·광역시장·특별자치시장·도지사·특별자치도지사는 국가계획에 따라 각각 특별시·광역시·특별자치시·도·특별자치도 단위의 정신건강증진 및 정신질환자 복지서비스 지원에 관한 계획(지역계획)을 수립하여야 한다. 이 경우 해당 지역계획은 지역보건의료계획과 연계되도록 하여야 한다.

국가계획 또는 지역계획에는 ① 정신질환의 예방, 상담, 조기발견, 치료 및 재활을 위한 활동과 각 활동 상호 간 연계 ② 영·유아, 아동, 청소년, 중·장년, 노인 등 생애주기(이하 "생애주기"라 한다) 및 성별에 따른 정신건강증진사업 ③ 정신질환자의 조기퇴원 및 사회적응 ④ 적정한 정신건강증진시설의 확보 및 운영 ⑤ 정신질환에 대한 인식개선을 위한 교육·홍보, 정신질환자의 법적 권리보장 및 인권보호 방안 ⑥ 전문인력의 양성 및 관리 ⑦ 정신건강증진을 위한 교육, 주거, 근로환경 등의 개선 및 이와 관련된 부처 또는 기관과의 협력 방안 ⑧ 정신건강 관련 정보체계 구축 및 활용 ⑨ 정신질환자와 그 가족의 지원 ⑩ 정신질환자의 건강, 취업, 교육 및 주거 등 지역사회 재활과 사회참여 ⑪ 정신질환자에 대한 복지서비스의 연구·개발 및 평가에 관한 사항 ⑫ 정신질환자에 대한 복지서비스 제공에 필요한 재원의 조달 및 운용에 관한 사항 ⑬ 그 밖에 보건복지부장관 또는 시·도지사가 정신건강증진을 위하여 필요하다고 인정하는 사항이 포함되어야 한다.

보건복지부장관과 시·도지사는 국가계획 및 지역계획의 수립·시행에 필요한 자료의 제공 및 협조를 관계 행정기관, 정신건강증진시설 및 관련 기관·단체 등에 요청할 수 있다. 이 경우 요청받은 기관·시설·단체 등은 자료의 제공이 법령에 위반되거나 정상적인 업무수행에 뚜렷한 지장을 초래하는 등의 정당한 사유가 없으면 그 요청에 따라야 한다.

또한 국가계획 및 지역계획을 수립할 때에는 장애인정책종합계획과 연계되도록 하여야 한다. 보건복지부장관은 5년마다 정신질환자의 인권과 복지증진 추진사항에 관한 백서를 발간하여 공표하여야 한다.

2) 정신건강증진 관련 주요정책의 심의

보건복지부장관은 국가계획의 수립, 정신건강증진 및 정신질환자 복지서비스 지원 체계와 제도의 발전에 관하여 국민건강증진정책심의위원회의 심의를 받아야 한다.

3) 실태조사

보건복지부장관은 5년마다 ① 정신질환의 인구학적 분포, 유병률 및 유병요인 ② 성별, 연령 등 인구학적 특성에 따른 정신질환의 치료 이력, 정신건강증진시설 이용 현황 ③ 정신질환으로 인한 사회적 · 경제적 손실 ④ 정신질환자의 취업 · 직업훈련 · 소득 · 주거 · 경제상태 및 정신질환자에 대한 복지서비스 ⑤ 정신질환자 가족의 사회 · 경제적 상황 ⑥ 그 밖에 정신건강증진에 필요한 사항으로서 보건복지부령으로 정하는 사항에 관한 실태조사를 하여야 한다. 다만, 정신건강증진 정책을 수립하는 데 필요한 경우 수시로 실태조사를 할 수 있다.

실태조사와 정신건강증진 관련 지도업무를 수행하기 위하여 시 · 도에 담당 공무원을 둘 수 있다. 보건복지부장관은 실태조사를 하는 데 필요한 자료를 제공하도록 정신건강증진시설 및 대통령령으로 정하는 관련 기관 · 단체 등에 요청할 수 있다. 이 경우 요청받은 정신건강증진시설 및 관련 기관 · 단체 등은 자료의 제공이 법령에 위반되거나 정상적인 업무수행에 뚜렷한 지장을 초래하는 등의 정당한 사유가 없으면 그 요청에 따라야 한다. 실태조사는 필요한 경우 장애인복지법에 따른 장애 실태조사와 함께 실시할 수 있다.

4) 정신건강상 문제의 조기발견 등

보건복지부장관, 시 · 도지사 및 시장 · 군수 · 구청장은 정신질환의 원활한 치료와 만성화 방지를 위하여 정신건강복지센터, 정신건강증진시설 및 의료기관을 연계한 정신건강상 문제의 조기발견 체계를 구축하여야 하며, 생애주기 및 성별 정신건강상 문제의 조기발견 · 치료를 위한 교육 · 상담 등의 정신건강증진사업을 시행한다.

5) 정신건강의 날

정신건강의 중요성을 환기하고 정신질환에 대한 편견을 해소하기 위하여 매년 10월 10일을 정신건강의 날로 하고, 정신건강의 날이 포함된 주를 정신건강주간으로 하며, 국가와 지방자치단체는 정신건강의 날 취지에 적합한 행사와 교육·홍보사업을 실시할 수 있다.

6) 정신건강복지센터의 설치 및 운영

보건복지부장관은 필요한 지역에서의 신건강증진사업등의 제공 및 연계 사업을 전문적으로 수행하게 하기 위하여 정신건강복지센터를 설치·운영할 수 있다. 시·도지사는 관할 구역에서 정신건강증진사업등의 제공 및 연계 사업을 전문적으로 수행하게 하기 위하여 광역정신건강복지센터를 설치·운영할 수 있다. 시장·군수·구청장은 관할 구역에서의 정신건강증진사업등의 제공 및 연계 사업을 전문적으로 수행하게 하기 위하여 보건소에 기초정신건강복지센터를 설치·운영할 수 있다.

정신건강복지센터의 장은 정신건강증진사업등의 제공 및 연계사업을 수행하기 위하여 정신질환자를 관리하는 경우에 정신질환자 본인이나 보호의무자의 동의를 받아야 한다.

보건복지부장관은 정신건강복지센터의 설치·운영에 필요한 비용의 일부를 부담한다. 보건복지부장관은 시·도지사 및 시장·군수·구청장은 조례나 규칙으로 정하는 바에 따라 소관 정신건강증진사업등을 정신건강에 관한 전문성이 있는 기관·단체에 위탁하여 수행할 수 있다.

시·도지사는 소관 광역정신건강복지센터의 운영 현황 및 정신건강증진사업등의 추진 내용을, 시장·군수·구청장은 관할 시·도지사를 통하여 소관 기초정신건강복지센터의 운영 현황 및 정신건강증진사업등의 추진 내용을 각각 반기별로 보건복지부장관에게 보고하여야 한다.

7) 국가트라우마센터의 설치·운영

재난이나 그 밖의 사고로 정신적 피해를 입은 사람과 가족 등의 심리적 안정과 사회 적응을 지원하기 위하여 국가트라우마센터를 설치·운영할 수 있다.

8) 정신건강전문요원의 자격등

보건복지부장관은 정신건강 분야에 관한 전문지식과 기술을 갖추고 보건복지부령으로 정하는 수련기관에서 수련을 받은 사람에게 정신건강전문요원의 자격을 줄 수 있다. 정신건강전문요원 그 전문분야에 따라 정신건강임상심리사, 정신건강간호사 및 정신건강사회복지사 및 정신건강작업치료사로 구분한다.

보건복지부장관은 정신건강전문요원의 자질을 향상시키기 위하여 보수교육을 실시할 수 있다. 보수교육을 국립정신병원, 학교 또는 대통령령으로 정하는 전문기관에 위탁할 수 있다.

보건복지부장관은 정신건강전문요원이 자격을 받은 후 제18조 정신건강전문요원의 결격 사유의 어느 하나에 해당하게 된 경우와 거짓이나 그 밖의 부정한 방법으로 자격을 받은 경우는 그 자격을 취소하여야 하며, 고의 또는 중대한 과실로 업무의 수행에 중대한 지장이 발생하게 된 경우는 6개월 이내의 기간을 정하여 자격의 정지를 명할 수 있다.

3. 정신건강증진시설의 개설 · 설치 및 운영 등

1) 정신의료기관의 개설 · 운영 등

정신의료기관의 개설은 의료법에 따르며, 신의료기관의 시설 · 장비의 기준과 의료인 등 종사자의 수 · 자격에 관하여 필요한 사항은 정신의료기관의 규모 등을 고려하여 보건복지부령으로 따로 정한다.

2) 국립공립정신병원의 설치 등

국가와 지방자치단체는 국립 또는 공립의 정신의료기관으로서 정신병원을 설치 · 운영하여야 한다. 정신병원을 설치하는 경우 그 병원이 지역적으로 균형 있게 분포되도록 하여야 하며, 정신질환자가 지역사회 중심으로 관리되도록 하여야 한다.

3) 정신요양시설의 설치 · 운영

국가와 지방자치단체는 정신요양시설을 설치 · 운영할 수 있다. 사회복지법인과 그 밖의 비영리법인이 정신요양시설을 설치 · 운영하려는 경우에는 해당 정신요양시설 소재지 관할 특별자치시장 · 특별자치도지사 · 시장 · 군수 · 구청장의 허가를 받아야 한다.

법을 위반하여 정신질환자를 퇴소나 임시 퇴소를 시키지 아니한 행위를 한 자, 정신건강의학과전문의의 대면 진단에 의하지 아니하고 정신질환자를 정신요양시설에 입소시키거나 입소의 기간을 연장한 행위로 금고 이상의 형을 선고받고 그 형의 집행이 끝나거나 집행을 받지 아니하기로 확정된 후 5년이 지나지 아니한 사람 또는 그 사람이 대표자로 있는 법인은 정신요양시설을 설치할 수 없다.

허가받은 사항을 변경하려는 경우에는 특별자치시장 · 특별자치도지사 · 시장 · 군수 · 구청장에게 신고하여야 한다. 다만, 입소 정원을 변경하려는 경우에는 변경허가를 받아야 한다.

보건복지부장관, 시 · 도지사 및 시장 · 군수 · 구청장은 정신요양시설의 장에게 정신질환자의 요양생활에 지장이 없는 범위에서 지역주민 · 사회단체 · 언론사 등이 정신요양시설의 운영상황을 파악할 수 있도록 그 시설의 개방을 요구할 수 있다. 이 경우 정신요양시설의 장은 정당한 사유가 없으면 그 요구에 따라야 한다.

4. 복지서비스의 제공

1) 복지서비스의 개발

국가와 지방자치단체는 정신질환자가 정신질환에도 불구하고 잠재적인 능력을 최대한 계발할 수 있도록 정신질환자에게 적합한 서비스를 적극적으로 개발하기 위한 연구지원체계를 구축하기 위하여 노력하여야 한다.

2) 고용 및 직업재활 지원

국가와 지방자치단체는 정신질환자가 자신의 능력을 최대한 활용하여 직업생활을 영위할 수 있도록 일자리 창출, 창업지원 등 고용촉진에 필요한 조치를 강구하여야 한다.

보건복지부장관은 정신질환자의 능력과 특성에 적합한 직업훈련, 직업지도 등을 지원하기 위하여 필요한 조치를 강구하여야 한다.

3) 평생교육 지원

국가와 지방자치단체는 정신질환자에게 평생교육의 기회가 충분히 부여될 수 있도록 특별자치시장 · 특별자치도지사 · 시장 · 군수 · 구청장별로 평생교육기관을 지정하여 정신질환자를 위한 교육과정을 적절하게 운영하도록 조치하여야 한다. 지정된 평생교육기관에 대하여 예산의 범위에서 정신질환자를 위한 교육과정 운영에 필요한 경비의 전부 또는 일부를 지원할 수 있다.

4) 문화 · 예술 · 여가 · 체육활동 등 지원

국가와 지방자치단체는 이 법에서 정한 지원 외에 문화 · 예술 · 여가 · 체육활동 등의 영역에서 정신질환자에게 필요한 서비스가 지원되도록 최대한 노력하여야 한다.

5) 지역사회 거주 · 치료 · 재활 등 통합지원

국가와 지방자치단체는 정신질환자의 지역사회 거주 및 치료를 위하여 필요한 시책을 강구하여야 하며, 정신건강증진시설에서의 퇴원 및 퇴소(퇴원등)가 필요한 정신질환자에 대한 지역사회 재활 지원 등 지역사회 통합 지원을 위하여 노력하여야 한다.

6) 가족에 대한 정보제공과 교육

국가와 지방자치단체는 정신질환자의 가족이 정신질환자의 적절한 회복과 자립을 지원하는 데 필요한 정보를 제공하거나 관련 교육을 실시할 수 있다.

5. 보호 및 치료 등

1) 보호의무자

후견인 또는 부양의무자는 정신질환자의 보호의무자가 된다. 다만, 피성년후견인 및 피한정후견인, 파산선고를 받고 복권되지 아니한 사람, 해당 정신질환자를 상대로 한 소송이 계속 중인 사람 또는 소송한 사실이 있었던 사람과 그 배우자, 미성년자, 행방불명자, 그 밖에 보건복지부령으로 정하는 부득이한 사유로 보호의무자로서의 의무를 이행할 수 없는 사람 중 어느 하나에 해당하는 사람은 보호의무자가 될 수 없다.

보호의무자 사이의 보호의무의 순위는 후견인·부양의무자의 순위에 따르며 부양의무자가 2명 이상인 경우에는 「민법」 제976조에 따른다.

2) 보호의무자의 의무

보호의무자는 보호하고 있는 정신질환자가 적절한 치료 및 요양과 사회적응 훈련을 받을 수 있도록 노력하여야 하며, 보호하고 있는 정신질환자가 정신의료기관 또는 정신요양시설(정신의료기관등)에 입원등을 할 필요가 있는 경우에는 정신질환자 본인의 의사를 최대한 존중하여야 하며, 정신건강의학과전문의가 정신의료기관등에서 정신질환자의 퇴원등이 가능하다고 진단할 경우에는 퇴원등에 적극 협조하여야 한다.

보호의무자는 보호하고 있는 정신질환자가 자신이나 다른 사람을 해치지 아니하도록 유의하여야 하며, 정신질환자의 재산상의 이익 등 권리보호를 위하여 노력하여야 하며, 보호하고 있는 정신질환자를 유기하여서는 아니 된다.

3) 자의입원등

정신질환자나 그 밖에 정신건강상 문제가 있는 사람은 보건복지부령으로 정하는 입원등 신청서를 정신의료기관등의 장에게 제출함으로써 그 정신의료기관등에 자의입원등을 할 수 있다.

정신의료기관등의 장은 자의입원등을 한 사람이 퇴원등을 신청한 경우에는 지체 없이 퇴원등을 시켜야 하며, 자의입원등을 한 사람에 대하여 입원등을 한 날부터 2개월마다 퇴원등을 할 의사가 있는지를 확인하여야 한다.

3-1) 구 의료법 제27조 제3항에서 정한 영리목적의 환자유인 행위의 해당 여부와 구 정신보건법 제23조 제2항에서 정한 자의(自意) 입원 정신질환자로부터의 퇴원 요청이 있었음에도 관련 법령에 정해진 절차를 밟지 않은 채 방치한 경우 감금 행위의 성립 여부가 문제된 사례(대법원, 2017)

피고인 노철수(가명)는 공범들과 공모하여 서울역, 영등포역 등에서 노숙인들에게 담배, 생필품 등을 제공할 것을 약속하거나 교통편의를 제공하여 병원으로 데리고 와 치료위임계약을 체결하였다. 이러한 행위는 구 의료법 제27조 제3항에서 정한 영리목적의 환자유인 행위에 해당한다.

노숙인 황경중(가명)은 2013년 12월 노철수에게 퇴원신청을 하였는데도 노철수는 황경중을 퇴원시키지 않고 계속 폐쇄병동에 입실시켰다. 황경중은 여러 차례 퇴원요청을 하였으나 받아들여지지 않자, 2014. 3. 19.경 경찰에 전화를 하여 자신이 벌금 수배자임을 밝히고 잡아가라는 신고를 하였고, 이에 따라 출동한 경찰과 함께 ○○○병원에서 나오게 되었다.

구 정신보건법(2015. 1. 28. 법률 제13110호로 개정되기 전의 것, 이하 같다) 제23조 제2항은 '정신의료기관의 장은 자의(自意)로 입원 등을 한 환자로부터 퇴원 신청이 있는 경우에는 지체 없이 퇴원을 시켜야 한다.'고 정하고 있다(2016. 5. 29. 법률 제14224호로 개정된 정신건강증진 및 정신질환자 복지서비스 지원에 관한 법률 제41조 제2항은 '정신의료기관등의 장은 자의입원 등을 한 사람이 퇴원 등을 신청한 경우에는 지체 없이 퇴원 등을 시켜야 한다.'고 정하고 있다). 환자로부터 퇴원 요구가 있는데도 구 정신보건법에 정해진 절차를 밟지 않은 채 방치한 경우에는 위법한 감금행위가 있다고 보아야 한다. 따라서 각 공소사실을 유죄로 판단한 원심의 판단을 수긍하여 상고기각하였다.

4) 동의입원등

정신질환자는 보호의무자의 동의를 받아 보건복지부령으로 정하는 입원등 신청서를 정신의료기관등의 장에게 제출함으로써 그 정신의료기관등에 입원등을 할 수 있다.

정신의료기관등의 장은 입원등을 한 정신질환자가 퇴원등을 신청한 경우에는 지체 없이 퇴원등을 시켜야 한다. 다만, 정신질환자가 보호의무자의 동의를 받지 아니하고 퇴원등을 신청한 경우에는 정신건강의학과전문의 진단 결과 환자의 치료와 보호 필요성이 있다고 인정되는 경우에 한정하여 정신의료기관등의 장은 퇴원등의 신청을 받은 때부터 72시간까지 퇴원등을 거부할 수 있고, 퇴원등을 거부하는 기간 동안 보호의무자에 의한 입원 또는 특별자치시장·특별자치도지사·시장·군수·구청장에 의한 입원등으로 전환할 수 있다.

정신의료기관등의 장은 퇴원등을 거부하는 경우에는 지체 없이 환자 및 보호의무자에게 그 거부 사유 및 제55조에 따라 퇴원등의 심사를 청구할 수 있음을 서면 또는 전자문서로 통지하여야 한다. 또한 입원등을 한 정신질환자에 대하여 입원등을 한 날부터 2개월마다 퇴원등을 할 의사가 있는지를 확인하여야 한다.

(4-1) 정신보건법상 보호의무자가 아닌 자가 정신질환자 입원에 동의한 사례 (대법원, 2014)

정신보건법 제2조 제1항은 그 기본이념으로 "모든 정신질환자는 인간으로서의 존엄과 가치를 보장받는다."고 규정하고 있고, 같은 조 제5항은 "입원치료가 필요한 정신질환자에 대하여는 항상 자발적 입원이 권장되어야 한다."고 규정하고 있다.

정신보건법 제24조 제1항은 보호의무자에 의한 입원과 관련하여 "정신의료기관 등의 장은 정신질환자의 보호의무자 2인의 동의(보호의무자가 1인인 경우에는 1인의 동의로 한다)가 있고 정신건강의학과 전문의가 입원 등이 필요하다고 판단한 경우에 한하여 당해 정신질환자를 입원 등을 시킬 수 있으며, 입원 등을 할 때 당해 보호의무자로부터 보건복지부령으로 정하는 입원 등의 동의서 및 보호의무자임을 확인할 수 있는 서류를 받아야 한다."고 규정하고 있다. 한편 위 조항에서 말하는 보호의무자와 관련하여 정신보건법 제21조 제1항은 "정신질환자의 민법상의 부양의무자 또는 후견인은 정신질환자의 보호의무자가 된다."고 규정하며, 같은 조 제3항은 "제1항의 규정에 의한 보호의무자가 없거나 보호의무자가 부득이한 사유로 인하여 그 의무를 이행할 수 없는 경우에는 당해 정신질환자의 주소지(주소지가 없거나 알 수 없는 경우에는 현재지)를 관할하는 시장·군수 또는 구청장이 그 보호의무자가 된다."고 규정하고 있다.

그리고 정신보건법 제26조 제1항은 응급입원과 관련하여 "정신질환자로 추정되는 자로서 자신 또는 타인을 해할 위험이 큰 자를 발견한 자는 그 상황이 매우 급박하여 정신보건법

제23조 내지 제25조의 규정에 의한 입원을 시킬 수 없는 때에는 의사와 경찰관의 동의를 얻어 정신의료기관에 당해인에 대한 응급입원을 의뢰할 수 있다."고 규정하고, 같은 조 제2항은 "제1항의 규정에 의하여 입원을 의뢰할 때에는 이에 동의한 경찰관 또는 소방기본법 제35조의 규정에 따른 구급대의 대원은 정신의료기관까지 당해인을 호송한다."고 규정하고 있으며, 같은 조 제3항은 "정신의료기관의 장은 제1항의 규정에 의하여 입원의뢰된 자에 대하여 72시간의 범위 내에서 응급입원을 시킬 수 있다."고 규정하고 있다.

정신보건법상 보호의무자에 해당하지 아니하는 하나원장 등이 ○○정신병원에 원고인 정재민(가명)의 입원을 의뢰하고 스스로 보호의무자로서 정재민의 입원에 동의함으로써 ○○정신병원으로 하여금 정재민을 그 의사에 반하여 입원시키도록 한 것은 정신보건법의 절차를 위반한 행위에 해당한다고 판단하였다.

이어서 원심은, 하나원장이 보호의무자로서 정재민의 입원에 동의한 행위는 정신보건법을 위반한 것으로 사회적 타당성이 있다고 할 수 없어 정당행위에 해당하지 않고, 한편 정재민의 입원 당시 원고의 심리나 행동장애의 정도가 다른 교육생에게 위해가 될 정도로 급박한 위난에 해당한다고 볼 수 없으며, 정신보건법상 응급입원이 필요한 경우라면 그 요건을 갖추어 응급입원이 허용되는 기간에 한하여 정재민을 입원 조치하는 것도 가능하였으므로 부득이한 경우라고 볼 수도 없어 긴급피난에도 해당되지 않는다고 하여, 피고의 정당행위 주장과 긴급피난 주장을 배척하였다.

하나원장 등은 정신보건법상의 보호의무자에 의한 입원 등의 적법한 절차에 대한 진지한 검토 없이 정재민이 하나원에 입소한 다음날 전격적으로 원고의 강제입원을 결정하고 실행에 옮긴 점 등을 종합하여 볼 때 하나원장 등은 그 직무집행에 필요한 주의의무를 다하지 못한 과실이 있다고 판단하였다.

5) 입원등의 입원적합성심사위원회 신고 등

입원등을 시키고 있는 정신의료기관등의 장은 입원등을 시킨 즉시 입원등을 한 사람에게 입원등의 사유 및 입원적합성심사위원회에 의하여 입원적합성심사를 받을 수 있다는 사실을 구두 및 서면으로 알리고, 입원등을 한 사람의 대면조사 신청 의사를 구두 및 서면으로 확인하여야 한다.

6) 응급입원

정신질환자로 추정되는 사람으로서 자신의 건강 또는 안전이나 다른 사람에게 해를 끼칠 위험이 큰 사람을 발견한 사람은 그 상황이 매우 급박하여 제41조부터 제44조까지의 규정에 따른 입원등을 시킬 시간적 여유가 없을 때에는 의사와 경찰관의 동의를 받아 정신의료기관에 그 사람에 대한 응급입원을 의뢰할 수 있다. 입원을 의뢰할 때에는 이에 동의한 경찰관 또는 구급대원은 정신의료기관까지 그 사람을 호송한다.

정신의료기관의 장은 응급입원이 의뢰된 사람을 3일(공휴일은 제외) 이내의 기간 동안 응급입원을 시킬 수 있다. 응급입원을 시킨 정신의료기관의 장은 지체 없이 정신건강의학과전문의에게 그 응급입원한 사람의 증상을 진단하게 하여야 한다. 정신건강의학과전문의의 진단 결과 그 사람이 자신의 건강 또는 안전이나 다른 사람에게 해를 끼칠 위험이 있는 정신질환자로서 계속하여 입원할 필요가 있다고 인정된 경우에는 자의입원, 동의입원, 보호의무자에 의한 입원, 특별자치시장 · 특별자치도지사 · 시장 · 군수 · 구청장에 의한 입원을 할 수 있도록 필요한 조치를 하고, 계속하여 입원할 필요가 없다고 인정된 경우에는 즉시 퇴원시켜야 한다.

급입원을 시켰을 때에는 그 사람의 보호의무자 또는 보호를 하고 있는 사람에게 입원이 필요한 사유 · 기간 및 장소를 지체 없이 서면으로 통지하여야 한다.

7) 퇴원등 또는 처우개선의 심사의 청구

정신의료기관등에 입원등을 하고 있는 사람 또는 그 보호의무자는 관할 특별자치시장 · 특별자치도지사 · 시장 · 군수 · 구청장에게 입원등을 하고 있는 사람의 퇴원등 또는 처우개선(작업요법의 적정성 여부를 포함)에 대한 심사를 청구할 수 있다.

8) 재심사의 청구

심사 청구의 대상인 정신질환자와 그 보호의무자, 심사 청구를 한 사람 및 외래치료 명령을 받은 정신질환자 및 그 보호의무자는 통지받은 심사 결과에 불복하거나 심사 기간 내에 심사를 받지 못한 경우, 외래치료 명령에 불복하는 경우 중 어느 하나에 해당하는 경우에 시·도지사에게 재심사를 청구할 수 있다.

9) 임시 퇴원

정신질환자를 입원등을 시키고 있는 정신의료기관등의 장은 2명 이상의 정신건강의학과전문의가 진단한 결과 정신질환자의 증상에 비추어 일시적으로 퇴원등을 시켜 그 회복 경과를 관찰하는 것이 필요하다고 인정되는 경우에는 3개월의 범위에서 해당 정신질환자를 임시 퇴원등을 시키고 그 사실을 보호의무자 또는 특별자치시장·특별자치도지사·시장·군수·구청장에게 통보하여야 한다.

특별자치시장·특별자치도지사·시장·군수·구청장은 임시 퇴원등 명령의 통지를 한 경우에는 그 정신질환자가 임시 퇴원등을 한 후의 경과를 관찰할 수 있으며, 관찰한 결과 증상의 변화 등으로 인하여 다시 입원등을 시킬 필요가 있다고 인정되는 경우에는 2명의 정신건강의학과전문의의 의견을 들어 임시 퇴원등을 한 정신질환자를 재입원 또는 재입소(재입원등)를 시킬 수 있다. 이 경우 재입원등의 기간은 재입원등을 한 날부터 3개월을 초과할 수 없다.

6. 권익보호 및 지원 등

1) 입원등의 금지 등

누구든지 응급입원의 경우를 제외하고는 정신건강의학과전문의의 대면 진단에 의하지 아니하고 정신질환자를 정신의료기관등에 입원등을 시키거나 입원등의 기간을 연장할 수 없으며, 진단의 유효기간은 진단서 발급일부터 30일까지로 한다.

2) 권익보호

누구든지 정신질환자이거나 정신질환자였다는 이유로 그 사람에 대하여 교육, 고용, 시설이용의 기회를 제한 또는 박탈하거나 그 밖의 불공평한 대우를 하여서는 아니 되며, 누구든지 정신질환자, 그 보호의무자 또는 보호를 하고 있는 사람의 동의를 받지 아니하고 정신질환자에 대하여 녹음·녹화 또는 촬영하여서는 아니 된다.

정신건강증진시설의 장은 입원등을 하거나 정신건강증진시설을 이용하는 정신질환자에게 정신건강의학과전문의의 지시에 따른 치료 또는 재활의 목적이 아닌 노동을 강요하여서는 아니 된다.

3) 비밀누설의 금지

정신질환자 또는 정신건강증진시설과 관련된 직무를 수행하고 있거나 수행하였던 사람은 그 직무의 수행과 관련하여 알게 된 다른 사람의 비밀을 누설하거나 공표하여서는 아니 된다.

4) 수용 및 가혹행위 등의 금지

누구든지 이 법 또는 다른 법령에 따라 정신질환자를 보호할 수 있는 시설 외의 장소에 정신질환자를 수용하여서는 아니 되며, 정신건강증진시설의 장이나 그 종사자는 정신건강증진시설에 입원등을 하거나 시설을 이용하는 사람에게 폭행을 하거나 가혹행위를 하여서는 아니 된다.

5) 통신과 면회의 자유 제한의 금지

정신의료기관등의 장은 입원등을 한 사람에 대하여 치료 목적으로 정신건강의학과전문의의 지시에 따라 하는 경우가 아니면 통신과 면회의 자유를 제한할 수 없으며, 치료 목적으로 정신건강의학과전문의의 지시에 따라 통신과 면회의 자유를 제한하는 경우에도 최소한의 범위에서 하여야 한다.

6) 격리 등 제한의 금지

정신의료기관등의 장은 입원등을 한 사람에 대하여 치료 또는 보호의 목적으로 정신건강의학과전문의의 지시에 따라 하는 경우가 아니면 격리시키거나 묶는 등의 신체적 제한을 할 수 없다. 또한 또는 보호의 목적으로 정신건강의학과전문의의 지시에 따라 입원등을 한 사람을 격리시키거나 묶는 등의 신체적 제한을 하는 경우에도 자신이나 다른 사람을 위험에 이르게 할 가능성이 뚜렷하게 높고 신체적 제한 외의 방법으로 그 위험을 회피하는 것이 뚜렷하게 곤란하다고 판단되는 경우에만 신체적 제한을 할 수 있다. 이 경우 격리는 해당 시설 안에서 하여야 한다.

7) 작업치료 및 직업훈련 지원

정신의료기관등의 장은 입원등을 한 사람의 치료, 재활 및 사회적응에 도움이 된다고 인정되는 경우에는 그 사람의 건강상태와 위험성을 고려하여 보건복지부령으로 정하는 작업을 시킬 수 있다. 업은 입원등을 한 사람 본인이 신청하거나 동의한 경우에만 정신건강의학과전문의가 지시하는 방법에 따라 시켜야 한다. 다만, 정신요양시설의 경우에는 정신건강의학과전문의의 지도를 받아 정신건강전문요원이 작업의 구체적인 방법을 지시할 수 있다.

국가 또는 지방자치단체는 정신질환으로부터 회복된 사람이 그 능력에 따라 적당한 직업훈련을 받을 수 있도록 노력하고, 이들에게 적절한 직종을 개발·보급하기 위하여 노력하여야 한다.

8) 벌칙

① **5년 이하의 징역 또는 5천만원 이하의 벌금**: 정신질환자를 유기한 자, 정신질환자를 퇴원등을 시키지 아니한 자, 퇴원등의 명령 또는 임시 퇴원등의 명령에 따르지 아니한 자, 입원적합성심사위원회에 신고하지 아니한 자, 입원등의 명령 또는 임시 퇴원등의 명령에 따르지 아니한자, 정신질환자를 퇴원시키지 아니한 자, 퇴원등의 명령에 따르지 아니한 자, 입·퇴원등관리시스템에 정보 등록을 위반하여 정보를 처리한 자, 신건강의학과전문의의 대면 진단에 의하지 아니하고 정신질환자를 입원등을 시키거나 입원등의 기간을 연장한 자, 정신질환자를 이 법 또는 다른 법령에 따라 정신질환자를 보호할 수 있는 시설 외의 장소에 수용한 자, 정신건강증진시설의 장 또는 그 종사자로서 정신건강증진시설에 입원등을 하거나 시설을 이용하는 사람에게 폭행을 하거나 가혹행위를 한 사람, 협의체의 결정 없이 특수치료를 하거나 정신의료기관에

입원을 한 사람 또는 보호의무자의 동의 없이 특수치료를 한 자

② **3년이하의 징역 또는 3천만원 이하의 벌금**: 사업의 정지명령 또는 시설의 폐쇄명령을 위반한 자, 사업의 정지명령 또는 정신요양시설의 장의 교체명령을 위반한 자, 신고를 하지 아니하고 정신재활시설을 설치·운영한 자, 기록을 삭제하지 아니한 자, 입원등을 하거나 정신건강증진시설을 이용하는 정신질환자에게 노동을 강요한 자, 직무수행과 관련하여 알게 된 다른 사람의 비밀을 누설하거나 공표한 사람, 입원등을 한 사람의 통신과 면회의 자유를 제한한 자

③ **1년이하의 징역 또는 1천만원 이하의 벌금**: 기록을 작성·보존하지 아니하거나 그 내용확인을 거부한 자, 퇴원등을 할 의사가 있는지 여부를 확인하지 아니한 자, 입원등 신청서나 보호의무자임을 확인할 수 있는 서류를 받지 아니한 자, 입원등 기간 연장에 대한 심사 청구기간을 지나서 심사 청구를 하거나, 심사 청구를 하지 아니하고 입원등 기간을 연장하여 입원등을 시킨 자, 즉시 퇴원시키지 아니한 자, 신상정보의 확인이나 조회 요청을 하지 아니한 자, 결정·명령을 따르지 아니한 자 또는 처우개선을 위하여 필요한 조치 명령을 따르지 아니한 자, 입·퇴원등관리시스템에 신고 내용 및 퇴원등의 사항을 등록하지 아니한 자, 동의를 받지 아니하고 정신질환자에 대하여 녹음·녹화 또는 촬영을 한 자, 정신건강의학과전문의의 지시에 따르지 아니하고 신체적 제한을 한 자, 입원등을 한 사람의 신청 또는 동의 없이 작업을 시키거나 정신건강의학과전문의나 정신건강전문요원이 지시한 방법과 다르게 작업을 시킨 자

제 7절 사회복지공동모금회법

1. 개요

1) 목적

사회복지공동모금회의 공동모금을 통하여 국민이 사회복지를 이해하고 참여하도록 함과 아울러 국민의 자발적인 성금으로 조성된 재원을 효율적이고 공정하게 관리·운용함으

로써 사회복지증진에 이바지함을 목적으로 한다.

2) 기본원칙

① 기부하는 자의 의사에 반하여 기부금품을 모집하여서는 아니 된다.
② 재원(공동모금재원)은 지역 · 단체 · 대상자 및 사업별로 복지수요가 공정하게 충족되도록 배분하여야 하고, 용도에 맞도록 공정하게 관리 · 운용하여야 한다.
③ 공동모금재원의 배분은 객관적인 기준에 따라 효율적으로 이루어지도록 하고, 그 결과를 공개하여야 한다.

3) 용어의 정의

① **사회복지사업**: 사회복지사업법 제2조제1호의 사회복지사업을 말한다.
② **사회복지공동모금**: 사회복지사업이나 그 밖의 사회복지활동 지원에 필요한 재원을 조성하기 위하여 이 법에 따라 기부금품을 모집하는 것을 말한다.

4) 연혁

① **1998. 사회복지공동모금법 제정**
② **1999. 3. 31. 전부개정. 시행 1999. 4. 1.**: 법률 제5960호로 사회복지공동모금법을 전부개정하였다. 국민의 자발적인 성금으로 공동모금된 재원을 효율적으로 관리 · 운용함으로써 국민의 사회복지참여를 확대하고, 민간사회복지재원의 확대를 꾀하기 위하여 공동모금의 적용범위를 사회복지사업과 기타 사회복지활동으로 확대하는 등 현행 규정의 운영상 나타난 일부 미비점을 개선 · 보완하였다.
③ **2001. 5. 24. 일부개정**: 기부문화의 활성화 및 사회복지공동모금사업 재원의 안정적 확보를 통한 민간복지지원체계의 발전을 도모하기 위하여 사회복지공동모금회로 하여금 복권을 발행할 수 있는 법률적 근거를 규정하였다.
④ **2002. 12. 5. 일부개정**: 사회복지공동모금회의 회계연도를 정부의 회계연도와 일치시켜 지금까지 야기된 결산상 자료의 혼란 등을 방지하고, 각 회계연도에 조성된 공

동모금재원중 다음 회계연도에 이월하여 지출할 필요성이 있거나 당해 회계연도에 지출할 수 없는 부득이한 사유가 있을 경우 다음 회계연도에 이월하여 지출할 수 있도록 함으로써 지출의 합리성 및 신축성을 도모하는 등 사회복지공동모금회 운영상의 제반 문제점을 개선 · 보완하여 사회환경의 급격한 변화에 따른 복지수요에 보다 탄력적이고 적극적으로 대응하는 한편 공동모금제도의 정착을 도모하였다.

⑤ 2008. 3. 21. **일부개정**: 국민의 자발적인 성금으로 조성된 재원을 효율적이고 전문적이며, 공정 · 투명하게 배분 · 관리하기 위하여 세입 · 세출결산서에 회계법인의 감사보고서를 첨부하도록 하고, 기부금품의 접수사실을 장부에 기재하고 영수증을 교부하도록 하며, 우리나라 경제규모에 걸맞은 해외 원조 수준을 제고하기 위하여 사용용도가 지정되지 않은 기부금품의 일정비율을 개발도상국 및 북한의 지원사업에 사용할 수 있도록 하는 등 현행 제도의 운영과정에서 나타난 일부 미비점을 개선 · 보완하였다.

⑥ 2011. 4. 28. **일부개정**: 영업주가 종업원 등에 대한 관리 · 감독상 주의의무를 다한 경우에는 처벌을 면하게 함으로써 양벌규정에도 책임주의 원칙이 관철되도록 하였다.

⑦ 2012. 10. 22. **일부개정**: 법적 간결성 · 함축성과 조화를 이루는 범위에서, 어려운 용어를 쉬운 우리말로 풀어쓰며 복잡한 문장은 체계를 정리하여 간결하게 다듬음으로써 쉽게 읽고 잘 이해할 수 있으며 국민의 언어생활에도 맞는 법률이 되도록 하였다.

⑧ 2016. 6. 15. **사회복지공동모금회법 시행규칙 제정, 시행 2016. 8. 4.**: 사회복지공동모금회의 운영상황 등에 관한 조사 또는 검사를 할 때 제시하여야 하는 서류에 기재되어야 하는 사항을 마련하는 등 법률에서 위임된 사항과 그 시행에 필요한 사항을 정하였다.

2. 사회복지공동모금회의 설립 등

1) 사회복지공동모금회의 설립

사회복지공동모금사업을 관장하도록 하기 위하여 사회복지공동모금회(모금회)를 두며,

모금회는 사회복지법인으로, 정관을 작성하여 보건복지부장관의 인가를 받아 등기함으로써 설립된다.

2) 모금회의 사업

모금회는 ① 사회복지공동모금사업 ② 공동모금재원의 배분 ③ 공동모금재원의 운용 및 관리 ④ 사회복지공동모금에 관한 조사·연구·홍보 및 교육·훈련 ⑤ 사회복지공동모금지회의 운영 ⑥ 사회복지공동모금과 관련된 국제교류 및 협력증진사업 ⑧ 다른 기부금품 모집자와의 협력사업 ⑨ 그 밖에 모금회의 목적 달성에 필요한 사업을 수행한다.

3) 정관

정관에는 목적, 명칭, 주된 사무소의 소재지, 사업에 관한 사항, 임원 및 직원에 관한 사항, 이사회에 관한 사항, 지회의 구성 및 운영 등에 관한 사항, 재산 및 회계에 관한 사항, 공고에 관한 사항, 정관의 변경에 관한 사항이 포함되어야 한다.

4) 임원

모금회는 회장 1명, 부회장 3명, 이사(회장 및 사무총장 포함) 15명 이상 20명 이하, 감사 2명의 임원을 둔다. 임원의 임기는 3년으로 하며, 한 차례만 연임할 수 있으며, 부득이한 사유로 후임임원이 선임되지 못하여 모금회의 업무수행에 지장이 있는 경우에는 후임임원이 선임될 때까지 임기가 만료된 임원이 그 업무를 수행한다.

5) 사무조직

모금회의 업무를 처리하기 위하여 사무총장 1명과 필요한 직원 및 기구를 둔다.

6) 분과실행위원회

모금회의 기획·홍보·모금·배분 업무에 관한 사항을 심의하기 위하여 해당 분야의 전문가와 시민대표 등으로 구성되는 기획분과실행위원회, 홍보분과실행위원회, 모금분과실행위원회 및 배분분과실행위원회 등 분과실행위원회를 둔다. 분과실행위원회의 위원장은 1명 이상의 이사로부터 추천을 받은 이사 중에서 이사회의 의결을 거쳐 회장이 위촉하며, 그 위원은 해당 위원장의 제청(提請)과 이사회의 의결로 회장이 위촉한다. 분과실행위원회는 위원장 1명을 포함하여 20명 이내의 위원으로 구성한다. 다만, 모금분과실행위원회 및 배분분과실행위원회는 각각 20명 이상의 위원으로 구성한다. 분과실행위원회 위원의 임기는 2년으로 하며, 연임할 수 있다. 다만, 배분분과실행위원회 위원은 한 차례만 연임할 수 있다.

분과실행위원회가 심의한 사항을 이사회가 변경하려면 그 분과실행위원회 위원장의 의견을 청취하여야 하며, 이사회 회의록에 이를 기록하여야 하며, 분과실행위원회의 운영에 필요한 사항은 정관으로 정한다.

3. 재원 등

1) 재원

모금회의 사업에 필요한 경비는 ① 사회복지공동모금에 의한 기부금품 ② 법인이나 단체가 출연하는 현금·물품 또는 그 밖의 재산 ③ 복권수익금 ② 그 밖의 수입금의 재원으로 조성한다.

2) 기부금품의 모집

모금회는 사회복지사업이나 그 밖의 사회복지활동을 지원하기 위하여 연중 기부금품을 모집·접수할 수 있다. 기부금품을 모집·접수한 경우 기부금품 접수 사실을 장부에 기록하고, 그 기부자에게 영수증을 내주어야 한다. 다만, 기부자가 성명을 밝히지 아니한 경우 등 기부자를 알 수 없는 경우에는 모금회에 영수증을 보관하여야 한다. 영수증에 기부금품의 금액과 그 금액에 대하여 세금혜택이 있다는 문구를 적고 일련번호를 표시하여야 한다.

모금회는 효율적인 모금을 위하여 기간을 정하여 집중모금을 할 수 있다. 집중모금을 하려면 그 모집일부터 15일 전에 그 내용을 보건복지부장관에게 보고하여야 하며, 그 모집을 종료하였을 때에는 모집종료일부터 1개월 이내에 그 결과를 보건복지부장관에게 보고하여야 한다.

3) 복권의 발행

모금회는 사회복지사업이나 그 밖의 사회복지활동 등을 지원하기 위한 재원을 조성하기 위하여 복권을 발행할 수 있다. 복권을 발행하려면 그 종류·조건·금액 및 방법 등에 관하여 미리 보건복지부장관의 승인을 받아야 한다.

복권의 당첨금을 받을 권리는 그 지급일부터 3개월간 행사하지 아니하면 소멸시효가 완성되며, 소멸시효가 완성된 당첨금은 공동모금재원에 귀속된다.

복권의 발행에 관하여는 사행행위 등 규제 및 처벌 특례법을 적용하지 아니한다.

4) 보조금 등

국가나 지방자치단체는 모금회에 기부금품 모집에 필요한 비용과 모금회의 관리·운영에 필요한 비용을 보조할 수 있으며, 보조금은 그 목적 외의 용도에 사용할 수 없다.

국가나 지방자치단체는 모금회가 사업목적 외의 용도에 보조금을 사용하였을 때, 거짓이나 그 밖의 부정한 방법으로 보조금을 받았을 때, 이 법 또는 이 법에 따른 명령을 위반하였을 때 중 어느 하나에 해당할 때에는 이미 지급한 보조금의 전부 또는 일부의 반환을 명할 수 있다.

5) 재원의 사용 등

공동모금재원은 사회복지사업이나 그 밖의 사회복지활동에 사용한다.

매 회계연도(1월 1일부터 12월 31일까지)에 조성된 공동모금재원은 해당 회계연도에 지출하는 것을 원칙으로 한다. 다만, 재난구호 및 긴급구호 등 긴급히 지원할 필요가 있을 때를 대비하여 매 회계연도의 공동모금재원 일부를 적립하는 경우에는 그러하지 아니하다.

기부금품 모집과 모금회의 관리·운영에 필요한 비용은 바로 앞 회계연도 모금총액의 100분의 10의 범위에서 이사회의 의결을 거쳐 사용할 수 있으며, 공동모금재원의 관리·

운용 방법 및 예산·회계 등에 필요한 사항은 정관으로 정한다.

다음에 경우는 매 회계연도에 조성된 공동모금재원의 일부를 이사회 의결을 거쳐 다음 회계연도에 이월하여 지출할 수 있다.

① 사용 용도 등이 지정되어 기부된 공동모금재원으로서 모금목적사업의 특성상 해당 회계연도에 지출을 완료하기 어려운 경우

② 공동모금재원의 배분에 대한 계획이 2 회계연도 이상에 걸쳐 있는 경우로서 사업의 성격상 다음 회계연도에 이월하여 지출하는 것이 필요하다고 인정되는 경우

③ 해당 회계연도 말에 집중 조성된 공동모금재원으로서 부득이한 사유로 그 회계연도에 지출하기 어려운 경우

6) 기부금품의 지정 사용

기부금품의 기부자는 배분지역, 배분대상자 또는 사용 용도를 지정할 수 있다. 모금회는 지정 취지가 이 법의 목적·취지나 공직선거법을 위반하는 경우 그 사실을 기부자에게 설명하고 이 법의 목적·취지와 공직선거법을 위반하지 아니하도록 지정할 것을 요구하거나 그 지정을 철회할 것을 요구하여야 한다. 기부자가 이에 따르지 아니하는 경우에는 기부금품을 접수하지 아니하여야 한다.

모금회는 지정이 있는 경우 그 지정 취지에 따라 기부금품을 사용하여야 하며, 이사회의 의결을 거쳐 지정 및 그 사용방법에 필요한 사항을 정할 수 있다.

4. 배분 등

1) 배분기준

모금회는 매년 8월 31일까지 공동모금재원의 배분대상, 배분한도액, 배분신청기간 및 배분신청서 제출 장소, 배분심사기준, 배분재원의 과부족 시 조정방법, 배분신청 시 제출할 서류, 그 밖에 공동모금재원의 배분에 필요한 사항이 포함된 다음 회계연도의 공동모금재원 배분기준을 정하여 공고하여야 한다.

모금회는 재난구호 및 긴급구호 등 긴급히 지원하여야 할 필요가 있는 경우에는 제1항에 준하여 별도의 배분기준에 따라 지원할 수 있다.

2) 국제보건의료지원사업에 대한 배분

모금회는 지정되지 아니한 기부금품의 100분의 10의 범위에서 이사회 의결로 정하는 비율을 한국국제보건의료재단법에 따라 시행하는 개발도상국가를 비롯한 외국 및 군사분계선 이북지역의 보건의료수준의 향상을 위한 사업에 사용되도록 배분할 수 있다.

3) 배분신청

모금회에 배분신청을 하려는 자는 공고에 따라 배분신청서를 제출하여야 한다.

국제보건의료지원사업을 하는 자는 배분신청서를 제출할 때 정관으로 정하는 바에 따라 사업계획서를 작성하여 함께 제출하여야 한다.

제출된 배분신청서는 해당 회계연도에만 효력이 있다.

4) 배분신청의 심사 등

모금회는 접수한 배분신청서를 배분분과실행위원회에 회부하여 배분금액, 배분순위 및 배분시기 등을 심의하도록 하여야 하며, 심의결과에 기초하여 배분계획을 수립하여야 한다. 배분계획은 공동모금재원이 분기별로 균형 있게 배분되도록 하여야 한다. 다만, 사업의 성격상 한꺼번에 지원할 필요가 있는 경우에는 그러하지 아니하다.

5) 배분에 따른 자료요구 등

모금회는 공동모금재원을 배분받은 자 또는 배분신청을 한 자에게 필요한 서류 제출을 요구하거나 필요한 조사를 할 수 있다.

6) 배분사업의 평가

모금회(지회 포함)는 매년 공동모금재원의 배분결과를 평가하고 그 평가결과를 이사회에 보고하여야 한다. 평가의 기준 및 세부사항은 정관으로 정한다.

7) 배분결과의 공고 등

모금회는 각 회계연도의 공동모금재원 배분을 종료한 날부터 3개월 이내에 전국적으로 배포되는 1개 이상의 일간신문에 그 배분결과를 공고하여야 하며, 이 외에 다양한 방법과 매체를 통하여 그 배분결과를 알려야 한다.

5. 벌칙

1) 3년 이하의 징역 또는 3천만원 이하의 벌금

① 기부하는 자의 의사에 반하여 기부금품을 강제 모집한 자
② 보건복지부장관의 허가를 받지 아니하고 기본재산을 취득한 자

2) 2년 이하의 징역 또는 2천만원 이하의 벌금

① 이사회가 의결한 비율을 초과하여 기부금품 모집과 모금회의 관리 · 운영에 필요한 비용을 사용한 자
② 사업계획이나 예산안을 제출하지 아니한 자
③ 세입 · 세출 결산서나 회계법인의 감사보고서를 제출하지 아니한 자
④ 사회복지공동모금회 또는 이와 유사한 명칭을 사용한 자

3) 1년 이하의 징역 또는 1천만원 이하의 벌금

① 배분결과를 공개하지 아니하거나 거짓으로 공개한 자
② 장부에 기부금품 접수 사실을 기록하지 아니하거나 거짓으로 기록한 자
③ 기부자에게 영수증을 내주지 아니한 자
④ 모금회가 배분하는 것임을 표시하지 아니하고 공동모금재원을 배분한 자

4) 과태료

관계 서류의 제출명령을 따르지 아니하거나 관계 공무원의 조사·검사를 거부, 기피 또는 방해한 자에게는 500만원 이하의 과태료를 부과하며, 과태료는 보건복지부장관이 부과·징수한다.

제 8절 다문화가족지원법

1. 개요

1) 목적

다문화가족 구성원이 안정적인 가족생활을 영위하고 사회구성원으로서의 역할과 책임을 다할 수 있도록 함으로써 이들의 삶의 질 향상과 사회통합에 이바지함을 목적으로 한다.

2) 용어의 정의

① **다문화가족**: 대한민국 국민과 혼인한 적이 있거나 혼인관계에 있는 재한외국인인 결혼이민자와 국적법 제2조부터 제4조(제2조: 출생에 의한 국적 취득, 제3조: 인지에 의한 국적 취득, 제4조: 귀화에 의한 국적 취득)의 규정에 따라 대한민국 국적을 취득한 자로 이루어진 가족, 국적법 제3조 및 제4조에 따라 대한민국 국적을 취득한 자와 같은 법, 제2조부터 제4조까지의 규정에 따라 대한민국 국적을 취득한 자로 이루어진 가족 중 어느 하나에 해당하는 가족을 말한다.

② **결혼이민자등**: 다문화가족의 구성원으로서 결혼이민자, 귀화허가를 받은 자 중 어느 하나에 해당하는 자를 말한다.

③ **아동·청소년**: 24세 이하인 사람을 말한다.

3) 국가와 지방자치단체의 책무

국가와 지방자치단체는 다문화가족 구성원이 안정적인 가족생활을 영위하고 경제 · 사회 · 문화 등 각 분야에서 사회구성원으로서의 역할과 책임을 다할 수 있도록 필요한 제도와 여건을 조성하고 이를 위한 시책을 수립 · 시행하여야 한다.

특별시 · 광역시 · 특별자치시 · 도 · 특별자치도 및 시 · 군 · 구(자치구)에는 다문화가족 지원을 담당할 기구와 공무원을 두어야 한다.

국가와 지방자치단체는 이 법에 따른 시책 중 외국인정책 관련 사항에 대하여는 재한외국인 처우 기본법의 규정에 따른다.

4) 연혁

① 2008. 3. 21. **제정, 시행 2008. 9. 22. 다문화가족지원법 제정**: 결혼이민자 및 그 자녀 등으로 구성되는 다문화가족은 언어 및 문화적 차이로 인하여 사회부적응과 가족구성원 간 갈등 및 자녀교육에 어려움을 겪고 있음에 따라, 다문화가족의 구성원이 우리 사회의 구성원으로 순조롭게 통합되어 안정적인 가족생활을 영위할 수 있도록 하기 위한 가족상담 · 부부교육 · 부모교육 및 가족생활교육 등을 추진하고, 문화의 차이 등을 고려한 언어통역, 법률상담 및 행정지원 등의 전문적인 서비스를 제공하도록 하는 등 다문화가족에 대한 지원정책의 제도적인 틀을 마련하였다.

② 2011. 4. 4. **일부개정**.: 다문화가족의 범위를 확대하고, 다문화가족 지원을 위한 기본계획 및 연도별 시행계획 등을 수립하며, 다문화가족 구성원인 결혼이민자 등에게 한국어교육 지원을 통하여 사회적 적응을 잘할 수 있게 하고, 다문화가족 내 가정폭력 예방과 가정폭력 피해자의 보호 · 지원, 의료 및 건강관리를 위한 지원 등을 함으로써 다문화가족 구성원의 삶의 질 향상과 사회통합을 더욱 쉽게 하였다.

③ 2012. 2. 1. **일부개정**: 국가와 지방자치단체가 다문화가족지원센터를 설치 · 운영할 수 있는 근거를 법률에 명확히 규정하고, 다문화가족지원센터에 두는 전문인력의 보수교육을 의무적으로 실시하도록 하며, 전문인력 양성기관을 지정 · 지원할 수 있도

록 하는 한편, 여성가족부장관 또는 지방자치단체의 장은 다문화가족 지원을 위하여 필요한 정보인 결혼이민자의 외국인등록 정보 및 귀화허가 신청정보를 법무부장관에게 요청할 수 있는 근거를 마련하여 결혼이민자를 보다 효과적으로 지원할 수 있는 여건을 마련함으로써 결혼이민자가 우리 사회의 건강한 구성원으로 정착할 수 있게 하였다.

④ 2013. 3. 22. **일부개정**: 모국어 교육 지원 사업을 활성화시킴으로써 가족 간의 유대감을 증진시키고 다문화가족 자녀가 다양한 문화적 잠재력을 발현하여 건강한 사회구성원으로 성장할 수 있도록 하며, 국가와 지방자치단체가 다문화가족에 대한 사회적 차별 및 편견을 예방하고 사회구성원이 문화적 다양성을 인정하고 존중할 수 있도록 다문화 이해교육을 실시하도록 하였다.

⑤ 2015. 12. 22. **일부개정**: 다문화가족 구성원이 정치 · 경제 · 사회 · 문화의 모든 영역에서 사회구성원으로서의 역할과 책임을 다할 수 있도록 다문화가족정책 패러다임을 전환함으로써 다문화가족 구성원의 역량을 강화하고 다문화사회로의 진전이 사회 발전의 동력이 되도록 하였다.

⑥ 2016. 3. 2. **일부개정**: 결혼이민자등에게 제공하는 정보의 내용을 보다 구체화하여 '아동에 대한 학습 및 생활지도 관련 정보를 포함하여' 제공하도록 명시적으로 규정하고 국가나 지방자치단체가 다문화가족지원센터의 운영에 드는 비용을 보조할 수 있도록 지정된 다문화가족지원센터에 대한 운영비 지원의 법적 근거를 마련하여 다문화가족지원사업이 안정적으로 실시되도록 하였다.

⑦ 2017. 3. 21. **일부개정**: 다문화가족 아동 · 청소년의 교육현황 및 아동 · 청소년의 다문화가족에 대한 인식에 관한 실태조사를 교육부장관과 협의하여 실시하고, 교육부장관 등은 그 결과를 관련 교육시책의 수립 · 시행 시 반영하도록 함으로써 다문화가족 자녀가 보다 안정적인 학교생활을 바탕으로 건강한 사회구성원으로 성장하는 데 기여하려하였다.

2. 다문화가족 지원을 위한 계획 수립 및 실태조사 등

1) 다문화가족 지원을 위한 기본계획 수립

여성가족부장관은 다문화가족 지원을 위하여 5년마다 다문화가족정책에 관한 기본계획을 수립하여야 한다. 기본계획에는 다문화가족 지원 정책의 기본 방향, 다문화가족 지원을 위한 분야별 발전시책과 평가에 관한 사항, 다문화가족 지원을 위한 제도 개선에 관한 사항, 다문화가족 구성원의 경제·사회·문화 등 각 분야에서 활동 증진에 관한 사항, 다문화가족 지원을 위한 재원 확보 및 배분에 관한 사항, 그 밖에 다문화가족 지원을 위하여 필요한 사항을 포함하여야 한다.

여성가족부장관은 기본계획을 수립할 때에는 미리 관계 중앙행정기관의 장과 협의하여야 한다. 기본계획은 다문화가족정책위원회의 심의를 거쳐 확정한다. 이 경우 여성가족부장관은 확정된 기본계획을 관계 중앙행정기관의 장과 특별시장·광역시장·특별자치시장·도지사·특별자치도지사(시·도지사)에게 알려야 한다.

2) 연도별 시행계획의 수립·시행

여성가족부장관, 관계 중앙행정기관의 장과 시·도지사는 매년 기본계획에 따라 다문화가족정책에 관한 시행계획을 수립·시행하여야 한다. 관계 중앙행정기관의 장과 시·도지사는 전년도의 시행계획에 따른 추진실적 및 다음 연도의 시행계획을 대통령령으로 정하는 바에 따라 매년 여성가족부장관에게 제출하여야 한다.

3) 실태조사

여성가족부장관은 다문화가족의 현황 및 실태를 파악하고 다문화가족 지원을 위한 정책수립에 활용하기 위하여 3년마다 다문화가족에 대한 실태조사를 실시하고 그 결과를 공표하여야 한다. 실태조사를 위하여 관계 공공기관 또는 관련 법인·단체에 대하여 필요한 자료의 제출 등 협조를 요청할 수 있다. 이 경우 자료의 제출 등 협조를 요청받은 관계 공공기관 또는 관련 법인·단체 등은 특별한 사유가 없는 한 이에 협조하여야 한다.

여성가족부장관은 실태조사를 실시함에 있어서 외국인정책 관련 사항에 대하여는 법무부장관과, 다문화가족 구성원인 아동·청소년의 교육현황 및 아동·청소년의 다문화가족에 대한 인식 등에 관한 사항에 대하여는 교육부장관과 협의를 거쳐 실시한다.

3-1) 체류기간연장등불허가처분취소의 사례 (대구고등법원, 2016)

베트남 국적으로 비전문취업(E-9) 자격을 받고 대한민국에 입국한 甲이 체류기간이 만료되었는데도 7년 이상 불법체류를 해오다가 베트남 출신 혼인귀화자인 乙과 혼인신고를 하고 국민의 배우자(F-6-1) 자격으로 체류자격 변경허가 신청을 하였으나 관할 출입국관리사무소장이 '배우자 국적취득 후 3년 미만, 7년 4개월의 불법체류'를 이유로 신청을 반려하고 자진 출국할 것을 통보한 사안이다. 혼인귀화자가 국적을 취득한 후 3년 이내에 다른 외국인을 결혼이민자로 초청하는 행위를 제한한 것은 혼인귀화자가 국민과의 혼인을 이유로 대한민국 국적을 취득한 후 단기간 내에 이혼하고 다른 외국인을 결혼이민자로 초청하지 못하도록 함으로써 건전한 국제결혼 문화를 정착시키고, 다문화가정의 조기해체를 방지하고자 하는 취지이다. 그런데, 국내에서 장기간 불법체류를 한 외국인이 혼인귀화로 대한민국 국적을 취득한 사람과 결혼하여 임신이나 출산을 하였다는 이유로 배우자의 국적취득 후 3년 경과 여부에 관계없이 체류자격 변경을 허가할 경우 위와 같은 제도의 취지가 몰각될 뿐만 아니라 강제퇴거가 예정되어 있는 불법체류자들이 국내에서의 체류를 연장하기 위한 방편으로 혼인귀화자를 상대로 결혼과 임신을 시도하는 현상이 발생할 우려도 있는 점 등을 종합하면, 처분으로 甲 등이 입는 불이익이 그로 인하여 달성하려는 공익에 비하여 지나치게 커서 처분이 재량권을 일탈·남용한 경우에 해당하지 않는다.

3. 지원정책 등

1) 생활정보 제공 및 교육지원

국가와 지방자치단체는 결혼이민자등이 대한민국에서 생활하는데 필요한 기본적 정보(아동·청소년에 대한 학습 및 생활지도 관련 정보 포함)를 제공하고, 사회적응교육과 직업교육·훈련 및 언어소통 능력 향상을 위한 한국어교육 등을 받을 수 있도록 필요한 지원을 할 수 있으며, 교육을 실시함에 있어 거주지 및 가정환경 등으로 인하여 서비스에서 소외되는 결혼이민자등이 없도록 방문교육이나 원격교육 등 다양한 방법으로 교육을 지원하고, 교재와 강사 등의 전문성을 강화하기 위한 시책을 수립·시행하여야 한다. 국가와 지방자치단체는 방문교육의 비용을 결혼이민자등의 가구 소득수준, 교육의 종류 등 여성가족부장관이 정하여 고시하는 기준에 따라 차등지원할 수 있으며, 비용을 지원함에 있어 비용 지원의 신청, 금융정보 등의 제공, 조사·질문 등은 아이돌봄 지원법의 규정을 준용한다.

결혼이민자등의 배우자 등 다문화가족 구성원은 결혼이민자등이 한국어교육 등 사회적응에 필요한 다양한 교육을 받을 수 있도록 노력하여야 한다.

2) 평등한 가족관계의 유지를 위한 조치

국가와 지방자치단체는 다문화가족이 민주적이고 양성평등한 가족관계를 누릴 수 있도록 가족상담, 부부교육, 부모교육, 가족생활교육 등을 추진하여야 한다. 이 경우 문화의 차이 등을 고려한 전문적인 서비스가 제공될 수 있도록 노력하여야 한다.

3) 가정폭력 피해자에 대한 보호·지원

국가와 지방자치단체는 다문화가족 내 가정폭력을 예방하기 위하여 노력하여야 하며, 가정폭력으로 피해를 입은 결혼이민자등을 보호·지원할 수 있으며, 가정폭력의 피해를 입은 결혼이민자등에 대한 보호 및 지원을 위하여 외국어 통역 서비스를 갖춘 가정폭력 상담소 및 보호시설의 설치를 확대하도록 노력하여야 한다.

국가와 지방자치단체는 결혼이민자등이 가정폭력으로 혼인관계를 종료하는 경우 의사소통의 어려움과 법률체계 등에 관한 정보의 부족 등으로 불리한 입장에 놓이지 아니하도록 의견진술 및 사실확인 등에 있어서 언어통역, 법률상담 및 행정지원 등 필요한 서비스를 제공할 수 있다.

4) 의료 및 건강관리를 위한 지원

국가와 지방자치단체는 결혼이민자등이 건강하게 생활할 수 있도록 영양·건강에 대한 교육, 산전·산후 도우미 파견, 건강검진 등의 의료서비스를 지원할 수 있으며, 결혼이민자등이 이 의료서비스를 제공받을 경우 외국어 통역 서비스를 제공할 수 있다.

5) 다국어에 의한 서비스 제공

국가와 지방자치단체는 지원정책을 추진함에 있어서 결혼이민자등의 의사소통의 어려움을 해소하고 서비스 접근성을 제고하기 위하여 다국어에 의한 서비스 제공이 이루어지도록 노력하여야 한다.

4. 다문화가족지원센터 등의 설치·운영 등

1) 다문화가족 종합정보 전화센터의 설치·운영 등

여성가족부장관은 다국어에 의한 상담·통역 서비스 등을 결혼이민자등에게 제공하기 위하여 다문화가족 종합정보 전화센터("전화센터)를 설치·운영할 수 있다. 이 경우 외국어 서비스를 제공하는 긴급전화센터와 통합하여 운영할 수 있다.

여성가족부장관은 전화센터의 설치·운영을 대통령령으로 정하는 기관 또는 단체에 위탁할 수 있으며, 전화센터의 설치·운영을 위탁할 경우 예산의 범위에서 그에 필요한 비용의 전부 또는 일부를 지원할 수 있다.

2) 다문화가족지원센터의 설치·운영 등

국가와 지방자치단체는 다문화가족지원센터(지원센터)를 설치·운영할 수 있으며, 지원센터의 설치·운영을 대통령령으로 정하는 법인이나 단체에 위탁할 수 있다.

국가 또는 지방자치단체 아닌 자가 지원센터를 설치·운영하고자 할 때에는 미리 시·도지사 또는 시장·군수·구청장의 지정을 받아야 하며, 국가와 지방자치단체는 지정한 지원센터에 대하여 예산의 범위에서 업무를 수행하는 데에 필요한 비용 및 지원센터의 운영에 드는 비용의 전부 또는 일부를 보조할 수 있다.

지원센터는 다문화가족을 위한 교육·상담 등 지원사업의 실시, 결혼이민자등에 대한 한국어교육, 다문화가족 지원서비스 정보제공 및 홍보, 다문화가족 지원 관련 기관·단체와의 서비스 연계, 일자리에 관한 정보제공 및 일자리의 알선, 다문화가족을 위한 통역·번역 지원사업, 그 밖에 다문화가족 지원을 위하여 필요한 사업의 업무를 수행한다.

지원센터에는 다문화가족에 대한 교육·상담 등의 업무를 수행하기 위하여 관련 분야에 대한 학식과 경험을 가진 전문인력을 두어야 한다.

3) 과태료

다문화가족지원법에 따른 지원센터가 아니면 다문화가족지원센터 또는 이와 유사한 명칭을 사용하여 법을 위반한 자에게는 300만원 이하의 과태료를 부과하며, 이에 따른 과태료는 대통령령으로 정하는 바에 따라 여성가족부장관 또는 지방자치단체의 장이 부과·징수한다.

제 9절 장애인활동 지원에 관한 법률(장애인활동법)

1. 개요

1) 목적

신체적·정신적 장애 등의 사유로 혼자서 일상생활과 사회생활을 하기 어려운 장애인에게 제공하는 활동지원급여 등에 관한 사항을 규정하여 장애인의 자립생활을 지원하고 그 가족의 부담을 줄임으로써 장애인의 삶의 질을 높이는 것을 목적으로 한다.

2) 용어의 정의

① **장애인**: 신체적·정신적 장애로 오랫동안 일상생활이나 사회생활에서 상당한 제약을 받는 자를 말한다.

② **활동지원급여**: 수급자에게 제공되는 활동보조, 방문목욕, 방문간호 등의 서비스를 말

한다.

③ **수급자**: 대통령령으로 정하는 수급자격 심의기준에 따라 수급자로 인정되어 활동지원급여를 받을 예정이거나 받고 있는 사람을 말한다.

④ **활동지원사업**: 국가와 지방자치단체가 이 법에 따라 수행하는 활동지원급여에 관한 사업을 말한다.

⑤ **부양의무자**: 수급자(신청인 포함)를 부양할 책임이 있는 사람으로서 수급자의 1촌 이내 직계 혈족 또는 수급자의 배우자 및 그 밖에 수급자의 생계를 책임지는 대통령령으로 정하는 사람을 말한다.

⑥ **활동지원기관**: 지정을 받은 기관으로서 수급자에게 활동지원급여를 제공하는 기관을 말한다.

⑦ **활동지원인력**: 활동지원기관에 소속되어 수급자에 대한 활동지원급여를 수행하는 사람을 말한다.

3) 국가와 지방자치단체의 책무

국가와 지방자치단체는 적절한 활동지원급여를 제공하여 장애인이 일상생활과 사회생활을 원활히 할 수 있도록 시책을 마련하여야 하며, 활동지원사업이 장애인의 자립생활을 지원하고 그 가족의 부담을 줄일 수 있도록 매년 필요한 재원을 조달하여야 한다.

4) 활동지원사업의 심의

활동지원사업의 기본방향에 관한 사항, 활동지원사업의 추진과 관련한 재원 조달에 관한 사항, 활동지원사업에 대한 관련 부처의 협조 사항, 그 밖에 이 법 시행과 관련하여 대통령령으로 정하는 주요 사항에 대하여는 장애인정책조정위원회의 심의를 거쳐야 한다.

5) 연혁

① **2011. 1. 4. 제정, 시행 2011. 10. 5. 장애인활동지원에 관한 법률(약칭: 장애인활동법) 제정**: 신체적 · 정신적 장애 등으로 혼자서 일상생활과 사회생활을 하기 어려운

장애인에게 제공하는 활동보조, 방문목욕, 방문간호 또는 주간보호 등의 활동지원급여에 관한 사항을 규정하여 장애인의 자립생활을 지원하고 그 가족의 부담을 줄임으로써 장애인의 삶의 질을 높이려 하였다.

② 2011. 3. 30. **일부개정**.: 장애인활동지원급여의 종류인 주간보호는 지적장애인이나 자폐성장애인 등 발달장애인에게 필요한 급여이나, 기존 제도와의 관계 등 논란이 많은 점을 고려하여 삭제하였다.

③ 2013. 6. 4. **일부개정**: 현재 수급자격 갱신 신청기간에 대해서는 만료일만 규정되어 있는바, 그 시작일을 유효기간 만료 90일 전으로 명시하고, 시행규칙에 규정되어 있는 활동보조인교육기관의 휴업·폐업 절차에 관한 법률상 위임 근거를 마련하는 한편, 부양의무자 정의규정 중 일부 모호한 표현을 명확히 하였다.

④ 2013. 8. 13. **일부개정**: 헌법재판소가 업무정지기간의 상한을 법률에 명시하지 아니한 채 하위법령에 포괄적으로 위임하고 있는 「의료기기법」(2008. 12. 26. 법률 제9185호로 개정되고, 2010. 1. 18. 법률 제9932호로 개정되기 전의 것) 제32조제1항 부분에 대하여 헌법불합치결정을 내린 취지를 반영하여 이 법의 활동지원기관 및 활동보조인교육기관에 대한 업무정지 기간 상한을 1개월로 명시함으로써 법률의 명확성과 예측가능성을 확보하였다.

⑤ 2015. 12. 29. **일부개정**: 장애인활동 지원제도 운영의 공정성을 확보하고 부정수급을 방지하기 위하여 수급자 등의 준수사항을 신설하고, 장애인에 대한 활동지원급여의 중단 또는 제한 사유를 확대하며, 활동지원기관에 대한 업무정지, 지정취소 등의 행정처분 사유를 현실에 맞게 차등화하면서 업무정지명령을 대체하는 과징금 규정을 신설하였다. 또한 활동지원인력의 결격사유 확인을 위한 범죄경력조회 등의 절차를 도입하고, 활동지원인력의 자격취소 및 자격정지 제도를 마련하는 등 현행 제도의 운영상 나타난 일부 미비점을 개선·보완하였다.

⑥ 2017. 2. 8. **일부개정**: 벌금액을 국민권익위원회의 권고안 및 국회사무처 법제예규의 기준인 징역 1년당 1천만원으로 개정함으로써 벌금형을 현실화하고, 형벌로서의 기능을 회복시켜 일반인에 대한 범죄억지력을 확보하였다.

2. 활동지원급여의 인정 및 제공

1) 활동지원급여의 신청자격

활동지원급여를 신청할 수 있는 사람은 ① 혼자서 일상생활과 사회생활을 하기 어려운 중증장애인으로 대통령령으로 정하는 장애 정도 이상인 사람 ② 노인장기요양보험법에 따른 노인등이 아닌 사람으로서 대통령령으로 정하는 연령 이상인 사람. 다만, 이 법에 따른 수급자였다가 65세 이후에 장기요양급여를 받지 못하게 된 사람으로서 보건복지부장관이 정하는 기준에 해당하는 사람 ③ 활동지원급여와 비슷한 다른 급여를 받고 있거나 국민기초생활 보장법에 따른 보장시설에 입소한 경우 등 대통령령으로 정하는 경우에 해당하지 아니하는 사람으로 이 세 가지의 자격을 모두 갖추어야 한다.

2) 활동지원급여의 신청

활동지원급여를 신청하는 사람(신청인)은 관할 특별자치시장·특별자치도지사·시장·군수·구청장에게 활동지원급여 신청서를 제출하여야 한다.

3) 수급자격 심의 등

특별자치시장·특별자치도지사·시장·군수·구청장은 제7조에 따른 조사를 마치면 신청서, 조사결과서, 그 밖에 심의에 필요한 자료를 수급자격심의위원회에 제출하여야 한다. 수급자격심의위원회는 신청인이 신청자격 요건을 충족한 경우에 심신상태 및 활동지원이 필요한 정도 등 활동지원등급에 관한 대통령령으로 정하는 수급자격 심의기준에 따라 수급자로 인정한다.

4) 수급자격 심의 기간

수급자격심의위원회는 신청인이 신청서를 제출한 날부터 30일 이내에 수급자격 심의를 마쳐야 한다. 다만, 신청인에 대한 추가조사가 필요한 경우 등 이 기간 내에 수급자격 심의를 마칠 수 없는 부득이한 사유가 있는 경우에는 30일의 범위에서 연장할 수 있다.

특별자치시장 · 특별자치도지사 · 시장 · 군수 · 구청장은 수급자격심의위원회가 기간을 연장하려는 경우 신청인이나 대리인에게 그 내용 · 사유와 기간을 통보하여야 한다.

5) 활동지원 수급자격 결정통지

특별자치시장 · 특별자치도지사 · 시장 · 군수 · 구청장은 수급자격심의위원회가 수급자격 심의를 마쳤을 때에는 지체 없이 다음 각 호의 사항이 포함된 활동지원수급자격결정통지서를 작성하여 신청인에게 보내고, 수급자격 인정 여부, 활동지원등급, 활동지원급여의 종류 및 내용, 본인부담금, 급여개시일, 그 밖에 활동지원급여에 관한 사항으로서 보건복지부령으로 정하는 사항의 내용을 수탁기관에 통보하여야 한다.

특별자치시장 · 특별자치도지사 · 시장 · 군수 · 구청장은 활동지원수급자격결정통지서를 보낼 때에 활동지원급여를 원활히 이용할 수 있도록 월 한도액의 범위에서 표준급여이용계획서를 작성하여 함께 보내야 한다.

6) 수급자격의 유효기간 및 수급자격의 상실

수급자격 결정의 유효기간은 최소 1년 이상으로서 대통령령으로 정한다. 다만, 수급자가 65세가 되는 경우에는 그 해당 월의 다음 월까지 수급자격을 인정한다.

수급자가 사망한 때, 국적을 상실한 때, 해외로 이주한 때, 활동지원급여 신청자격에 해당하지 아니하게 된 때 중 어느 하나에 해당하게 된 때에 활동지원급여의 수급자격을 상실한다.

7) 활동지원급여의 종류 등

① **활동보조**: 활동지원인력인에 따른 활동보조인이 수급자의 가정 등을 방문하여 신체활동, 가사활동 및 이동보조 등을 지원하는 활동지원급여

② **방문목욕**: 활동지원인력이 목욕설비를 갖춘 장비를 이용하여 수급자의 가정 등을 방문하여 목욕을 제공하는 활동지원급여

③ **방문간호**: 활동지원인력인 간호사 등이 의사, 한의사 또는 치과의사의 지시서(방문간

호지시서)에 따라 수급자의 가정 등을 방문하여 간호, 진료의 보조, 요양에 관한 상담 또는 구강위생 등을 제공하는 활동지원급여

④ **그 밖의 활동지원급여**: 야간보호 등 대통령령으로 정하는 활동지원급여

수급자가 활동지원급여를 받거나 활동지원기관이 활동지원급여를 제공할 때에 수급자가 아닌 그 가족을 위한 활동보조(신체활동 지원, 가사활동 지원, 사회활동 지원 등) · 방문목욕 · 방문간호 등의 행위, 수급자 또는 그 가족의 직장 등에서 생업을 지원하는 활동보조 행위, 수급자의 자립생활에 지장이 없어 지원할 필요가 없다고 인정되는 행위 중 어느 하나에 해당하는 행위를 요구하거나 제공하여서는 아니 된다.

8) 활동지원급여의 월 한도액

활동지원급여는 월 한도액의 범위에서 제공한다. 이 경우 월 한도액은 활동지원등급 등을 고려하여 산정한다.

9) 수급자 등의 준수사항

수급자는 일상생활 및 사회생활을 수행하기 위하여 활동지원급여를 적정하게 이용하여야 하며, 부당한 요구를 하여서는 아니 되며, 활동지원인력은 수급자의 욕구에 따른 선택과 자율적인 결정을 존중하고 그에 따라 적정하게 활동지원급여를 제공하여야 한다.

수급자와 활동지원인력은 서로 인격을 존중하고 신뢰하여야 하며, 이를 훼손할 수 있는 폭행이나 모욕적인 언행을 하여서는 아니 되며, 활동지원기관의 장은 활동지원급여의 제공이나 이용 과정에서 발생할 수 있는 수급자와 활동지원인력 간의 갈등의 예방 및 해결을 위하여 적극 노력하여야 한다.

10) 활동지원의 중단 또는 제한

특별자치시장 · 특별자치도지사 · 시장 · 군수 · 구청장은 활동지원급여를 받고 있거나 받을 수 있는 사람이 거짓이나 그 밖의 부정한 방법으로 수급자로 선정된 경우 또는 활동지

원기관 또는 활동지원인력이 거짓이나 그 밖의 부정한 방법으로 활동지원급여비용을 받은 데에 가담한 경우에는 활동지원급여를 중단하거나 1년의 범위에서 활동지원급여의 수량이나 제공 기간 등을 제한하여야 한다.

특별자치시장·특별자치도지사·시장·군수·구청장은 수급자가 타당한 사유 없이 자료의 제출 및 질문·검사 요구를 거부·방해·기피하거나 거짓 자료를 제출한 경우에 활동지원급여의 전부 또는 일부를 중단하거나 활동지원기관으로 하여금 제공하지 아니하게 할 수 있다.

또한 특별자치시장·특별자치도지사·시장·군수·구청장은 수급자가 국민기초생활 보장법에 따른 보장시설에 입소한 경우, 금고 이상의 실형을 선고받고 교정시설 또는 치료감호시설에 수용 중인 경우, 그 밖에 장기간의 국외체류 등으로 활동지원급여를 받는 것이 어려운 경우 중 어느 하나에 해당하는 경우 그 기간 중 활동지원급여를 중단한다.

11) 활동지원 응급안전서비스 제공

특별자치시장·특별자치도지사·시장·군수·구청장은 활동지원급여의 신청자격을 갖춘 장애인이 ① 1인 가구인 경우 ② 가구구성원인 가족이 모두 장애인이거나 18세 이하 또는 65세 이상인 경우 ③ 가구구성원인 가족이 직장·학교생활 등으로 인하여 장애인에 대한 보호가 곤란한 경우 중 어느 하나에 해당하는 경우로서 응급안전서비스 제공이 필요하다고 인정될 때에는 응급상황에 대처할 수 있도록 정보통신기술 등을 활용하여 안전 확인 또는 구조·구급활동 등의 활동지원 응급안전서비스를 제공할 수 있다.

3. 활동지원기관 및 활동지원인력 등

1) 활동지원기관의 지정 등

활동지원기관을 설치·운영하려는 자는 보건복지부령으로 정하는 시설 및 인력 기준을 갖추고 소재지를 관할하는 특별자치시장·특별자치도지사·시장·군수·구청장으로부터 지정을 받아야 한다.

특별자치시장 · 특별자치도지사 · 시장 · 군수 · 구청장은 활동지원기관의 지역적 분포 및 적정공급 규모, 활동지원급여 대상자 수 등을 고려하여 보건복지부령으로 정하는 바에 따라 적정 수의 활동지원기관을 지정하여야 하며, 활동지원기관을 지정하였을 때에는 그 지정 내용을 제31조제3항 및 제38조제2항에 따른 수탁기관에 통보하여야 한다.

활동지원기관의 장은 보건복지부령으로 정하는 중요 사항을 변경하려는 경우에는 보건복지부령으로 정하는 바에 따라 특별자치시장 · 특별자치도지사 · 시장 · 군수 · 구청장의 변경지정을 받아야 한다. 그 밖의 변경 사항의 경우에는 신고하여야 한다.

2) 활동지원기관의 의무

활동지원기관은 수급자로부터 활동지원급여 제공을 요청받았을 때에 이를 거부하여서는 아니 된다. 다만, 활동지원인력의 수급이 원활하지 아니한 경우 등 타당한 사유가 있는 경우에는 거부할 수 있다. 활동지원기관은 활동지원급여의 제공 기준 · 절차 및 방법 등에 따라 활동지원급여를 제공하여야 한다.

활동지원기관의 장은 활동지원급여를 제공한 수급자에게 활동지원급여비용의 명세서를 발급하여야 하며, 활동지원급여를 제공한 자료를 기록 · 관리하여야 한다.

활동지원기관은 영리를 목적으로 본인부담금을 면제하거나 할인하는 행위, 금품 등을 제공하는 등 수급자를 소개 · 알선 · 유인하는 행위 및 이를 조장하는 행위를 하여서는 아니 되며, 보건복지부령으로 정하는 재무 · 회계 기준에 따라 투명하게 운영하여야 한다.

3) 활동지원급여의 관리 평가

특별자치시장 · 특별자치도지사 · 시장 · 군수 · 구청장은 활동지원기관이 활동지원급여의 제공 기준 · 절차 · 방법 등에 따라 적정하게 활동지원급여를 제공하였는지를 평가한 후 그 결과를 공개하는 등 필요한 조치를 할 수 있다.

활동지원기관은 신규로 지정되어 운영기간이 1년 미만인 경우, 폐업, 휴업, 업무정지 등의 사유로 현장평가가 어려운 경우, 그 밖에 보건복지부장관이 정하여 고시하는 사유가 있는 경우 중 어느 하나에 해당하는 경우를 제외하고는 활동지원급여 평가에 응하여야 한다.

특별자치시장·특별자치도지사·시장·군수·구청장은 활동지원기관이 제공하는 활동지원급여의 내용을 지속적으로 관리·평가하여 그 수준을 향상시킬 수 있도록 노력하여야 하며, 평가 결과가 우수한 활동지원기관에 대하여 행정적·재정적 지원을 할 수 있다.

4) 활동지원인력의 요건 등

활동지원급여의 종류별 활동지원인력은 다음의 사람으로 한다.

① **활동보조를 수행하는 활동지원인력**: 활동보조인

② **방문목욕을 수행하는 활동지원인력**: 요양보호사 중 1급 자격을 가진 사람

③ **방문간호를 수행하는 활동지원인력**: 다간호사로서 2년 이상 간호 업무 경력이 있는 사람, 간호조무사로서 3년 이상 간호보조 업무 경력이 있고, 노인장기요양보험법 시행령에 따른 교육을 이수한 사람, 치과위생사 중 어느 하나에 해당하는 사람

5) 활동지원인력의 결격 사유

다음 각 호의 어느 하나에 해당하는 사람은 활동지원인력이 될 수 없다.

① 정신보건법에 따른 정신질환자. 다만, 전문의가 활동지원인력으로서 적합하다고 인정하는 사람은 제외한다.

② 마약·대마 또는 향정신성의약품 중독자

③ 피성년후견인·피한정후견인

④ 금고 이상의 형을 선고받고 그 형의 집행이 끝나지 아니하였거나 그 집행을 받지 아니하기로 확정되지 아니한 사람

⑤ 성폭력범죄의 처벌 등에 관한 특례법에 규정된 죄로 금고 이상의 형을 선고받은 사람

⑥ 거짓이나 그 밖의 부정한 방법으로 활동지원인력이 되어 활동지원인력 자격이 취소된 경우, 자격이 취소된 날부터 1년이 지나지 아니한 사람

⑦ 활동지원인력이 업무수행 중 고의 또는 중대한 과실로 수급자 또는 그 보호자에게 신체상 또는 재산상 손해를 입혀 금고 이상의 형을 선고받은 판결이 확정된 경우, 거짓이나 그 밖의 부정한 방법으로 활동지원인력이 되어 자격정지 처분을 3회 이상 받

은 경우, 자격정지 기간 중 활동지원급여를 제공에 해당되는 경우 활동지원인력의 자격이 취소된 날부터 2년이 지나지 아니한 사람

6) 활동지원급여비용의 청구 및 지급

활동지원기관은 활동지원급여를 수급자에게 제공한 경우 특별자치시장·특별자치도지사·시장·군수·구청장에게 활동지원급여비용(급여비용)을 청구하고, 청구를 받은 특별자치시장·특별자치도지사·시장·군수·구청장은 이를 지급하여야 한다.

특별자치시장·특별자치도지사·시장·군수·구청장은 활동지원급여 평가 결과에 따라 급여비용을 가산 또는 감액 조정하여 지급할 수 있으며, 급여비용의 지급과 정산 등에 관한 업무를 대통령령으로 정하는 관련 전문기관이나 단체에 위탁할 수 있다.

7) 급여비용의 산정

급여비용은 활동지원급여의 종류 및 활동지원등급 등에 따라 보건복지부장관이 정하여 고시한다. 보건복지부장관은 급여비용을 정할 때 대통령령으로 정하는 바에 따라 활동지원기관이 국가와 지방자치단체로부터 설립 및 운영비용을 지원받았는지 등을 고려하여 가산 또는 감액 조정할 수 있다.

8) 본인부담금

수급자는 해당 급여비용의 100분의 15 한도에서 대통령령으로 정하는 수급자와 그 부양의무자의 소득 및 재산 등 생활수준에 따라 그 비용의 일부(본인부담금)를 차등 부담한다. 그러나 급여의 범위 및 대상에 포함되지 아니하는 활동지원급여, 활동지원급여의 월 한도액을 초과하는 활동지원급여에 대한 비용은 수급자 본인이 전부 부담한다.

또한 다음 중 어느 하나에 해당하는 사람에게는 정액의 본인부담금을 부담하도록 할 수 있다. 국민기초생활 보장법에 따른 생계급여 수급자 또는 의료급여 수급자는 본인부담금을 부담하지 아니한다.

① 재해구호법에 따른 이재민으로서 보건복지부장관이 의료급여가 필요하다고 인정한

수급자

② 국민기초생활 보장법에 따른 차상위계층(다만, 국민기초생활 보장법에 따른 생계급여 또는 의료급여를 받지 아니하는 수급자와 그 가구원을 포함)

③ 소득 및 재산 등 생활수준이 보건복지부장관이 정하는 금액 이하인 사람. 다만, 섬·외딴곳·농어촌 등의 지역에 거주하는 사람에 대하여는 따로 금액을 정할 수 있다.

④ 천재지변 등 보건복지부령으로 정하는 사유로 생계가 곤란한 사람

9) 부당지급급여의 징수

특별자치시장·특별자치도지사·시장·군수·구청장은 활동지원급여를 받은 수급자 또는 급여비용을 받은 활동지원기관이 다음 각 호의 어느 하나에 해당하는 경우에는 활동지원급여 또는 급여비용에 상당하는 금액을 징수한다.

① 활동지원급여의 월 한도액을 초과하여 활동지원급여를 받은 경우

② 활동지원급여의 제한 등을 받는 사람이 활동지원급여를 받은 경우

③ 거짓이나 그 밖의 부정한 방법으로 급여비용을 청구하여 받은 경우

④ 잘못 지급된 경우

특별자치시장·특별자치도지사·시장·군수·구청장은 거짓 보고 또는 증명에 의하거나 거짓 진단에 따라 활동지원급여가 제공된 때에 거짓 행위에 관여한 자에 대하여 활동지원급여를 받은 수급자와 연대하여 징수금을 납부하게 할 수 있으며, 활동지원급여 또는 급여비용에 상당하는 금액을 반환하여야 할 자가 기간 내에 반환하지 아니하면 국세 또는 지방세 체납처분의 예에 따라 징수할 수 있다.

또한 특별자치시장·특별자치도지사·시장·군수·구청장은 활동지원급여 또는 급여비용에 상당하는 금액을 징수할 때 반환하여야 할 자가 행방불명되거나 재산이 없는 경우, 체납처분이 끝나고 체납액에 충당될 배분금액이 그 체납액에 미치지 못하는 경우, 해당 권리에 대한 소멸시효가 완성된 경우 중 어느 하나에 해당하는 경우에는 대통령령으로 정하는 절차 등에 따라 결손처분할 수 있다.

4. 이의신청 및 벌칙

1) 이의신청

수급자격 인정, 활동지원등급, 활동지원급여, 부당지급급여의 징수 등에 관한 특별자치시장 · 특별자치도지사 · 시장 · 군수 · 구청장의 처분에 이의가 있는 자는 그 결정 결과 등을 통지받은 날부터 90일 이내에 특별자치시장 · 특별자치도지사 · 시장 · 군수 · 구청장에게 이의를 제기할 수 있다. 다만, 타당한 사유로 그 기간 내에 이의신청을 할 수 없었음을 소명하였을 때에는 그러하지 아니하다.

특별자치시장 · 특별자치도지사 · 시장 · 군수 · 구청장은 이의신청을 받은 날부터 60일 내에 이를 검토하고 처분이 위법 · 부당하다고 인정될 때에는 시정이나 그 밖에 필요한 조치를 하여야 한다. 다만, 기간 내에 조치를 할 수 없는 부득이한 사유가 있는 경우에는 30일의 범위에서 이를 연장할 수 있다.

이의를 신청한 자는 그 이의신청과 관계없이 행정심판법에 따른 행정심판을 청구할 수 있다. 이 경우 이의를 신청하여 그 결과를 통보받은 자(결과를 통보받기 전에 행정심판법에 따른 행정심판을 청구한 자는 제외)는 통보받은 날부터 90일 이내에 행정심판법에 따른 행정심판을 청구할 수 있다.

2) 이의신청

수급자격 인정, 활동지원등급, 활동지원급여, 부당지급급여의 징수 등에 관한 특별자치시장 · 특별자치도지사 · 시장 · 군수 · 구청장의 처분에 이의가 있는 자와 이의신청에 대한 결정에 불복하는 자는 행정소송법에서 정하는 바에 따라 행정소송을 제기할 수 있다.

3) 비용의 부담

국가와 지방자치단체는 이 법에 따른 활동지원사업에 필요한 비용을 부담한다. 지방자치단체가 부담하는 금액은 보건복지부령으로 정하는 바에 따라 특별시 · 광역시 · 도 또는 특별자치시 · 특별자치도 · 시 · 군 · 구가 분담한다.

4) 장애인활동지원정보시스템의 구축 및 운영

보건복지부장관은 이 법에 따른 활동지원사업의 수행에 필요한 각종 자료 및 정보의 효율적인 처리와 기록 및 관리 업무의 전산화를 위하여 대통령령으로 정하는 바에 따라 장애인활동지원정보시스템을 구축·운영할 수 있다.

5) 비밀누설 등의 금지

보건복지부, 특별시·광역시·도 및 특별자치시·특별자치도·시·군·구 소속 공무원과 소속 공무원이었던 사람, 수탁기관, 수급자격심의위원회 및 활동지원기관의 종사자와 종사자였던 사람은 업무 수행 중 알게 된 정보와 자료, 비밀 등을 이 법에서 정한 목적 외의 다른 용도로 사용하거나 다른 사람 또는 기관에 제공하거나 누설하여서는 아니 된다.

6) 수급권의 보호

활동지원급여를 받을 권리는 양도 또는 압류하거나 담보로 제공할 수 없다.

7) 벌칙

① 3년 이하의 징역 또는 3천만원 이하의 벌금

- 거짓이나 그 밖의 부정한 방법으로 급여비용을 청구한 자
- 업무 수행 중 알게 된 정보 또는 자료, 비밀 등을 사용·제공 또는 누설한 자

② 2년 이하의 징역 또는 2천만원 이하의 벌금

- 거짓이나 그 밖의 부정한 방법으로 급여비용을 청구한 자
- 수급자를 소개·알선·유인하거나 이를 조장하는 행위를 한 자

③ 1년 이하의 징역 또는 1천만원 이하의 벌금

- 거짓이나 그 밖의 부정한 방법으로 활동지원급여를 받거나 다른 사람으로 하여금 활동지원급여를 받게 한 자

- 거짓이나 그 밖의 부정한 방법으로 활동지원기관 지정을 받은 자
- 거짓이나 그 밖의 부정한 방법으로 교육기관 지정을 받은 자

④ 500만원 이하의 과태료

- 자료를 제출하지 아니하거나 거짓 자료를 제출한 자
- 변경지정을 받지 아니하거나 신고하지 아니한 자 또는 거짓으로 신고한 자
- 활동지원급여 제공 자료를 기록·관리하지 아니한 자
- 폐업·휴업 시 신고하지 아니한 자 또는 거짓으로 신고한 자
- 자료의 제출 및 질문·검사 요구를 거부·방해·기피하거나 거짓 자료를 제출한 자

참고문헌

곽윤직, 민법총칙, 박영사, 2002.

곽효문, 사회복지법제론, 제일법규, 2001.

국민건강보험공단, 2015년 사업장 업무편람, 2015.

국민연금관리공단, 2015년 알기쉬운 국민연금 사업장 실무안내, 2015

권영성, 헌법학원론, 법문사, 1999.

권육상, 사회복지실천론, 학문사, 2009.

김기원, 사회복지법제론(제4판), 나눔의집 출판사, 2009.

김남진, 행정법, 법문사, 1987.

김문형, 사회권적 기본권에 관한 헌법규정의 규범성, 이화여대법학논집 2권2호. 1998.

김만두, 사회복지법제론, 홍의재, 1991.

김미숙, "일본의 공적개호보험제도의 문제점과 과제", 노인복지연구 통권21호, 한국노인복지학회, 2004.

김수정, 사회복지법제론, 학지사, 2015.

김유성, 한국사회보장법론, 법문사, 1992.

김철수, 헌법학개론(제17전정신판), 박영사, 1988

김철수, 헌법학개론, 박영사, 1999.

김치영 · 정현태, 사회복지법제론, 파워북, 2008.

김형배, 노동법, 박영사, 1980.

김훈, 사회복지법제론(제4판), 학지사, 2012.

박석돈, 사회복지서비스법, 삼영사, 1997, 2007.

박석돈 외, 사회복지법제론(제2판), 양서원, 2015.

박종팔 외, 사회복지법제론, 양서원, 2014.

박차상 외, 한국사회복지법 강의, 학지사, 2015.

배기효 외, 한국사회복지법제론, 한올출판사, 2003.

보건복지부, 2016년 국민기초생활보장사업안내, 2016.

__________ 2016년 의료급여사업안내, 2016.

__________ 2016년 장애인복지사업안내, 2016.

사회복지교육연구센터, 1급사회복지사 기본서 사회복지법제론, 나눔의집, 2007.

사회복지교육연구센터, 1급사회복지사 기본서 사회복지법제론, 나눔의집, 2015.
신섭중 외, 사회복지법제, 대학출판사, 2001.
신수식, 사회보장론, 박영사, 1992.
유지태, 행정법신론, 박영사, 2001.
이인재 외, 사회보장론, 나남출판사, 2002.
이중엽, 사회복지법제론, 유풍출판사, 2008.
인경석, 국민연금법 해석, 국민연금관리공단, 2001.
장인협, 사회복지개론, 서울대학교 출판부, 1986.
전광석, 한국사회보장론, 범문사, 2002.
조원탁, 외, 한국복지법제론(제11판), 양서원, 2015.
천정웅, 외, 사회복지법제론, 양서원, 2015.
허 영, 헌법이론과 헌법, 박영사, 1999.
현외성, 한국사회복지법제론(제8판). 양서원. 2016.
황인옥 외, 현대사회복지법제론, 나눔의집 출판사, 2003.

국민건강보험공단 www.nhic.or.kr
국민연금공단 www.nps.or.kr
근로복지공단 www.welco.or.kr
고용노동부 www.molab.go.kr
노인장기요양보험 www.longtermcare.or.kr
대한민국 국회 www.assembly.go.kr
법제처 www.moleg.go.kr
보건복지부 www.mohw.go.kr
한국보건사회연구원 www.kihasa.re.kr
다음 http://www.daum.net
네이버 http://www.naver.com

찾아보기

저자소개

김 재 원

단국대학교 대학원 행정학 박사(복지행정전공)

서정대학교 상담아동청소년학과 교수

E-mail : jwonkim@seojeong.ac.kr

사회복지법제와 실천

1판 1쇄 인쇄 – 2021년 8월 26일

1판 1쇄 발행 – 2021년 8월 30일

저 자 - 김재원

발 행 인 - 강철원

발 행 처 - 양성원

주 소 - 경기도 파주시 검산로 173번길 29-20

전 화 - 031-946-3861(代)

팩 스 - 031-946-3864

이 메 일 - tnwpub@naver.com

홈페이지 - tnwpub.co.kr

출판등록 - 2015년 8월 31일 제 2015-000211 호

ISBN 979-11-6126-390-8

정가 25,000원